HISTOIRE DE LA CIVILISATION FRANÇAISE
XVIIe-XXe siècle

法国文明史 II

从 17 世纪到 20 世纪

[法] 乔治·杜比 罗贝尔·芒德鲁 - 著   傅先俊 - 译

东方出版中心

目 录

第二部： 第九章 "天主教法国"和现代人 ／385
现代法国 1. 17世纪上半叶的反差 ／387
（续）／383 　　世袭贵族和穿袍贵族／新教徒／商人／民众
　　　　　　反抗／城市发展和知识生活／西班牙模式
　　　　2. 天主教革新后的圣人 ／400
　　　　　　基金会／心灵旅程／新修会的涌现／耶稣会
　　　　3. 1636年的英雄 ／411
　　　　　　高乃依／笛卡尔／博学的自由思想者
　　　　4. 让森派教徒 ／419
　　　　　　《频繁的圣餐礼》和《奥古斯丁》／波瓦亚
　　　　　　勒修道院和《致外省人信札》

第十章 古典主义时代:"路易十四的世纪"
／427
1. 困难时期(1660—1680) ／430
   柯尔贝主义／社会关系
2. 国王:凡尔赛 ／436
   柯尔贝和地方总督／僧侣／战争／凡尔赛宫／宫内差役／节庆和戏剧
3. 反对派 ／452
   《南特敕令》的废除／塞文山荒漠／让森派教士／笛卡尔的信徒

第十一章 18世纪的经济革命和人口增长 ／465
1. 乡村的进步 ／469
   经营方式／革新／死亡率下降／商业化
2. 城市繁荣 ／477
   土地食利者／手工业的繁荣／殖民地贸易／城市化
3. 公路和水路 ／487
   运河和河流／公路、桥梁和道路／旅行和人员流通

4. 危机年代（1775—1790） / 494
农村灾难／城市危机／怨声载道

第十二章 轻佻的节庆和启蒙时代，欧洲的法国世纪 / 501

1. 摄政期的氛围 / 505
各部会议制、最高法院和让森派／银行家约翰·劳

2. 沙龙和轻佻的节庆 / 511
舒适生活／沙龙／学会、图书馆和共济会会所／华托和拉摩

3. 启蒙运动：哲学精神 / 525
《百科全书》／反宗教思想／温和的君主制／《社会契约论》／启蒙思想的传播

第三部：当代法国（19至20世纪） / 543

第十三章 资产阶级的胜利（1789—1845） / 545
大革命的轮廓／巴黎和外省／国民公会

1. 大革命的评价：平等 / 553
公民平等／经济平等

2. 大革命的评价：自由 / 561

人身自由／思想自由／言论自由／雅各宾传统

3. 拿破仑 / 571

芽月法郎和《民法典》／与教廷的和解协议／帝国宫廷和文明／拿破仑的欧洲／1815年

4. 资产阶级的法国 / 582

萧条／大学和中学／小学／政治统治

第十四章 浪漫主义的反叛 / 593

1. 社会的另一面：资产阶级法国的贫困 / 596

拿破仑传奇／圣会／经济停滞／民众的贫困

2. 法国浪漫主义的题材和风格 / 607

反叛／浪漫主义之心／浪漫主义艺术／各国人民和"人民"／历史

3. 社会思想 / 617

圣西门／傅立叶／蒲鲁东／拉梅内／工人组织／《工场》

4. 1848 年革命 / 631

2 月至 3 月／6 月／梯也尔和法鲁

第十五章　实证主义的法国（1850—1900） / 641

1. 第一次工业革命：经济和社会的新法国 / 644

铁路／银行和股份有限公司／大商场／乡村革新和地区专业化／1873 年的萧条

2. 科学和唯科学主义 / 660

《科学的未来》／数学的胜利／反教权主义／文化衰落／印象主义

3. 公共生活和民主意识 / 671

乡村教师和本堂神父／德莱菲斯事件／公民责任感

4. 工人生活和思想 / 678

阶级斗争／工人生活条件／工人运动／马克思和蒲鲁东／巴黎公社

第十六章　科学文明的黎明（1895—1914）　/ 689

1. 科学的新生　/ 692

　　新物理学／人文科学／科学主义的普及

2. 天主教复兴　/ 698

　　柏格森／虔诚的文学／天主教政治／贝玑／桑尼埃

3. 无政府个性主义　/ 708

　　政治和工团主义／文化界人士／音乐家／画家／第一次世界大战

第十七章　20世纪初的法国：科学、艺术和技术（1919—1939）　/ 723

1. 新技术：能源和交通　/ 727

　　新型发动机／交通

2. 知识氛围　/ 735

　　科学成就／印刷、广播和电影／政教分离

3. 生活水平　/ 743

　　平均生活水平的提高／农民／资产阶级／城市平民

4. 大众与精英 / 754

阶级斗争／文化／大众文化／工人运动／有声电影

第十八章　回顾当代法国 / 767

1. 黑暗年代 / 769

萎靡不振／"奇怪的战争"和"离奇的溃败"／四分五裂的法国／维希政权铁板一块？／被占领区的知识分子／大海无声？

2. 序幕拉开了 / 784

革命、复旧或革新？／复兴／肃清／萨特和"社会干预"／法国镜子中的文化／冷战／"老同学"：雷蒙·阿隆和让-保尔·萨特

3. 辉煌的30年 / 805

乡村社会的终结／中产阶级／富裕社会／"伙伴"时代／大众文化／连环画和"神奇的窗口"／中产阶级参政／皮埃尔·布热德和皮埃尔·孟戴斯-弗朗斯／阿尔及利亚悲剧／第四共和国的终结

4. 持续的增长 / 835

"两极四头"格局的形成／1965年，转折的一年／1968年5月／第二次"大西洋革命"？／意识形态领域的转变？

5. 告别"轻松的年代" ／851

从夏尔·戴高乐到弗朗索瓦·密特朗／经济增长停顿／法国人，你变了吗？／"巴士底狱"的倒塌／典范的消失／结束语

本书法汉译名对照表（人名） ／865

本书法汉译名对照表（地名） ／882

图表目录

图20　1640年法国重要的教会学校分布图　/ 405

图21　17世纪法国疆域的扩大　/ 429

图22　召开显贵会议前夕法国的人口变动　/ 466

图23　18世纪末法国的工业分布图　/ 483

图24　18世纪末的公路和驿站　/ 489

图25A　18世纪的人口出生与死亡率变化　/ 497

图25B　王室赋税和领主税的压力（1770至1787年间，对粮食第一次交易赢利的征税）　/ 497

图26　在建筑上受法国启发的欧洲各地分布图　/ 520

图27　旧制度末期的中等教育分布图　/ 537

图28　大革命期间发生大恐惧地区的分布图　/ 554

图29　1817至1848年间的经济萧条　/ 584

图 30　1850 年的法国铁路分布图　/ 602

图 31　浪漫主义活动和工人革命运动比较集中的城市分布图　/ 621

图 32　1890 年的法国铁路分布图　/ 647

图 33　1850 至 1880 年法国工业革命中冶金工业的分布　/ 652

图 34　19 至 20 世纪的城市人口增长　/ 654

图 35　奥斯曼男爵改造后的巴黎　/ 662

图 36　20 世纪上半期法国出生与死亡人数差的变化曲线　/ 719

图 37　两次世界大战之间的法国冶金工业　/ 731

图 38　1935 至 1936 年的职业体育　/ 760

图 39　城市电影院设施的分布图（1936 年居民人口超过 8 000 人的城市）　/ 765

表　1830 至 1930 年间，法国每人每年的平均消费　/ 745

第二部：
现代法国（续）

第九章 "天主教法国"和现代人

诚如深思熟虑的蒙田所说，比较不总能说明问题；但假如我们不滥用比较，以人体生长发育过程来整体考察1600至1660年这一现代法国"成形"期，可以把它比喻为人的活力充沛又碍手碍脚的青春期：好斗逞强、充满自信，在一切方面都有旺盛的孕育力，跟上一世纪相比它至少同样地乐观幸福，事实上比1660至1690年的17世纪下半叶更为丰富精彩。17世纪下半叶面临强加的或许必要的选择，法国社会的多元化退却了。这一青春期在它经历的社会和宗教的悲剧环境中，极富征服性；那些社会和宗教悲剧成了法国成长的危机。从所有方面来看，17世纪是最丰富最具活力的年代；然而它却处于半明半暗的阴影中，凡尔赛宫、太阳王和伟大的古典作家们的光芒让人忽略了这些年的成就和辉煌。这一时期的法国并不像苏利和巴托罗缪·拉费马斯所说的那么财政枯竭；它缓过了口气，在新的格调上以更自信的风格重新找回了16世纪的创造活力，找回了宗教激情、科学的好奇心，以及对美的景象和壮观建筑的爱好。当时的法国不但宗教圣人辈出，使受战乱和争论而严重衰退的天主教会重建威望，而且出现了许多高乃依式的英雄，他们崇尚荣誉，除非事关科学真理。法国成为文化人的接纳地，当时还未设文人年金，柯尔贝①尚未当权，夏普兰②还未被重用，但巴黎已成为全世界文人学者的聚集点：皇家广场、梅森神父家或艾蒂安·帕斯卡家的沙龙……1636 至 1637 年间发生了如此多的事件，当时正值西班牙再次入侵法国，由科尔比南下直接威胁巴黎，高乃依的悲剧《熙德》上演，笛卡尔发表了他的《为追求理性和寻求科学真谛的方法论》，波瓦亚勒修道院的精神导师圣西朗与红衣主教黎塞留发生冲突，不久被黎塞留投入监狱：这是轰动一时的让森派事件的静悄悄的开端，后来事件发展到使全巴黎闹腾了整整 20 年。在令人担忧的背景上发生了许多轰轰烈烈的事件：（尽管有黎塞留的铁腕政治和马萨林的狡诈手段）各地骚乱不绝或者几乎不断，最高法院法官们和贵族的反抗，新教徒的集会和战争，在这一切之上还有更为普遍却鲜为人知的城市和乡村的民众抗议运动——譬如被称为"赤脚党""乡巴佬"的地方性农民暴乱，尽管在各省都有国王派驻的专员，尽管旧官僚比平民百姓更痛恨各地的王室财务总管，底层民众揭竿而起的抗议此起彼伏，屡禁不止。17 世纪上半叶的法国，与此前几个世纪一样，在主导文明生活的艺术和宗教这两个领域中，充满了巨大的反差和令人惊叹的成就。

---

① 译注：柯尔贝（Jean-Baptiste Colbert，1619—1683），法国政治家、国务活动家。1661 年马萨林逝世前向国王引荐了他，此后长期担任国王路易十四的财政大臣。
② 译注：夏普兰（Jean Chapelain，1595—1674），法国诗人和文学批评家，在法兰西学院成立之初即被黎塞留任命为院士，享受年金；后受柯尔贝委任，制定享受国王路易十四慷慨地颁发年金的文人学者名单。

1. 17 世纪上半叶的反差

这是个骚乱和躁动不安的年代，即便在政治层面上也是这样，随着国王主政和摄政期的多次更替，国家从治到乱犹如钟摆似的反复摇摆，给人一种印象：政权如同跳芭蕾舞乱了节拍一样错乱不稳。而这类政治危机却精准而灵巧地反映出社会深层的涌动，打乱了社会秩序，标志着求变的思想文化准备；它不是 16 世纪的单纯延伸；譬如围绕着悲剧《熙德》的争论便是明证。然而，人们在这方面的研究却远非像对"受骗者的一天"①的研究那么深入。

世袭贵族和穿袍贵族

通过博丹和其他人的中介，法国出现了一批模仿古代政治理论的著作，我们从这些著作中得知，法国从乱到治的过程经历了整整 60 年：波旁王朝最初的两位国王均有幸晚年得子，所惜驾崩时王子尚年幼，因此在 1610 年和 1643 年后均有过一段摄政期；可是母后又都是嫁到法国王室来的外国人，对法国有相当的隔膜，自然疏于朝政，而统治的却是一个难以驾驭的民族。地方封建领主势力坐大，穿袍官吏对无主政治求之不得，纷纷扮演摄政顾问的角色。靠黎塞留的铁腕或马萨林的狡诈很快平息了动荡局面。但是这些年被王室逐渐成功制伏的那些大佬，如亨利四世治下的比隆公爵贵族世家和黎塞留时代的圣

---

① 译注："受骗者的一天"（la journée des dupes）是博特吕伯爵的一句名言，指 1630 年 11 月 10 至 11 日，王太后玛丽·德·美第奇企图逼迫国王路易十三解除黎塞留首相的职务，但是正当后党成员准备弹冠相庆之时，他们受骗了：国王躲到凡尔赛，与黎塞留暗中结盟，一天之内肃清后党，结果太后被迫流亡，后党成员一一被剪除。

马斯侯爵、德·图、夏莱和蒙莫朗西……这些人骄纵成性、自尊自大；在孔代亲王权势炽热之时，贵族们仿效国王的排场和气派，养尊处优；在路易十三时代，企图专权的母后阴谋反对儿王，路易十三的胞弟、奥尔良的加斯东亲王反对红衣主教黎塞留；贵族们利用王权薄弱乘机勒索年金，淘空国库，使财相苏利掌管的金库濒临枯竭，后来甚至挪用税款，而且在政府内阁会议上独霸一方。其实，过去的历代先王已很久不再召贵族大佬参与议政了；他们在外省唆使骚乱（骚乱几乎全是贵族引起的），甚至在卢浮宫策划阴谋，包围巴黎，贵族反叛的威胁极大，连马萨林都不得不退避三舍；孔代亲王谋反失败后不敢再回法国（1652），在西班牙避难直至1659年。更不必说各地反叛军队沿途造成的破坏了，1643年一位目击者在欧里亚克写道："德·卡尼亚克和迪耶纳的军队在山区的劫掠不比德·塞昂男爵的队伍在平原的打家劫舍少。"[①]

除了世袭贵族的反叛，穿袍贵族，特别是巴黎最高法院法官也勾结贵族参与了激烈的"福隆德"反抗运动。他们作为登记王国的法律、以法律名义作裁决的最高层法官对王室来说同样十分危险，尤其是1648至1652年间，他们的首领是个叫贡迪的野心勃勃的人物。与法国各省议事法院一样，巴黎最高法院的职能是在国王颁布的法令和国王新法律实施之前，负责对这些新法令、新法律进行登记备案，法官们拥有谏诤权，甚至可以拒绝登记国王的法令——这一点原本并不奇怪，因为法律各条款之间需要协调一致，不能单纯地累加重叠，在颁布一项新法律之前需要有这一步协调工作。于是，巴黎议事法院就成了最高法院，但是它企图利用谏诤权和注册权来控制和限制国王的权力。巴黎最高法院（Le Parlement de Paris）强调其名称与伦敦议

[①] 引自波什内夫：《"福隆德"运动前法国的民众起义》，第681页。

会（Le Parlement de Londres）相同，其实伦敦议会是代表整个英格兰民族的国民议会（或许它并不真正代表英格兰民众，但这并不重要），是一个政治机构，而巴黎最高法院企图利用所掌握的法律武器来扮演同样的政治角色。早在 16 世纪内乱时，这种企图就已冒头；卡特琳·德·美第奇当时就召集了真正能代表全国民众的三级会议予以制衡，而且在亨利四世治下，世袭贵族和巴黎最高法院的穿袍贵族都已被制伏得规规矩矩，譬如他虽遇到阻力仍成功颁布并实施了《南特敕令》。穿袍贵族的野心之所以得到扩张，一方面是因为 1614 年后长期未召开三级会议，另一方面由于 1604 年实施了"官税制"（paulette），官吏职务的世袭化令穿袍贵族的地位更加稳固。再一个原因是英国的影响（1628 年伦敦议会与王室冲突引发了大混乱，特别是从 1644 年起冲突更加升级）。巴黎的穿袍贵族对英伦岛国上发生的事件十分关注，获得对王室的长期和无可争辩的控制权就是巴黎最高法院法官们梦寐以求的目标。但是，只要国王的嗓门一提高，穿袍贵族和世袭贵族一样，甚至比世袭贵族更快地回到自己的本分，重新开始自己应做的工作，因为穿袍贵族毕竟是些法学家，他们深谙罗马法，在内心深处还有国家意识，况且他们受到的不平等无非就如吃不上戈奈斯小面包①的窘迫差不多罢了。

对穿袍贵族的摇摆，国王毫无办法，理由十分清楚：主要是王室的财政拮据。国王（或摄政母后）理应有办法排除这些法官的干扰，只要解除其职务、另聘别人就行了；但问题是所有官吏的职位是他们捐钱买来的，国王解除某官吏的职务得退还其捐税。而法国的君主历来缺钱，国库空虚，濒临破产，根本无法应付这笔巨额开销。王国公

---

① 译注：戈奈斯小面包（les petits pains de Gonesse），戈奈斯为巴黎附近的小镇，当地烘制的面包因质量上乘在 15 至 17 世纪曾极受追捧，为贵族所专享。

共财政的长期亏空（除了苏利主管王室财务、柯尔贝担任财相的头十年和费勒利担任首相的若干年等少数例外）主要是以下这几方面的原因：尽管有审计院，但缺乏全面会计制度；花费巨大，从来不量入为出，尤其是战争，还有宫中开销和大兴土木；税收制度不协调，税务只压在部分国民头上，如盐税、人头税等只向有承租权的农民和农场主征收，税制极其不公；最后只有在城市资产阶级身上开刀，由他们来认购国债，填补亏空，接受破产。

新教徒

新教徒仍是这一时期造成纷争的因素，至少在发生动乱的初期是这样。他们并不想重新开始在1598年已告一段落的战争，主要是担心天主教徒施展阴谋而时时设防。确实在教会会议（原则上每五年举行一次）上，主教们一再要求废除《南特敕令》，恢复天主教为唯一宗教，如此呼声不绝直至1685年。在罗昂-苏利家族某些贵族策划的激励下，蒙托邦和拉罗谢尔等新教徒聚居城市加强了防守工程。当吕伊纳1620年巡视南方，在贝亚恩市恢复天主教管治，尤其是当黎塞留决定废除《南特敕令》中有利于新教徒军事组织的条款时，蒙托邦和拉罗谢尔两地的新教徒重新拿起了武器：1628年拉罗谢尔市被围困期间，让·吉东和拉罗谢尔市民高涨的自卫激情反映出新教徒目睹30年前获得的全部权利将被剥夺的担忧，以及对前国王亨利四世的承诺被篡改的痛苦失望。但是1629年国王颁布《阿雷斯和平法令》，新教徒失去了所控制的据点城市、丧失了军队和发动暴动的手段，开始退缩：直到1670年他们沉默了整整40年，首先是政治上的绝对服从（马萨林承认这一点），或许新教徒的沉默掩盖了阵营内的重要更替——新教徒贵族阶层退出舞台由城市资产阶级新教徒所接替，乡村中新教徒也开始活跃，在连接日内瓦和新教重要据点，如普瓦捷、拉罗谢尔、蒙托邦、卡奥尔和阿让等城市的道路沿线展开活动；在经历了 1620 至 1630 年的重大挫折后，新教徒们在静默中埋藏起信仰的激情，等待 1670 至 1685 年间的可怕觉醒。

商人

1648 至 1649 年巴黎市民的暴动远远超越了最高法院法官们抵抗运动的范围，他们的行动甚至得到了助理主教的脚夫们的支持；巴黎市的资产阶级也参与其中，反对马萨林红衣主教的无数文章显示，巴黎的布匹商和手工艺人加入了暴动。当年拉罗谢尔被长期围困时，激进的胡格诺不但狂热抵抗，还向英国人求助。拉罗谢尔是当时法国最富有的城市之一，它和圣马洛、南特、波尔多和巴约讷等大西洋港口城市一样，在与西班牙的通商贸易中获取了最大利益和大量金钱；在一个雄心勃勃的财大气粗者眼里，某个阔绰豪华的都市，连同吕松市附近的主教府所在地都显得土里土气。17 世纪初法国社会真正感受到了 16 世纪美洲金、银涌入欧洲而带来的社会和经济的突变，资金和贸易急剧增长；丝毫不矛盾的是，这一时期波托西和美洲的所有大银矿已开始濒临枯竭，在 1620 至 1640 年间美洲白银越来越多地被铜币、含铜黑币及银票所替代，由此造成的社会后果是物价飞涨和通货膨胀。资产阶级暴发户盖楼买家具，穿着镶白边的黑套装、戴了敷粉的假发雇人替自己画肖像，虔诚地向教会捐赠或创立基金，以免死后因曾违禁放高利贷而不得入天堂；资产阶级过着贵族们被迫放弃的奢侈生活，当时贵族已移居城市，希望在城内定居，看到的却是豪华阔绰的资产阶级，他们已今非昔比。1614 年召开三级会议时发生在"过道"里的情景再微妙不过地反映出贵族的心态：过去的平民和卑微者对昔日主人缺乏尊敬的插曲司空见惯，棍杖怒对甚至拔剑相向的不文明举动时有发生。在会议上，贵族们抗议城市资产阶级收购他们的地产，抗议王室贱卖贵族头衔，特别是资产阶级的作弊生意。然而国王的错误做法和骗子的恶劣行径并未因此停止。在16世纪这类变卖贵族头衔、地产的事屡有发生，反响巨大，1648年杜皮松·奥伯内在《内战日记》上写道："一个名叫德·雅尔丹的骗子出售了多个贵族头衔，有人说价格为五万埃居。"①

资产阶级商人势力壮大的另一个迹象是他们涉足了所有领域：他们向穿袍贵族阶层输送人才，又因其奢华作风令穿袍贵族的尊严扫地；新贵族以自己的方式抗议当局，虽没有佩剑在身，却拥有正式备案注册的法律条文来捍卫自己的社会地位。于是第戎议事法院在1625年作出如下规定："禁止所有人在无特别许可的情况下擅用贵族头衔……禁止对商人、检察官、公证员和执达吏的妻子称贵妇，违者罚款100利弗尔，屡犯罚300利弗尔……禁止律师、医生及其太太穿戴丝绸或缎料织物的长袍和头饰。"同样，"奢侈"禁令还对穿着金银丝织物服装加以禁止或者作出明确规定，然而禁令之严厉也正说明其效果之差。这类禁令有两个作用，规定社会各等级人士的外表特征，譬如穿着绸缎服饰；同时也限制人们积攒金银，促进货币流通。出于同样目的，法律还禁止擅自打造银餐具或私下回收……

或许我们看到1648年商人和穿袍贵族联合起来反对马萨林，这主要是针对马萨林的税收政策，于是乎商人和穿袍贵族之间的矛盾暂时退居次位。税收政策是当时的另一诟病，此弊病在乡村中早已积重难返：资产阶级靠年金生活，眼看着人头税增加，"富人税"亦会卷土重来，所以心生不满；但是乡下人能说什么呢，他们既要承担国王的人头税，又要承受封建领主税吏的不断勒索，领主希望尽可能地多收地租。另一方面征收各项杂税的征税人也受到其主子的催逼，总之

---

① 杜皮松·奥伯内（Dubuisson Aubenay）：《内战日记》（*Journal*），第一卷，第94页。

贵族领主永远嫌收入不够，于是濒临卖地的贵族只能告贷举债，最后由法院判决封产、变卖家产。在 17 世纪的过程中，正是在这些破落贵族的家产基础上，越来越多的资产阶级成了地主①。

民众反抗

民众的负担加重了，部分是因为孔奇尼、黎塞留或马萨林当政时制订的国家政策，部分是社会变迁带来的结果。也许因为过去的日子太容易了，所以当下觉得压力特别大：在整个西部地区，曾经资金充裕、贸易繁荣，所以城镇居民和乡村民众的反抗就比其他地区更频繁更激烈。但各地都有民众的抗议运动：反对盐税官，反对征收人头税、封建主地税、间接税等各项捐税的征税吏。民众的暴动来势凶猛，有时资产阶级甚至法官都不想加以阻止，一是担心会对自己有不利影响，同时看到民众如此激愤也心照不宣地予以同情。愤怒的民众往往由个别妇人带头，她们为保住家中仅剩的几个铜板会把命都豁出去。俄罗斯历史学家波什内夫在其著作中描绘过 1623 至 1643 年法国民众的反抗运动，并企图从中寻找阶级斗争的迹象，可惜未能如愿，因为当时阶级意识说得很少；不过书中对民众运动有很好的描述，而且书末还附有保存在列宁格勒市的法王路易十三的掌玺大臣塞吉埃档案的摘录，对显示妇女在抗议运动中的作用十分珍贵。同样，1645 年在蒙彼利埃，"因国王加冕开支向手工匠征税竟引发民众暴动，运动由若干妇女领头，后来她们的丈夫也积极参与进来"。另一地的乡村教区也有所响应，"在菲雅克财政区发生了数起民众手执武器的集会。不过这是个贫穷的教区，对民众的如此激愤早已习以为常……集

---

① 马克·布洛克：《法国乡村史的特征》，第五、第六章；加斯东·鲁普内尔：《17 世纪第戎地区的城市和乡村》，第三部分，巴黎，1955 年再版。

会上手拿武器的妇女比男子多"①。另有一个例子，说明资产阶级附和暴乱民众，一名地方总督抱怨道（平时为遏制民众愤怒，资产阶级会对他给予帮助）："本市的民事法官真的应该在骚动刚开始之际就予以遏制，可是出于胆怯抑或默契，或许两者兼而有之，他们袖手旁观，眼睁睁地看着暴力、狂热和愤怒把一批群氓卷进了最初的运动中。"② 有时城市引发和鼓动农民造反：在利摩日和鲁埃格等贫穷省份，1636 至 1643 年间民众暴乱连年不断，城市在商人的鼓动下开始骚动，比动乱已平息下来的平原地区闹得更凶，给乡村反叛者做了榜样，鼓动农民起来造反。"王室或许有必要在维夫朗什惩处几个带头闹事持续了十个月的居民和官吏，杀一儆百……使农村那些学样造反的穷人有所收敛。"③

不过鲁埃格地区的维夫朗什看来是个例外。西部内陆地区和诺曼底民众的造反声势远胜于东部和大巴黎地区（尽管在"三十年战争"时，东部地区也曾遭受雇佣兵的破坏）。波什内夫等人的著作很好地反映了当时政府的窘况：面对各地零星的抗议运动束手无策，尽管当局全力以赴，但无从下手，只能等破坏造成后才加以镇压：王室官员遭打骂，房屋被烧毁，道路被破坏阻断；暴动者也许并非有组织的持续游击战，但群情激昂，村子里一片骚乱，村民"恐惧"万分，过后带头造反的人躲到附近森林里销声匿迹了，村子太平和寂静了几周或几个月。"反叛者继续在活动，变本加厉地烧杀抢掠，经常在韦尔格树林里集会，德·布尔代耶总督派人到野外去搜索……也搜查了森

---

① 波什内夫:《"福隆德"运动前法国的民众起义》，第 702 页，并参阅法国国家图书馆，法文手稿库藏文献，18432，第 231 页。
② 法国国家图书馆，法文手稿库藏文献，18938，第 10 页（诺曼底 1640 年），并参阅波什内夫:《"福隆德"运动前法国的民众起义》，第 644 和 672 页。
③ 法国国家图书馆，法文手稿库藏文献，18432，第 247 页。

林……可是什么也没发现。"① 因贫困而造反，杀人放火的农民起义和"赤脚党"叛乱在路易十三统治末期的几年里闹得最厉害，起因是东部和北部的兵燹加上各地的自然灾害：1630 至 1632 年的严重饥荒；随后 1637 至 1638 年饥馑蔓延至全法国大部分地区；从那时起直到发生"福隆德"运动，在各地乡村维护治安的总督和官吏们就再无宁日。在这些艰难的年份里，因国内动乱的牵累，红衣主教被迫放松了与哈布斯堡王室的较量。

各地农民起义和城市居民反叛都是底层平民百姓的骚乱，他们是无名之辈，除了暴动没有表达不满的其他方法。城镇尽管在抗议苛捐杂税方面与乡村有（相对的）共同性，但富裕的城市和远离发财致富的乡村之间存在着巨大的反差：遭受王室和封建主盘剥而生活平庸的内陆平原地区与一个世纪以来靠与美洲新大陆贸易和文化交流而变得相当富庶的沿海城市之间差距极大。沿海城市参与征服美洲新大陆、开发新市场，已成为当时"知识人士"的汇聚地。

城市发展和知识生活

17 世纪初期以资产阶级的创造活动和商业繁荣宣示了 18 世纪的未来。资产阶级在巴黎皇家广场和马雷街区（quartier du Marais）兴建住宅，数量跟过去贵族建筑一样多，甚至更多，马雷街区不再是贵族而是资产阶级的住宅区了：这种新式建筑的风格就是私人公馆。公馆远离街道，一侧朝向花园，另一侧是内院，朝内院一侧有两旁呈马蹄形的石级阶梯。公馆出入方便，经常接待客人，消息十分灵通。建筑正门上有三角楣装饰，外壁仿大理石粉饰，在白色或灰色石块间镶

---

① 皮埃尔·德·贝索（Pierre de Bessot，1609—1652）：《家庭日记账》（*Livre de raison*），巴黎，1893 年版，第 23 页。

以红砖作烘托，这些白色或灰色的石料采自蒙马特尔高地的采石场，这一建筑风格一直延续至 19 世纪。公馆建筑是专为接待众多宾客而设计的，建筑设计构思与其说是为主人居住舒适，不如说是为接待宾客。17 世纪的公馆一般内部装潢豪华，事业有成的资产阶级商人和穿袍贵族们自以为值得享受富裕的生活。他们购置精美的家具，以墙上挂自己的半身或全身像为自豪，肖像都是向当时巴黎名画师定购的，如菲利普·德·尚佩涅、勒布伦等。肖像人物极其庄严，头戴假发，长长的假发披在大白领上，身着多裥的宽大黑袍，宽松的袍袖下露出洁白的衣袖，袖口镶了烫成管状的褶裥、理得整整齐齐的精致花边，手或张开，做出律师辩护时的手势，或紧握一个小本子，露出光亮细长的手指。整幅肖像透出人物极其自信和富有的气息。

　　商人、金融家和穿袍官吏所从事的职业使他们有足够的时间享受娱乐和阅读，接触新东西，有暇接待同样喜欢阅读和讨论的宾客：城市征收人头税重——最高法院法官和贵族们对此议论颇多。城市成为知识和艺术生活的中心，上流社会人士热心参与活动，沙龙生活极其丰富多彩，以拉丁语作为传播思想的语言载体，在全欧洲通行无阻，加上自由旅行和交流频繁，欧洲各国虽国情有别但交流毫无障碍：在梅森神父的寓所，无论是巴黎皇家广场还是外省卢瓦尔河畔小城纳韦尔（神父曾在那里教过几年书），意大利人和佛兰德人风尘仆仆赶来相聚，相互尊重的文人学者见面轻松愉悦，共同探讨数学、道德、音乐和神学等议题。"他们是知识渊博的著名学者和热爱古典文学的人士"，也有纯粹的好奇者，以能参加学术讨论会而自豪。与会者定期在杜普伊兄弟家、泰奥弗拉斯特·勒诺多家和艾蒂安·帕斯卡的巴黎和鲁昂寓所聚会。据皇家科学院（建立于 1666 年）的历史学家丰特奈尔说，梅森神父的寓所是当时最闻名的聚会处："50 多年前在梅森神父家聚集了全欧洲最有学问的朋友，他们乐意在此讨论各种议题。

伽桑狄、笛卡尔、霍布斯、罗贝瓦尔、帕斯卡父子俩，还有布隆代尔等，都来梅森神父家。神父向来客们提出数学问题，或请他们根据已知现象做些实验，人们从未如此细心地探讨由几何学和物理学相结合而产生的科学。"这一情形被 J. 唐内利和 R. 潘塔尔出版的《梅森通信录》所证实。稍后，从 1633 年 8 月至 1642 年 9 月期间，又定期在泰奥弗拉斯特·勒诺多家里举行了 355 场更正规的专题讨论会①。"沙龙向所有人开放，与会者就物理、道德和其他学科的各种议题向公众发表演讲"，参加博学聚会的不只是梅森神父、佩雷斯克、伽桑狄、笛卡尔或小帕斯卡等当时的著名学者。有时讨论也会转向无关紧要的话题。然而讨论会持之以恒，持续多年，从当年报纸的评论报道足见它对当时知识社会的巨大影响。它聚集了教会和世俗社会的各方学者，有鲁昂教区总主教哈莱、格拉斯教区主教安托万·戈多，还有伽桑狄、让·莫兰、雅克·西尔蒙和"人们可毫不阿谀地称之为活图书馆的"诺代、路易·摩杜伊、瑞典人于格·格罗修斯……这些朋友之间的见解不尽相同：梅森神父与笛卡尔和伽桑狄都是朋友，但是从彼此不间断的通信可看出双方在对方的著作或讨论会所涉及的问题上有争论。这个学者社团出现在柯尔贝创建科学院之前，影响了各大、小城市受过科学知识启迪的整个资产阶级阶层……各地的文人社团遂形成了一股渴求知识的洪流。

怀着求知欲望的女士和先生们更多地聚集在一起，形成了一种新型的沙龙，其数量更多，因为讨论的话题不那么艰涩。在罗马出生的德·朗布耶侯爵夫人是当时巴黎的社交名媛，她家的沙龙聚集了她的追随者，他们是伏日拉或马莱伯的弟子，热爱语言文学和上流社会的

---

① 会议记录以《在讨论会上讨论的第一、第二……第一百个问题》（*Première, deuxième ... Centurie des questions traitées des conférences du bureau d'adresses*）为题出版。

礼仪。宾客汇聚在蓝色和绿色的小沙龙里，炫耀身上镶了羽毛和饰带的时髦套装，以委婉动听的语言谈情说爱。这种语言很快被用滥了——莫里哀根据这一题材在1659年写了一部讽刺喜剧《可笑的女才子》。沙龙社会自命清高，鄙视交际花们的粗俗：这种才子风尚是城市生活的一景，也几乎成了一种时尚，风流才子们根据不同的场合穿着不一样的服饰、说不同的语言，得意非凡。如此故作风雅的生活尤其成为一种巴黎现象，也产生了描写这一现象的大批文学作品：《阿斯特雷》，斯屈代里兄妹的小说，如《居鲁士大帝》，以及瓦蒂尔和斯卡龙的作品，还有《捍卫卖俏王国》《风流的法则》《温情脉脉》《爱情游戏》《貌似正经的才女》等。所有这些作品不应造成一种文学的假象，其实它们只是以特殊方式宣告路易十四治下极为开放的宫廷生活之诞生，并为其登场作铺垫。

西班牙模式

这类文学和科学生活总带有外国的烙印：在这方面17世纪是16世纪的延续，但是影响的源头变了。16世纪是德国，特别是意大利处主导地位，17世纪上半叶则是西班牙了。不过意大利并没丧失其影响力，它依然是艺术方面的楷模：普森毕生在罗马度过，他的作品中古代艺术的典范保持着伦勃朗所没有的魅力。但是菲利普四世治下的那个黄金世纪的西班牙，其影响力波及了所有领域：从经济的扩张到文学上的一大批小说家和戏剧家。卡尔德隆、塞万提斯和洛佩·德·维加都曾搭船从塞维利亚来过鲁昂和拉罗谢尔，粗犷的讲故事人使法国人发现了一个依然辉煌却已开始走下坡路的西班牙。那是个激情似火的地方，荣誉和爱情会使人豁出一切，那也是骗子、无赖和旧贵族，耍狗人和魔术师各色人等混杂的世界，还有塞万提斯在《狗的对话》里描写的荒淫无耻的牧羊人。总之，是委拉斯开兹和牟利罗画笔下神奇般的西班牙！当时德国因战争分裂而影响减弱了，瓦伦斯坦和蒂利的贪婪军队到处行劫，在莱茵河沿岸各省、勃艮第和孔泰等地破坏后与法国再无直接交往。东部和北部省份尽管较晚才有些苏醒，但毕竟长期处于死寂状态（荷兰北方和南方的战争直到1621年后才停息）。剧烈反对新教的洛林地区在乔治·德·拉图尔①的时代天主教势力强大，勃艮第在1650年后才恢复了大众化戏剧，如第戎曾以街头卖艺人出名，它的直接艺术为莫里哀提供了喜剧人物的原型，亦取悦了勃艮第地区爱开玩笑的几代人②。但是，与地中海沿岸国家的文化交流受到当地正在扩张中的宗教团体的阻遏，在嘉布遣兄弟会和耶稣会教士的压力下，最活跃的文化生活向内地和西部偏移：里昂已失去了16世纪的魅力；巴黎在王室政策鼓励下，同时得益于黎塞留创建的法兰西学术院和各种学者社团的活动，其影响力逐渐扩大；同样，高乃依的鲁昂、布雷多神父的纳韦尔，以及西部一些城市因耶稣会在1603年后重新扎根，于是在该会在俗主教助理、设计师马特朗日神父的主持下积极兴建了许多建筑。

这岂不是一幅反差极大的画面？在这些反差中出现了人们所称的巴洛克风格——上述几页文字仅是略略带过而已，还缺乏仔细勾勒和衔接，但只需补充一句：对古典文学的执着兴趣和火刑处死巫婆的狂热，发生在弗朗什-孔泰、拉布尔和洛林等地的大屠杀；热衷于在室内做换字组词、跳棋、作小诗、哼轻浮小曲等游戏，同时还进行激烈的神学争辩……圣人和英雄，如同在16世纪时一样，既是人道主义者又是神秘主义者，但两者之间已不像100多年前那么混淆不清了。

---

① 译注：乔治·德·拉图尔（Georges de La Tour, 1593—1652），法国巴洛克时代的画家，生于法国洛林，作品以绘画烛光作为光源的夜景闻名，题材主要为宗教画和风俗画。
② G. 鲁普内尔：《17世纪第戎地区的城市和乡村》，序言，巴黎，1955年再版。

2. 天主教革新后的圣人

从 1590 至 1640 年法国城市的宗教热忱有逐步升级之势——如果人们可以将热情和热忱加以区分的话——似乎武器不能解决痛苦的冲突，而思想却能被说服，尤其被榜样所改变，从而突显天主教教义的优越性。每个人都意识到对共同命运的责任，用心检讨自身，规划宏大的再征服，这已不仅仅是耶稣会教士的使命，而是全体信徒的天职……用武力解决分歧的时代已经过去，召开和解会议亦已成为历史；亨利四世曾再次尝试缓和宗教分歧，但未能说服他昔日的新教战友；天主教教士的热忱通过各种方式来表达——宣道、教育和革新等。反新教的运动正处于决定性的时刻。

基金会

每个人都全身心地投入，捐出自己的财产，这种愿望首先表现在建立许多基金会、创立修道院、捐款兴建教堂和对教堂进行内部装饰，还有大量入教信徒的捐赠——希望加入宗教团体的每个信徒都会捐出一笔价值不菲的财产……当巴黎人看到大街小巷到处兴建教会建筑，谁都不会怀疑是资产阶级和贵族为荣耀主而捐赠了成百上千万的利弗尔①。一片片民宅很容易改造成修道院，天主教教会如此扩张的势头至少延续至困难来临的 1660 年前后。资金和财富的积累令当时人惊讶不已：某一年在圣安托万大街上就一气出现了八座修道院！档案中暂时还隐藏着一些不为人知的秘密。

---

① 译注：法国古代的记账货币。

当然，教徒们荣耀主的意愿更体现在灵修生活方面，这些在文字记载和回忆录中十分清楚：教会革新后的档案比过去的文档更为人们所了解（因为阅读教士的文稿比读公证员的文书更令人感兴趣），它们吸引了许多研究者的注意和赞赏①。学者们擅长于描写教会内各种灵修派别的细微差别：从弗朗索瓦·德·萨勒到孔德朗和贝吕勒，以及亚维拉的德兰和十字若望——两位圣人是上一世纪的西班牙神秘主义大师，成为17世纪新一代信徒的思想和祈祷导师；上述圣人都从圣奥古斯丁的神学著作中汲取灵感，尤其是贝吕勒……

于是，新的宗教生活在16世纪的经济繁荣和神秘主义惊人蔓延的基础上发展起来，神秘主义者具有倡导者、组织者的实践精神和思想高度缜密的天赋，在阿卡莉夫人和奥利埃神父周围形成了一种专注于沉思默祷和极其崇高的神秘主义氛围。这种神秘氛围在倡导者去世后仍在宗教社团中长期延续，产生了不同的流派或者说倾向，表现出革新后天主教丰富的人文内涵。

心灵旅程

除了耶稣会在法国的卷土重来外，还产生了多少新的名字和宗教团体！在17世纪产生新的团体之前，宗教生活因阿卡莉夫人、贝吕勒主教和嘉布遣修会等一批宗教社团的存在已显得相当活跃。贝吕勒红衣主教是个有名的神学家和游历极广的人，他来到地中海沿岸受新教影响较小的一些地区争取信徒。他去西班牙会晤由亚维拉的德兰领导的加尔默罗修会修女，经过几个月的谈判，说服了加尔

---

① 最著名的有亨利·布雷蒙（Henri Brémond）的《法国宗教情感文学史》(*L'Histoire littéraire du sentiment religieux en France*)，八卷，巴黎，1928年版；较近期的有路易·高涅（Louis Cognet）的《17世纪的法国灵修》(*La Spiritualité française au XVIIe siècle*)，巴黎，1949年版。

默罗修女越过比利牛斯山来到法国传教,当时的法国在西班牙人眼中已是反天主教国家;他又去意大利,在罗马对菲利普·德·内里创建的奥拉托利修会十分赞赏,并在1611年把奥拉托利修会引入法国。贝吕勒主教的辩才比孔德朗和弗朗索瓦·德·萨勒更好(他有一句名言,相当准确地概括人的泰然信仰,这句话或许也可以概括他的时代,其主要含意就是"赎罪",即"上帝把我们托付给了我们自己"),他是个十分自信的天主教重要人物,他所创立的众多宗教社团和大量活动证明了他的生命活力……面对这类先驱,有一个宗教团体获得了更广泛的信徒,它就是出生在意大利的另一个名叫弗朗索瓦的圣人(圣方济各)传下的嘉布遣兄弟会。嘉布遣修会修士长期来擅长于在城市里传教,比耶稣会修士更能吸引广大的信徒听众,他们的传道手法娴熟甚至有点强制性,在信徒的心目中留下开创者圣方济各的新形象,就是西班牙著名画家苏巴朗①作品中那种较少有笑容更悲剧化的方济各会教士的形象。直至17世纪末,嘉布遣修会修士的传道魅力不减,这主要得益于他们的布道艺术,1691年一位外省的目击者这样写道:"嘉布遣会修士奥诺雷神父在尼古拉神父和该修会其他修士陪同下,在马芒德进行了一次非常出色的传教,传教在1691年11月开始……某天下午四时奥诺雷神父正在布道;在有些场合他脖子上会挂一根修会的打结绳套,当他让有罪的信徒当众认罪,命他们高声呼求上帝恕罪和慈悲时,在场的全体信徒几乎都失声痛哭起来……一群人不可思议地都涌上前来。"② 嘉布遣修会修士还注意在传道中用一些最传统的题材来吸引信徒,譬

---

① 译注:弗朗西斯科·德·苏巴朗(Francisco de Zurbarán,1598—1664),西班牙画家,以宗教题材的作品知名,擅长描绘僧侣、修女、殉道者以及静物。
② 丰丹纳马利(Fontainemarie):《家庭日记账》(Livre de raison),阿让市,1889年版,第39页。

如约瑟夫神父①多次引用的圣战和其他题材："1646年1月6日'三王来朝'日，晚饭后嘉布遣修会修士乔治来传道，他对我们说法国国王应该统治全世界……他还说在1646年中，土耳其人将会被逐出君士坦丁堡……"② 最后他们还善于从欧洲的一地扯到另一地，譬如从卡拉瓦乔的意大利谈到乔治·德·拉图尔的洛林，两幅同样表现神秘凝视题材的画《牧羊人的赞叹》③ 把同一教派的两位朋友联系在一起。

在17世纪最初几年，当耶稣会刚开始在法国卷土重来之际（1603），信徒日常的宗教生活深受嘉布遣修会、弗朗索瓦·德·萨勒、贝吕勒、康费德、科东、孔德朗等说教者激情的影响。亦正是在这时，弗朗索瓦·德·萨勒将自己的建议和灵修经验整理出版，他认为基督徒灵修生活的目的就是为达到一种完美无瑕的爱：1608年出版的《成圣捷径》是一本容易阅读的日课经，引导信徒慢慢地到达对上帝凝思默祷的境界；有人说，"捷径"针对崎岖道路而言，它的方向是西班牙；然而不容忽视的捷径赋予天地万物以关切与尊严，它们代表着人类追求与天主教信仰的和解。传教者不会迷惘，他们有意探讨"在天地造物中上帝教给我们的知识"。

在心灵旅程之外，时代还经历了重要的神秘主义：圣人弗朗索瓦·德·萨勒在《成圣捷径》之后，又发表了《论爱主真谛》（1616）。除了虔诚的宗教生活，还有加尔默罗修会，以及其严厉的禁欲。提倡"卓越"生活的修士们正与贝吕勒派教士进行着热烈的讨

---

① 译注：约瑟夫神父（Père Joseph，1577—1683），法国嘉布遣修会修士，在路易十三时期是首相黎塞留的智囊。灰衣主教"Éminence grise"一词首次用于他身上，因为他对首相黎塞留影响相当大，而且作为嘉布遣修会修士身穿灰袍，而红衣主教黎塞留则被称为"Éminence rouge"；"Éminence grise"一词后来转意，被人们用来专指心腹谋士、智囊。
② 奥梅松：《日记》，第一卷，第341页。
③ 译注：亦译"圣诞"。

论。有着火一般燃烧的灵魂的修女们改革蒙马特尔修道院，也为波瓦亚勒修道院的安热莉克·阿尔诺女修道院院长的大胆感到欢欣鼓舞。那时圣西朗神父还未进入波瓦亚勒，他跟其他人一样热衷于上流社会的社交，梦想拥有基金会，做祷告和过"上帝主张的"生活，他和圣女让娜·德·尚塔尔、圣樊尚等成为法国神秘主义色彩最浓的一代。

宗教氛围中还有另一特征：宗教战争结束后，法国高级僧侣不顾教会自立传统，在1615年接受了被法国各地议事法院所拒绝的特伦托主教会议通过的教谕。亦就是说，法国教会接受对教会礼拜形式进行改革，这对法国教会具有革命性的意义；从严格意义上来说，曾遭到新教猛烈抨击的中世纪教会的那套奇特做法都将被废止。过去，教堂在举行礼拜仪式时相当自由，教徒在礼拜中或在神父宣道时，不管本堂神父是否有请，可以随意插话，这种做法将被视为有失礼仪；同样教会过去允许每年在教堂举行两三次娱乐活动，以前看来无足轻重，此后也被禁止了。中世纪曾在教堂举办最受欢迎的节庆，在17世纪末遭到一位神学家的严词谴责："一些教士头戴面具，另一些身着女装，扮演各种令人厌恶的角色和丑角……他们在唱经台上群魔乱舞，唱着淫词滥调，甚至在主祭台上大块大块地吃肥肉……"① 总之，清除中世纪信徒的种种自由散漫，而且还悄悄地废除了过去教会封列的若干圣人或圣德，过去被教会封圣列品的人数不少；这些都是圣莫尔本笃会修士和一些教区的教务会议遗传下来的做法。从此，教堂的礼拜形式变得更庄严有序，弥撒亦不再像过去那样有大家庭的气氛，距离普通教徒更远了，教徒们渐渐失去了（已成习惯）主动与本堂神父对话、当众进行交流和讨论的权利；信徒在教堂内只能保持静默（当然除了唱经外），这就是更庄严的礼拜。这一变化影响深刻，

---

① J.-B. 第埃（J.-B. Thiers）：《游戏等通则》(Traité des Jeux ...)，第440页。

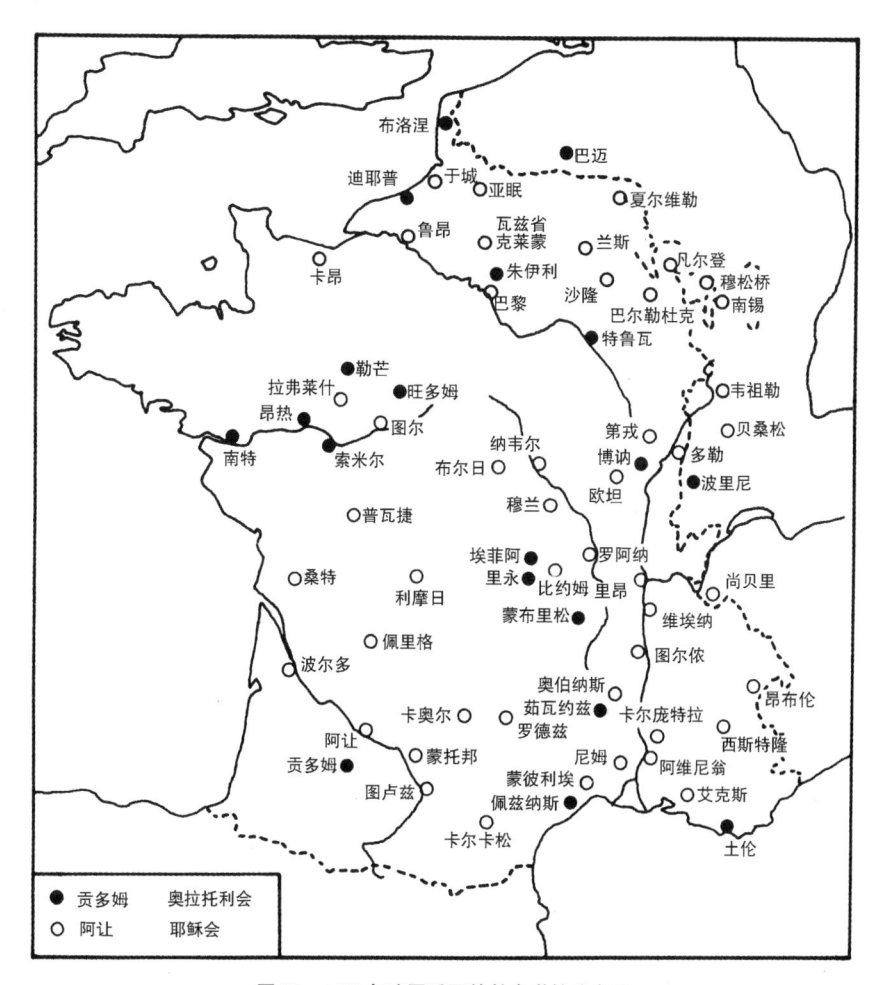

第九章 "天主教法国"和现代人　405

图20　1640年法国重要的教会学校分布图

奥拉托利会和耶稣会在全法国范围内争相为资产阶级和贵族提供文化的工具——学校。两个天主教派分别创办的教会学校，在动荡的16世纪曾造成很大的影响，进入17世纪后更变得不可缺少。图中的"次要"地区显得学校分布较稀少，应当补充上新教在色当、索米尔、拉罗谢尔等城市的教会学校，以及耶稣会在坎佩尔、雷恩、康布雷、奥尔良和欧里亚克等市的规模较小的教会学校……此外还应提到耶稣会1635年在魁北克创立的学校，尤其是办学所付出的巨大努力（包括校舍建造和师资培养）。这种努力还将继续下去，对照第十二章图8："旧制度末期的中等教育分布图"。

对教徒们心理上的影响尤其深远。

天主教靠这些内部改革和树立榜样来重新争取信徒，在这方面，还得提及著名的护圣会这个组织。护圣会是旺塔杜尔公爵在1627年创建的，是个由世俗精英和高级僧侣组成的虔诚协会。护圣会以慈善事业为宗旨，同时争取不信教者或新教徒皈依天主教，它很快在法国社会取得重要地位。该协会声称其监督、管理和惩处亵渎神明者，并在这方面获得了若干成功，直到1660年被马萨林取缔之后仍有相当的影响力。护圣会的"行动纲领"包括创建者所确定的主要方面："收容鼠疫病患者、生活极度贫困者、结石病患者或缺乏种子的农民等不幸者；拯救受官府欺诈、受高利贷盘剥的无辜者；改革袒胸露乳的马赛妇女服装；查封传播自由思想的书店；净化圣日耳曼市场和皇家广场的走廊；禁赌禁决斗；保护刚来到巴黎的外省青年；为小学培养教师；追查犹太人、新教徒和异教徒……"护圣会或者虔诚党在莫里哀讽刺喜剧《伪君子》和《唐璜》的时代，指的是同一批人，他们有同样的极端思想，所以他们的特性很快引起社会各阶层的不安；他们就是未经授权也无任何担保的世俗化的宗教裁判所，暴露出教权主义的企图，因此在17世纪遭到法国人民的唾弃（取缔护圣会不是马萨林主教的个人决定，而是他收到许多申诉后不得不为之）。在当时所有的宗教团体中，护圣会是唯一引起争论并被禁止的社团。

新修会的涌现

一切真正的虔信者，从弗朗索瓦·德·萨勒为她而写《成圣捷径》的那个温顺的"十分亲爱的菲洛黛"① 到圣路易丝，她们不但有

---

① 译注：菲洛黛（Philothée）这个名字源自希腊，男女通用，后人常在宗教语言中使用它，通指精神父亲指导下的弟子，如受弗朗索瓦·德·萨勒灵性指导的其表妹夏莫茜夫人，《成圣捷径》最初为她而写。

生命的冲动，写出了令人振聋发聩的作品，而且更有能力创建成功的宗教社团，加入一些在中世纪创立的、仍在活跃的宗教团体行列。老团体通过自身的改革，仍忠于创始者的初衷；而许多新修会不断涌现，其宗旨不外是培训新神父和发展慈善事业。圣樊尚的一些慈善团体相当有名，诸如与圣路易丝共同创办的慈善信女会（1633）、巴黎萨勒佩特利医院、弃儿收容所（1638）。即便在困难时期（中世纪的救助机构已相继消失），只要圣樊尚有需要就会获得大量的捐赠，他还创立了专注于静思默祷的女修会，参与加尔默罗会和圣母访亲女修会的活动（1603年创立的巴黎加尔默罗修会从1610年起开始向蓬图瓦兹、第戎、图尔、鲁昂、波尔多和沙隆等地发展）[①]；尤其创立了一些旨在培养低级教士的修道会：如圣樊尚因目睹无处不存在的贫困，一心想救助穷人，于是特意创立的圣拉萨尔修会（1632）。此外，贝吕勒的朋友兼弟子、巴黎圣绪比斯教堂本堂神父奥利埃，在他致力改革的堂区内创办了一所培养年轻神父的学校——圣绪比斯修会（1650）。然而在教育领域，当时最著名的团体还是由贝吕勒主教从意大利引入在1611年创立的法国奥拉托利会。该会的成立宗旨是响应特伦托主教会议号召开办讲经修道班，同圣拉萨尔修会和圣绪比斯修会一样培养神父，但不久便开始接受不以当神父为志向的年轻学子。1640年后该学校在教育法上的成功，以及在人文学科方面的教育（不仅是古代史，还有近代史方面）的成就在巴黎地区声威大震，特别是当时与耶稣会之间已存在竞争。奥拉托利修会在波瓦亚勒修道院之前放弃用拉丁语授课的传统，率先采用法语教授基础课程。这项改革是它成功的原因之一。教育的竞争夹杂着神学上的分歧：奥拉托利

[①] 这里仅举数例，新创立的修会数量极多，尤其是女修会：默祷兄弟会、嘉布遣会、圣于尔絮勒女修会、本笃受难女修会、避难女修会、本笃瞻仰圣体会等等。

修会的学生都是贝吕勒主教的弟子，信奉奥古斯丁的神学观，并在1640年后受到波瓦亚勒修道院的辩证法的吸引。他们还认同笛卡尔的学说……这就更需要与耶稣会划清界限，而耶稣会也不愿意去消除这一分歧。但是奥拉托利修会最终偏离了培养青年神父的方向。说实话，尽管在培养青年教士方面进行过一些尝试，况且还是在局部地区，在低级僧侣知识培训方面的改革不可能取得实质进展：特伦托主教会议提出的在每个教区设立一个讲经班的宏伟计划并非每个普通僧侣都能受益，尤其是教会中唯上意志横行、利益集中于少数权贵、王室亲信滥权等风气——加上大搞神秘主义——助长了僧侣贪图安逸享受，虔诚心的地位微不足道；再则低级僧侣的生活贫困，应付日常教职已相当疲惫；更何况师资奇缺，虽有神学院存在，但教学内容——如同我们今天常说的——不适应教士在基层传道的实际需要。

耶稣会

随着年代的推进，耶稣会在革新后的天主教内的势力不可否认地扩大，作为天主教重新夺回失地的先锋队，耶稣会在法国各地——包括在过去最有敌意的城市——迅速扎根：在各亲王和大贵族身边，甚至国王左右都有其代言人。取得巨大成功的耶稣会不停地盖楼建堂，创立修道院、神学院，帮助城市堂区管理教堂，常使教内其他派别的活动黯然失色。耶稣会有当局的支持——亨利四世从世纪初开始支持耶稣会；在神学院任教的神父竟然抛弃哥特式中世纪文化，大胆地将古代人文遗产基督化，这些都是其成功的主要方面。夏尔·佩罗在世纪末发生的那场"古今之争"中曾强调过这种教育上的排斥现象，称它对艺术的影响相当大："有些人领受俸禄专往自己管辖下的年轻人脑中灌输古代的东西，他们身着黑长袍、头戴方帽，向年轻人灌输古代作品，似乎这些不但是世上最好的东西，而且就是美本身，倘若他们真能模仿神明，还会给它们戴上种种现成的桂冠。"① 同样，耶稣会的成功被艺术地运用在意识形态的指导方面，其巧妙手法在于潜移默化，即不以过分生硬的言辞来触犯或得罪谨慎小心者：《福音书》上对富人所用的严厉词语会令在大宗生意上发财的大商贾心惊肉跳，耶稣会说富人在上帝面前有罪并非是因为他们的美酒佳肴，也非因为他们的锦衣豪宅；他们的罪过只在于对穷人太凶……

这话听来令人发噱，但经过乖巧神父的"变通"，周日弥撒也变为信徒乐意参加的节日。由耶稣会的建筑高手设计、建造的庞大教堂中央是唯一的大厅，两侧是并列的一座座小教堂，靠顶部的一个或两个穹顶和巨大的窗洞把整个厅堂照得通亮：新教堂的设计是为信徒们能带着自己的祈祷书在教堂内诵读经文；祭台上一片光明，也是为了让信徒们瞻仰和欣赏。因此在"剧院式"结构基础上富丽堂皇地加以装饰：古典式的外表，陶立克式或考林辛式圆柱顶上架着高高的三角楣；内部用大理石装饰，镏金的饰框和绘画；圣餐桌，小教堂，装潢上不厌其烦，一切令人赏心悦目。同样，教堂的圣乐亦近似世俗的音乐，犹如歌剧中的颂歌，女高音占显要的地位，她们唱诗完毕，就下来为教堂募捐。其实这些新气象并非耶稣会教堂所独有，不过人们采用"耶稣会风格"一词来形容教堂高大明亮的建筑和奢华的装饰。近年来这种说法和事实本身遭到某些接近耶稣会的历史学家的反驳②……其实，这正是宗教生活新构想在造型上的表达：耶稣会希望教堂变得更美观舒适，以吸引贵妇和有产阶级。耶稣会的一切用意都是为了这一目标：这是为再征服而付出的代价吗？

---

① 佩罗（Perrault）：《古今之类同》（*Parallèle des anciens et des modernes*），第二卷，序言。
② 参阅皮埃尔·莫瓦西（Pierre Moisy）：《法国老救济机构的耶稣会教堂》（*Les Églises des jésuites de l'ancienne assistance de France*），罗马，1958年版。

耶稣会活动积极而且无处不在，它既参与上流社会生活又频繁接触科学人士，比任何其他宗教团体都更热心于学术、艺术界活动和"哲学"讨论。在索邦大学有权势显赫的学者，在圣安托万大街各修道院有导师，然而耶稣会最上心的看来还在于向上层资产阶级和贵族阶层传教布道，甚至不惜得罪平民百姓。底层民众对耶稣会的奢华教堂和出格行径感到惊讶之余更是愤怒。以下两种方式的见证值得一提。1634年在勒皮市有一个气愤的市民这样抱怨："啊！那些在此建造（这样教堂）的人该遭诅咒，且永远诅咒他们……因为他们贪得无厌，永不满足世上已有的财富。"1643年在巴黎，奥梅松在他的日记上这样写道："4月23日周四，我去听了耶稣会神父兰尚德的布道。此前我还与隆巴尔神父交谈了，他告诉我民众继续仇视他们，而且几乎要上街闹事。"① 不管怎样，在世俗社会的若干挫折中，耶稣会在1640年该会创立百年之际已认识到法兰西王国存在贫富不均的现象，而那时它将面临与让森派教士的争论，两派争论是后来的事②。

---

① 奥梅松：《日记》，第一卷，第33页。
② 当两派发生争论时，许多重要人物都已去世：弗朗索瓦·德·萨勒死于1622年，贝吕勒1629年，阿卡莉夫人1618年，让娜·德·尚塔尔1641年，孔德朗1641年，只剩下奥利埃和圣樊尚。奥利埃已专注于圣绪比斯教区的教务，圣樊尚死于1660年，但他未参与争论。

3. 1636 年的英雄

1636 年 12 月，皮埃尔·高乃依的悲喜剧《熙德》上演。几个月后，勒内·笛卡尔的《为追求理性和寻求科学真谛的方法论》在书店上架了。两部作品，两位杰出人物——这点是肯定的——以不同的方式见证了他们的时代，补充了时代的面貌。在路易十三世治下的天主教法国，在 1638 年国王立下著名许愿时的法国还有其他出类拔萃的才华：高乃依式的英雄和天才学者。高乃依式英雄还出现在当时别的悲剧和悲喜剧中；学者的天才涉及天文学、数学、星相学和音乐。

高乃依

高乃依把罗德里格和希梅娜的叛逆爱情故事搬上舞台，激发了法国古老的理想——骑士理想。剧中主人公以传说中的中世纪英雄熙德为原型，他面临各种巨大的危险，懂得放弃一切，甚至包括爱情。他是一个骑士贵族，接过由国王弗朗索瓦一世最后传下的火炬。人们对弗朗索瓦一世有那么多的美誉，溢美的传说中不乏过誉之辞（帕维亚战役，"一切都失去了，除了荣誉"[Tout est perdu fors l'honneur]）。熙德这位胸襟伟大的英雄，爱他的父亲、爱国王、爱希梅娜。他身为荣誉之乡的西班牙人，却被法国贵族所认同、所赞美，也许法国贵族相信熙德身上有着跟他们同样的美德：近乎盲目的勇气、无限的忠诚、忘我的献身精神……高乃依肯定读过西班牙的传说故事，读过塞万提斯作品——堂·吉诃德不允许桑丘提及他认为不体面的退隐一事。而且高乃依还故意写到了决斗，黎塞留对此极为不满，十年来贵族们为决斗一事与红衣主教黎塞留反目：决斗的权利对 1636 年的贵族们来说就是展示崇高美德的权利，带有尊严的意义。达塔尼昂这个大仲马笔下的人物是否真有其人无关紧要，他在巴黎教士草场的著名决斗场上以天赋的体格通过决斗来捍卫自己的崇高信念，在决斗中一切特权都消失了，唯有信念才是最后的避难处。火辣的语言压倒了一切（"伯爵，冲我来吧！……"又如后来另一出悲剧《贺拉斯》中的那句著名的台词"让他去死吧"）：这就是高乃依式英雄身上的显著魅力。

一颗如此高傲的心绝不会在荣誉面前含糊，将毫不犹豫去挑战权威（《贺拉斯》中的卡米耶）和整个社会，如殉道者波利厄特，但这一性格并非高乃依人物所独有，也不是他那四大悲剧的专利。这种性格既能让人物即时抒发感情，随时激发荣誉感，也能让人物因忠诚的幸福而爆发出无拘无束的爽朗大笑，它出现在许多作家的作品中：在舞台上和小说中，孤傲的人物（如奥诺雷·德·于尔菲的《阿斯特雷》，1627 年），不惜冒暴力和恶斗的代价争强好胜的人物……法国戏剧舞台上这类人物的出现比伊丽莎白时代的英国晚得多，剧情中加入了调笑和眼泪，这种性格的突发性恰到好处地反映了宫廷和古堡的风俗。高乃依在《熙德》之前的喜剧（如《宫外长廊》《皇家广场》）和在 1643 年后写的《阿拉贡的堂·桑切》，以及同时代的邦瑟拉德、罗特鲁等其他剧作家，以悲喜剧的形式写克莱奥帕特、奥古斯特大帝和罗多古娜的题材，这些都是当时的真正风格。正如那个追求高尚、渴望狂欢的动荡社会的影子，舞台上发出决斗的铿锵击剑声：邪恶或崇高的灵魂应声倒地，然而"喜剧丑角阿勒坎以他的连续翻跳和滑稽动作让忧郁的人们知道，他有办法让他们捧腹大笑"[①]。归根结底，

[①] 卢瓦尔省档案，B 类 231。

高乃依和邦瑟拉德作品中的古典题材是一个背景，它受欢迎是因为给人们一种异国情调，一种悲剧化的乡愁，它能减弱剧中人燃烧着的激情。十多年后出现的《葡萄牙修女》也是这种激情的回响：激情的呼声响彻了整个时代，"……我的名誉扫地，我面临父母的暴怒、国家法律对修女的严厉，还有你那忘恩负义，它是我最大的不幸……"；稍后，修女还呼唤道："天啊！你的负义令我心碎，我要忍受你的仇恨和你竟爱上别的女人给我带来的妒忌；而我至少还有战斗的激情……"

小说中也有同样的英雄、同样奋勇的拼搏：这种豪情在斯卡龙和瓦蒂尔笔下的"才女"身上有，在邦瑟拉德和罗特鲁写的那些刚流行的小说里也有，这类小说卖得跟大部头的神学经典，跟伽桑狄、梅森和笛卡尔等的科学著作一样好。圣雅克街的书商们跑去向作家购买版权，出价动辄数百利弗尔。1636年罗特鲁以750利弗尔出售四个悲剧剧本；30年后莫里哀以2 000利弗尔出售了他的《伪君子》。一个世纪过后有生意头脑的作家则可以发财，譬如伏尔泰。阅读他的《滑稽小说》《学究》《爱情游戏》《温情脉脉》等作品，对由法官、商人、贵族和平民组成的广大新读者来说既是娱乐消遣又长知识。伏尔泰出生富裕家庭，胸襟宽阔，心系社会。他热爱生活，他的喜悦和冒险在新文学中取得巨大成就。从此，戏剧和小说取代了上一世纪作为宫廷生活游戏的风流雅致的抒情诗歌；戏剧是整个社会的游戏，而小说则以它的方式取悦于社会。

笛卡尔

另一些勇于探索和冒险的伟人就是寻求坚实真理的学者。伽利略遭到罗马教廷的查禁，但他无法割舍自己的"发现"；笛卡尔，一个足迹遍布各地的战士，对所有科学抱有激情，他决定研究解剖学，在家乡拉埃市学习了几个月，对当时还十分神秘的人体组织做解剖又再缝合。他长时间潜心研究探索，把心得告诉几个有通信联系的朋友学者，他们之间进行了数年的争论和探讨，最后他发表了关于几何学、屈光学和大气流星现象的三篇论文，令人刮目相看，并以这三篇专论的导论的形式发表了他的《方法论》。在当时的学者看来，这是一条知识探索的旅程，梅森神父知道这条路的艰辛和规则，但是笛卡尔显得比所有人都勇敢：这是个敢于对周围世界提出怀疑的人，包括他自己和上帝；他从怀疑出发勇往直前，但一时在森林中迷失了方向，没有指南针，唯一的出路只有朝一个方向不停地往前走；这是今天刚涉足哲学的研究者还在反复运用的好原则（"永远不要把任何东西当真理来接受"），可是它不会让人忘记出发时的那种令人难以置信的大胆。

笛卡尔抛弃了一切，直到发现拯救他的名言"我思故我在"（cogito）的一刻，他找回了一切：国家和同时代人的灵魂，为避免无谓地搅乱平静，宁可长途跋涉移居荷兰，以保证科学研究所必要的思想清静，"留存可能需要的实验费用，而且防止人事纠缠剥夺了自己的余暇"；其次是面对上帝，即传统宗教天主教的上帝，其真理已被不求甚解的经院哲学阐述得如此完美，"既然我知道了一些过去不知晓的真相，而我并非唯一的存在者（请允许我在此自由地使用学院的语言），因此有必要让世界还有更完美的东西"[①]。还有《形而上学沉思录》（它可能是区别于科学的必要的形而上学的基础），如今已不再被人阅读了……

笛卡尔以他的《方法论》和《引导思想之法则》处于当时科学运

[①] 《方法论》（*Discours de la méthode*），"法国的天才"出版社（*Génie de la France*），第 35 页。

动的中心，他不是先驱者，同梅森神父和伽桑狄等人一样，他本人也在物理学、数学和解剖学领域苦苦探索，他以下的话便直率地承认了这一点："引起灵魂激情的最贴近和最终因素不是别的，就是思想对脑腺的刺激。"① 但是笛卡尔是他那个时代和他周围人中最杰出的学者，他知道建立普遍适用的方法，靠它去理解并最终认识世界，沿着这条路可以走出 16 世纪种种可能的怀疑、模糊和不确定。听一听笛卡尔的伟大断言："几何学家为解决最困难的演算而采用一系列长长的简单而容易的推理，使我联想到一切能被人类所了解的事物都是以同样方式相关联的。"② 很可能笛卡尔的洞察力不及梅森神父和伽桑狄两位机械论大师，但他与伽桑狄就科学问题进行过多年的争论也十分重要，因为伽桑狄的一些实验令身为物理学家和解剖学家的笛卡尔感到困扰，他认为伽桑狄的体系建立得过于草率，他的实验太不严谨可靠。笛卡尔还是一个哲学家，他提出的数学方法之普遍价值给同代人提供了一种武器，决定性地击退了 16 世纪的情感自然主义，并宣告了新科学的诞生：笛卡尔方法的精确性和力求论证的明确性，就是当时人所称的"探索精神"。事实上当年轻的帕斯卡投入数学研究，在多姆山做大气压力的实验，在鲁昂当着兴奋的公众证明真空存在的时候，就是这种科学精神的活生生的体现。帕斯卡发现了他的定律，否则任何科学都无法建立。然而，这种科学的激情是带有纯粹思辨性质的精神激情，还未延伸至技术，甚至未曾想到运用至技术的可能性。德尼·帕潘和他发明的蒸汽锅是 17 世纪的事，他是笛卡尔的晚辈（当时《学者报》上已不时有关于机器的报道），第一代的蒸汽机出现在 18 世纪末。总之，当初还只是纯粹地追求知识，未想到应用

---

① 《论激情》（*Traité des passions*），"法国的天才"出版社，第 103 页。
② 同上。

知识。

这种凡事严谨、处处怀疑的极端大胆,会骚扰谨小慎微的人,这是肯定的;但是笛卡尔至死都是一个好天主教徒,他受到许多人身攻击;耶稣会的学校直到他死都把他的著作列为禁书……他死后耶稣会才改变做法。

博学的自由思想者

在 1620 至 1640 年间,知识阶层中还存在另一些人,他们惯于作"长长的一系列推理",面对信仰有清醒意识;但面临在科学和信仰之间作抉择的风险时,陷于重重矛盾,不敢公然宣称以牺牲信仰来维护科学,他们就是博学的自由思想者。他们是帕多瓦大学思想①的追随者,据梅森神父估计,他们在巴黎人数不少(他提出有 5 万人的数字有点惊人)。帕斯卡视他们为古怪的孬种,他们行踪隐秘,从不喧嚷,害怕丑闻及其带来的可怕后果。只有个别例外,譬如被火刑处死的于勒·凯撒·瓦尼尼。莫雷利对瓦尼尼有这样的评价:"于勒·凯撒·瓦尼尼于 1619 年 4 月 19 日在图卢兹被处以火刑……他是那不勒斯人,17 世纪初在法国传播无神论思想,后因此在图卢兹获罪,被处死刑。据说当局让他当众认罪,求得上帝宽恕,请求国王和法律的宽恕,他回答:从不相信有上帝的存在,也从未冒犯过国王,至于法律,他说让它见鬼去吧……"其他人谁也不想出头露面,他们生活隐秘,不分青红皂白地把诺代和伽桑狄、布夏尔、帕坦、西哈诺和笛卡尔等人归为一类,称笛卡尔为戴面罩的哲学家;他们"按祖上习俗"(more majorum)② 不折不扣地履行教徒的义务,但不与任何人交心;

---

① 译注:帕多瓦大学以诋毁经院哲学出名,学生在此看到调和亚里士多德主义和神学信仰的圣托马斯学说的瓦解,他们普遍对宗教信仰持迟疑态度,不再相信基督教教条。

② 勒内·潘塔尔:《17 世纪上半叶博学的自由思想》,第 125 页。

仅在几个可靠的朋友之间,或聚会于某一偏僻的小酒店,或在某人家里,讨论哲学家和神学家们正在争论的重大课题;他们从不发表东西,至多匿名发表某个极谨慎的革新者的文章,如诺代的《为被指控为巫师的伟人们辩护》(1625)。尽管有当时人的种种猜测和帕斯卡的打赌,人们也不可能了解他们的真实面貌——直到 19 世纪末一位博学者发现了 J. J. 布夏尔的自白忏悔,不过文献真伪仍存在较大的争议。种种迹象表明这只是一个人数极少的小团体,因为收罗和培养弟子也冒有被火刑处死的风险,所以没人敢招收弟子。在科学和信仰即将公开对阵的世界上,他们可以说是无神论者的先驱。

在 17 世纪中叶,大辩论尚未拉开序幕。随着时间的推移,对科学的激情传染了越来越多的资产阶级和贵族人士,妇女也参与了进来,人们在阁楼甚至卧房里架起了望远镜,绞尽脑汁地观察天空,探索天文星象:《女学究》讽刺的就是这一现象。但是在信仰方面,谨慎态度仍占上风。勒诺多的《小报》在 1650 年对发生的一桩"奇迹"(在圣母领报瞻礼节那天,一棵被砍的树竟流出了血,据说是对在宗教节日劳作的樵夫不信教的惩罚)作如下评论:"关于这桩奇迹我想应当告知公众,一听到有人散布奇迹的传言就信以为真,并像一些迷信的人那样毫无根据地将它视为信仰之物,如此漠视教会庄严提出的对奇迹要有证据并作鉴定的规定,应当受到指责。"有关圣人和奇迹,新教徒已经说得很多了,完全有理由相信他们对奇迹采取普遍谨慎态度是正当的。日益壮大的科学和信仰之间的大辩论直到 17 世纪末才发生。这个问题一直困扰着帕斯卡,可是他生前没赶上这场辩论,"圣书上若干段落的字面意思与理性或意识所确信的意思有矛盾,不应否认这一点而盲从权威,只取圣书表面上的意思,而应当诠释圣书,寻找与明显真理相一致的另一层意思;因为上帝对同样事实说的话是不会错的,而人的意识和理性的判断也是可靠的,需要将两个真理统一"①。由此产生了奇怪的沉默，导致沉默的原因部分来自笛卡尔本人，他的形而上学与他的物质思想一样，以同样的权威影响了他的时代整整 30 年。

---

① 《致外省人信札第 18 封》(*Dix-huitième lettre provinciale*)。

4. 让森派教徒

造成沉默的另一原因，与笛卡尔和哲学无关，是让森派和耶稣会①之间那场影响深远、持续近 30 年（1643—1668）的有关神学和道德的争论。这场争论将我们从阿尔诺的《频繁的圣餐礼》引向教会和平。这场宗教争论涉及政治和社会各方面，包括上至国王、罗马教廷，下至修道院打杂务农的低级修士、巴黎圣日耳曼奥克塞瓦街区的平民资产阶级，以及索邦大学、巴黎最高法院、各教区本堂神父、波瓦亚勒修道院修女及信徒等社会各界人士都参与其中。整个首都巴黎为之沸腾，后来蔓延至外省城市，影响了一个多世纪的法国教会生活；当 19 世纪初最后一些让森派教士去世后，让森派这个词仍是教士苦修和灵魂崇高的代名词：小说《红与黑》中贝桑松修道院院长、让森派的彼拉神父的形象被描写得那么和蔼可亲，而耶稣会的弗利莱神父的面目却是何其负面。

《频繁的圣餐礼》和《奥古斯丁》

引发让森派大争论的起点是安托万·阿尔诺于 1643 年发表的《频繁的圣餐礼》。但这并不意味着圣西朗和让森两人对该派的不重要，因为神学家让森死于 1638 年，而其著作《奥古斯丁》在 1640 年出版时并未引起轩然大波：拉丁文的大部头神学著作仅在拉丁语学校

---

① 在教会内部与耶稣会的长期争论使让森派直至今天都受到激烈的攻击：普雷克兰在他的《历史研究初级读本》（《格利奥丛书》[Clio]）中写道，"圣西朗不圣，头脑混乱且荒诞……学说愚蠢至极……"，至多只能称之为"让森派异端邪说"。参阅 R. 穆斯尼埃（R. Mousnier）的著作，《克鲁泽丛书》（Crouzet）。

里才有读者，书中大段引用圣奥古斯丁和圣保罗两位圣人的原话和注解（1643年前出版的其他受让森思想启发的著作也没有引起大的反响，如塞格诺的专论《论童贞》，1638年）。至于圣西朗，他死于争论爆发的当年即1643年，在30年代巴黎很少人知道他，作为波瓦亚勒修道院的精神导师，他吸引了一些渴望过苦修生活的巴黎教徒，从1637年起聚集到谢夫勒斯谷地的修道院内。他曾大胆地批评黎塞留的某些违背天主教道德的政治行动，因此身陷囹圄，在巴士底狱度过了漫长的铁窗生涯（1638—1643）。然而，不管阿尔诺家族在波瓦亚勒修道院内外的影响多大，也不管圣西朗神父管理修道院有多严厉，《频繁的圣餐礼》问世时并未引起当时人所说的巴黎宗教生活大震动。几个月后，被那篇小论文直接所指的耶稣会（文章在当时教会各级当局的帮助下发表，以含蓄的方式指出，圣餐礼这一如此重要的宗教仪式不应在没有适当准备的情况下每周举行数次）和新神学家的朋友们之间才爆发争论，并把争论推向社会公众。用波舒哀的话说，这部作品"受到了学校和年轻人的青睐"，无论在道德还是在教义上都显示了天主教的观念，因此很快被普遍认同。倘若相信较可靠的证言，耶稣会应是挑起这场争论的主要责任者。奥利维耶·德·奥梅松在《日记》中这样写道："塔隆先生说，每个人都觉得耶稣会通过诺埃神父之口一心想驳倒这本书的做法不对，诺埃神父把一大堆作者从未说过的错误意思强加在他头上，耶稣会的做法大错特错。"[①] 讲道和讨论就这样进行着，索邦大学不时地爆出争论，普通的传道中对某些惯常做法都会严加斥责，更不用说在灵魂归宿的命定论上……

争论主要在两个层面，在整个争论过程中这两个层面的分歧始终

---

① 奥梅松:《日记》，第一卷，第112页，作者还在几行字后继续写道："我去买了这本书（指《频繁的圣餐礼》[*La Fréquente Communion*]），也读过了，里面写的都很好。"

存在：一是教义，或者说是教义上的某些观点，让森派自称仍是天主教徒，并未对全部教义提出疑问；另一是道德，亦即天主教宗教仪式。显然这两方面有密切关联，耶稣会的观点截然不同，他们毫不犹豫地称让森派为"新邪教"，不过在道德层面上耶稣会的态度比较谨慎，而让森派则认为各人"感觉上帝可有不同的方式"。波瓦亚勒修道院的教义是建立在《奥古斯丁》之上，这部著作是让森对圣奥古斯丁学说的再思考，是关于恩惠和宿命的某种神秘观点，它确实离基督教的新教教义不远了。为此圣安托万大街的耶稣会修道院神父们大呼"警惕卡尔文主义回潮"并没错。争论的本质是让森派主张有罪在身的信徒在上帝面前羞愧万分，在上帝的恩典和被钉在十字架上受难耶稣的美德前面觉得自己一无是处、无能为力；是无法抗拒的恩典和上帝指定他们得救……从这点可以说，波瓦亚勒的修女们在圣西朗神父来到修道院之前就已经是让森派的追随者了。正是从这些出发，让森派教士不否认传统，不反对圣体圣餐，不否认有奇迹，对圣贝尔纳更是推崇备至——圣人在波瓦亚勒修道院与教廷关系紧张时保佑着修道院。他们高声赞美耶稣的母亲——圣母玛利亚，表示忠于罗马教廷，至多只是对最早几个世纪教会的做法有所遗憾。这一切都体现了让森派有许多正统的观念……然而对事件的评价不会像天平秤一样明确地分出对错。再则，让森派的立场也未受任何理性主义的影响。他们就是对现世生活太多忧虑，太相信上帝无时无刻不在我们的生活中（这与贝吕勒主教的观点相去甚远）。尚且不说帕斯卡和圣荆棘的奇迹，一个出身平民的让森派教徒在世纪末评论一场旱灾因祈祷而得以化解一事时写道："所有人都有理由把消灾归结为圣女日内维耶的代民求情，巴黎市民抬着她的圣骸盒上街游行……这些想法使我们确信圣书上的伟大真理，是被我们的罪孽所激怒的上帝的手驱除了折磨我们的各种祸害；如同是被我们眼泪打动的上帝之手将神的慷慨播撒在我们每一个人身上一样。"① 耶稣会逐行死扣《奥古斯丁》的文字，很快从中摘取若干段落，归结为所谓的"五点主张"，于是围绕这五点主张的辩论一直持续到18世纪：耶稣会仅根据含义咬定《奥古斯丁》有"五点主张"并据此谴责让森派，事实上诸如"耶稣并非为所有人而死"之类的句子在字面上根本不存在，而让森派则不断声称，他们完全赞同对这五项主张的谴责，但问题是《奥古斯丁》中根本没有这样的字句……没完没了的争论，不可能有任何和解。

波瓦亚勒修道院和《致外省人信札》

从法国社会史的角度来看，让森派的道德显得更为重要：作为这一教义带有苦涩而有生气的果实，正如此后经常被人提到的那样，它是全部道德的基础。宿命论牵涉到上帝的自由，也关系到人的自由，个人择善而从并非为了将来有善报，而是出于与切身利益无关的意愿。耶稣会指责波瓦亚勒的教义是纵容自由思想者，似乎他们命中注定会受恩惠而被得救，现世生活方式并不重要，可以随心所欲；而让森派则认为个人行为的唯一价值不是用来做交易的，与惧怕天国的惩罚无关。当然波瓦亚勒修道院也接受慈善捐赠，但仅此而已，并未将此举看作日后有好报的交换，认为永恒的生命是靠日常的善行来体现②。这种在宗教行为中自我"提升"的道德要求，其神圣意义无可争辩，却给让森派带来了困难，他们的信徒也局限于有一定文化能理解艰涩推理的人；不过让森派在习惯于神学家的诡辩、有教养的巴黎资产阶级中有很多追随者，他们当中包括巴黎最高法院相当一部分的法官。这些人很久以来就对耶稣会不满，有意抵制耶稣会的精神情

---

① 杜·福塞（Du Fossé）：《回忆录》（*Mémoires*），第437页。
② 这些主张在某些方面令人想到了卡尔文，也预告了《实践理性》（*Raison pratique*）的康德和他心灵深处的道德准则，他是个世俗的让森主义者。

懒，特别是对大贵族和王室的迁就放任，主要在路易十四年幼时母后奥地利的安娜摄政期内。虽然耶稣会轻而易举地获得一系列成功（包括在索邦大学、罗马教廷和国王本人身边的成功，教皇从 1653 年起颁诏公开谴责"五点主张"，1660 年帕斯卡的《致外省人信札》被列为禁书，1664 年波瓦亚勒修道院修女们被遣散……），但他们对让森派的穷追猛打也有不利，使一些孤独者甚至同情他们的朋友，对争论变得相当冷漠。

因此在耶稣会眼中，波瓦亚勒是必须打倒的敌人，至少在 1668 年教会内暂时平息争论之前是这样。自那以后新教徒再次成为被迫害的对象。让森派的影响曾是如此巨大，社会主流被引向谢夫勒斯谷地和它在巴黎的修道院，人们如饥似渴地阅读《频繁的圣餐礼》《致外省人信札》，以及在波瓦亚勒影响下撰文支持其立场的大量小册子：它们依据神学的深奥知识和对自己立场的不可动摇的信仰，纷纷驳斥耶稣会的论点，使耶稣会感到难以容忍——耶稣会一向以引导主流社会为己任。因此罗马教廷的耶稣会教士公然宣称教廷无谬误论：其实早在特伦托主教会议上，这一说法已遭到否定，但是神父们仍坚持这一点。不过让森派还真知道有个认错的教皇（致夏米亚德的第二封信）："相反，无谬误的恰恰是教皇可能出错，作出错误的判断。这方面的例子太多了，眼下就有一个叫你信服的证据，那是你无法否定的，因为它就来自你们相信无谬误的教皇。请读一下《圣格雷古瓦对话录》第一卷第四节。为什么你们对我们作为人会出错而感到惊讶呢？难道你们忘了先知先觉的大卫王，曾因相信伪证而对若纳塔的儿子作出了不公的判决吗？"然而，罗耀拉和莫利纳①的徒子徒孙诡辩

---

① 译注：莫利纳（Luis de Molina，1535—1600），16 世纪西班牙耶稣会最著名的神学家之一，他创立了关于神的恩典和人的自由之间关系的神学理论，被后人称为"莫利纳主义"。

的书籍在书店大量销售，以致巴黎人感觉舆论似乎一边倒，《致德·蒙塔尔特先生的信》似乎是神学的最后结论。让森派在争取孤独者和学校教育方面也取得了一些成功。有些信徒对家庭和社交生活感到厌倦后，放弃了社会责任和名誉地位，隐遁波瓦亚勒修道院，树立了摆脱尘世生活的榜样。当有思想深度的让森派教士从事教育，开办小学，出色地用法语授课（发扬奥拉托利会修士的首创精神，在一向用拉丁语授课，要求学生以拉丁语读写的教育系统里取得了很好成果），培养出让·拉辛和其他著名人物，他们透彻了解社会生活，精通礼仪，于是吸引了数十名学生离开耶稣会的克莱蒙学院而转入让森派的学校就学时，耶稣会更把让森派视为眼中钉，此事虽小但并非无足轻重。

当年轻的帕斯卡应阿尔诺之请而写作《致外省人信札》时，巴黎上流社会几乎人人争相阅读，还包括很多资产阶级商人和部分低级僧侣，甚至一些前"福隆德"党成员的贵族，如德·隆格维尔公爵夫人；这正好被耶稣会用来指责波瓦亚勒有政治阴谋，他们正愁缺乏罪名。阅读《致外省人信札》的热潮从巴黎扩大至外省一些大城市，如鲁昂、奥尔良、图卢兹，再蔓延至帕米耶和博韦等较小城市。主教和本堂神父也参与进来，主张教会自治的年老教士和年轻的神父各以不同方式从这场宗教大辩论中汲取精神养分。本堂神父对争论的反响很大，因此留下了大量的见证："他被任命为鲁昂的科尔得利会圣艾蒂安堂区的副本堂神父……他让人了解《福音书》而自己却对《福音书》十分无知……"①

传遍全法国的宗教激情还在发酵：1656年3月在波瓦亚勒修道院修女、帕斯卡的侄女身上发生了圣荆棘奇迹②，让森派认为奇迹是上

---

① 杜·福塞:《回忆录》,第331页。
② 译注：所谓"圣荆棘奇迹"是指发生在波瓦亚勒修道院修女、帕斯卡的侄女玛格丽特·佩里埃身上的一桩奇迹，修女患了泪腺病。她在1656年3月24日那天碰触了耶稣受难时戴的头箍上的荆棘，眼疾马上消失了。

帝对他们事业的支持；随后帕斯卡《致外省人信札》以犀利文笔对耶稣会钻牛角尖的神学进行了无情鞭挞，取得极大成功；帕斯卡毫不犹豫地采用了这样激烈的词句，"耶稣会人无信无诺，无名誉无真理，却有两颗心和两种语言"；他甚至不怕诉诸上帝，"如果我的信札在罗马遭到谴责，而被我谴责的人将在天堂受审[①]"。最后，让森派教士遭到迫害：当局以行政手段下令全体教士必须在一份明确谴责五点主张的文件上签字。这件事反而成为在全法国迅速传播让森派教义的最好方法。谴责书怎能不引起人们的好奇心："本人签署愿服从教皇依诺增爵十世于 1653 年 5 月 31 日颁布的教皇法和他的继承者亚历山大七世 1656 年 10 月 26 日颁布的教皇法，真诚谴责从题为《奥古斯丁》的让森著作中摘取的五点主张，认同教廷通过教皇法对该书作者的指责，并对此深表遗憾。我在此发誓。愿上帝助我，愿《圣福音书》助我。"尤其是当局的迫害引起了同情：一些人被投入巴士底狱，如建议别人不要在文书上签字的德·萨西先生，被当作触犯普通法的罪犯而被剥夺领圣体的权利；以安热莉克·德·圣让为首的波瓦亚勒修道院 12 名主要修女被遣散到巴黎几个"可靠的"修道院，她们怀着如此纯朴的灵魂蒙冤被流放，她们那被震撼的心灵原本应引导她们迈向正道，她们应当被送回灵修之家……

那是波瓦亚勒达到最高荣耀之时。巴黎人私下都在抱怨国王的专制，1661 至 1668 年间，年轻的国王面对欧洲威风凛凛，而首都巴黎却对专制王权和受巴黎总主教迫害的人们表示同情。1668 年在利奥纳的巧妙斡旋之下两派签订了和解协议，利奥纳在罗马打耶稣会的牌，取得教廷带有保留的签字，同时他又审慎地满足让森派的意见。协议签署后，阿尔诺还受到国王的召见，"邪教"让森派依然在王国

[①] 帕斯卡（Pascal）：《帕斯卡文集》，七星诗社（la Pléiade）版，第 791 和 810 页。

存在，至少在城市内是这样。让森派因受到城市本堂神父等低级僧侣们的支持，得到20来位主教的认同，而且在某些宗教社团如奥拉托利会、圣摩尔本笃会中获得很大同情而依然强大。在痛苦的斗争中受到激励，让森派作为法国天主教思想的重要派别从此成为主张法国天主教教会自治的一支力量，对抗耶稣会主导的罗马教廷，以它的榜样和言论影响着法国城市生活，甚至超越国界影响到荷兰和意大利。正值外国的科学发展在惠更斯和牛顿的领导下已超越了法国，而法国的文学亦退化为宫廷的消遣之际，17世纪60年代的让森主义，以其高尚的道德要求和拒绝罗马教廷之传统的新形式[1]，吸引了一批知识精英，他们敢于高声表达法兰西的时代意识。

---

[1] 见帕斯卡《致外省人信札》："宗教裁判所和耶稣会是真理的两个祸害……"

第十章　古典主义时代："路易十四的世纪"

　　从 1660 年起，法国和法国文明似乎浓缩于一个人和一个地点：路易十四和凡尔赛宫；也就是国王和为他——路易十三的儿子——所代表的王室量身定制的生活环境。国王君临天下的庄严和豪迈，伏尔泰在 18 世纪 50 年代满腔热情地歌颂路易十四的世纪，借此以同样的激烈贬低先王的继承人——路易十五。确实路易十五并不那么赏识天才……话虽这么说，伏尔泰还是发了财，他专门研究奥古斯特、伯利克里、利奥十世和其他一些伟人，这些人热爱里程碑式的荣耀，关切政绩能名留青史。此外，伏尔泰还关注一些伟大的政治家——路易十四就属于这样的伟人。

　　然而，"伟大的世纪"被热衷于王室的几代作家和历史学家过分夸大了，以致人们很难准确地认识路易十四的时代。国王本人仿效祖辈路易十一和亨利四世，十分注重自己的名声：他的《回忆录》是斥巨资让人为他写的歌功颂德的历史，此外还有作为时代见证的报纸，如《法兰西报》《信使报》《历史诗神》等。路易十四被无限美化，甚至像屡次军事失败和统治晚期的民生凋敝都被竭力掩饰。国王在晚年因家族屡遭丧事和面临欧洲各国围攻而苦苦挣扎，风暴过去后改行新政，但那已是临死前的事了。1709 至 1713 年是危机最严重的时期；

但即便在统治初期已出现了因粮食歉收、商贸停滞而带来的贫穷困苦，柯尔贝为之奋斗了一生。国王成年后亲政，朝廷恰遇上经济危机，其后从1664至1680年间，柯尔贝向在法国的欧洲各国艺术家文人给予资助，路易十四战胜了西班牙和周边帝国（至少荷兰），法国国王遂成为令人敬畏的"欧洲唯一君王"，不久成为欧洲各国宫廷的榜样，从德国宫廷到伦敦英王查理二世无不争相仿效。但从1680年起，当世界贸易重趋活跃，迁居凡尔赛的贵族朝臣中反对国王专权的呼声重新抬头时，伟大的君主无法加以压制：被判刑的笛卡尔主义信仰者的大胆，殉道新教徒的大声疾呼，让森派的大无畏精神。接着出现了一阵平静，不过曼特农夫人的退隐和死亡还是引发了强烈的反响，她是路易十四郁郁寡欢的晚年的贴身顾问。

人们可以毫无矛盾地说，路易十四的"世纪"并不比利奥十世时代的时间更长：前后大约只有二十来年，此后君王便不再拥有绝对权威，君王统治遭到异议。法国古典主义时期就是凡尔赛最辉煌的时代，拉辛和莫里哀在宫廷受到礼遇，国王给宫廷和凡尔赛强加了一种生活方式：古板严谨而井然有序、含蓄但持续的激情奔放。古典时期是将一切纳入规范，或者说统一步调的时代。经历了前一时期的狂热膨胀，国王埋葬了一切于王室无益的东西，如让森派的争论和贵族的骚动。这一时期连艺术和科学都受到了规范：柯尔贝重组由黎塞留创立的法兰西学术院，又创建了旨在规范艺术创作的法兰西艺术学院和法兰西科学院。柯尔贝成为最慷慨的人，资助学者，向他们提供实验和研究的经费，这是个庞大的计划，尽管基金创立人不无树立个人威望的想法。国王统领、组织和控制一切：他关闭了巴黎的一半印制所，并下令警察总督监视其余印制厂。王国受到严厉监控，但反对思想并未杜绝：1685年后，尤其在1700年后，被封杀噤声几十年的反对声音依然存在，并在法国社会重新生根发芽。

第十章 古典主义时代："路易十四的世纪" 429

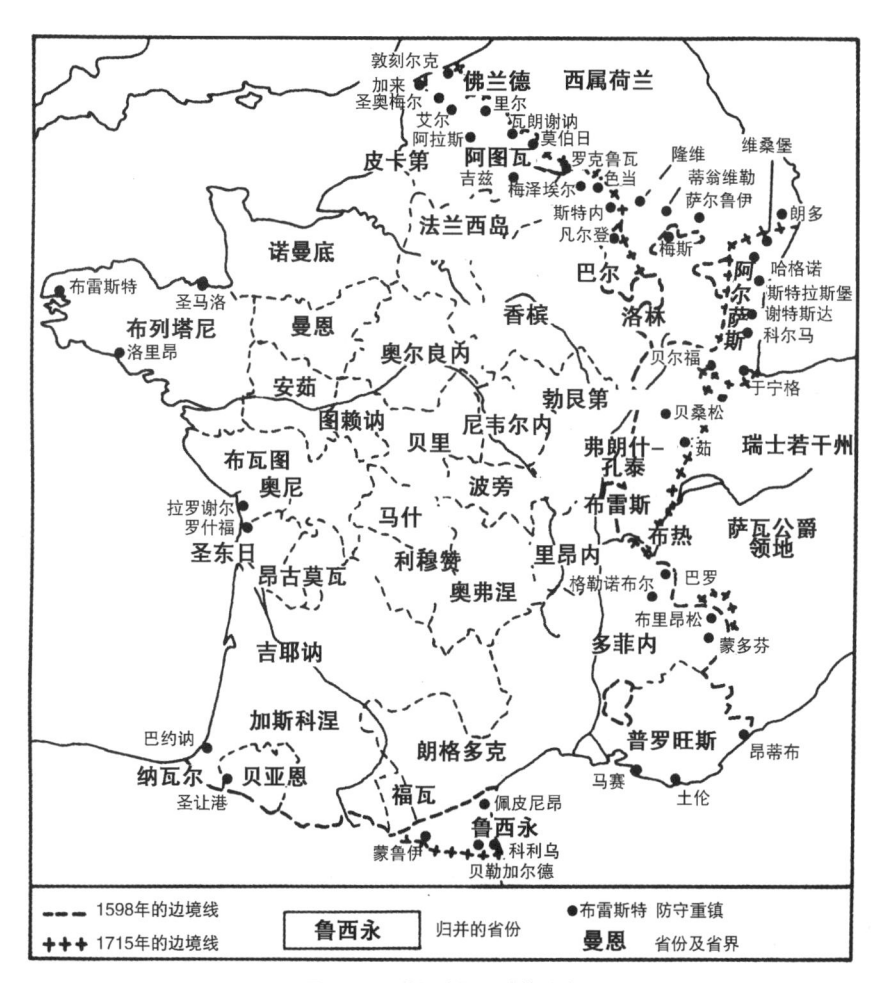

图 21 17 世纪法国疆域的扩大

十分虔诚的国王路易十四的政治和军事优势：1648 年、1659 年、1668 年和 1679 年……每隔十年法兰西王国的疆域就扩大一次，其版图接近了它的"自然疆界"。

1. 困难时期（1660—1680）

在 20 年里，与世界贸易密切关联的法国经济生活也跟国际贸易活动一样出现了萎缩，其很大部分原因是货币短缺：美洲银矿的产量已相当低下，加上富有家庭纷纷储藏金银造成金银涨价。经济萎缩意味着物价被压低，商贸活动和手工业放慢了节奏。城市不景气，公共财政很快陷入紧缩。1680 年后大宗贸易出现回升，经过上上下下几次短期的波动，至下一世纪中期才呈现繁荣。然而法国经济似乎并没紧随这一国际商业大趋势，许多迹象表明法国经济的参与度乏善可陈，甚至相当微弱：追逐金银的需求持续升温，国家明令禁止在敞篷马车上做镏金装饰，"除敬拜上帝的必要装潢外教堂内的一切银器"必须造册登记，等等。17 世纪最后 20 年的世界经济复苏，一方面得益于英国成立中央银行刺激经济发展，另一方面是在巴西的淘金者带回了首批黄金。但法国却因连年战争造成的沉重的经济和财政负担，以及 1693 至 1695 年和 1709 年几场特大饥荒而被排斥在外；此外大批基督徒商人和手工艺人逃离法国，使法国丧失劳力，切断了贸易和经济交往的联系——在传统的种种不利因素上又添加了新的缺失，根据种种迹象，它对路易十四统治后半期的危害程度远远超过前半期。

柯尔贝主义

在路易十四统治前期的经济环境下，柯尔贝推行了重商主义政策，人们常称之为"柯尔贝主义"。这位极有才干的财政大臣在许多方面采取了财政和经济措施，但同时并不触动高压的税收制度。他调整了税务进项，改善农庄体制，当然不破坏公正平衡的原则，减轻农民的负担：继富凯被革职查抄之后，还监督甚至判处了一批国库官吏和包税人，其实富凯并不比其几位前任财务总监更奸诈更贪婪。上述所有措施并没收到预期的效果，原因是土地包租制度未能实行有效监督，同时开支负担越来越重。勤勉尽责的财务大臣在几年里（1664至1672年）管理王国财库而不采用传统的权宜措施，譬如向享有特权的城市发放国债，变换年金，卖官鬻爵，甚至在货币上做手脚；但是后来在挥霍成性的国王和弊端百出的财税制度的压力下，柯尔贝不得不重蹈前任的覆辙——放国债和卖官职。在柯尔贝之后，饥馑和战争造成了萧条，公共财政连年亏损，每况愈下。

此外，柯尔贝在20多年中采取措施刺激病态的经济，增加出口，增加贵重金属的进口：计划十分庞大，创建作坊，改革合作制度，鼓励和补贴贸易公司，特别是对殖民地贸易的公司，让它们专营安的列斯群岛、加拿大和几内亚的贸易。拉费马斯和黎塞留在柯尔贝之前都尝试过重商主义政策，而且目的和想法也一样。所以重商主义是16世纪从西班牙流入的一种老的经济理论，把重点放在从外国进口贵重金属，这在1550至1600年间是相当容易做的事。柯尔贝推行重商政策的热情比他的前辈更高，黎塞留当年创立的公司并不成功，他从黎塞留的痛苦经验中吸取了教训；还推迟修道院的修士入院誓愿仪式，目的在于减少修道院这类非生产机构吸纳新修士入院的人数，甚至还有对教会财产上的盘算；柯尔贝尤其注重组织对外贸易，限制进口价值不高的粮食、农产品和木材，鼓励在受到严格监控的作坊内生产的地毯、镜子、瓷器、纺织品等高档奢侈品的出口。柯尔贝根据地方特色在各地创办了一些新型作坊，如欧比松的壁毯作坊、蒂勒的军械厂……他在这类作坊大量投资，其创业的执着在坊间少有传闻，但从其书信、公文和部分已出版的个人回忆录中，可以看出他的重商热情。然而不幸的是他建立的这套庞大生产系统为时晚了一个世纪，他力求吸引西班牙金银流向法国，以为在塞维利亚仍有大量金银滚滚流向里斯本。实际上西班牙已开始走下坡路，从美洲回来的殖民掠夺船几乎空船而返（有文献表明如此的误判在当时比比皆是：路易十四迎娶西班牙公主玛丽-泰蕾兹时，法国外交官竟向西班牙王室索取50万金埃居的嫁妆——这是一笔何等的巨资！难怪有人把时任法国首相的马萨林看作马基亚维利式的人物，在悄悄地准备西班牙王位继承战呢！）。重商主义的逻辑是西班牙菲利普二世时代的产物，时隔一个世纪后它不可能再取得成功。不过仅以重商政策的失败还不足以说明柯尔贝何以不能成功。他为推动合作创建新型作坊曾向一些享有特权的城市发出呼吁，结果毫无反应：1662年的大饥荒、各地暴发传染病、兵匪流窜，种种原因可解释城市拒付一万至二万利弗尔的理由。当荷兰人在该国阿姆斯特丹银行的支持下成为"海上搬运夫"时，他们霸占殖民地，把阿姆斯特丹港变为欧洲的货栈；而被柯尔贝授以独家经营权的那些法国资产阶级、贵族们却没能征服海上运输。圣多明各发展了，安的列斯群岛的运输打通了……但这些成果与财务大臣的预期相去甚远，他的构想早已过时了。沃邦在世纪末明白了这一点："并非大量的黄金白银使一个国家变得强盛富裕……一个王国的真正富庶在于粮食充裕，粮食是维持百姓生活必不可少的东西。"[①]

社会关系

经济困难对社会关系会产生压力吗？在当时来看似乎两者之间并无密切的必然联系。不过17世纪初的编年史上记载了大量有关血统贵族与上升的穿袍贵族和商业资产阶级之间的冲突事件。他们在某法

---

① 沃邦：《王国的什一税》，科尔纳埃出版社（Coornaert），第25页。

院入口处为优先入门而发生冲突，有时甚至动粗，激烈程度远胜于莫里哀同类题材的舞台表演。这里列举上百事件中的一个："洛拉热司法辖区的王室副司法总管安托万·杜居普先生与图卢兹议事法院律师让·富尔两人发生争执，前者拔剑刺中了后者的腹部，只因为对方不对他行礼。"① 这方面的最大动作是柯尔贝办公室为了确保贵族的头衔和尊严而进行的调整和监控：尽管国王要求清理尽快结束，整顿还是持续了整整十年，结果引起血统贵族长期来对平民轻易获得爵位一事积怨的大爆发。于是穿袍贵族身份以及给新贵族授予爵位等都成为冲突的焦点，亦让所有无法混入贵族的人出了口恶气："我②跟德·索迪斯先生谈到上午在科尔得利修会举行的仪式，仪式上接纳了圣米歇尔会的几名骑士，向他们致敬，接纳条件合格的人，将骑士人数限制为百名，把那些卑鄙小人都剔除了。"③ 从此平民跻身于贵族更加困难，柯尔贝的整顿把许多平民出身的新贵族拽回原来的地位上，遭到多少人的诟病！由此形成了一个特殊阶层，他们就是一个世纪后旧制度垮台前最后几十年中的那批贵族。

经济停滞必定使一部分人得益，他们是倒卖粮食的投机商，其利益不可小觑。但是得益更多的还是那些利用公共财政拮据而发财的人：长期的寅吃卯粮酿成难以收拾的灾难，到路易十四统治末期国库收入竟早在几年前就已用罄！而这却是国库官吏、银行家和包税人最乐意看到的事，大到像萨米埃尔·贝尔纳这样的银行家，小到普通的储蓄推销员，他们虽担风险但得益丰厚。银行家恬不知耻地在复杂的运作中牟取暴利，名义上出于国王的利益而最终是他们自己受益。巴黎城内时有关于某某人发横财的传闻，诸如一个区区储蓄推销员临终

---

① 奥德省档案，B类2506。
② 译注：指引文作者奥梅松。
③ 德·奥梅松：《日记》，第二卷，第345页。

竟留下了 500 万利弗尔的遗产，还不包括为避免追究而分掉的不少宝石……除了柯尔贝要 4 000 多名财务官退赃赔款外，受益者中还有不少买官者。后期当局为了敛财想方设法地增设官职，甚至把有的官职分为半年一期、一季一期地鬻卖。出售的官职并非都像"法定丧葬官"之类不值一提的芝麻官，许多官职相当重要，只要会敛财还真能从此发迹，出人头地。某些公差虽没有太大油水，但不必冒很大的资金风险。

我们再来看一个敛财的例子：一个官方认证的建筑设计师自己还拥有一家建筑公司，他在 1706 年去世时给妻子留下了两处很好的房产：一处在巴黎的住宅，有八间房、一个马厩和一个内院，俨然一座小公馆；另一处在塞纳河畔埃皮奈的乡下，面积较小，是夏天度假的别墅①。我们发现两处住宅的每间房间都摆设得十分阔绰：除了厨房每间房的墙壁都挂有壁毯，"粗略看一下"，壁毯有佛兰德产的或培加姆产的，埃皮奈住房的壁毯旧些，巴黎住宅内的壁毯更新些；门帘，一处住宅内有 39 古尺②，另一处有 31 古尺；还有镜子，其价值比家具更贵。家具有橡木的、胡桃木的或梨木的：每个大房间（厅和房）内家具齐全，装饰华丽，记载详细（16 英寸的镜子、26 英寸的镜子、镜框……）；银器瓷器也分门别类地一一标明，有锡罐、打印记的装饰彩陶、银烛台、银叉和银匙等等。在埃皮奈那边，有几面镜子，但没有银器，还有储备的木材、一捆捆柴，尤其是酒窖："九小桶③和二个四分之一桶的上好红酒。埃皮奈，记于当年。"这份遗产清单给人的印象是户主过着在当时生活条件下最舒适的生活：巴黎住宅内所

---

① 这是从许多去世者的财产清单中选出的一个例子：公证员尼古拉·列凡（Nicolas Liévain）的档案，存法国国家档案馆，Y 类 17620。
② 译注：古尺（aune），约合 1.2 米。
③ 译注：一个酒桶的容量（muid），古制容量单位，各地所指容量不一，有大桶、小（半）桶和四分之一桶的分别。大桶容量约合 300 多升。

有的家具总价值 2 568 利弗尔，埃皮奈的家具总值 698 利弗尔，再加上银器（不包括锡器）价值 763 利弗尔。此外还得加上书房的藏书珍玩，马车和马厩内的马匹——马匹可不总是像我们的建筑设计师那么"白须苍苍，老态龙钟"。在风和日丽的季节从巴黎坐马车去埃皮奈，从城市去不远的乡村旅行，日子过得何等舒坦！但是，这种资产阶级生活关心的是费心思去张罗家具和装潢，它与凡尔赛和宫廷的豪华排场相比是何等的节俭！凡尔赛的生活是另一番景象，那里人人大肆挥霍：城市和宫廷的对比不只像舞台上那么简单。

2. 国王：凡尔赛

路易十四统治的伟大思想是使法兰西王国成为全欧洲，乃至全世界的典范——国王不是在凡尔赛接见过暹罗人吗？这种说法用在国王身上十分贴切，他的方法可以改变，但是在54年的亲政期间他没有一天不想到个人的荣耀。这个任务由历任的首相、红衣主教精心安排：黎塞留下令拆除防御式城堡，向各地区派遣地方总督；马萨林的外交手腕使法语于1648年在韦斯法利和约上被国际承认为外交语言之一。这个"绝对君权"王国的一整套体制和国家机器完整无损地保持到18世纪末，而路易十四成功地使他的臣民和后代相信没有人能比他、他的朝廷和他的顾问们干得更好，尤其是没有比凡尔赛更好的宫殿——直到晚年他仍在装点这座雄伟的皇家宫殿。它是国王建树的秩序和权力的骄傲象征，极其符合马西永在国王葬礼上发表的墓志铭："基督教世界的最为显赫的国王。"

柯尔贝和地方总督

路易十四时代的幸运首先是遇上一位敬业的国王，他热爱自己的王位，"做任何事从不半途而废"，必定持之以恒，他有兴趣和意愿来管理国家，而他的首相则勤奋且有条不紊，与其说是精明的治国者不如说是个工作狂，一个甘心献身于君主理想的资产阶级代表。对首相的权威感到妒忌的国王和他的身负重任的首相，在20多年的时间里重塑了王国的面目，在1664至1668年间的表现尤为突出，他们重组国家机构，令大作家们赞不绝口：改革政府部门和顾问机制，重建王室在外省的权威，监督和领导一个因让森派争议而陷于分裂的教会，区分贵族和资产阶级……当局的大胆而严厉震慑了当时三个等级的社会成员。在路易十四亲政之初还属于福隆德抵抗派的巴黎资产阶级，卷入宗教纷争之中，对年轻国王重建权威很不以为然，1666年甚至出现下面的刻毒诗句：

> 荣耀的国王，
> 比凯撒大帝更智慧，比亚历山大大帝更骁勇，
> 有人说他是上帝给我们的恩施，
> 天啊！愿上帝把他收回去吧！

查处富凯的官司反而导致民众为他鸣不平。让森派教士和其他人起来反对君主专制，但是没有走到鼓动杀害暴君的地步。在贵族阶层里，那些文笔远不及圣西蒙的贵族们原已心怀怨恨，当国王企图对贵族增税，役使他们的做法太过分时，更引起他们的愤愤不平。凯西骑士叙述1699年8月13日在路易大帝广场举行国王骑马塑像揭幕典礼时写道，当时市长、市镇长官等头面人物"甚至骑到马脖颈上"去赞叹塑像，"在我看来这个仪式有点像闹剧"[①]。

路易十四要让王国的所有人都服从于自己，这种意志看来是他与生俱来的，但是对柯尔贝来说却是艰巨的重任。柯尔贝为此耗尽了毕生精力，很难肯定直至1715年这一目标是否已达成。如果我们把路易十四时代与动乱的前朝、与福隆德时期的可怕记忆，与马萨林不得不在巴黎耍花招、施诡计的软弱相比，进步是无可争辩的，但却十分有限。对政府来说，路易十四建立起一台运作顺畅的国家机器：内阁定期开会，阁员职责明确，各部配备充足的人力资源（路易十四统治

---

① 凯西（Quincy）：《回忆录》（*Mémoires*），第118页。

晚期在凡尔赛宫"国王的秘书"竟多达九百余人!),各人分管范围极细,随时听候国王召唤,向国王"直接汇报"。这是与弗朗索瓦一世决然不同的另一种治国方法,另一位伟大君主身边缺少了一个柯尔贝。当路易十四控制这台国家机器时,他无时无刻不在考虑各种事务,他"要知道一切",他亲自"接收和阅读急件",办公室这个现代行政的缩影已在全速运转,各部处理事务,进行管理……但是到了怠惰的路易十五和不关痛痒的路易十六,一切都是另一回事了。

同样,路易十四通过他的地方财政总督在外省更有影响力:地方总督是中央大员而非普通官吏,他们被派驻在某一行政区域,统辖地方事务,大权在握——从司法、警察到财政(财政总督顾名思义要管财务)。地方总督有权过问一切行政事务,可以下令复审案子、修改征税办法、颁布地方法规,大多数情况下他就等于原来枢密院最高法庭诉状审理庭的审查官。代表国王的新总督可以自行任命助理协助处理事务,被称为总督助理,所以地方总督就是中央集权政府的地方大员。然而,从18世纪初起,甚至在国王还未驾崩之前,地方总督就只管经济事务了,如登记物价波动和粮食流动,为王室的某项改革做各项统计,但改革基本上局限于经济领域:这在很大程度上说明了改革失败的原因,其实毫不令人惊讶。早在黎塞留时期,地方总督及其使命(当时还是临时性的)曾引发过地方权贵相当强烈的抗议,因此马萨林上台之初同意取消总督使命。总督控制一切,事事插手,监督地方法官和财政事务,令地方官十分恼火:这些地方权贵坐镇一方,与其说贪图利益,不如说是出于倨傲心。他们是国王的忠诚臣仆,但是已习惯于完全独立地行事,在照顾普遍利益的同时会有意无意地保护其阶级利益。所有官吏包括地方法院法官、国库官吏和征税吏,都难以忍受新总督的监督和决定。行政集权改革的失败首先因为这两拨人的内斗,结果坐镇地方已久的外省帮占了上风,他们倒不是通过激烈斗争，而是跟你磨和耗。当然出格的言行还是有的，譬如1643年在图卢兹就发生这样一幕："那个法国国库官吏朗德先生在市中心广场当着许多头面人物和大批市民说，就是不能缴额外的人头税，尤其不能容忍那些地方总督，就是因为他们才会加税，这帮奸贼。"① 地方总督制的失败还因为在消除地方行政差异中的不平等现象：按理说，作为一个精明的管理者，柯尔贝完全可以理顺行政机构关系，但他一会儿在巴黎周围建立五大包税区，一会儿又想在全国所有教区统一实施国王特权，即由国王征收空缺主教的年俸及委任新主教，这就需要重新修订法律。可是国王囿于卡佩王朝的传统，把法国仍看成是各省的拼图，而非统一的国家，因此不想走得太远：一些城市和省份曾与王室约法三章而保留特权，一些地区在归顺于王室前制定了地方法权，国王不愿去碰触，更不用说予以废除了。这个原则很容易理解，一些地区、省份如能得到王室保证不触动他们的传统和权利，那么归并于法国王室对他们来说更容易接受②。所有这一切都妨碍地方总督在执行使命中所作的中央集权的努力：行政机构重叠，北部地区习惯法和南方成文法的延续（中央高原地区留有很大的不确定余地，照顾奥弗涅这些省份的最大利益），甚至还保留了势力强大的地方封建领主司法制度（在路易十四治下一个拥有最高司法权的封建领主还掌握辖区平民的生杀大权），各地税收制度不尽一致。国王在原有行政机构上再加了一套地方总督制度，却没有一个世纪后制宪会议成员那种若无其事的大胆。或许路易十四比几代先王的影响更大，亦比他们更想了解民情（"听听我的子民"），奥弗涅特别法庭③在几年里纠

---

① 法国国家图书馆，法文手稿库藏文献，17296，第65页。
② 第三共和国仍按老办法行事，第一次世界大战后当法国收回阿尔萨斯地区和摩泽尔省时，法国政府亦同意当地保留德国统治时期有关教会和学校的地方法律。
③ 译注：奥弗涅特别法庭（Grands Jours d'Auvergne）指17世纪国王派人在奥弗涅地区组织特别终审法庭，纠正多起冤案、错案，使当地恢复了秩序和平静。

正了多起司法冤案，可是不可能走得更远。

僧侣

国王路易十四在强化对国内天主教僧侣影响方面的努力亦是同样情况：教皇与法国王室签订的博洛尼亚和解协议——承认法国国王有任命主教和修道院院长的权力——已普遍实施，但路易十四欲加强法国王权的神圣色彩而希望获得更多的权力。尽管路易十四与拉瓦利埃公爵夫人和蒙特斯庞夫人同时保持私情，但作为虔诚的教徒他仍然非常注重国王的宗教义务（德·奥梅松在他的《日记》中记载了1665年国王一次极感动人的禁食），从不疏忽对教会方面的任何责任，至少跟他的几代先王一样经常去慰问疬子颈患者；他下令波舒哀写《从〈圣经〉原文引出的政策》一文，鼓吹神授君权的理论。当时法国南部省份的主教任命权和世俗俸禄还不归法国王室管辖，路易十四正为此与罗马教廷讨价还价。通过教会中人波舒哀之口，他得到了僧侣们的效忠保证："我们时刻紧随陛下，没有任何东西能使我们分开。"然后是1682年的教会四项声明，这份声明在十多年里被奉为王国法令……直到1694年路易十四与罗马教廷达成协议，才终止了这份凸显教会自主的声明。最后，路易十四在耶稣会教士和曼特农夫人的建议下，在法国教会自主方面不再坚持比历代先王更强硬的立场，但是国王的意图是相当明确的。

战争

由此可见，路易十四所作的一切努力仅取得了有限的进展。国王并没有冒险行事，他的个人威望基本上是通过以下两方面的恣意挥霍而建立的，对此他在临终前有所悔悟：那就是发动战争和大兴工程。在50多年亲政期间国王从未在这两个领域上停止过……开始是零星战争和任意出手，1708至1712年国家遭受入侵、政府陷入困境，路易十四毫不顾忌与整个欧洲打仗；在其统治下法兰西王国的版图几乎与欧洲法语区范围重叠，如果把1659年划入法国的地区算在内更加如此。然而尽管战争令国王的威名显赫，路易十四并非是每场战争的赢家：从1672年起，打败了荷兰人，1713年结束西班牙王位继承战，但是这位王权神授的君王却于1688年承认英国有权选择本国国王，废雅克二世而立纪尧姆·德·奥朗热为国王；同样也承认西班牙贵族有权选择查理二世的继承人，这就是后来世界通行的国际法准则之滥觞——人民有自决权。然而旷日持久破坏极大的战争被渲染美化，路易十四成为一个受"世人瞩目和敬仰的"国王；不管怎样，他叱咤风云半个多世纪，或许也因为他从未在失败面前气馁过。临终前两年，即1713年，他不是还准备推行新政、彻底调整联盟关系、宣布对英国的雪耻报复措施吗？欧洲在他去世后出现了一个空白，随之亦有了25年的太平局面。

关于战争的回忆被保存下来甚至得到整理，如果在20世纪的今天人们仍活生生地记得路易十四的战争大臣卢沃瓦侯爵的军队火烧德国帕拉蒂那市的情景的话；这就是领土争夺，斯特拉斯堡伯爵领地和佛兰德的土地被一口口地蚕食，武装冲突的重要性便显示在这里。另一方面，大兴土木亦见证了同样的雄心：确实凡尔赛宫不只在建筑和雕塑上突显了王室的雄伟，它还是一种新型生活的环境。在这里贵族、各部门当差的资产阶级和王室仆役们天天见面：昔日的社会关系和礼仪的改变，引见方式，以及铁栅之外围绕宫廷的新兴城市生活等等。路易十四在凡尔赛宫为王国朝廷塑造了一种新的风格和背景，这里远离巴黎但贴近王室；巴黎被留给了艺术家、手工匠和宫廷日常用品的供货商，他们沉默而无所畏惧地见证了贵族的没落和金融家的傲慢无礼；但默默无闻到何时……

凡尔赛宫

凡尔赛宫有一段广为人知的漫长历史，它可以归纳如下：开始国王因妒忌财政总监富凯的伏勒维贡特宫的奢华而设想改造这个规模不大的行宫，富凯下狱后，国王收罗了他的能工巧匠——勒沃和勒诺特尔（芒萨尔是后来参与进来的）。路易十四要把小行宫改造成意大利文艺复兴式的宫殿，朝向由园艺师勒诺特尔设计的规模宏大的御花园一侧的宫殿外表须呈现对称结构。工程从1661年起动工，首先改建父王路易十三留下的小小狩猎行宫：这座红白砖的小行宫坐落在一片沼泽林中，周围水塘多，猎物丰富……国王已拥有圣日耳曼、卢浮宫和枫丹白露等处宫殿，他需要的是一处能作为节庆欢宴的场所。对路易十四来说，凡尔赛宫首先是供宫廷享乐的地方，1664年整个朝廷来到凡尔赛宫，参加国王在此举行的名为"欢乐岛的喜悦"的大型节庆活动。然后他想在此住下，因此得有个宫殿，于是凡尔赛宫最终变成了朝廷新的所在地。凡尔赛宫内按照王室享乐的趣味和宫廷礼仪，经常举行节庆活动。经过十多年的扩建修缮，在原有行宫的基础上扩建新建筑，1682年当国王和他的朝廷正式迁入时，庞大的工程还远远未竣工。如此大型工程需要平整土地、开渠引流、搬运大理石和砖块，据柯尔贝留下的账册记载，工程曾征用了三万余人工，花费了数亿利弗尔。更有数百人在施工中受伤甚至丧命：据德·奥梅松记载，1668年"一名在凡尔赛施工时从机器上摔下丧命的工人的母亲，举着白色申诉书……咒骂国王，骂他是嫖客、机器狂、暴君，还骂了其他许多脏话"①。在能工巧匠的修造整合下，凡尔赛宫具有了一座巨型的巴黎公馆的面貌，有内院、直角连体的建筑和宫内统一的堆物

---

① 德·奥梅松：《日记》，第二卷，第552页。

场。花园一侧长长的宫殿外观,以及接待用的各大厅、游戏厅、音乐演奏厅等设施,都直接体现了国王路易十四追求奢华生活的情趣;无论在室内或室外接待宾客和举行盛大活动时,人们都可以看到花园和大运河的远景,或者在著名的镜厅内也有同样庄严的视觉效果。这是日均人流量数千(还不包括宫中仆役)的宫廷生活所必需的环境。然而当时也存在某些消极的甚至恼怒的反对声音,他们摆出不屑一顾的神色,《对路易十四统治政绩的回忆和反思》的匿名作者辛辣地评论道:"在公众不太知道而且用途很小的建筑上如此挥霍,喷水池为了豪华而故意造在自然的深处,简直可笑至极。"

只要有空闲和娱乐时,勒布伦就带着他的助手积极进行室内装潢:王室不断下订单,要在大理石和铜器上永远留下丘比特、长翅膀的爱神和胜利爱神等题材的美好回忆。随着宫殿扩建,随着两侧对称建筑的延伸,勒布伦得负责一切装潢,不断添加画幅、大型壁画和雕塑,似乎为了填充庞大的空间和阻隔一望无尽的视线:装饰上以寓意象征当朝盛世,国王被比喻为阿波罗、亚历山大大帝,画面上那美少女普赛克、战神玛尔斯、英雄海格力斯和女神维纳斯的众多神话形象,既有家庭寓意又有象征意义。大量的装饰是否打动了世人呢?如此装潢就是为了让人看了眼花缭乱,溢美之词却不多见;确实许多人更欣赏的是丰富的题材。德·鲁先生参观了 1667 年的一次王室展览后这样写道:"如此大量的各种题材的绘画,我是说历史、肖像、景色、海景、鲜花和鲜果。"[1] 镜厅长廊里的巨大镜子更是豪华:当时生产一面 4 平方米大镜子的造价相当于 20 000 个工时的工薪[2],因此是

---

[1] 德·鲁(Rou):《回忆录》(*Mémoires*),第二卷,第 18 页;确实,简洁明了是当时的风格:"晚餐后我去看了(巴黎)圣宠谷教堂穹顶上米涅阿画的壁画,它们太美了"(见德·奥梅松《日记》,第二卷,第 403 页)。

[2] 富拉斯蒂埃(Fourastié):《机器化和舒适生活》(*Machinisme et Bien-être*),第 127—128 页。

一笔巨资，凡尔赛镜厅的镜子可以说代表了最极致的壮丽华美。对后世来说，水池和镜子映出的转瞬即逝的景象远非尚古风格的荣耀那么重要，国王就是愿意处身在这种荣耀中。曾慷慨捐助欧洲各国艺术家，给他们下创作订单，创立绘画、雕塑和音乐学院，吸引了杜比和冯·德·默伦等法国和外国文学艺术家的柯尔贝，留下了许多有关仿制古典艺术的书信文献，这一艺术潮流延续了文艺复兴，但也为艺术定下框框，给当时的法国艺术制订了一套排他性的准则。他在给当时罗马的法兰西学院（建于1666年，即今天罗马法国学院之前身）院长的信中写道："让（艺术家）严格按合同要求去做，包括瓷瓶及我订单上的所有物件；注意雕塑家要严格按照古代雕塑原型去复制，不要添加任何东西。"① 如此规定意味着艺术上显明的贫瘠；即从鲁本斯到伦勃朗的整个佛兰德艺术流派都被排斥在凡尔赛艺术殿堂之外。但是在巴黎却不一样，在与荷兰交往更多的里尔和亚眠两地更非如此。柯尔贝在另一封信中甚至要求仿制尺寸与原物绝对一样。这种排斥性的学院派仿古艺术倾向——其排斥性之强，连哥特式艺术都在勒布伦弟子那里遭到从未有过的绝对摈弃——在凡尔赛，并通过凡尔赛形成了。这股潮流靠路易十四王朝的整体影响延续了一个多世纪之久。

70米长的辉煌镜厅、大型喷水池和水渠所组成的宏伟壮丽正是国王路易十四所梦想的宫殿，他要为彼得大帝和土耳其皇帝树立一个榜样，然而凡尔赛宫的作用远非这些。它远离巴黎、远离福隆德反对派和"群氓百姓"，它就是一个井井有条的社会，那个一心想整顿和控制贵族头衔的"混蛋"② 柯尔贝就可在此让各人安分守己地待在自

---

① 见"与罗马的法兰西学院院长的通信集"，1680年2月1日的信件。
② 译注：暗中领导福隆德运动的血统亲王贡代是马萨林的最大反对党，称马萨林为"猩红色的混蛋"（le faquin écarlate），作者在此借"混蛋"一词用在柯尔贝身上。

己位置上：有王室血统的亲王和世袭头衔的贵族，他们能每日出席各种仪式，按宫中礼仪目睹国王的风采；而穿袍官吏、内阁衙门的秘书、宫中和新城内的无数仆人差役则各就各位地当差服务。

宫内差役

凡尔赛宫正门前的两侧楼宇是朝廷各部门办公楼，文书、顾问、档案保管员、国王秘书、资产阶级和穿袍法官各色人等在此当差：他们是政治权力和王国的代表，在各自领域里举足轻重，谨慎尽责地掌管着政府各部，保证王国行政机器的正常运作；但他们不像贵族大佬和高级僧侣那样嚣跋扈和野心勃勃，这是路易十四绝不能容忍的。他们只是当差者，对国王绝对忠诚，但仅对国王一人而已，而对国王身边的阿谀者来说却相当可怕（塞维涅夫人见到柯尔贝就十分害怕）。宫廷官吏为确立君主权威而热心工作，他们是国王最好的臣仆；对宫廷生活守口如瓶，远远地守在那里见证一切。对官吏们的热忱服务，国王论功行赏，封爵加禄，官吏们视此为至高无上的荣誉。

宫中当差的还有另一部分人，他们是在宫内当差或在城内贵族府邸服务的数万仆役。自从朝廷迁入凡尔赛宫以来，大批贵族陆续移居附近新城。几万仆役包括马夫、听差、厨子、侍女、花匠和膳食总管等。这些仆役比各衙门的秘书更多地与巴黎保持着联系。因为凡尔赛当地无任何出产，宫中的全部需求和城内贵族府上的日常一切，包括家具、服饰、织物等全靠巴黎商人供货，由上述仆役负责搬运。他们熟悉宫廷生活，宫内的一举一动、各种消息传闻都通过他们传到被王室和贵族撇下的空城——首都巴黎……对此路易十四心里比谁都明白，有一天他曾当面抱怨西班牙国王菲利普五世的怠惰时说："不要以为外面不知道，他们打听得比谁都清楚；如果你让人写封信给我，外界比我先知道信的内容。"也正因此，国王与外部社会之间不可能隐瞒什么：路易十四想藏掖与曼特农夫人的私情或银行家萨米埃尔·贝尔纳的事，巴黎城里很快打听得清清楚楚，根本不需要《阿姆斯特丹报》这份清教徒共和党人小报的揭发，这份毫不容情的报纸聚集了所有对凡尔赛抱敌视态度的政敌；然而，在"城市—国王"相反方向上却没有任何信息渠道。王国的现实就是，国王对社会大众的想法知之甚少。这便是各地忠于职守却为仕途担忧的地方总督，以及拉雷尼①多份报告上所表达的意思。至少沃邦和圣西蒙在路易十四统治末期亦注意到了这一点；且不说王室虚荣，一墙遮百丑：宫廷奢华无比，恰如只见树木不见森林。

国王不会对侍女们视而不见，他总是极有礼貌地跟她们打招呼，这一点众所周知，他亦不会傲慢地对待被召见的大臣顾问，相反总是听取他们的汇报，给予指点。国王近身侍仆的举止——用一种通常而不甚达意的说法——也有几分高雅，因为"高雅"不是他们的基本特性，不如说是"训练有素"更为贴切。路易十四在某种程度上对西班牙礼仪十分欣赏，他的仪态举止极其庄重，喜欢被数千名贵族簇拥着，周围人如同在芭蕾舞和大型戏台上一样，是安排得井然有序的永恒仪式中的前排演员或配角。国王身居宫廷中心，领衔上演法兰西民族最杰出人物参与的大型演出。1650年以前的那些骚动、喧嚣、对王室构成威胁的贵族，到1680年已被乖乖地驯服，他们在各项庆典仪式中排着队或三五成群地前行，成天跟在国王身边转，看国王的手势行事。一个世纪前头脑最发热的人曾拿起武器与国王对着干；17世纪末最激烈的贵族不过执笔撰文以发泄心中的怨恨而已。对于懂得把这四五千名贵族拢在身边的国王来说不啻是漂亮的成功。他需要他

---

① 译注：拉雷尼（Nicolas de La Reynie，1625—1709）为首任巴黎警察总监，任此职长达30年（1667—1697）之久。

们，他们也需要他：一次又一次的欢乐节庆至少持续了近 20 年；日常的宫中礼仪，从国王晨起礼到接待各国大使、出席外国亲王到访的礼仪，盛大的排场令到访贵宾和受邀出席的贵族个个心花怒放。被吸引到国王身边的贵族在此得到了几十年来未曾得到过的好处：按各人的身份等级享受优裕的津贴和俸禄，获得国王任命的有俸教职，他们的女儿能得到国王的赏赐，儿子可获得国王颁发的官吏授职证书。当年亨利四世为了摆脱马耶纳公爵及其党羽，赐金赏银，把他们送回各自领地，可是 1610 年甚至更早他们又卷土重来。但路易十四的做法是接待反叛的贡代亲王，将他羁绊在自己身边（至少一年中的部分时间），好处是显而易见的。同时贵族亦得到好处，试问倘若没有国王的津贴，有几个贵族能支撑凡尔赛生活的昂贵开支？贵族必须在凡尔赛当地设公馆，因为巴黎离宫廷太远，不可能天天往返两地；此外还需备马车、马厩，公馆内得雇全套仆人马夫；还得置备出入宫廷的服饰、养情妇、出席化装舞会，以及购买价值不菲的"饰带"和"镶花边的喇叭形裤腿装饰"等。贵族们向巴黎奢侈品商人订货，尽管有王室津贴，还是捉襟见肘，常常债台高筑。搞得资产阶级供货商也叫苦连天："贵族往往摆阔，效忠国王不在军队上花钱尽责，而是胡乱挥霍……依我看，贵族就是能肆无忌惮地到处借钱，结果无力偿债，好像还债就有失贵族身份似的……"[①] 除了住在凡尔赛宫内的王室血统亲王家庭，除了贡代家族这样的大贵族外，其余贵族很少能靠自己的财力负担住在凡尔赛城的昂贵开销。国王给予津贴的条件是该贵族必须住在凡尔赛，能天天照面；宫中的差使名目繁多，侍从、侑者……直至最尽责的军界要人等；国王慷慨地分赏各人，那些在塞维涅夫人

[①] 法国国家图书馆，法文手稿库藏文献，21730，第 156 页。并参阅莫里哀喜剧《唐·璜》中的人物唐·璜和迪芒什先生的对白。

眼中微不足道的赏赐，于是她写道："他丢给的东西……"

这就是受国王牵制、再无法施展阴谋的贵族上层社会，他们已屈服于国王，被关在金笼子里，锁得严严实实。对这数千名阿谀朝圣者来说，凡尔赛宫就是世界的尽端，他们的全部艺术就是出现在国王的眼皮底下，邀宠争利，伺机给国王递一件衬衣或端一杯酒。他们的雄心就是能成为国王的心腹，能列队于每天出席国王大晨起礼的二三百人或国王小安寝礼的五十来个亲信之中。列席没完没了的觐见仪式，耐着性子看国王玩游戏和国王家人长达数小时的用餐；应付权力的明争暗斗，而且要面带笑容、彬彬有礼，那是起码的外交礼仪。每天一早衣冠楚楚地进宫，身上喷满香水以遮羞——因为按宫中礼仪解手时间极短——宫廷贵族就这样只为国王一人而活着。作为那个时代辛辣和令人赞叹的画家，莫里哀借笔下人物小侯爵之口留下见证："我，只要我能参与小安寝礼就够了。"① 在当时某些人和我们今天看来，这是一种受辱的生活：塞维涅夫人受够了那套制度，她尽可能逃离得远远的；还有圣西蒙和帕拉蒂娜公主，他们的愤怒亦为人所知；有些习惯于军旅生涯的贵族，因忠于贵族的尚武理想而拒绝凡尔赛式的生活："你不知道阿谀者就是真正的变色龙。他们通常在大臣和国王红人面前阿谀奉承，奴颜婢膝地打躬作揖；溜须拍马都是假的，一旦得手便忘恩负义，又去追逐别的好处……"② 留在宫中的那些贵族忘记了昔日的尊严和战场上的荣耀，中世纪的尚武理想曾令他们在社会上享有特权，而现在却天天争妍于朝廷，热衷于权术阴谋和"上流社会"的消遣娱乐。至少可以说他们从来就厌恶劳动——不管体力还是其他劳动——满脑子想的就是保住贵族身份，宁可被关在金笼子里娱

---

① 莫里哀：《愤世嫉俗者》（*Le Misanthrope*），第二幕第五场。
② 凯西：《回忆录》，第 178 页。

乐和享受。

节庆和戏剧

节庆和戏剧或许能说明路易十四统治最初 20 年的宫中娱乐。到了吕利、莫里哀和拉辛的时代，风华正茂的国王醉心于荣耀、猎艳和军事胜利，宫廷生活再不缺少更精彩的消遣：贵族们变得无所事事，国王成功地使他们无忧无虑，整天只想着在节庆中寻欢作乐，国王借签订和约和家庭生活的重要事件在宫内举办大型庆祝活动。1669 年初国王为庆祝亚琛和约的签订在宫中举办节庆活动，拨款十万利弗尔（这在今天仍是笔巨款）：在花园中设宴款待宾客，在草坪上演出戏剧（音乐大师吕利创作的芭蕾舞和喜剧芭蕾《普苏涅克先生》）；然后晚餐、放烟花和音乐喷泉，莺歌燕舞直到深夜……

路易十四在节庆方面的情趣，如同在造型艺术上一样，开创了世纪的典范，比他在绘画和雕塑领域的趣味更有独创性。诗人兼批评家夏普兰（他留下了一批很有价值的书信手稿）、王室音乐总监吕利，都帮助国王将戏剧改编以适合在凡尔赛宫内演出（如芭蕾、歌剧和喜剧），即在宫廷节庆气氛的背景中，加上舞蹈和游戏的戏剧内容。在弗朗索瓦一世时代，宫廷娱乐主要是狩猎、骑马远游、比武或模拟打仗；到了亨利三世时，国王在卢浮宫跳宫廷芭蕾；亨利四世为取悦王后玛丽·德·美第奇，从意大利引入乐师和歌手。但是当路易十四决定让戏剧在凡尔赛宫占重要地位时，宫廷接受了城市的趣味——巴黎的趣味。1640 至 1660 年间，在文化修养很高的马萨林的影响下，巴黎人开始喜欢两种舞台表演：一种是舞蹈和芭蕾，也就是把过去老式舞蹈简单地搬上舞台，在手摇弦琴和小提琴的伴奏下，舞者"戴面具和穿芭蕾舞服"表演传统的孔雀舞和老式舞曲，或者变换舞步组成更复杂的一种舞蹈，譬如《巴黎大街》《圣日耳曼森林女神》《神奇的自然》等；另一种就是意大利歌剧，在1647至1648年后意大利歌剧在巴黎舞台上获得极大成功，在带有机关的舞台活动布景前以唱歌形式演喜剧，演员往往跳着芭蕾舞进入舞台。1647年上演罗西的《俄耳甫斯》（即《俄耳甫斯和欧利蒂丝》），令一些观众欣喜若狂，但也使不少人感到失望……不过歌剧已征服了巴黎观众，在高乃依和其他剧作家的戏剧之外赢得了一席之地。到1669至1670年，巴黎舞台剧的保留剧目已非常丰富：有梅雷的7个剧目（《茜尔薇》《西多妮》等），罗特鲁的20个，布瓦罗贝尔的6个，皮埃尔·高乃依的26个以及托马斯·高乃依的16个。

城市趣味因国王的意愿而传入凡尔赛宫：高乃依、莫里哀和拉辛都在凡尔赛宫内效劳过：莫里哀一直在宫中演出到1674年去世，而拉辛则在上演了《菲德尔》（1677）一剧之后才离开。剧作家们得到国王路易十四的保护、关照，领取国王的津贴。那是国王比较开明的时期。莫里哀的大胆——《伪君子》《唐·璜》——是众所周知的，他十分放肆冒昧，只有国王才能免其遭受最严厉的处罚；莫里哀的这两出戏中都有"解围之神"的情节，上演后曾引起轩然大波。在戏剧人物费加罗出现之前，唐·璜就对贵族说出严厉的真话（第四幕第六场），他借舞台上一个自由思想者之口说出了这样的俏皮台词："我认为两加两等于四……"① 但是芭蕾和喜剧芭蕾在宫廷里取得的成功比悲剧和喜剧更大：莫里哀和高乃依在一些剧中插入芭蕾舞的开场和过渡，调节剧情节奏以迎合时尚，颇受欢迎。凡尔赛宫的节庆大师是吕利，这位天才的多产音乐大师令一代朝臣，首先是国王本人欣喜万分，国王装扮成阿波罗，头戴太阳装饰跳芭蕾，或者领头跳小步舞、加沃特舞等新式舞蹈。吕利从1661年起加入宫廷乐队，写过大量芭

---

① 译注：法语中"两"（deux）与"上帝"（dieux）谐音。

蕾舞剧和歌剧，他设计的演出都有华丽的戏服和大型布景；舞台表演与音乐同样美妙，尤其是吕利在编导戏剧的配乐方面殚精竭虑。1660 至 1680 年间，戏剧在巴黎或宫廷中取得的巨大成功或许还体现了一种古典理想，亦就是理论家布瓦洛详细评述的那种带有含蓄的敏感和克制的激情之理想，它正是国王欲强加给这个"缺乏被奉承的"贵族世界的东西。然而，戏剧对观众的影响要深刻得多：表演中"赢得全场一片赞叹"的一刻将所有观众的目光集中在演员身上，舞台培养了观众的趣味和细腻感受。这种戏剧孕育了 18 世纪的马里沃和拉摩戏剧的精致，他们应当好好地感谢伟大的国王。

与节庆活动一样，戏剧演出很快征服了全欧洲，欧洲各国不但为凡尔赛宫大理石建筑和镜子长廊所折服，而且也为芭蕾舞和喜剧的魅力而倾倒：国王路易十四炫耀地邀请外国大使观看演出，一班朝臣跟着国王欢笑和鼓掌，还有王室子弟，尤其是外国亲王。据伏尔泰 1750 年在《路易十四的世纪》一书中记述，从此卢浮宫的长廊和枫丹白露宫都不值一提，（各国君主的）共同愿望就是在欧洲的另一地建造一个小凡尔赛。英国国王查理二世的宫中法国人多了起来，他要有一个从巴黎来的音乐大师，还要求勒诺特尔为他的花园设计图纸；在腓特烈二世和波茨坦宫出现之前，德国亲王们已开始创立科学院和美术院，翻造宫殿，颁发艺术家津贴，还翻译并上演莫里哀的戏剧……凡尔赛宫的生活方式充满了魅力。

尽管路易十四的龙骑兵迫害新教徒，国王下令废除《南特敕令》，波瓦亚勒修道院遭关闭，尽管德国帕拉蒂那市和荷兰被焚毁，尽管税收不断增加，在统治末期再增收"人头税"和"什一税"，尽管百姓遭受战败和饥馑的疾苦，尽管帕拉蒂纳公主称国王已像"丑婆子"，路易十四依然是路易大帝，因为他是凡尔赛的国王。

3. 反 对 派

尽管贵族们争先恐后地谄媚国王，尽管外国使节喝彩，他们的君主羡慕，尽管趋之若鹜的艺术家文人对这位独一无二的艺术赞助人歌功颂德，但颂扬的大合唱不能使人忘记制度的局限：许多法国人，包括在国外的避难者和留在国内的默默旁观者，不参与阿谀奉承的竞赛，正如乌得勒支的一位匿名者所说，某些人认为国王在仿效亚洲的专制主义，"亚洲国王的仿效者，只有奴隶制才令他感兴趣"[①]。当书店受监视、印刷厂被关闭，面对当局的严厉镇压反对派的沉默是可想而知的。尤其在宗教政策方面，国王面临相当一部分公众舆论的抵制：新教徒和让森派教士相继遭受一波波的追逐、迫害，新的殉道者被迫踏上了逃往欧洲其他国家的道路，像罪犯一样被追捕；另一方面科学和哲学的探索在悄悄地进行中，笛卡尔的同代人是那么勇敢地继续着他们的事业，笛卡尔主义的方法和理论有了新的进展，更广义地说，人们通常所指的启蒙思想亦在向前发展。

《南特敕令》的废除

法国对新教徒的迫害在欧洲激起了极大反响；流亡荷兰及其他国家的法国新教徒一般难以适应避难国的生活，对国王恨之入骨；德国亲王们尽管口头上义愤填膺地抗议国王行径，心中却为法国胡格诺给当地带去的利益而暗自庆幸。

[①] 署名为 L. M. D. L. F. 的匿名作者：《对路易十四统治政绩的回忆和反思》(*Mémoires et réflexions sur les principaux événements du règne de Louis XIV*)，鹿特丹，1717 年版，第 193 页。

第十章 古典主义时代:"路易十四的世纪"

1685年路易十四下令废除《南特敕令》,是国王亲政以来长期执行迫害和刁难新教徒政策的最后或者说几乎是最后的一举。对不受欢迎的新教徒实施的限制是多方面的,而且越来越严厉:首先是神学讨论,也就是说劝说已基本放弃,除非对个别重要人物如法国元帅德·蒂雷纳,由波舒哀亲自继续进行劝导;其次是发放皈依津贴,即按照佩里松制定的计算表及金库库存,对每个放弃基督教的新教徒按其社会地位给予不等的补贴,但这不是遏制异教的有效方法;在这两套措施之外还施加了更有效的其他压力,如对新教徒的宗教活动加以限制,对1598年《南特敕令》的条款作狭义解释,从而进一步限制新教的学校和文化机构(特别在色当和索米尔等地),采取行政措施刁难和禁止(1679)新教徒从事某些行业,譬如书店等。于是新教徒不得在早上六时至晚上六时之间的时间段出殡送葬;新教举行教务会议的次数和会期长短都受到严格限制,而且越来越严。同时,新教徒的日常生活变得愈发困难,更多的职业将他们排斥在外;尤其在南部新教徒占多数的许多城市,1598年设立的两教联合法庭的职能范围亦被压缩。新教徒陆续离乡背井,他们没想到在1685年还会被迫出走,于是隐秘的小批逃亡最终汇成移民洪流。

早在《南特敕令》被废除之前,强迫少年皈依天主教、龙骑兵追捕新教徒等合法迫害手段已愈演愈烈:警察在街上遇到孩子就说他对十字架怀有天主教情感,于是经过一番程序就将该孩子送往修道院接受天主教教育⋯⋯家长还得负担孩子在修道院的费用。开始时只遣送年满14岁的少年,后来年龄降到12岁,甚至7岁。在追捕最吃紧的1680至1686年间,尼姆、蒙托邦等城内再也看不到跑腿的僮仆,也没有小孩敢在街上嬉戏或溜达——家长们看紧了孩子,只准他们在自家园子里玩耍,出门必有家长陪同,平时大门紧锁⋯⋯即使大门锁紧了也难逃魔掌。挖空心思的地方总督即便没有凡尔赛的指令也有绝招：各家各户分摊龙骑兵入住。战争时期各户分摊接纳士兵的义务再被用来逼迫新教徒改宗皈依。城内百姓最怕"丘八"上门，居民担心家具被损，担心酒窖，更担心他们的女儿，只得屈从改教。当战争大臣卢沃瓦侯爵接获地方报告，得悉数万新教徒因此皈依天主教后，对此举的卓著成效倍加赞赏。然而1683年普瓦图一名地方总督抱怨再也无法分摊龙骑兵去居民家住，因为居民得悉士兵要来住，马上改教了。

1685年10月18日，路易十四签署《枫丹白露敕令》废除其祖父亨利四世在经历了40年宗教战争后颁布的《南特敕令》，据说是因为他相信法国已不再存在新教徒；或许就是轻信了各地龙骑兵队长和佩里松上报的新教徒皈依人数的统计数字……《敕令》中涉及对王国新教徒子民命运安排的条款太多了，简直可以把这份《敕令》看作肃清新教徒的一份记录。不过从《敕令》序言的用词上看，可以认为路易十四真的相信有必要在王国内统一宗教信仰，这个想法亨利四世和路易十三也曾有过，但因为应付对外战争和缺乏时间而无法实现。《枫丹白露敕令》是一项逼迫剩余的新教徒皈依天主教的强制措施：它是继20多年来以多种方式逐步限制新教徒的最后一举。《敕令》极其严厉，不留任何余地，造成了新教在王国消失了100多年（直至1787年，不允许新教在法国合法存在），《敕令》严禁新教徒进行宗教活动，把新教牧师驱逐出境，关闭新教学校，而且不准新教徒离开法国（违者男性判处苦役；女性则财产充公，没籍为奴）[①]。然而尽管在边境城市有部队把守，尽管处罚严厉，仍有成千上万的新教徒（估计人数达20至40万）铤而走险，选择流亡国外的道路。沃邦和其他人（特别是阿尔诺和自始至终否认自己是新教徒的让森派教士）赞同国

[①] 《敕令》第十条。

王颁布的《敕令》，但马上意识到肃清运动过了头。逃亡的新教徒利用阿尔萨斯、米卢斯、科尔马和斯特拉斯堡等新教城市（当地不实施《敕令》）作为过渡之地，诺曼底和巴黎的胡格诺则逃往离得较近的荷兰，还有不少新教徒借南特、拉罗谢尔和波尔多等港口从海上逃离。新教徒聚居的大城市的资产阶级纷纷离开自己国家，宁为信仰而放弃一切；尼姆的织布商、拉罗谢尔的船东、勒皮的花边商和鲁昂的布匹商偷偷地把部分财产和资金转移至国外亲戚朋友处，有的把金币缝在衣服夹层内，带上织布机的图纸和生意往来的顾主通讯录，离乡背井举家出逃。在逃亡的路上他们夜间赶路，白天躲藏，直至到达边境。

逃难的新教徒在日内瓦、柏林、海牙、卡塞勒和汉诺威受到热情接待，他们是真正的精英。他们意识到自己九死一生，带了执着的信仰为这些城市和其他地方贡献出商人、手工匠、律师、教师等多方面人才，同时也带去了自己的语言、严格和有逻辑的思想习惯以及法国的趣味；勃兰登堡和德国许多小公国也因此繁荣起来。

塞文山荒漠

但是并非所有新教徒都逃离了法国，不少城市，西南部和朗格多克农村的新教徒因物质条件和缺乏关系等多种因素而选择留在国内，他们或改教或因信仰遭到迫害。一些人被迫信奉天主教，但一时未能改变自由讨论和较独立的新教习惯，扰乱了教堂的礼拜，招致主教抱怨，指责他们难以管教；另一些新教徒选择了一条更难走的路，他们阳奉阴违，表面皈依天主教，履行天主教徒的义务和礼仪，但内心仍信奉新教，在家庭聚会做小礼拜，百倍谨慎地做两套礼拜，兼信两教；还有少数信徒躲进瓦朗斯、图尔农或尼姆附近的山区，在一些小村子里避难。这些山寨因当年从日内瓦派往波城、普瓦捷和波尔多的新教牧师旅行沿途的传教而发展成为新教据点。山村因人少地偏，教徒人数一直未能扩增，1685年后随着避难教徒的到来队伍才壮大起来；因地处偏僻和山路艰险，王室官吏不易涉足，所以渐渐筑起工事成为要塞，这些山区避难所遂成为新教发展的新据点。它们的影响不可忽视，至今在法国的宗教分布图上仍可以看到从热诺拉克、索米耶尔到利尼翁河畔勒尚邦一带的新教痕迹。这是法国新教徒英勇壮烈的新时代，即所谓的荒漠时期。在梅藏克山和艾瓜勒山的山坳里，新教徒们聚集在从日内瓦秘密派来的新牧师周围，谨慎地分组活动，整夜赶路去参加另一地聚会。信徒们在时时刻刻受到威胁的隐秘聚会上营造一种无比热忱的宗教气氛，因为生命有危险，他们的虔诚心就更真挚，这说明新教徒何以会在路易十四统治末期揭竿而起：当国王在1702至1703年得到确切线报，决定派遣龙骑兵围剿山里的新教徒时，塞文山成为荒漠游击战的真正战场。新教徒农民起义者"加米扎尔"①熟悉这片既无道路又无大村寨的荒漠山区，成功阻击王室军队的围剿，稍后亦打败了维拉尔元帅的队伍。直到路易十四统治结束，在乌得勒支和约签订之后，"加米扎尔"起义者仍然牢牢地控制着这片山区，他们以激烈的战斗捍卫了新教徒的权利，在法国的宗教生活中保存了一席之地。

让森派教士

国王的政策无法完全遏制的另一些反叛者，或者说另一些牺牲者，就是自始至终反对路易十四绝对君权专制的让森派教士。1668年后对让森派的迫害有所停止，同时法国外交家于格•德•利奥纳得

---

① 译注："加米扎尔"（Camisards）一词据说从朗格多克的奥克语"camisa"（衬衣）或"camisade"（夜间出击）而来，起义者身着白色衬衣在夜间发动攻击。

到罗马教廷的认可，于是波瓦亚勒的让森派教士可以继续从事天主教的改革活动，如此直到18世纪的最初几年。在前一次的宗教大争论中修道院丧失了招收新修士的权利，修道院修士、修女人数陆续减少。波瓦亚勒失去了在17世纪50年代作为宗教灵修中心的光彩。老一代的隐修士尼科尔、朗斯洛和阿蒙等相继去世，后继无人；小派别缺乏大师和学生；阿尔诺本人虽受到王室器重也离开了巴黎，长年居住荷兰；在让森和圣西朗曾修学过的勒芬市和让森曾任职主教的伊普尔斯，让森派仍相当活跃。随着宗教大辩论结束和几位大师的去世，"异端邪说"的让森派丧失了昔日的影响力，但它的思想仍在蔓延扩散：大大小小城市内，僧侣们接受了让森派的主张；1643至1660年间出版的让森派著作始终拥有读者，大师们的深奥神学依然是最高法院资产阶级法官们的精神食粮；随着帕斯卡去世和阿尔诺的沉默，给人的印象似乎让森派已失去光辉，但在平静的表面下，1650年对阵的两派依然面对面地存在着。让森派不得已地保持沉默，而耶稣会对1668年的失败始终耿耿于怀。稍有机会——并非因凯内尔的《道德反省》（该书写得比较隐晦、巧妙），而是克莱蒙的波尔圣母堂本堂神父写的《困惑》——争论和迫害便死灰复燃。奥弗涅的本堂神父直言：当年让森派教士虽然在谴责书上签了字，但内心却坚信《奥古斯丁》书中并没有所谓的"五点主张"。这话在40多年前阿尔诺就反复重申过。但是《困惑》亦承认1668年的外交手段之必要性。于是立刻引起轩然大波。

路易十四不顾一贯主张的教会自主，要求罗马教廷出面指责让森派不守教规，（经过考虑、拟文和传达等教廷习惯上的漫长过程）教宗在1708年颁布教皇谕旨，谴责赞同《困惑》观点的教士、修女等所有教内人士，将他们定罪为违抗教会和国王。波瓦亚勒修道院最后的22名修女被分别遣送到王国各地，修女们对再次遭到1664年那样的迫害感到荣耀，在她们看来这恰恰证明她们是正确的。然而，受尊敬的高龄修女被流放引起巴黎人的强烈愤慨。教区和各教堂讲道神父像1660年一样群情激昂地集会，对教皇的指责极为不满，不久他们在周日重新回到波瓦亚勒。当年的修道院如今空空如也，已成为树林中教徒们的一个朝圣地：在尼科尔和其他隐修大师曾经闲聊的花园里长时间地散步，在修道院小教堂内祈祷，激动地回忆昂热莉克嬷嬷、帕斯卡等人。四轮马车络绎不绝地从凡尔赛宫南边经过，巴黎和鲁昂神父的煽动性宣教，如此大的动静惊动了天庭，国王震怒了。他在几年内采取了一系列行动：波瓦亚勒修道院的建筑和教堂被一砖一瓦地拆除，当让森派在与修道院毗邻、葬有拉辛、帕斯卡和其他人的墓地集会时，连墓地亦遭拆毁，死者骸骨被集中埋在附近圣朗培村的群葬墓坑里！这些举动引起巴黎市民的普遍愤慨，亦更激励了让森派教士的信仰。

为了结束这一切，路易十四在1713年再次得到教廷新的谕旨，对让森到凯内尔的让森派理论和著作逐条谴责。年迈的国王终于在此后两年内认识了他想扼杀的宗教派别的抵抗力量，它像新教一样临危不惧地与他抗争：以巴黎大主教诺瓦耶为首的15名主教拒绝接受教皇谕旨，认为教皇此举干预了法国教会事务，这与国王本人在30年前竭力捍卫的法国教会自主传统不符，同时也对争论的实质即把让森派定为"异端邪说"——提出保留。一向同情让森派主张、捍卫法国教会自主的巴黎最高法院也立刻跟进，一度拒绝注册教皇谕旨，后来才屈从国王的意志，但特意作了"须经法国教会同意"的保留……面对巴黎总主教诺瓦耶和其他主教的坚定态度，国王最终按照教会自主的传统，决定召开全国主教会议。但预定在1715年9月举行的主教会议未能如期召开：国王去世了。被关押在巴士底狱的数百名让森派教士获得释放，相反耶稣会教士被投入监狱。摄政当局最终放弃了召开主教会议的计划：让森派和耶稣会之间的斗争没有结束，主张教会自主与听命于罗马教廷这两派的争斗还在继续。

笛卡尔的信徒

最后还有笛卡尔的信徒，他们的斗争不那么喧腾，也较少有人悲壮地受到迫害，但在当局眼中他们的危险性或许并非是最小的。以笛卡尔的名义，在他学说的标签下，理性主义者已为人所知。主张理性主义的笛卡尔信徒没有让森派教士那么张扬，也不像新教徒那样碍手碍脚，因为笛卡尔不采取异教立场，更不必说反宗教立场，因此直至他死为止，没有任何罪名来指控这个喜欢荷兰自由空气的大旅行家，而且还受到在巴黎小住的瑞典女王克里斯蒂娜的保护；但是从1650年起一切都变了，耶稣会开始在学校里悄悄地排斥笛卡尔的学说，挑唆对笛卡尔的指责，譬如索邦大学在1671年郑重其事地对笛卡尔的全部著作提出指责，稍后奥拉托利会和其他一些教会学校也随声附和，不再教授笛卡尔的学说理论。然而正是在这一时期，笛卡尔的两个出类拔萃的学生——奥拉托利会的马勒伯朗士和荷兰人斯宾诺莎——继续笛卡尔的探索，以不同方式和各自的深刻逻辑发展了笛卡尔的学说：马勒伯朗士是心理学家和神秘主义者，斯宾诺莎则是泛神论理性主义者[①]。不管笛卡尔的哲学是否遭到官方禁止，至少在当时它是令巴黎知识界人人着迷的理论：如同天文学和物理学一样，哲学与科学一起被人研究，令许多人沉迷，于是大家研读"笛卡尔主义的课程"；1664年有个叫罗奥的人到处开讲座（当然在学校之外），几

[①] 马勒伯朗士（Malebranche）：《探寻真理》（*Recherche de la vérité*，1674），他有一句至理名言："宁为理性而放弃一切。"斯宾诺莎（Spinoza）：《神学政治论》（*Tractatus theologico-politicus*，1670）。

乎把它当成职业，介绍"笛卡尔哲学，做磁石等其他各种现象的实验"[1]。当阿尔诺被问及关于谴责亚里士多德的物理学外的一切理论时，他多次为笛卡尔的信仰辩护，认为应当明确区分宗教中的科学和神秘："因为以哲学的方式用物理学的观点来解释神秘不属于信仰范畴。"对笛卡尔的严厉指责可能限制和阻挡人们研究哲学的热情，造成当时许多重要学者远离法国，尽管有柯尔贝的津贴，尽管有在1666年创立科学院等慷慨举措：斯宾诺莎留在阿姆斯特丹，牛顿继续在剑桥进行数学研究，莱布尼茨在德国做他的学问，惠更斯来过法国，可是1685年就离开了……科学得到鼓励，哲学受到禁止，前者即使有气象台和科学院也只能勉强维持，而后者尽管遭到谴责却生生不息。

能证明后笛卡尔时代存在的最好证据就是城市中批判精神的不可否认的重要发展，这种批判精神也体现在几起轰动一时的迷信事件上[2]，其中最微妙的几桩事件甚至还惊动了索邦大学当局、巴黎总主教、耶稣会以及作为世俗和宗教最高当局的国王本人。确实在1670至1680年间，由科学家和哲学家组成的学术界共同影响了社会上的普通人，譬如当一个修士把某些做法当作奇迹时称："僧侣把圣玛格丽特腰带[3]扎在产妇腰围上……他们讲述的这类故事往往会引发学者们的嘲笑。"相比于人们对一些奇谈怪论发出嘲笑，更明显的是17世纪末社会上和司法界闹得沸沸扬扬的巫术案从此销声匿迹。这类巫术案在梅森神父、伽桑狄和笛卡尔还活跃在巴黎沙龙的1630年代，还

---

[1] 德·奥梅松：《日记》，第二卷，第146页。
[2] 在其他事情上更能体现出批评精神，譬如一个军人在讲述当年被围城的一次经历时说："敌方开始炮轰城楼，红红的炮弹朝城楼方向打来。大多数炮弹在空中爆炸了，城里资产阶级把这事看作是神的奇迹，其实在我们看来就是炮弹本身的射程不够。"
[3] 译注：圣玛格丽特腰带（ceinture de Sainte Marguerite），圣玛格丽特为传说中产妇的保护神，产妇身上扎了她的腰带能保证顺利地分娩。

第十章 古典主义时代:"路易十四的世纪"

时有传闻,甚至骇人听闻——在弗朗什-孔泰和洛林等地,小案件要多少有多少,毫不犹豫地随意立案,有的偷偷摸摸地审案;外省还发生了引起轰动的大案,譬如艾克斯的戈弗里迪神父案、卢丹的于尔班·格朗迪埃案、欧索讷的芭尔贝·布韦修女案;直到1672至1682年间这类案子才最终停息。1672年鲁昂法院正在审理卡朗唐34名巫师,接获国王的撤诉令,尽管法官抗议,司法程序被撤销,庭审实际中止;1682年国王决定只对少数真正以巫术惑众的巫师才提起诉讼,于是法院停止了传唤占卜者、下毒者和魔术师的惯常做法……从此法院受理的尽是些诽谤之类的案子,诸如"他骂我是巫婆"等。尽管社会上有抵触,法官和行政当局认定真正的巫术是极个别现象。这并不是国王决定的成果,也不是国王的特别美德,而是人们思想长期演变的结果,是医学鉴定的传播所产生的影响——因为相当时间以来医生已认为,疑心巫术和揭发巫师是神经疾病所致,而且认为疑心可能来自精神幻觉。早在1641年西拉诺·德·贝热拉克已对"不人道"的司法案件提出了抗议;1660年里昂一家书店翻译出版了一部莱茵省一位耶稣会教士写的有关法院审案的著作①,该书描述法官、律师和受指控者都在某种形式逻辑下思维,作者对这种形式逻辑作了严谨的分析,指出即使是最谨慎、最固执的法官和受指控人都摆脱不了这种形式逻辑。因此魔鬼附身之说一日不破,日常生活中便会冒出巫术和巫师,同样,这种想法也会产生在法官或普通人的思想意识中,至少

---

① 书名为:《敬告刑法学家注意巫术案审理中的滥权现象——题献给德国法官,本书对现时所有法官、法院推事、听忏悔者(法官或罪犯)、宗教裁判所法官、传道者、律师,甚至医生都极有必要》(Advis aux criminalistes sur les abus qui se glissent dans les procès de sorcelerie. Dédiés aux magistrats d'Allemagne. Livre très nécessaire en ce temps icy, à tous Juges, Conseillers, Confesseurs [tant des Juges que des Criminels], inquisiteurs, prédicateurs, advocats et même aux Médecins),著作者为一位罗马的神学家 P. N. S. J., 1632年在法兰克福出版拉丁文第二版,由 J.-B. 德·维勒道尔(J.-B. de Villedor)译成法文。

极大部分人会这样想①。

此外还有更大胆者，1678年奥拉托利会教士里夏尔·西蒙发表了一部题为《旧约批评史》的著作。作者从其对《圣经》的极其渊博知识出发，运用两个世纪来人们对古代非宗教文献进行清晰解读的方法来研究《圣经》，用哲学家和历史学家的眼光对《圣经》进行分析，得出了令人毛骨悚然的结论②：作者认为旧约中《律法书》的五章③不完全由摩西一人所写，他还提出另一些在当时相当大胆的论断。书刚一出版，版本即遭焚毁，作者被逐出奥拉托利会。法国《圣经》注释的创举遭到教会当局的谴责，事件在社会上掀起轩然大波。然而里夏尔·西蒙仍长期默默地坚持历史和哲学方面的研究，他的第一部著作堪称时代精神的伟大见证。

1680年后，王室加重了处罚，批评思想仍在继续蔓延。哲学和科学吸引了越来越多的人，科学发现的本身也鼓励哲学家们更加大胆。"学者"小团体在官方的学院机构内外继续活动，他们热情高涨的科学实验气氛（譬如对子午线及其长度、对地球以及它在世界上的位置等研究）令人回想起1630年的辉煌年代。著名学者组成各种团体，贡代亲王直至去世身边聚集了许多知名学者，因为受到保护，所以学者们的言论非常开放，但是还需要小心谨慎。荷兰作为在法国受奴役而渴望自由者④的避难地，成为当时欧洲科学生活的中心；主张

---

① 至于这个问题，可参考我们的分析，见《17世纪法国的法官和巫师》，巴黎，1968年版。

② 波舒哀（Bossuet）的《通史论》（*Le Discours sur l'Histoire Universelle*，1681）差不多通篇对R. 西蒙的著作进行雄辩的驳斥。

③ 译注：通称《圣经》前五书，即《创世记》《出埃及记》《利未记》《民数记》《申命记》。长期以来无论是犹太教还是基督教都认为五书均为摩西所写，它们被看作是以色列民族从创世至摩西死亡这段历史的神学解释。

④ "受奴役而渴望自由"是皮埃尔·朱里安于1689年在阿姆斯特丹发表的一篇抨击文章中的用语。

旋涡论的笛卡尔信徒①与赞同牛顿学说的学者相继在阿姆斯特丹和海牙发表论文进行辩论。尽管当局对邮件实行审查和没收等措施，还是有一批在巴黎书店不敢承印的大胆书籍传入了巴黎，书中作者对里夏尔·西蒙的著作进行评价，就法国新教徒纷纷迁居国外和世界的多元化等问题进行讨论：一位资产阶级人士写道"我发现许多事与从荷兰运来的书籍有关，如果我过去早知道现在所知的一切，或许我不会相信在巴黎及附近每天印出的大量的书。从荷兰运来的书使巴黎出版的书完全滞销了"②。大量从荷兰运来的书籍以及书中传播的哲学思想渗入到里尔、亚眠和巴黎等城市，它是整个18世纪在法国大张旗鼓进口图书的前奏……路易十四统治末期从阿姆斯特丹传入法国的最重要、影响最大的著作无疑是皮埃尔·贝勒的《历史和批评词典》(1697)。他是一个新教牧师的儿子，1685年后流亡荷兰，他以罕有的耐心对最受敬仰的权威进行旁敲侧击，悄悄地传播几乎怀疑一切的思想，他对理性至上的信仰，使他堪称18世纪真正意义上的哲学家。

因此在路易十四统治末期，法国存在着深层的反对派：科学早已在国内外征服了人心，理性哲学与之齐头并进；两者的影响日益深入民间，年复一年地征服了更多的民众，包括各城市甚至凡尔赛的资产阶级和法官。表面上神授君权的王朝所代表的这一宗教政治理想正处于最辉煌的顶峰，伟大的国王是世界上独一无二的宫殿中至高无上的君主。按照传统的形象，路易十四和凡尔赛宫真的是王权理想的巅峰，还是寿终正寝前的绝唱呢？

---

① 派别之争的老传统：某些笛卡尔信徒认为，笛卡尔取代了亚里士多德，笛卡尔的地位是不可动摇的，正如在过去几个世纪里亚里士多德的地位一样。
② 法国国家图书馆，法文手稿库藏文献，21743，第132页。

第十一章　18 世纪的经济革命和人口增长

革命？在一些没有剧烈变动和跳越的领域使用革命一词或许太夸张了些。但是唯有这个词能充分说明一场史无前例的大规模运动，它的影响只有另一个领域的另一场革命——1789 年的大革命——才能比拟，用革命一词来形容其重要性并不过分，却不能说明一切。在拉法耶特、罗伯斯庇尔之前，在奥什和拿破仑之前，必须有一个强大的改变了整个法国面貌的新经济基础。当然也不能像某些巴西经济学家那么夸张，他们欣喜地发现自己国家的黄金在欧洲社会发展中起了重要作用，把法国大革命看作是巴西金矿开采的结果。这种想法的幼稚性正如同另一些人降低了 1789 年大革命的历史地位，仅把它看成是共济会挑起的一场阴谋。哲学家的时代肯定是一个蓬勃繁荣的时期，它的财富全面滋养了法国生活，堪与 16 世纪的发展相比，甚至引起人们对奢华和革新的欲望；但是 18 世纪成功的规模更大，不光涉及城市，而且带动了社会整体。冀望复兴的呼声此起彼伏而且与此前不同：与 16 世纪文艺复兴只迷恋古典文化的狂热和专一的追求相比，新人文主义运动已转向实践，渴望行动而不只求了解知识。

由此可见，大革命前数十年的首要特征在经济方面；除了人口比

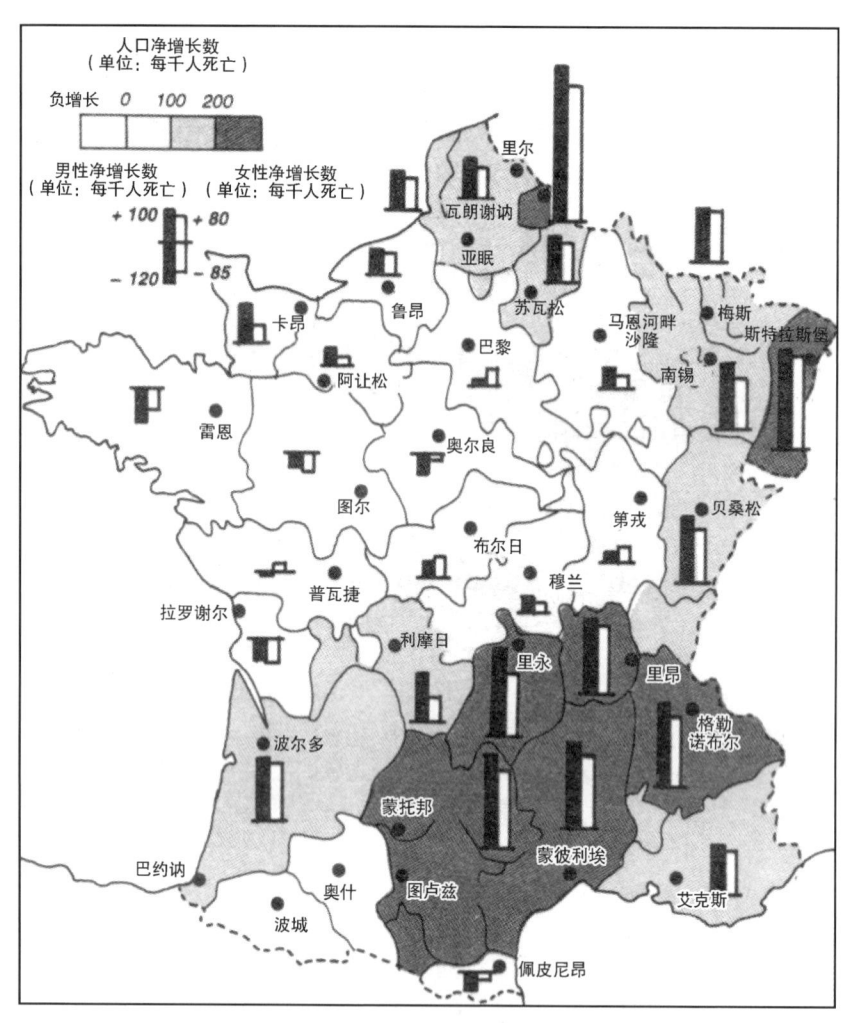

图 22　召开显贵会议前夕法国的人口变动

本图引自安德烈·雷蒙（M. André Rémond）所著《18 世纪的法国》（*La France du XVIIIe siècle*，尚未出版）一书，图中所示各地的人口变动之大令人惊讶：譬如人们习惯性地认为布列塔尼是人口增长较快的地区，其实不然；事实上南部和山区是向巴黎盆地和西部地区输出人口较多的地区（波城和奥什财政区的人口变动均未标出，这是资料的缺陷）。

16世纪有更大的增长外（根据粗略的通常被接受的数据，在1500年左右，法国人口总数为1 300万，至1600年约为1 600万，到路易十四去世时，尽管法国在17世纪兼并了不少领土，人口总数略多于一千四五百万，1789年前夕达到两千三四百万的水平），法国的物质生活已全面改观。在整个16世纪中城市发展带动财富和人口的迅速膨胀，大大促进了从地中海到大西洋，从意大利到荷兰这一带的国际大贸易；而18世纪带来了更多发展：农村生活变得更容易、更能忍受，广大民众不再像过去那样遭受饥馑等巨大苦难。因此在巴西金矿这个更传统的现象之后，出现了另一个新现象。巴西金矿继漫长的西班牙金银枯竭之后，曾给大规模贸易和开拓全球航运业带来过新动力。而现在农民变得更富裕了——普通承租农户拥有30公顷土地，大面积耕种的耕农和相当规模的小地主——他们有可能参与商贸活动，经常（而非偶尔地）在集市上进行交易，做买卖；短工们至少能养家糊口。法国乡村市场对城镇商品开放，这是促进生产的巨大动力，长期供不应求的局面促使城市发展生产，在增加城市财富的同时，也迫切需要建立城乡之间新的交通手段……18世纪是公路建设大发展的时代，这对于建立新经济生活是必不可少的。

城市人口增加而乡村人口不减少（与19世纪的人口流动情况不同）：说明居民的平均寿命延长了，延长了宝贵的几年，接近30岁。梅桑斯在观察18世纪中叶若干普遍现象的基础上作出估计，平均寿命从二十二三岁增加至二十七八岁。尽管今天有人对他的估计提出带有轻蔑的批评，梅桑斯的估算还是可以接受的。因为医学手段还十分有限，对人的健康寿命无大的帮助，所以人们寿命的自然延长更显出社会的进步。从1730年起法国在人力和财富方面都有明显的发展：1709年的大饥荒是最后一次灾难，几个月内死了数百万人；此后在1726、1727年部分地方还发生过局部的小灾荒，死了一些老人和幼儿，但都不是真正的大饥馑，死亡人数亦不多。18世纪法国（也许欧洲也一样）的繁荣一直持续到1775年，社会再也未出现过昔日的苦难，人们渐渐已忘却了饥荒，直到一场经济危机的爆发，它一直延续至大革命的最初几年，至少至1790年。危机与此前半个世纪的经济增长形成鲜明反差，又正好遇上路易十六登基。这一点十分重要，它清楚地反映出大革命前法国的社会和政治氛围[①]。

---

① 滨海夏朗德省档案，B类1722（1742年）。

1. 乡村的进步

同期的英国在农业革新方面取得了比法国更大规模的进步：人们完全有理由用革命一词来形容当时英国农业的飞跃；其中最基本的就是长期的土地所有权转移，农业经营多种形式的出现，圈地运动起到了极其重要的作用。对法国来说，用农业革命一词有点牵强；总之农业发展并未依托如此规模的土地转让[①]。

经营方式

法国农业生产的发展没有靠奇迹，甚至也没有出现大规模经营并吞小农经济的现象；乡村景象自16世纪以后演变缓慢，令人难以察觉。人们在1730年左右才开始感觉到缓慢演变的结果，而促成变化的某些原因仍不太清楚。至于圈地，法国也曾出现过模仿英国对公共用地加以圈拢的法令——启蒙时代的法国在所有领域都欣赏海峡对岸的英国——那是某些地方总督的决定，1770至1777年间若干省份曾颁布过类似的地方法令。当时英国已完成了大规模的土地转让运动，而法国还在畏首畏尾地进行尝试，而且还遭到不少非议。这些我们可从地方陈情书中看到，常常有人提到要恢复公共用地和共同牧场。实际上这是一个集体地役权的问题：它在某些省份因种种地方性的原因而被提出——在南部因进山放牧的习惯遭到破坏，在普罗旺斯因与集体财产概念不相干的罗马法的延续，其他地方因为资产阶级大业主为

[①] 马克·布洛克在《法国乡村史的特征》一书中，研究过旧制度末期法国乡村的演变，对这个问题有详细研究（参阅第六章）。

追求土地收成和收益——这个问题早在16世纪时就已经出现。人们称之为土地个体主义的问题并非在19世纪的土地大转让中才出现。在北方的广袤平原上，在出现并地现象和利昂库尔的"实验农庄"之前，若干大地主（或他们的承租农）就曾尝试对土地实行归并，其目的是为了保留足够的肥料用于连成一体的大片土地，避免灌溉充足、收成好的耕地因公共走道而遭到破坏，能在公共土地上行使许多传统习惯所允许的土地挑选权——这些尝试可能损害了传统的公共地役权。总之，它们是18世纪土地转让运动的先声。这是世纪性的大跳跃，它发生在各地区的规模程度不一，但因为这一运动在每个乡村与其他各种土地变更混杂在一起，所以不为人所察觉——譬如有个人自发的土地兼并，有家族的土地合并，也有因遗产继承和分配的不得已结果等。土地个体主义现象在18世纪已有较大发展；大革命冲击了某些地方的土地兼并法，使土地个体主义得以进一步发展，后来的制宪会议和19世纪的乡村人口流向城市，都未能抵消大革命对土地个体主义所带来的影响。

许多社会势力朝土地兼并的反方向起作用，竭力维持传统的乡村制度：新近获得土地的城市资产阶级和旧的土地贵族以野外狩猎为荣，一旦土地被打桩圈定或设围种作物，他们就不能像原来那样不受限制地狩猎，至少不再能骑马驰骋了。集体地役权只能缓慢地逐步限制，不可能立刻在田野中间立牌或竖石碑禁止通行，圈地只能在较长时间后才起作用。此外，农民对传统尤其对集体地役权的重视亦起相当作用。乡村的公共土地是普通农户的一大财源，除此之外村民再无任何场地可作放羊的牧场和收割后的草料场，更不必说公共树林的其他用处了。瓜分公用地的情况在洛林地区有一例。当局让教区的全体居民共同作决定，而非仅仅由几个土地所有主来定夺，可怜的短工们眼巴巴地看着公共用地被完全瓜分；公用地被瓜分后，农民可以获得一份耕地，除此之外只能艰难地开垦长年荆棘丛生的边远荒地。但如此完全瓜分公共用地的毕竟是少数。由此可见，18世纪法国的农业繁荣并不是集体地役权缩小和瓜分公用地而引起的社会大变革的结果：大土地主希望出现土地兼并，而包括乡村普通农户的其他阶层则反对；在洛林和佛兰德的部分地方实行了土地兼并，但在福雷兹和奥弗涅则根本不动。所以土地兼并不能说明法国18世纪的农村繁荣。

革新

农业产量和收益确实增加了。成功地将小土地兼并一体的大土地主，对乡村进步兴头十足，他们仿效农艺书中英国的榜样，借鉴重农论者做的实验，试图以新方法来耕地和播种；在整个18世纪特别是1750年后，农业方面的书籍十分畅销，英国热和重农主义流行，从年代顺序上看卢梭的影响也比较凸显。据1810年巴黎出版的一份书目，18世纪总共出版了1 200多种农艺学方面的书籍（17世纪才出版了130种，16世纪100种[①]）；博斯或皮卡第等地的农庄主和耕农开垦荒地或沼泽地，"牺牲小块土地和几年收成来进行乡村经济的实验"。其间的一大进步是减少了休闲地，土地闲置被看作是法国农业的耻辱，曾遭到旧制度最后几年在法国各地旅行的英国人亚瑟·永格的耻笑。乡村集体生活的退缩缓慢，因为阻力相当大。不过到处的休闲地"取消了"，土地在收割后即播种而不再进行轮休，土地出产增加了。在这一领域西欧的经验发明是利用饲料作物，如三叶草、驴食草、紫苜蓿等，这类植物既能用作牲畜饲料又能给土壤提供小麦生长所需的氮。在过去几世纪中它们不为人知，生长在城市住宅的花园内

[①] D. 福谢（D. Faucher）：《农民和机械》（*Le Paysan et la Machine*），巴黎，1955年版，第55页。

或住宅周边的小块土地上，用来饲养套车牵引的牲畜。自从它们被引入老式的轮作体系后，既促进了小麦生长，又为家畜提供更多的饲料——牲畜饲料充足了，也能产生更多的田间肥料，使庄稼获得更好收成。因此在法国北方的大面积耕地上，萝卜、芜菁、苜蓿和其他饲料作物进入了土地轮作体系。在西南部，16世纪末从美洲引进的玉米也渐渐推广种植，同样亦改变了两年轮作制：采用玉米与小麦的交替轮种，生产的玉米或当饲料，或食用，总之在日照和雨水充足的气候环境下，让得天独厚的阿基坦农民过得相当舒坦。英国游客永格对此印象深刻："玉米的种植在乡村经济发达的南部与不发达的王国的北部之间划出一条分界线，只要你没有看到玉米，你就会发现大片非常肥沃的土地闲置着，相反当你看到了玉米，就再也看不到休闲的土地了。"① 永格或许夸大了南北反差，不过他的话很有说服力：在18世纪确实是北方乡村经济落后，南方先进。两个世纪后情况扭转了。从1760年后，北方农业逐渐引进了土豆，促使人们摸索着研究更为复杂的土地轮作制度；更因为在上诺曼底的科地区饲料作物的种植面积很快扩大，生长期不再是从8月到第二年的11月的长季，而是至少有两到三季，由此改变了农耕周期，有利于推行较复杂的轮作制。但是粮食增产（近年有研究表明，当时当地的农业生产率已达到了决定性的五比一）和与此关联的牲畜存栏数的增加并非普遍现象，因为饲料作物的成功只有在圈地上才能实现，而且某些地区交通闭塞，传统势力太强，城市生活也不够活跃——乡村经济的发展在很大程度上要依托城市——所以这类地区的农业没有大的进步。古贝尔先生在对人口进行调查后指出，譬如在下布列塔尼、索洛涅和凯尔西等地区，

---

① 亚瑟·永格（A. Young）：《法国旅行记》（*Voyages en France*，三卷本），阿尔芒·科林出版社（A. Colin），巴黎，1931年版，第二卷，第620页。

整个18世纪都存在饥馑和传染病造成的超高死亡率①。

然而除了个别地区以外，各地的乡村生活明显地摆脱了过去数百年业已成规律的长期贫困现象。大规模农业经营的发展，集体地役权的退缩，再加上农耕技术的改进；另外还有一些与城市需求无关的因素，这些因素不易被发觉，因此不为人知：档案文献中提到"小麦商贩"和"二手贩"，他们的人数、涉及他们的官司，以及冲突和暴力现象都比过去少了；这说明在城乡之间倒卖小麦、谷物和食盐等投机——造成物价飞涨和小麦突然断市而引发饥荒的重要原因——不像以前那么厉害了。这只是单纯的印象，还需要加以确认和解释。另外还有一种假设，即气候变化。百姓家庭的日常记事账和回忆录中不再看到过去几个世纪中常见的抱怨冬季严寒（凄风苦雨、可怕冰冻）的记载，18世纪的气候相对温和，或许对农作物的生长也有好处；这意味着气候条件有较大变化，但这些都很难加以确定，亦需要做进一步的解释②。

死亡率下降

乡村有如此明显的变化，其结果必然是农民收入的增加，而且用 E. 拉布鲁斯的话说，"居民死亡率方面的人口革命"使得农村人口增长。即便没有寸土、仅靠劳力维持生计的最穷苦短工也得到了好处，他们能养家活口了，这是他们最明显的得益。即使遇到灾年，乡村贫苦农民在冬天的"死亡季节"靠讨乞为生，也不会因哀求一块面包而遭到拒绝；短工购买的粮食涨价了，但农村经济必不可少的短工的工

---

① 《经济社会文明年鉴》杂志，1954年。
② 参阅 E. 勒鲁瓦-拉迪里（E. Leroy-Ladurie）：《气候史》（*Histoire du climat*），巴黎，1967年版。

资涨得更多①。于是丰年储粮以备灾年，遇上好天气就多出力干活，村里最贫困的农户的日子也不愁了；从此出生率高于死亡率，细心观察的人如梅桑斯看到了农村人口增长的新的必要：1756年他在《人口研究》中写道，"在乡村小城市和教区里，平常年份一般出生人数多于死亡人数，这无论对大城市的招工，还是对修复战争、瘟疫、传染病或其他对人类造成创伤的灾难都是必要的"，这一观点直到马尔萨斯的出现才被打破，马尔萨斯对人口的持续增长感到恐惧并发出了警告。总之，小农经营户有了若干财产，普通农庄主不光种自己的田还租种大农户的休闲田，至于"耕农"就更不必说了，正如伏尔泰所说，他们有犁、有牛马，摆出大农庄主的架势。这些比短工强的农户日子过得更好：多多少少过上了富裕生活，即使遇上最难的灾年，日子也容易过。人们渐渐忘记了昔日天灾地荒的日子。小农不仅能常年吃饱，到了年底谷仓内还有几袋余粮可售。这是他们可以直接兑现的余粮，农民除了吃饱还挣了钱；他们把余粮运到附近城市出售或卖给粮商，直接把钱"兜口袋"。各地的集市和市场因此多了起来，这是18世纪值得注意的现象，标志着贸易的大规模发展。年历和历书在乡村里越来越普及，历书上面记载了乡村生活的方方面面：常用谚语、月相的盈缺、农田劳作和日常的实用建议等都被仔细地一一标明；大革命前夕的历书上还标明了6 500个村子里的5 000多个定期集市；农民利用历书作为一个随手可查的新的生意手段，保证不错过赶集去出售家禽和牲畜，赶集有历书可查也鼓励农民更多地上集市——他们卖得多也买得多，或许买进得更多一些。最后，受益更多的是葡萄种植户，收获的葡萄都能上市出售，其收益远远大于产粮户

---

① 拉布鲁斯（Labrousse）：《18世纪收入和物价变动概略》（*Esquisse du mouvement des prix et des revenus en France au XVIIIe siècle*，二卷本），1934年版，第一卷，第497页和下面几页。

(产粮户需要种 15 至 20 公顷麦田才够养活全家，而葡萄种植户有 2 公亩的葡萄园便丰衣足食了）；在半个世纪的繁荣期中，日常用酒和上好佳酿的需求不断增加，有名的葡萄园都是从中世纪教会和皇亲国戚手中传下来的，它们经过改良，革新酿酒技术和拓宽销售渠道，遂形成今天勃艮第、阿尔萨斯、波尔多和香槟地区的部分酒窖面貌。

商业化

法国农民谨慎而缓慢地进入了更大范围的商业循环中：著名的葡萄种植区已有较广泛的经商贸易，耕农、已习惯于赶集市的自由租地种植户和马贩子逐渐参与更多的贸易活动，最后小农户也逐渐涉足市场。他们照例先在集市的小酒店喝一杯，然后逛一圈，摸清行市后买一些小东西，如砍柴刀、锄头、镰刀、木鞋等家具；较少买一块布料，买套装和鞋子的就更少了。在漫长的岁月里农民的生活仅限于跟土地打交道的苦日子，距离享受生活还远着呢！谁不知道卢梭在《忏悔录》中写过这样的故事：他年轻时路过一家农户，谨慎的农民拿出黑面包和清汤招待他，后来彼此熟悉了，对他信任时，才端出白面包、火腿、咸肉和好酒。卢梭笔下的农民小心地提防征税吏，后来征税吏不再有了，但藏富的意识仍长期存在……农民依旧住在不通风的阴暗房子里（窗玻璃是多余的奢侈品），家具也很简单——几只大木箱、一只橱柜、一张桌子和几条长凳，还有几张大床——18 世纪的农民首先想到的是置备农具，买镰刀、斧头等，后来也买长柄镰刀，随着人工开辟的牧场越来越多，长柄镰刀的用途也更广泛了。1730 至 1775 年间的农业繁荣与亚瑟·永格所描述的贫穷和脏乱似乎有矛盾：永格先生的旅行正值法国经历危机之时（那是在我们所说的年代之后），而且他又是从一个农业发展水平较高的国家来的；他的判断总是以英国农村为参照，两者无法比；再说永格的见证尽管总体上很有价值，但眼光不免带有一定的悲观色彩。另一方面，农业的进步在各地区不平衡，个别地方还有重新陷入贫困的现象。达尔让松在1748年8月写道："卢瓦尔河以南的王国内陆省份还陷于深重贫困中。收成比去年减半，而去年就已经是很糟的年份了。小麦涨价，到处可以看到乞丐。"1752年他又这样记录道："一位本堂神父对我说，作为图赖讷省最年长者，他见过许多事，知道过去小麦如何昂贵，但不记得（即便在1709年）有像今年这样的大贫困。"农民在改进农耕作业和增加收成的同时，也促进了城市的发展，而城市的繁荣首先是受到土地食利者消费的刺激……城乡的繁荣密不可分：从乡村到城市到处是同样的气氛，物价稳中有升，生活更舒适便利，只是社会、经济条件有差别而已。

2. 城 市 繁 荣

乡村和城市的联系加强了，方式也增加了：农民越来越多地使用货币，进入了不同的商业流通循环；意识上的必要适应要比技术上的适应慢得多，直至1850年左右，有多少乡村仍生活在尽量少去城里买商品的原则中？穿街走巷的货郎挑着小工具（如锉刀、夹子）、针线和小书等上门兜销还往往不受欢迎[①]。城市与乡村的联系因土地食利者而变得更加直接和明显，所谓土地食利者是指在乡村拥有大片土地的不劳而获者，他们住在城市，活跃城市的经济生活。当农村收成增加时，他们获得的按收成收取的实物地租也增加：从磨坊、面包烘房的使用税以及什一税所得的大量谷物和其他农产品源源不断地流入土地食利者的仓库。譬如列安圣这个地方因作物分布的改良，农民的收成从500袋增加至700袋，从默伦来的什一税征税吏的税额就从50袋增至70袋……于是土地所有主或僧侣把更多的粮食运往城里，将收成在市场上变换成现金，然后在城里消费……这才是城市发展的最主要因素，它比巴西黄金流入世界贸易各大市场的作用更重要（不过黄金对于信贷体系中尚未有银行货币支撑的国家还是有不小的帮助，但荷兰和英国除外，这两国的中央银行已在本国的经济生活中占重要地位）。城市发展了，城市人口和商贸活动亦随之增长。梅桑斯曾尝试计算法国大城市的人口增长（以居民的出生年份的平均数乘以一个可变系数），从而得出在1700至1710年到1750至1770年之间重要的人口"增长值"：克莱蒙-费朗等地区省城的人口从17 100略增至

[①] 参阅塔博：《我的村庄》（1850—1914），书中多处提及。

20 800；罗阿纳市的人口从 5 100 增至 6 500；欧里亚克市的人口从 5 800 增至 7 200。而地中海沿岸港口城市的人口反而下降，原因是这一时期绕大西洋的航运远远超过了地中海航运，如马赛人口从 9.7 万减至 9 万。首都巴黎人口增加了，从 50.9 万猛增至 57 万（但普遍认为到 18 世纪中叶巴黎人口已达 70 万）。遗憾的是梅桑斯没有计算南特和波尔多的人口增长情况，这两个城市是 18 世纪发展的最大受益地。城市繁荣整体上与乡村的繁荣相匹配。

土地食利者

土地食利者中包括教会主教、贵族和沉迷于可靠投资而大量购入土地的城市资产阶级。他们是乡村发展的最大受益者，其中极小部分人生活在凡尔赛，远离产业，派勤勉尽责的总管去当地照看他们的利益；大部分人生活在地产附近的城市，甚至贵族也觉得住在古堡不舒适，远离城市花花绿绿的上流社会枯燥乏味。于是如第戎、科尔马和图卢兹等省会城市，以及许多像加纳和蒙布里松一类缺少活力的地区中心也随之发展起来。乡绅和小贵族们一般住在人口在 1 万至 2 万之间的小城镇里，对自己的产业和社会地位沾沾自喜。他们从土地出产增加和谷物涨价中得到好处，积累了一定的财富，不愿再待在乡下而来到附近城市生活和消费。当时的经济生活未能向他们提供太多的投资机会，投资和通过银行中介进行资本运作仅在有巨额交易的城市才有可能：巴黎交易所已存在，并在 18 世纪得到稳固（1724），同样在波尔多和南特也有交易所，包括葡萄牙、法国和意大利等国的放贷者在此投资，与从事大西洋航运业而总是缺乏资金的船东做生意。里昂已失去了 16 世纪的辉煌，当年它曾与昂热市竞争世界的货币市场。事实上，当时的银行作用仍相当有限，包括在 1723 年由瑞士人在巴黎创建的马莱银行、几年后另一个瑞士人内克尔创立的银行亦都如此。马莱银行①在约翰·劳的银行破产后随即创立，创建者是16世纪移居日内瓦的新教徒的后裔，他重返法国，立志创办一个可靠而坚实的银行。此外，还有后来建立的若干瑞士基金会，但由于地产投资者的过分谨慎（尽管他们在购置地产时并不缩手缩脚）和约翰·劳银行在1715至1720年间的惨痛教训，均缺乏必要的大胆；密西西比的金矿谣言和路易斯安那的幻景破灭掏空了巴黎凯冈布瓦街交易所的资金，更不用说其他微不足道的反应了。在大多数城市里，资产阶级以较高利息直接向缺钱的农民、朋友和相识的人提供小额贷款，为了区区小利常常会闹到熟人翻脸、失望甚至惹上官司。

另一项在18世纪缺乏吸引力的投资是产业装备，今天它已通过贷款和上市向投资者提供了多种渠道。直至大革命爆发前夕，因为技术进步缓慢，相对简单的手工业设备不需要通过这些途径来集资。细木工匠和纺织工匠更新设备的节奏如同农民更换农具一样慢，或许农具更新的速度还快些。但是只有制造业的资金需求量较大，不过它在当时的工业活动中只占很小的份额。围绕着制造业逐渐形成了一批新的产业，如昂赞的煤矿等，在18世纪中出现了最早一批规模较大的合伙公司；在勒克勒佐和圣艾蒂安最早的炼铁厂则是向朋友们和附近城市的资产阶级贷款……总之贷款这种利用资本的方式在法国经济生活中还未占重要地位。

值得注意的是土地食利者也没有将资金再投资于土地——因为这种需求是自发存在的——以促进对他们来说有利可图的乡村进步；譬如向农庄主、耕农提供长期贷款，以便他们能置更多的地，购买种子和农具，改良存栏耕畜；而最富裕的农户总是缺乏必要的资金来进行

---

① 马莱银行在1923年该行创建200周年之际发行了一本普通的小纪念册，回顾了银行的发展史。

周期较长的耕作改良，这项工作很少有人去做，除了个别热心的农艺家创建"英国式的农庄"，如永格先生在《旅行记》中提到的利昂库尔农庄。从土地食利而积累的资本未能再返回土地，首先是因为土地食利者生活在城市，他们并不喜欢乡村，从不关心田间耕作，看不见投资改变乡村的利益，而农民本身则很少会主动要求贷款。

土地食利者反馈法国经济的主要方式是购买消费品。所有致富者都想购置家具、壁毯、纺织品；家里雇佣的仆人更多了，日常伙食更精美了，酒窖更充足了；他们还到处盖楼建房。总之很少用于有丰厚回报的投资，总是挥霍享受：18世纪是城市追求奢侈和舒适的世纪。在城市经济生活方面，这些投资很快见到效应：新的主教府拔地而起，大城市的新兴街区里私人公馆鳞次栉比——其桌极乃是17世纪的公馆，公馆内按个人爱好配置家具，不计花费，只求格调和谐。所有这一切都靠手工匠的装潢，像南特城内的本地工匠还不足以胜任，往往还得延请别处更高明的工匠、瓦匠、细木工匠和纺织工匠；于是促使工匠结伴在各地巡回施工，大城市迅速膨胀，小城市发展趋缓，总之，这股兴建热潮促进了城市各行各业的发展。

手工业的繁荣

建筑和纺织是当时带动城市繁荣的两大产业。因为建筑业的许多行当覆盖了大部分的手工业活动，在民众意识中它是龙头行业，是城市发展的最好见证，所谓"只要建筑业好，别的一切都好"；纺织业方面，是因为有鲁昂、米卢斯、巴黎等棉纺业城市，特别是当时上流社会风行的印度棉布，它的质地轻，虽价格不菲，但容易染色，色泽鲜艳。

在供不应求的手工匠、长途贩运或小范围销售的商人背后，商业资本主义受到刺激，发展得比"工业"或手工业更快，原因是技术落后阻碍了行业的深层次革新。法国没有经历过英国式的工业革命。1740至1780年间,最初的若干技术发明带动了纺织业的革新,直至18世纪末这股纺织业的革新之风吹过英吉利海峡传到法国,尤其在1815至1830年间,又有多项应用范围有限但非同寻常的发现,如新能源的使用:1850年后出现了蒸汽机。从此对手工业商品的需求迅速扩增,而生产发展却受制于劳动力短缺,所以发展迟缓。随着需求的增长,物价也稳步上升——这是繁荣的迹象,反映了需求增长的压力;大张旗鼓地在大江小河上开辟水道(很快水道就多得过剩了),利用水力资源(今天许多水力磨坊都废置了,说明当年的努力造成设备过剩);皮卡第地区的亚眠、博韦等城市周边的乡村手工业应运而生;以英国为榜样,城市手工业制造者向农户提供设备,农民在自己住家或地窖开设作坊,从原料、图纸到产品的销路都由城市手工匠一手包办;最后,各行各业为了提高效率和改进技术还采取了至今不为人知的许多措施:《百科全书》中"工业篇"的意义就在于此。狄德罗的朋友们在解释当时法国和外国的各行业技术时,采用了大量的插图、构图和说明。马赛的一位学术院院士说出了对技术的关注:"机械制造的艺术原本不是一个院士不该关心的问题。"《百科全书》因书中的插图而出名,它们的功绩不亚于对教会的抨击……所有这一切说明交流加快了,人们努力排除商品流通中的阻塞环节——关卡、各省各市设置的阻碍国内和国际贸易的海关。"工业发展"一方面加速了柯尔贝惨淡经营而建立起来的行会制度的崩溃,促进家庭手工作坊的自由经营;另一方面有利于最早的产业集中,制造业内形成了无数小作坊(如亚眠的冯·罗班雇了1 800多名工人)和大工厂或合伙公司(如昂赞煤矿等)并存的局面:总合在一起就是工业技术层面对蓬勃发展的商业需求的微弱响应。

殖民地贸易

殖民地贸易也是18世纪的一大成功，与安的列斯群岛、圣多明各、马提尼克岛和瓜德罗普岛的通商使越洋航运业得到空前的发展，经过100多年的黑奴贩卖和殖民开拓，当地已变成最富饶的殖民地之一：波尔多和南特两地就是靠长途航运业发展致富的，这两个濒临大西洋的港口城市成为与西印度群岛贸易往来的两大中转站（尽管有马赛的竞争，马赛同时参与大西洋和印度洋的航运业）。与安的列斯群岛的贸易带动了加龙河和卢瓦尔河流域的经济，沿河码头和河岸随之发展起来。长途贩运的商品不再是16世纪时的香料和金、银等贵重金属，而是路易十四时代的新发现：咖啡、茶和可可等新型饮料。这些饮料很快被巴黎上流社会所接受，成为餐桌上的奢侈品，随后又流向外省城镇。在法国最早"品尝"咖啡可上溯至1640年，当时阿拉伯咖啡经由马赛传入法兰西王国，很快午后饮咖啡便成为时尚，与喝酒形成竞争："德·拉德韦兹先生必定让我们饮一小杯咖啡，再喝杯好酒才答应我们离开。"[①] 好酒，因为普通酒可能难喝；也许因此葡萄园和酿酒技术才得以进步。从路易十四时代起，无论凡尔赛宫中还是巴黎的沙龙里，咖啡都极受欢迎。尽管被众人所爱，凡尔赛宫内（或许其他宫殿）还有少数人抱怨，帕拉蒂娜公主在1712年曾写道："我对茶受不了，也受不了咖啡和可可。我不懂为何人们会喜欢这些东西。我觉得茶有一股干草和腐烂的麦秆味道；咖啡里有烟炱或羽扇豆味；而可可则太甜。"这位德国公主还补充说，"但是我宁可喝啤酒浓汤（Bierenbroot）"。17世纪茶和咖啡是首都的一大奢侈消费品，而在18世纪已成为一般城市内的时尚饮品。从群岛运来的新饮料仅

[①] 鲁：《回忆录》，第259页。

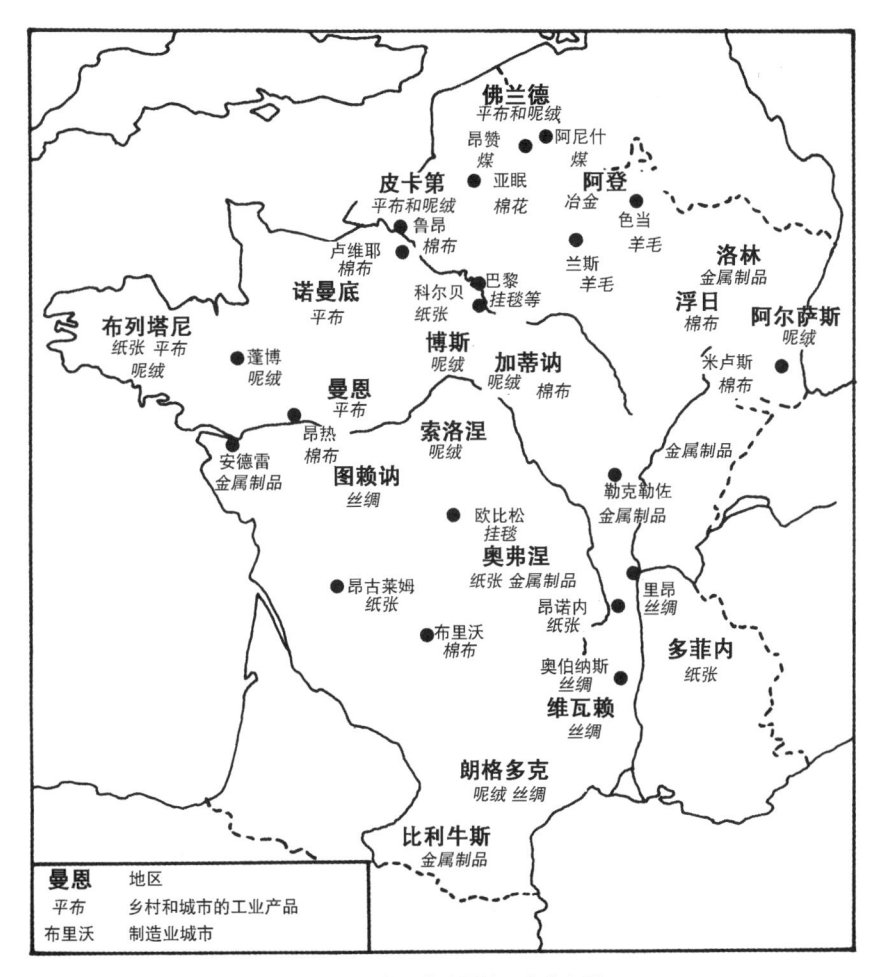

第十一章 18世纪的经济革命和人口增长　　483

图 23　18 世纪末法国的工业分布图
(摘自 H. 赛埃和 R. 施奈伯合著:《法国经济史》)

在柯尔贝发展制造业的努力下,法国的一些城市建立了若干工业,最终导致了行会制的衰退。在工业革命前夕或更早时期,如图所示,法国的工业呈现十分多元化的局面。可与第七章图 15 "16 世纪末法国的工业分布图" 对照阅读。

几十年时间内就成了城里人的习惯饮品，从此人们再也离不开它；可是它却长期未深入乡村，直到19世纪末才开始真正在农村流行开来。咖啡靠一丁点儿刺激成为城里人附庸风雅的时髦标志，因此《风流信使报》在1696年这样写道："人们对它（指咖啡）像对小麦一样渴望，又像担心缺少面包一样怕失去它。每当咖啡短缺和涨价时，消息马上会令公众沮丧。"可想而知在今天已变得如此普通的饮料——加糖的牛奶咖啡，在当年是何等的奢侈品：牛奶咖啡的三种成分中，有两种需要从安的列斯群岛运来，热带甘蔗制成食糖当时已出现在资产阶级和贵族的餐桌上，因为比较稀罕，在很长时间内还只在药房出售。除了上述三种饮料、蔗糖和糖蜜，还要加上烟草，烟草传入得更早。这一系列商品使美洲诸群岛在伏尔泰眼中显得如此珍贵，它们足可与加拿大冰天雪地的几阿庞①土地上所出产的木材和毛皮相比。从殖民地贩运来的新商品成为沙龙、学院、阅览室常客的追捧对象，尤其使"咖啡零售铺"受益。

最后，在大宗商品贸易的成功之外，法律界人士也获益颇丰。贸易生意多了，商业上的纠纷、官司亦增多了，商人们需要公证员拟订更多的文书、做笔录、到现场扣押商品等，法律界也从城市繁荣中分得一杯羹：公证员和执达吏、律师和法官，所有法律界人士、"自由职业者"都从中得益。当时的司法程序旷日持久——谁能抱怨？——因为熟悉司法程序的人故意拖延，而且案子也实在多得堆积成山；司法界贪赃枉法盛行，法律人士寡廉鲜耻，只想从城市生活涌现的财富中讹钱。

从某些方面看，即便城市广大市民也从城市发展中得到实惠。虽

---

① 译注：这是伏尔泰所代表的当时人对加拿大殖民地经济价值低估的一种说法，阿庞（arpent）为加拿大的面积单位，相当于36 802平方英尺。

然工资远跟不上物价的上涨——劳动力充足是一个原因，但是木工和织丝工总有活干，因为包工头的订单源源不断。和乡村的短工一样，城市劳工的生活与过去17世纪萧条的艰难岁月相比，现在日子明显好过多了：在巴黎或大西洋沿岸港口等城市，普通市民都能有温饱，食桌上天天有酒，当然是普通的酒，但总比喝凉水强；各地城市的市民能维持生计，不再受过去死亡威胁的痛苦煎熬，这就算得上一大进步了。

城市化

因此，手工业和商业所创造的财富更增加了土地的收益。城市繁荣亦说明18世纪显著的城市化进程：像圣日耳曼一类的巴黎老街区里，一幢幢漂亮的私人公馆拔地而起，外省城市也不例外，譬如规模较小的里永市和气度恢宏的南锡市。城市化建设在17世纪努力的基础上更发扬光大：南特修筑了中央大道，波尔多出现了图尔尼大街；出现了弹硌路，斥巨资安装夜间照明设施等等。城市越来越成为生活舒适的地方。在追求私人舒适方面，新公馆里的房间面积压缩了，以便更好地取暖；在市民公众舒适方面，城市公共设施逐步完善。这些正是贵族们所追求的生活环境。各地区文明遍地开花，这种繁荣景象在外省文人笔下被多次描写到，他们热爱本地的小世界，发现当地上流社会兼有贵族和资产阶级双重面貌的闲适生活。总之18世纪的繁荣给外省都市带来更多的财富，这些城市的活跃程度在哲学家时代达到了顶峰；而首都巴黎则成为政治（尽管国王居住在凡尔赛）、行政、经济和文化的中心。长期来这个大都会不断膨胀，规模早已超出了传统中心的范围，原来的城厢地区（如寺院街、圣安托万和圣马尔索等街区）已穿过花园和葡萄园，与贝尔维尔、欧特伊、帕西和圣德尼等郊区乡村连成一片……巴黎城内的绿地、花园和荒地已经不多，尤其是塞纳河右岸（左岸在卢森堡公园以南还有大片空地；皮埃弗尔河岸①云集了皮革商和鞣革作坊，历来以沼泽地和肮脏闻名）。巴黎市内部膨胀，向外扩张，特别是向西延伸，包括荣军院、战神广场一带的空旷地，也包括香榭丽舍大街和圣奥诺雷街的延长，这里的居民逐渐增多。随着西部扩展，城市离原来旧城的主干道圣雅克大街、圣马丁大街以及塞纳河沿岸总是人声喧嚷的港口渐渐远了，巴黎在不断扩大的同时也逐步形成市内的分区，这便是19世纪更加膨胀的重要前奏。

---

① 译注：皮埃弗尔河（la Bièvre）过去是一条流经巴黎的小河，现已被填没或成为地下水道，在巴黎流经的地区大致为现在的13区和5区，它在现今的奥斯特利茨桥附近注入塞纳河。

3. 公路和水路

所有城市都依托巴黎而生存，也需要与费尔内、万森和大西洋相连接；与过去几个世纪相比，18世纪时各地相互交流的节奏和频繁程度等方面有了很大变化，随之出现了邮政系统和旅行家，为了更便捷地连接巴黎和外省，公路和运河水道亦迅速得到开发。

运河和河流

从弗朗索瓦一世到路易十四一直都有开发水陆交通的想法，而且还实施了若干工程：如16世纪末开挖了连通卢瓦尔河和卢万河的运河，苏利在巴黎市周边开辟大路，道路两旁植树，开通了引导加龙河流入地中海的著名的里凯运河（亦称南方运河），该水道的航运量却始终不及布里亚尔运河。实际上出于种种原因——人力和财力不足，以及对迫切需要认识不足——瓦卢瓦王朝和波旁王朝的君王们在开发公路和水路方面都没有大的作为。尽管水陆交通对王国的行政管理和商品流通的重要意义不言而喻，但交通始终处于相当落后状态，直到公共马车时代的来临。虽然河道水面下降、河中时有沙滩和暗礁，水上交通从未停止过；公路陷落了，为了避开更大坍塌，人们在田间铺柴捆绕道而行；旅途漫长（从巴黎至巴约讷需要一个月……），而且艰辛（盗匪等意外），以致商品供不应求：譬如木材无法运出，枞树林沦为"矿藏"，奥弗涅的干酪沿阿列河和卢瓦尔河运到奥尔良即刻售罄……然后船工们靠拉纤拖船返回。这些现象在路易十四亲政前的半个世纪繁荣中才得到改变。

在水陆两种交通方面，改善水道的工程规模较小：开凿新运河以连接两条河的流域（如中部运河连接卢瓦尔河和索恩河，勃艮第运河连接塞纳河和索恩河等），整治拓宽自然水道，使排木筏能大量地通过，沿河修筑纤道以方便船工拉纤作业。卢瓦尔河上从罗阿纳到巴尔比尼之间长长的河谷旁至今仍能看到当年为纤夫修筑的铺石小径，它们已被弃置一个多世纪了。在大江小河上过往的船只很多，主要是运输商品；因为随着时代的进步，旅行者越来越多地借道公路了。

公路、桥梁和道路

随着避震技术和悬挂装置的改进，车辆能更好地防震了，于是政府和公众都感到发展公路交通的必要。1715年王国在财政部下设立桥梁公路局，专门负责修筑从巴黎向外省辐射的大公路：其职能是制订护路规则、建立工程师队伍、组织车辆运输，于是在1747年创立了桥梁公路学校，这所著名的学校历经屡次革命依然存在。这些是法国公路建设方面的大步骤，由此形成了以巴黎为中心向全国延伸的蜘蛛网式的公路系统，而19世纪的铁路建设就是依托这个公路网发展起来的。公路网建设充分体现了王国政府强化巴黎作为行政、商业和文化中心地位的意图。

这项巨大工程（鉴于当时的平地和铺路的技术、设备等等）得以实现，不但因为当局斥巨资，更依靠了法国农民付出的极大辛劳：从1726至1738年，王国政府力排众议，不顾有关当事人的抗议，分阶段谨慎试验，推行劳役制整整40余年（直到1776年为止）；劳役制仿效中世纪封建领主的劳役制度（其实封建劳役制早已名存实亡），要求每个农民每年必须为建造公路义务出工10至30天（自带牲畜、推车和工具）。施工地点有时远离住家，故禁止民工晚上擅自回家，更糟糕的是施工期往往撞上春秋农忙时节。这种劳役必须履行，而且不得以金钱赎卖，堪称是大革命前夕乡村民众的梦魇之一。1748年

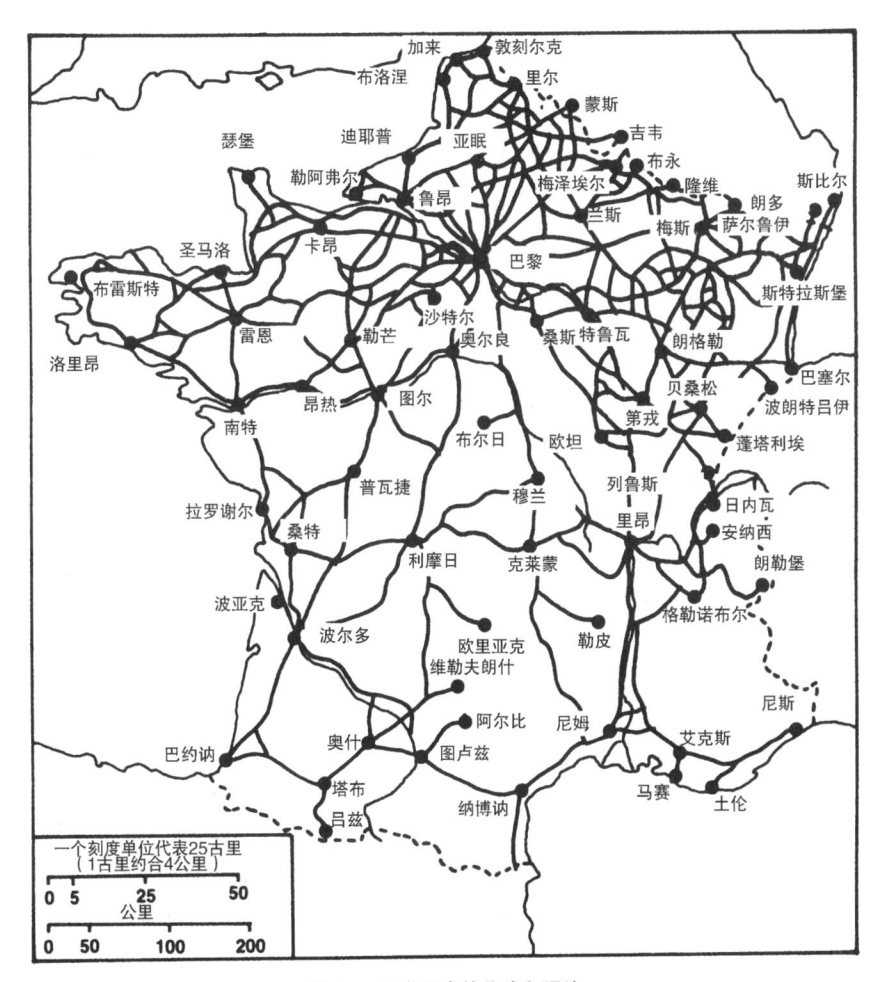

第十一章 18世纪的经济革命和人口增长　489

图 24　18世纪末的公路和驿站

（摘自拉维斯［Lavisse］:《法国史》［Histoire de France］，第一卷，第一章，第 379 页）

　　第一条铁路修筑之前，邮政驿站是最重要的交通设施，保证巴黎与全国各地的快速联系。值得注意的是，相对于北部与东部来说，南方的公路网稀疏，交通相当不便；东部与北部的公路网发达主要是出于军事战略的需要。

达尔让松这样写道:"为修建大路而设的劳役制是亘古未有的最可怕的苛政;当局强迫农民付出远超于其承受力的人力和物力,农民想方设法躲进小城市。许多村寨竟变为空村。"1776年后,政府以签约形式将公路建设和保养包给私营企业或由接纳失业者的慈善机构去经营。当初各财政区的总督不顾乡村民众付出的巨大牺牲,相互攀比,争相建造更宽更大的公路,才建成了铺以碎石、绿树成荫的笔直大道,难怪那个挑剔的亚瑟·永格看到后赞不绝口①。

与此同时,尤其是1770年后,桥梁公路局鉴于当时公路通车率低下,组织城间公路的公共服务,主要是根据路段情况开辟从巴黎至外省主要城市的班车,比17世纪的大型旅行马车更进步了,过去的旅行马车是"随到随开",而新的公共马车不但比邮政马车快,而且定期出车,有固定的路线和预定的时刻。但当年乘马车旅行并不舒适,车辆的避震弹簧强度差,车厢狭窄,令人觉得憋闷。在适宜的季节出行的人宁可骑马:所以路边小客栈长期挂出"步行和骑马者,无任欢迎"的招牌,有的至今仍依稀可辨。

公路和邮政驿站使城市更趋活跃,但乡村受益不大,乡村到城市的地方交通并无改善,停留于落后状况:到处是土路,雨天泥泞不堪、无法通行,晴天尘土飞扬、路面坑坑洼洼。虽然农民出行机会多了,挑担货郎也越来越多,桥梁公路局一无时间、二无资金去修筑支路,缺乏支路的公路系统仍处于半瘫痪状态,总体上还是贫乏落后:亚瑟·永格注意到公路技术进步的同时,也悲叹行人和车流量稀少。作为大公路必要补充的支路网是在下一个世纪建成的。

旅行和人员流通

F. 布吕诺在《法语史》中指出,王国为了实现民族道德和语言

---

① 亚瑟·永格:《法国旅行记》,第一卷,第91页。

的统一，通过修筑公路比几个世纪中央集权的努力或颁布著名的《维莱-科特雷法》，规定法语作为行政和司法官方语言的效果大得多。1536年前后，法国许多城里人（且不说农民）只能听懂法语但不会说，如同布列塔尼南部有些人及奥弗涅的老人至今能听不会说法语的情况一样。但18世纪公路修成后，鼓励城里人去外省小城或乡村旅行，或做生意或仿效卢梭热爱大自然、与朋友结伴出游。法语在每个省的传播可根据当地公路网的密集程度来衡量，在公路到达之处人流量会逐渐增加。因此当年格雷古瓦神父进行语言大调查，利摩日的立宪党朋友曾给他写信说："法语只有在沿大公路的大城市和在城堡里的人才使用。"[1] 公路网形成后也促成了新型的社会交流途径，包括环法兜销行业的出现：巡回法国各地的货郎担和环法施工队。他们不驾马车也不搭公共马车，因为车费太贵：乘公共马车从巴黎到里昂的车费是一笔可观的费用，200利弗尔！这类旅行者喜欢在平坦又有树荫的大路上徒步旅行，徒步巡回法国既为生计也出于爱好。他们到了一个地方可以离开大路深入偏远的村庄，在田头与目光透出不信任眼神的农民聊天，打听当地情况，趁机兜销商品，同时也给当地农民带去知识和信息。这两个社会行业并非诞生于启蒙时代：由各行业的工匠自发组成的合伙工匠队从一个城市转到另一城市施工，这种形式在中世纪已经存在；穿街走巷向农民兜销针线杂货、历书和各类书籍的货郎在17世纪时已广为人知且数量不少。1660年的文献中已经提到："货郎担？就是肩挎背篓，兜售丝带、绢丝、羊毛头绳、鞋带、细绳带、梳子、小镜子、小匣子、缝衣针和别针等商品的流动负贩。有些商贩兜销历书、识字本、普通故事书和离奇故事书：譬如仙女梅吕茜的传奇、巫师莫吉之歌、埃蒙四兄弟之歌、嗜血成性的长牙吉奥

---

[1] 参阅 F. 布吕诺：《法语史》，第七卷，第三章。

弗瓦传说、孪生兄弟瓦朗坦和乌尔松传奇等；还有售卖其他各种消遣书，如肮脏下流的淫邪小调、讽刺民谣、田园诗、宫廷乐曲和饮酒歌，以及由祭司和预言者根据圣约翰《启示录》地狱中的摧毁者魔鬼而写成的故事，规谏教徒虔诚信主。"1750年前后，流动货郎人数更多了，他们带去乡村兜销的商品中还包括故事选本、圣徒传记、附插图的格言书和菜谱等，这些书可能比本堂神父借给堂区教徒的宗教启蒙书和圣人故事更吸引农民。或许还需要更多的读物，才能使农舍变为读书室，使农民能像今天读当地报纸那样地经常阅读。事实上，只有少数农民阅读，主要原因是没有时间，尤其在夏季农忙季节，再说农民也没有读书的兴趣和必要。只有货郎送来的历书和埃蒙四兄弟传奇在乡村流传较广，一本书可能传遍整个堂区，成为农家夜间聊天的谈资，一代代口头流传下去。由此可见，货郎们从大路到僻乡传播了法语的民间文学，成为我们今天民俗文化的基础①。

同样，流动施工队亦在这一时期被人们议论得最多。17世纪中他们曾与宗教团体护圣会有过冲突，后者对这帮快活旅行者的道德和宗教信仰感到担忧。工匠队继承了过去的行会作风，讲话时法语夹杂行话，工薪一不合意就拔腿走人，各个城市的工匠结帮以应付不测——闲季、疾病和失业——总之帮派意识强烈，敢于对抗雇主，甚至不惜加以杯葛。巡回全国的合伙工匠们对新开辟的大路了如指掌，他们随地结队又分散，约定地点汇合，而且帮派之间经常打群架，正如一些文献所记载："国王已经知道在拉罗谢尔市不同行业的工匠结成所谓'伙伴义务会'的帮派，会员有标志以便相互辨认，把帮派外的工匠一概称为'加伏'（Gavaux），对他们恶意相向，阻止他们入

---

① 参阅《论17、18世纪法国的民间文化》（*De la culture populaire en France aux XVIIe et XVIIIe siècles*）中我们对该问题的进一步阐述，巴黎，1964年版。

行……"① 工匠也跟货郎一样以他们的方式传播了民族语言，他们是外省小城镇低层市民中的翘楚，消息特别灵通，而且十分活跃，后来在 1792 至 1794 年间发挥了重要的政治作用。

由此，法语作为民族统一的不可替代的工具，在商业繁荣的半个世纪里迅速在全国传播；在离城市不远的大路沿线，法语慢慢地向全国延伸，尽管这种普及不可能尽善尽美。与此同时，欧洲各国宫廷仿效凡尔赛宫的礼仪和路易十四的娱乐方式，以讲法语为时尚。伏尔泰和里瓦罗尔在柏林科学院发表论文，为法语在德国贵族大学内流行大唱赞歌，与法语在境内广泛传播而各地方言（包括拉丁语）节节后退的形势遥相呼应。1730 至 1770 年间交通手段的大发展及其带动的交流频繁的意义不可低估：18 世纪的公路是启蒙之路，城市与城市之间、学院与学院之间的交流往来沿着大路一直通向欧洲的边界，直至柏林和魏玛，维也纳和克拉科夫，圣彼得堡和敖德萨。

---

① 滨海夏朗德省档案，B 类 1722（1742 年）。

4. 危机年代（1775—1790）

从 1775 年起，这幅繁荣和富庶的画面蒙上了浓重的阴霾：不幸的路易十六在更可怕的年代到来之前就已尝到了厄运的滋味。他的登基恰遇上法国严重的经济危机，而他却无能力减轻危机。国王所能做的只是减轻民众的疾苦，而经过 40 多年几乎两代人的好光景，民众早已淡忘了过去可怕的贫困，所以遇上大的危机便觉得不堪忍受。这场危机不像 1709 年或 1694 年的饥荒，也不像 17 世纪的 1640 至 1680 年间经济的长期而深层萎缩，这 15 年中城市和乡村同时遭受经济放缓和收益下降的打击，多数民众对此都难以承受。危机带来严重的社会问题，阶级对立加剧；政治上因税收进项减少和财政状况恶化陷入对抗，因此可以认为 1775 至 1790 年的危机属于大革命历史的一部分。

农村灾难

与过去的繁荣一样，危机也是决定乡村经济生活的主导因素。与 20 世纪（和 19 世纪下半叶）的经济危机——主导因素是冶金工业——相比，可以说 18 世纪的危机是旧经济制度的危机，它表现为一个国家和一个地区经济整体的停滞和萧条。路易十六统治时期的危机首先是乡村危机：从 1773 至 1789 年因恶劣天气导致连年歉收，灾荒几乎没有停止过；各地农作物损失，收成下降，农业生产效益普遍低下足以使小农经济和农庄主陷入困境，他们承担的租金在前些年不断上涨；短工更是首当其冲，面临更大的困难。一直到 1790 年小麦有好收成为止，历年收获的粮食连谷仓都堆不满。1788 和 1789 年这两年最糟糕，1788至1789年冬季通常被人看作是历史上最坏的年份，一位资产阶级见证人这样写道："这年寒冬从圣安德烈（11月30日）开始直至1789年1月14、15日，到处是厚厚的积雪和冰冻，磨坊无法开磨，许多人饿死，胡桃树和树木也被冻坏；百姓家还剩少许谷粒，但滴酒无存。"此前的1785年，曾遭受的特大旱灾的毁坏也不可忽略。烈日下草地都枯黄了，牧草成了大问题，由于缺乏过冬的饲料，农户不得不在秋后宰杀了大部分牲畜。此外，葡萄种植地区出现生产过剩，当年葡萄产量高而家庭酒类消费骤降，所以酿出的酒滞销。各种灾难祸不单行，当时一无农业灾荒储备金库，二无足以补偿严冬或1785年大旱的替代作物，农民根本无法应对。持续多年的农业歉收压垮了农村的各个阶层：耕农的利润缩水；小农经营户再无余粮可售，在青黄不接时偶尔还要以糠麸面包充饥；至于没有土地的短工和长工，口粮吃完了家里一无所有；乞丐、流浪汉成群结队，当春季来临家家户户谷仓快朝天时，是村里大恐慌的时候。这是比饥荒更严重的饥馑，面临无力救助的不幸人群，惊愕失措的村民无言以对。面对难以承受的饥馑，乡下农民还须纳税上捐，收成的减少令捐税变得更难以承担。农民千方百计地偷税，在什一税税吏上门前，把数十束麦子捆藏在矮树林里以减少向教会纳税；有的按照规定把少量谷物送去磨坊和面包烘房，在家里用研杵捣谷子煮着吃，目的也是少付磨坊和面包烘房税。农民宁可有100袋粮食的收成而向领主纳10袋，也不愿在50袋的收成中缴出5袋，其道理显而易见：前一种情况下农民有90袋的自留，而后一种情况就只剩下45袋了……当农民缺钱时就不去城里消费，也不再向货郎购物了，购置农具和布匹等也一年年地延后，待手头宽裕时再说。因此乡村的贫困也造成了城市的危机。

城市危机

作为城乡"自然"中介的土地食利者亦受到多种损失：他们的收益是按农民收成分成的，收成减少收益亦随之下降；加上农民为维持生计不得不隐瞒收获，收租者的收益就更少了。在危机最深重的年份，即使土地食利者对欠租农户采取扣押财物或扫地出门都无济于事，收不到的租税就无形损失了。因此这些年土地食利者的收入严重下滑，其消费亦随之减少：兴建住宅、衣料布匹、农具、伙食及酒类开销、雇佣家仆等一应减少；或许只有凡尔赛宫的朝臣们是例外，国王高兴时会替他们偿债，所以他们可以照常维持阔绰的生活，但他们只是土地食利者阶层中的极小部分。

商业和手工业都直接受到影响：富人本来不劳而获，漫不经心地随意挥霍，现时也不得不量入为出、节省开销了；乡村劳苦大众在过去繁荣时经常进城消费，购买布料和工具等生活必需品，现在不再参与城市的商业循环。他们的情况跟富人的不同，但也是不容忽视的因素。城市的经济活动环环相扣，当年的繁荣是相互关联的，如今的式微也是一样，整个奢侈品贸易更是如此。有些行业瘫痪了，譬如建筑业。此外还有一些次要因素加速了市场的萎靡：譬如酒类滞销对乡村危机的影响，美国独立战争造成棉花的短缺以及1786年法英两国贸易协定的签订对法国造成的部分困难。这些困难加剧了经济危机，也使印花布料、奥贝康普夫印花棉布或里昂的丝绸品销售变得更加困难。在大革命前夕连安的列斯的贸易亦受到了影响，尽管进口商品都是大宗的时髦饮料。手工匠和制造商的基础相对比较牢固，而大大小小的商家则怨气冲天，抱怨税重也抱怨英国人的竞争；商家只能裁员，工人、学徒和店员面临失业，小麦因歉收而涨价，再加上投机分子推波助澜。手工业同样亦面临困难，譬如里昂丝绸厂停止了向农民

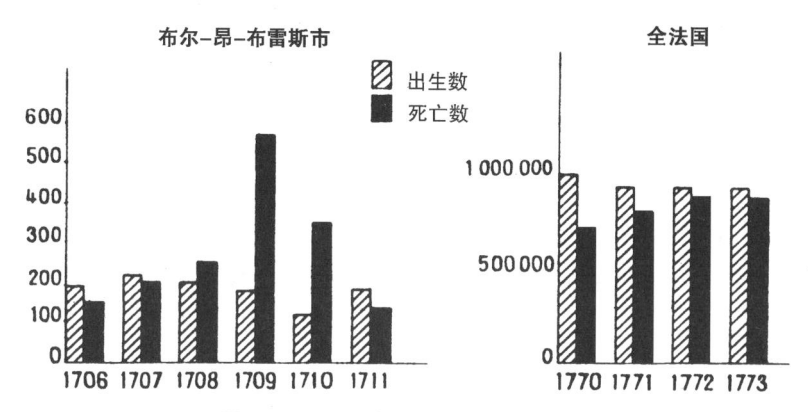

第十一章 18世纪的经济革命和人口增长 497

图 25A　18 世纪的人口出生与死亡率变化

我们引用拉布鲁斯先生的论文中两幅说明性很强的图表：左边是布尔-昂-布雷斯市在 1709 年饥荒时的人口变动情况，可以看到在 1708、1709 和 1710 年三年的大量死亡人数，右边是全法国在 1770 至 1773 年的饥馑年份里人口变动情况，出生人数略高于死亡人数。

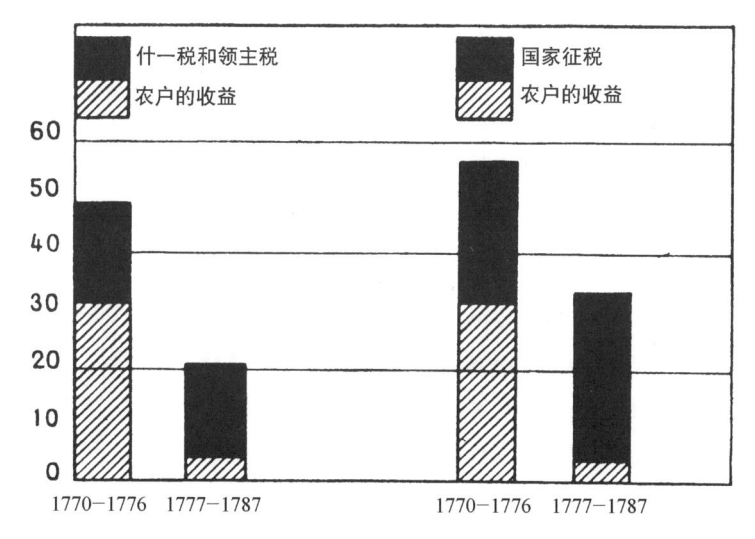

图 25B　王室赋税和领主税的压力
（1770 至 1787 年间，对粮食第一次交易赢利的征税）

同一论文作者以图表醒目显示，当恶劣天气造成农业歉收时，国家赋税和领主税对农户造成的"心理"和实际压力。

家庭作坊发货，原来在里昂、亚眠和鲁昂市周边各有一二十个村庄的农户家庭作坊为纺织厂提供加工，现在作为城市腹地的乡村的家庭经济亦遭到打击。总之，失业造成大批闲置的劳动力，有的即使有工作，工资也下降很多……行会师傅、大宗批发商、手工业制造商和商家都面临生意不景气，不得不压缩生活开支，这对城市危机无疑是雪上加霜；自由职业者虽然间接遭受危机，影响亦十分严重。

怨声载道

饥荒、小麦价格暴涨、工业制品价格下跌、大批失业工人在大路边和树林里游荡、靠微薄年金过活的小户人家陷于贫困：这是经济危机的传统景象。巴黎虽然没有像外省城市那样遭受重创，但在三级会议召开之前，城市六七百万居民中，亦有十来万人属于失业工人或无收入的退休者。全国各地的贫困日益严重，民众怨声载道，不计其数的危机受害者与王国政府的对立愈加严重，尤其使阶级对立加剧。大革命前夕各地城市发生多起惨祸，譬如巴黎一家印纸厂被烧毁、警察马队冲散要求面包的工人集会——劳资冲突屡见不鲜、面包店被哄抢一空、运输面粉的大车在关卡处遇袭。城市劳苦大众的抗议示威尚未造成严重后果：关键是人数不多，当时的行会工人，包括大制造商和独立经营小户的工人人数仅占市民总数的小部分。乡村里发生的冲突更严重，即所谓的"贵族反击"：眼看连年进项骤减，贵族们不甘心眼睁睁地看着产业莫名其妙地破产，于是向领地胥吏、城堡管家施加压力，总管们又疯狂地围堵作弊的农户，追查农户的收获以弥补贵族主人所蒙受的损失。斗争十分激烈，总管们依仗封建主法权甚至滥用权力，对农户穷追不舍：18世纪80年代是人心惶惶的时期，惊恐万状的农户随时准备好打麦连枷和长柄叉，一有动静立刻操起农具与敌人拼一死活，有时草木皆兵，虚惊一场。

出于同一目的但影响更广泛的是土地赋税簿籍①的调整，大革命期间农民对这次调整留有刻骨铭心的噩梦般记忆。所谓调整就是领主贵族从城里请来精通古代封建法和领主权利的公证员，将早已被农民遗忘的、散落在各处被鼠啃坏或已发霉的旧土地赋税簿籍重新誊清……大革命政治活动家巴贝夫就从事过这一职业，因此对封建制度抱有刻骨仇恨。贵族和投资土地的资产阶级轻易地从中发觉了一些被弃置的权利，它们有的记录在册，有的被遗漏，有的存在争议，有的已失去时效；然而，有些时效为 30 年的赋税，20 年来从未征收过，在失效之前几年还可以追讨，这对领主来说是一笔可观的意外收入。一笔被遗忘了 28 年或 25 年的陈年旧账叫农户何以偿还？通过地籍调整一切老账都被翻了出来，老账成了"新债"，加上原本已不堪承受的每年赋税，压得农户无法喘息。贵族为了保住其地位身份，还在 1781 年获得了国王签署的有名的军事敕令，断绝了平民晋升军衔之路，使资产阶级子弟在军界发迹的梦想顿时破灭；而此时国家的所有领域都已向资产阶级开放或半开放，军校在造就新仕途方面亦已声名鹊起。

18 世纪末因经济危机减少了收入，凡尔赛的大贵族和外省小贵族们蜷缩在自己的宫殿城堡内，他们留恋昔日的阔绰生活，如同留恋失去的天堂一样，梦寐难忘中世纪封建领主时代，盼望历史车轮倒转："贵族反击"遭到农民的强烈抵制，正因为贵族已经普遍没落，他们的反扑越发令人反感。

除了难以忍受的经济危机，农民和资产阶级还是王权的牺牲品。农民受到王室赋税和教会什一税、领主税的双重压迫，他们跟资产阶

---

① 译注：土地赋税簿籍（terriers 或 livre des terriers），指 15 世纪开始采用的土地凭证，包括地契、包租佃户的赋税承诺等内容，属于封建法权，在大革命中被废除。1807 年拿破仑建立地籍册（cadastre）予以取代。

级一样痛恨户主财产税、人头税、二十分之一税等直接税，也不满盐税和酒税等间接税。间接税由贪婪的包租人负责征收。税收上的矛盾同样激起民众的强烈不满：其实税收并非因王国支持美国独立战争的开支扩增而增加。由于经济萎缩，税收反而有所下降。间接税方面特别是酒税和盐税的征税额，因为人口增加了，所以基本维持在与过去繁荣时期相当的水平。不过问题的严重性不在这里：关键是无论在哪里，所有人的印象是税负太重，征税不得法，大家都觉得它不堪承受，把它看作拖累城乡经济、造成民众贫困的根源。民众不把自然灾害以及造成乡村和城市普遍贫困的社会机制看作危机的根源，只从税收制度上找原因。确实，税收制度存在严重缺陷，譬如税收方面存在特权等不公平是众所周知的事实。路易十六曾多次试图改革税制以结束亏空连年扩大的局面——这是引发大革命的最直接原因——但从杜尔哥到内克尔，改革均不彻底而且推行方式上也有问题。在资产阶级看来，似乎这就承认了税收制度是罪魁祸首。对税收不满的社会舆论自然而然地把矛头指向核定税基、负责征税的人：因此在各地乡村和大城市的喧闹城厢，盐税局税吏、王室征税官便首当其冲地挨长柄叉打，这是动荡年代的连台好戏；地方小吏、内阁大臣和国王的近臣亲信遂成为大众疾苦的泄愤对象；国王本人自当别论，至少在民众心目中还有信仰国王的古老传统意识，这从各地的陈情书中可以看出。但是除了这一点，经济危机通过税制上的发酵作用，确实使整个社会和政治制度出现问题。由此可见，它在爆发大革命的诸多直接和深层原因中占有举足轻重的地位。

第十二章 轻佻的节庆和启蒙时代，欧洲的法国世纪

辉煌的 18 世纪，即便在老国王路易十四驾崩的当天，全国依然是一派欢乐热闹的景象，伏尔泰在通往圣德尼的大道沿途酒店前，目送国王灵柩前往大教堂王室墓地时看到了这一情景。从 1715 年 9 月直到《费加罗婚礼》在特里亚侬宫上演——那个爱笑又迷人的王后玛丽-安托瓦内特出席了演出——法国社会似乎沉浸在一场漫长的节庆里。节庆伴随着由拉摩和莫扎特指挥的轻松柔和的音乐，在修剪齐整的花园、绿荫环抱的小特里亚侬宫进行着。在一片歌舞升平中，时而冒出一些不和谐的喊声扰乱了气氛，过后舞曲又重新奏响了，贵妇们的笑声回荡在火炬的光焰中。总是满腹牢骚的法官们继续充当王室不愿看到的政治角色，他们因自封为"祖国之父"而沾沾自喜，沾上这个用得很普遍的称号容易赢得民心，而对王室却十分危险。耶稣会在反对让森派的长期斗争中败下阵来，失去了昔日的辉煌，不得不撤离王国达半个世纪之久，最后被罗马教廷解散。自然人的哀诉和抗议声开始响起，这个哲学家与众不同，他不欣赏戏剧和虚构故事，不喜欢沙龙及其刻毒的语言，这个希望人类回归到四脚爬行时代的愤世嫉俗者毫不留情地抨击伏尔泰：可怕的卢梭宣告了一个时代的终结。

18世纪太辉煌了！翻阅一下这个世纪的历史，跳入眼帘的尽是凡尔赛的奢华晚会，杜·德芳侯爵夫人家的盛大沙龙，柏林、第戎和蒙彼利埃科学院的庄严颁奖礼，给人一种世界在急剧往前冲的印象。教会财务总管、欧坦主教德·塔列朗-佩里戈尔的朋友们和主教大人一起享受舒适的生活，他们对此多么留恋，但一切都已时过境迁了：动乱中的幸存者在1815年后回到法国，看到沙龙内金色护墙板和训练有素的仆人，还记得那无忧无虑年轻时代的背景，但也就是背景而已，一切都不复存在了，都跟着那个文思敏捷、思想永不会干涸的里瓦罗尔，跟着伏尔泰、达朗贝尔和百科全书派的其他作者，跟着有一颗伟大心灵的孔多塞侯爵以及弗雷隆等人一起消失了，或许这些哲学家和文人后悔当初没掐死那条蛇①。消亡了的贵族精神嗜好寻觅恰当的词语，寻找微妙的联系和精细的标志，借此来彰显其善于推理亦凭直觉的敏锐的智慧。这便是那个问心有愧的贵族社会的魅力所在。时间在充满才智的游戏中迅速消逝，所有人都在这场才智游戏面前受到拷问；"受人拥戴"的国王路易十五的回答或许是"在我之后，任它洪水泛滥"（après moi, le déluge）。晚年他对国家的境况并不满意，曾在几年中成功实施了王国从未有过的最扎实的改革。他的大实话一语破的，所有人都感觉到了洪水即将来临，正如巴黎人得悉玛丽-安托瓦内特王后在凡尔赛宫小树丛里与那个轻浮的主教罗昂在一起，完全相信王后的越规行为一样；事件太凸显了，王后那条扑朔迷离的项链之谜即刻归结为月光下的喜剧；类似喜剧在当时巴黎的所有沙龙，包括女学究德·莱斯皮纳斯小姐家的沙龙里每周不都会上演几场吗？尽管在沙龙上人们严肃地讨论气候对风尚的影响和时政要事，孟德斯鸠不是接过了蒙田和帕斯卡的话茬儿，把它当作日常谈论的普通话题

---

① 泛指大革命后遗留下来的贵族残余势力。

吗？新的视界被打开了，文明的事实将由此定义："一切都已被说过了，我们来得太迟了，5 000多年前就已经有了人类和他们所想的（文明）"，拉布吕耶尔这样说过。蒙田在《随笔》第一卷第二十三章中所隐藏的思想没有在16世纪末引起共鸣，反倒成为18世纪所有人议论的话题。这种思想已成为公众舆论的财富，它从轮廓不分明的实体，经过学校的教育、社会生活的关系、阅读、报纸等逐渐成形，最终获得生命力而成为国家的一种权力。伟大的思想和渺小的闲话，跟着多元化精神生活的节奏，在精彩绝伦的谈论之中，时间快速流逝，才华横溢的伏尔泰在沙龙界出类拔萃，他的用词、他的讽刺以及在最重大问题上自然流露的大智慧……卢梭不是这方面的一个好代表，他总是很严肃，过分地严肃，想制订永恒的法则，他象征着共和思想的美德，是罗伯斯庇尔的父亲。

事实上，这个18世纪，大革命把它当作革命的前奏——一个既被颂扬又是从属的角色（知识的起因、政治的发端和一系列令人信服的头衔），其实它远比为大革命做准备更为重要，它本身是一个充分发展的时期：它是文明社会的精华，在那个时代持剑决斗被机智的语言所取代，使脂粉掩盖下的脸色变得苍白，但不会杀人；18世纪体现了城市生活的精粹，在资产阶级和贵族之间找到了平衡，巴黎成为王国的真正首都，既是首善之地又不损害外省城市的特性。外省小城的魅力可与巴黎生活媲美，当地有丰富的传统和让人迷恋之处（如第戎的滑稽剧、贝桑松和斯特拉斯堡的管弦乐），有沙龙和科学院，有哲学家和大大小小的作家（波尔多有孟德斯鸠，每个城市都有本地的知名作家，虽然在文学史上不一定留名，但在当地生活中十分重要）；如此多的城市，如此多的财富，（如果可能将各地财富累加在一起的话）总量就构成了法国启蒙时代的精美和鲜活的文明，它的旗手是伏尔泰——这个魔鬼式的人物——他的名字在身后就意味着一种气质。

自从1717年被囚禁巴士底狱直到死后13年的1791年他的灵柩被送入先贤祠，这位哲学王子影响了法国整整一个世纪。曾在费尔内和巴黎生活过的伏尔泰，相貌平平，他的微笑令人局促不安，身后名垂青史。

1. 摄政期的氛围

路易十五在其漫长的统治期间（1715—1774），实际亲政只有他在世的最后四年。在奥尔良公爵摄政期间，政局不稳加上各领域内过分松懈的气氛、摄政者的自由派作风和奢华排场，给18世纪定下了基调。摄政王和摄政期的巴黎成为王国的重心，这一状况一直延续至路易十六时代。1715至1724年的氛围就是沙龙和文艺协会处于鼎盛，各种主张针锋相对地进行较量；所有无法或不愿参与西班牙王位继承战的人在此大出风头，成为舞台主角。在路易十四驾崩的次日，各派就已摆开了阵势，红衣主教弗勒里、国王路易十五和他的情妇德·蓬帕杜尔夫人也只能在各派长期的争斗中起到暂时叫停的作用。在法官们的抗议声浪与让森派重整旗鼓的混乱局面中，孟德斯鸠和伏尔泰已经出名：年轻的伏尔泰刚尝过巴士底狱的铁窗风味，波尔多的严厉法官孟德斯鸠发表了《波斯人信札》。然而奥尔良公爵（其母亲为帕拉蒂娜公主）却对摄政王的地位十分高傲自信，依旧过着豪华奢靡的生活，长年沉迷精美佳肴、歌剧院芭蕾和时尚服饰……直到让-雅克（卢梭）发出振聋发聩的勇敢抗议为止。

紧随着1715年的是反正的年代，"反正"这个词用得有点重，令人联想起热月党人或者路易十八的统治：巴黎最高法院的法官们因重新获得对国王敕令的谏诤权和拒绝登记权而喜出望外，老国王路易十四铁腕统治曾将他们的这些权利褫夺了整整50年，法官们的态度表明了对前朝的不满。路易十四的驾崩释放了所有的政治和社会能量，过去他们被迫沉默，屈从于老国王的法律。被监禁的让森派教士获得释放；曾遭排斥、在御前会议上丧失话语权的贵族大佬，在圣西蒙公爵的说服下，相信自己有能力治理国家，而不只是被当作摆设；政治上往往同情让森派的法官们现在昂首挺胸，在先王的亲信旧臣身上开刀，曼特农夫人和耶稣会的听忏悔神父等均被加上种种罪名。至少到1718年的这段摄政期是对前朝矫枉过正的时期，充满了闻所未闻的反正事件。

各部会议制、最高法院和让森派

包括凡尔赛的公爵旧臣、侯爵和伯爵等大贵族们，为了跻身内阁创设了名为"各部会议制"的执政制度，它对前朝旧制实行全面反扑，可惜短命：圣西蒙公爵等这一天等了那么长时间，他带领大贵族们进入执政舞台，对他们而言，执政与其说是使命不如说是荣誉；在福隆德运动平息之际，各部会议制是大贵族夺回丧失如此之久的参政权的一种新尝试。但是得到摄政王允许或者说支持的这种执政模式，并不比一个世纪前贵族们选择武力争夺的结果好多少。随之发生贵族们为礼宾座次的争吵、彼此阴谋争权的内耗，致使新制度根本无法履行其使命，陷于日常行政的困境。圣西蒙公爵的班子既无能力组织施政，又无法取得公众舆论的认同。各部会议从第一天起就因各人心怀鬼胎和利益分歧而陷入混乱。圣西蒙故作镇静，但他（或许只有他）从中看清了摄政王及其朋友的心思："我们或许不能责怪他（摄政王）不愿为我们去冒险，在事关摄政权的关键时刻，违心地调和巴黎最高法院和（先王的）私生子关系，或者冒险一搏令如此重大和迫切的事务陷于僵局，如此他必输无疑，我们会输得更惨，而公众会对他也对我们产生不满，认为他利用政府规则参与了我们的个人纷争。"当巴黎最高法院在那次有名的议事会议上扣压并修改路易十四的遗嘱、将所有权力都交给摄政王一人时，混沌的时局一下子就明朗了。先王的私生子遭到排斥，特别是曼恩公爵，他"春风得意地"进场，却"灰头土脸"地离场。1718年摄政王恢复了路易十四时代的内阁顾问制,没有骚动和叛乱,大贵族企图夺回政治权力的愿望落空了……直到大革命前夕举行显贵会议,再次唤醒了被王室自己摧毁的旧贵族的昔日雄心。

恢复权力后的巴黎最高法院比过去更看重权力,也更不屈不挠。它在17世纪就以国王的顾问自居,发挥着政治和司法的双重作用。时隔半个世纪,其雄心不减,始终抱着崇高的理念——最高法院应是君主制传统的真正卫士——不过它还有一个心照不宣的愿望,即获取更大的政治权力,从目前充当的司法角色中实现最高理想。在那次有名的会议上,最高法院大胆做出有利于摄政王的先王遗嘱修改,现在该是摄政王回报的时候了;法官们对重新取得谏诤权和拒绝登记权大喜过望,决心不失时机地行使权力,于是对所有的政府法令实行真正的监督。确实,让贵族参与各部会议制以取代御前大臣的做法,说明了执政者有创意却也暴露出他们的能力不足;也正因此需要巴黎最高法院的干预。不过当这种干预过分热情时,自然会遭到历代国王的阻遏:从1718年起摄政王起用了老办法,即颁发敕令书和召集最高司法会议。然而经过短暂的拨乱反正期,让森派的抗争和哲学家的大胆激发了法官们的战斗性;作为让森派的捍卫者,作为耶稣会的鞭挞者和面对王权的特权阶层及其特权的保护者,巴黎最高法院的法官们行动起来,为争取政治权力上的承认而不惜进行司法怠工,因此遭到放逐,失败了再卷土重来……1732、1756和1771年,巴黎一次次响起为"祖国之父"歌功颂德的赞歌,但是法官们最终屈服了。路易十五在1771至1774年间实行了彻底改革——废除官位的捐纳制度、限制巴黎最高法院的职能权限和准备对司法权力作出明确界定。这次改革原本可以结束政治动荡的局面,但是被路易十六借登基大典为名而废置了。于是巴黎最高法院重新恢复了特权和大胆,直到1789年大革命中成为最活跃的捣乱分子,成为推翻王室(不管他们自己怎么说)

最积极的造反者。

最后，让森派教士们在1715年秋获释出狱后要求平反，亦在这一时期的政治动荡中扮演了角色。他们的主要诉求很快得到了满足——先王路易十四的听忏悔的神父勒泰利埃被流放，耶稣会的其他几位神父被捕入狱，尤其是教皇的教谕被弃置，事实上教皇的教谕仅在某些教区公布，还迟迟未在巴黎最高法院登记。道德上如此严谨的让森派竟会与摄政王走到一起令人感到诧异。18世纪充满了出人意料的结盟，伏尔泰在1771年莫普①改革时竟支持虔信党——被禁的耶稣会的朋友，反对巴黎最高法院法官；而莫普改革或许是一项最为彻底的改革。摄政王奥尔良公爵也仅满足了让森派的最低诉求：当他还是摄政王期间，巴黎最高法院终于还是完成了教皇教谕的最后登记。不过教谕被登记并不解决任何问题，让森派依然像过去一样继续讨论教皇的谴责，尤其是他们照常在天主教内组织团体，主张严肃的信仰和崇高的道德——由此，他们在斗争中能始终保持高涨的热情和斗志，不用说让森派在民众中享有很高声望，1727年的圣梅达尔奇迹②就是明证。18世纪让森派完全征服了城市的低级教士，在民众中激起巨大的热情。18世纪初的著名回忆录作者巴比埃在1727年写道："教会里所有的二等教士、巴黎资产阶级中极大部分人、穿袍法官、第三等级，甚至最轻佻的妇女和底层民众，都奋起反对耶稣会。"③让森派的主要目的达到了，该派的胜利最终体现在1761年对

---

① 译注：莫普（René Nicolas de Maupeou, 1714—1792），法国路易十五时期的政治家、大法官。他曾推行改革，限制巴黎最高法院的政治权力，尤其是取消了法官否决国王敕令的权力。莫普改革在路易十六登基后被废置。
② 译注：圣梅达尔奇迹指1727年发生在巴黎圣梅达尔教堂墓地的所谓神迹事件。一位名叫弗朗索瓦·德·巴利的天主教副祭，赞成让森派的观点，为此向教皇求情撤销对让森派的谴责。他行善帮助穷人，死后将全部财产分给贫困者。于是就在圣梅达尔教堂墓地他的坟墓上发生了许多慕名而来的病人突然康复的奇迹。奇迹越来越多，据说许多病人躺在他的墓上就痊愈了。
③ 巴比埃（Barrier）：《日记》（*Journal*），第一卷，第263页。

耶稣会组织的大审判。整个18世纪让森派在以下两方面战斗：一是反对耶稣会，即以让森派的信念和习惯来净化和改革天主教会；二是在哲学领域内，严密地监视大胆言论，譬如《论法的精神》刚一出版，他们就率先出来揭发作者亵渎宗教。他们在自己的报纸《新教会》上发表文章，连篇累牍地攻击这个或那个哲学家……

总之，经历了长期墨守成规的沉寂和郁闷之后，1715年以后的反正时期是自由和大胆迸发的年代：在节庆的氛围中，夹杂着欢笑和愉悦，被路易十四压制和定罪的所有能量都释放了出来。正如许多反弹一样，这次的矫正也是猛烈的，它会过头，再说摄政王不愿长期被人当工具使。可是它的折痕会给以后的时代留下印记，尽管奥尔良公爵变得更聪明了，尽管此后红衣主教弗勒里亦更温和了。新自由的最显明的标志就是那位文笔犀利的波尔多法官于1721年发表的轻松而冒险的书，作者在书中以讽刺笔法巨细无遗地描绘了法国现状：那个生性狡黠的波斯人不是冒天下之大不韪诋毁几个世纪来保护法国王室的神圣宗教吗？翻过一页，还是那个波斯人用几个字（"国王是魔术师！"）生生糟蹋了给瘰子颈病患治病的神圣国王，把国王与魔术师相提并论，称法国什么都有：还有国王耍魔术的！时代已被定了调：这个言论自由的世纪对什么都不尊重。

银行家约翰·劳

银行家约翰·劳破产事件引发的社会动荡对时局也有一定影响。这位苏格兰银行家深知发行纸币的好处，当公众接受纸币、疯狂投资于他的银行时，他越发感到事业的成功，而民众或许并不真正理解他银行的运作机制。他的成功也给自己树敌并招来妒忌。圣西蒙这样描写他："劳是一个精于策划的人，其城府之深令谁都察觉不到任何蛛丝马迹。"1720年7月银行破产，掀起了一阵大风波：以致普通法国人在很长一段时间内不敢再碰纸币，或许对投机、银行等也不再有任何兴趣；可是银行一破产，靠年金生活者首先遭殃，大小股东们倾其所有地投机，资产阶级借贷甚至卖田卖屋，一窝蜂地扑向虚幻的美洲密西西比金矿；不单波旁公爵发了财，连小酒店跑堂、消息灵通的听差等最敏锐的底层穷人都纷纷涌往坎康普瓦街（巴黎交易所旧址），轰轰烈烈地喧闹了两年多时间。银行破产骚动过去后，出逃意大利的银行家劳的资产被清盘抵债，巴黎突然变得"富有"起来，有人惊讶，更多人愤怒，但是确实在动乱中产生了几百个暴发户，他们住入豪华的公馆，开始过上阔绰的生活，正如所有土豪那样，喜欢时尚的玩意儿……这场金融和社会危机——其确切程度难以估算——至少使奥尔良公爵同时代的人相信新世纪的到来：在此天大的胆都有用武之地。自从老国王驾崩后，人们见怪不怪，公众舆论对摄政王在处理国家事务中朝三暮四的做法也认同了，对让森派的大胆和最高法院法官的公然抗命已经习以为常，人们向孟德斯鸠鼓掌，眼睁睁地看着伏尔泰下狱。这便是摄政期沙龙和节庆氛围中的"贵族社会"，它将"统治巴黎"直至18世纪末。

2. 沙龙和轻佻的节庆

在法国现代史上恐怕还从未有过如此坦诚地追求生活乐趣的时期，它不是那种被乡巴佬式的刻苦（即使在1730至1770年的富庶时代也宁可节俭度日）而衬托出来的玩世不恭：直到出现卢梭以及诞生浪漫主义和社会主义的伟大的19世纪，命运的幸运儿和社会骄子们恬不知耻地过着骄奢淫逸的享乐和奢侈生活；直到一个世纪后，正直和审慎才成为人们处世的准则。然而在18世纪，至少在世纪之初，还未出现小心谨慎者，也不见有疾恶如仇者，上流社会生活达到了登峰造极的地步。

对上流社会或者城市生活，人人都趋之若鹜；想象一下当时生活在周围都是农民的古堡中人的心态？16世纪时还算体面的排场到狄德罗时代早已落伍了；继续待在古旧老宅里的人只是乡村小贵族了，在几个世纪里他们陆续变卖家产，如今只剩下鸽楼和头衔了（譬如孔堡的夏多布里昂老爹）[①]，成了农民中的一员。他们再无财力去享受18世纪的豪华生活，而且路易十四统治末期的经济危机早已把他们压垮了。然而在城市里，出身高贵的大贵族、暴发户商人、法律界的穿袍贵族和世袭官职的官僚，却过着醉生梦死的豪富日子：拥有舒适的公馆、享受城市的广场和整洁的街道，出入沙龙聚会，贵妇在沙龙中充当主角，公园迷人的露天节庆，与会者在草坪上翩翩起舞，唱歌剧、演喜剧……各种见解针锋相对的争论亦使城市显得更加热闹，人们停下跳舞来讨论《百科全书》和《天真汉》，围绕着加拉斯案和

[①] 参阅亚瑟·永格：《法国旅行记》（三卷本）中的精彩描写。

《爱弥儿》喋喋不休地争论，还有美洲的暴动者……机智的词语，愉悦约会的温情，伏尔泰和里瓦罗尔的巧妙文字，别出心裁的游戏等。即使在17世纪朗布耶侯爵夫人的文学沙龙和女才子家的聚会，即使在彬彬有礼的骑士时代，法国都未有过像伊斯贝克和查第格那么诙谐、像拉摩的侄儿和萨瓦省的副本堂神父①那么热情奔放的才华横溢者。欧洲没有任何人能经得住如此的诱惑和魅力。

舒适生活

首先是城市的舒适生活。18世纪建造公馆有两个目的：居住舒适并且能接待宾客。私人公馆盖得越来越多，内部房间设计得小巧而隐秘，小客厅一个接一个，以便在重要日子可接待客人。小客厅的设计并非用来讲排场和接待众多宾客，它更适用于家长和子女间的家庭生活，过一种"小资产阶级"（如果能用这个年代错乱的词的话）生活。当时包括贵族、商人、金融家、大批发商等时代宠儿，以及律师、公证员都乐意在家里举办沙龙接待朋友，主人亲自演奏音乐，某个神父发表哲学高论，他们不会像上一世纪那样讲究仪式，而是更注重敦厚和友善。除了个别大金融家的铺张炫耀，一般大型招待会越来越多地在阅览室和科学会堂等新型公共机构内举行。哲学家们的沙龙不再追求凡尔赛宫镜厅的气派；几个私密的朋友聚在窗前的空间或游戏桌旁进行讨论，这是18世纪的时尚。人们也喜欢凑近耳根讲悄悄话，在会心一笑之间传递大新闻：哲学家们或多或少是密谋者，拉摩的侄儿就因为在公共场合高声说出别人在沙龙一角悄声细语的内容而招人反感。此外，人们亦喜欢带小客厅的套房的自在和温馨，容易摆设家

---

① 译注：伊斯贝克（Usbek）、查第格（Zadig）、拉摩的侄儿、萨瓦省的副本堂神父分别为孟德斯鸠《波斯人信札》、伏尔泰《查第格》、狄德罗《拉摩的侄儿》和卢梭《爱弥儿》中的人物。

具,取暖性亦好①。这些文明社团创造了适应于社会生活新概念的新型社交方式。后来连凡尔赛宫和宫廷生活都朝着追求舒适和隐私的方向演变:小特里亚侬宫的建造风格就与路易十四时代的完全不同;凡尔赛宫内部亦根据同样标准进行改造;事实上,路易十五就不像路易十六那么欣赏先祖的炫耀风格;玛丽-安托瓦内特王后曾在宫内花园里扮演过牧羊女的角色……18世纪末巴黎体现出与宫廷的细微差别,包括卢梭对充斥谎言的名利场、对贵妇名流云集的上流社会的高声指责,这是一个受惊者以精妙绝伦的言辞发出的强烈诅咒。

于是社交生活变为在小公馆内较隐秘的活动。小公馆坐落在马路一侧,闹中取静,宅内有大花园,公馆建筑对称而挺拔,如在香榭丽舍大街和塞纳河两岸的公馆。马路已经拓宽,而且维护得更好更干净,路面铺了鹅卵石,再不是污泥满地。夜间街上有路灯照明,尤其是城市警察专业化,夜间有警察巡逻。大道和大街成为人们散步和约会的地点;古代建筑遗址中发现的城市化设施应用于建造新型的都市。那时的奢华不再追求高大的建筑,而是讲究内部的装潢和家具。路易十四风格的大靠椅演变为更精巧的路易十五风格的小家具,如精致的靠墙桌、独脚小圆桌、精巧小托盘、有多层隐秘抽屉的写字台、轻巧的靠背椅和扶手椅等。巴黎工匠们迎合新潮流生产出带细长弓形腿的桌子和椅子,椅背用印度布做装饰,上面的印花色彩鲜艳、图案各异;木雕厚重的橱柜、古风犹存的餐桌让位于雕刻更精细更优雅的家具,它们与室内质朴的墙饰更加协调,在墙饰方面再也看不到路易十四时代流行的饰带和羽毛装饰了。

除此以外,城市生活还有一大奢侈,其重要性在整个18世纪不

---

① 参阅 Ch. 莫拉泽(Ch. Morazé):《关于火的新试用》(*Nouvel essai sur le feu*),发表于《活的历史林林总总》(*Éventail de l'histoire vivante*),第一卷,第85页。该文提出不少大胆的假设,有待考证和核实。

断凸显：那就是美食佳肴。弗朗索瓦·瓦泰尔的厨师职业在18世纪成为各大城市最抢手的行业。盛馔如同博彩、沙龙清议一样，成为18世纪法国的一大嗜好：摄政王（并非路易十四——他跟《巨人传》中的庞大固埃一样，用餐狼吞虎咽）十分时髦的精美夜宵、金融家们的佳肴等等，许多名菜还用他们的名字命名哩！贵族和资产阶级以府上有名厨及名菜而自豪，正如今天某个厨师标榜他的橙子鸭一样。城市上流社会的餐桌上必不可少的是从安的列斯群岛运来的饮品。米什莱在描写摄政时期的风尚和精神状态的精彩篇章中，将咖啡比作巴黎生活的提神剂。咖啡在路易十四治下悄然引进，起初人们饮用淡淡的阿拉伯咖啡——摩卡咖啡，后来崇尚《波斯人信札》中写到的从波旁岛①来的浓咖啡，最后在《百科全书》时代人人喜欢喝从圣多明各运来的清淡而刺激的咖啡。当咖啡和茶的香味滞留咽喉之际，不知是出于天才的直觉还是纯粹的偶合，在米什莱之后50年，阿尔弗雷德·朗博先生发现，在一个酒的消费已对人造成足够大刺激的国家，"如果同时饮用咖啡和茶这两种在古代和中世纪都不为人知的饮料，那么对法国人（应该是"都市法国人"）的性格所带来的影响还远未被充分估计"。② 人们经常用酒文化的概念来区分法国、西班牙、意大利与北欧国家和英伦岛国；这方面的研究还有待深入。然而谁也不怀疑当时人已感觉到咖啡的"提神"作用，认为饮用咖啡有许多好处，有些甚至还意想不到：譬如某些回忆录作家就建议天主教神父饮用咖啡，因为"它能使人更贞洁"。《百科全书》严肃地指出，土耳其人将该国人口减少归咎于国人大量消费咖啡；所有人都承认咖啡使舌头更灵巧，有助于人们对答如流，尤其在那个比别人欠缺什么会

---

① 译注：现今称留尼汪岛。
② 朗博（Rambaud）：《法国文明史》（*Histoire de la civilisation française*），第二卷，巴黎，1900年版，第559页。

吃亏的时代。总之人人看好咖啡的新生意，一家家"咖啡店"应运而生。

沙龙

18世纪城市中有多少沙龙聚会！人们在沙龙上发表机智的言论，讨论政治和学术。咖啡肯定受到欢迎。有些沙龙的主人是有某种意图的：包税人和银行家，大宗批发商和大制造商，以及传统贵族和穿袍贵族，他们都办沙龙，他们的太太也参与其中，报了17世纪的克利萨勒们①的一箭之仇。除了华丽的沙龙，还有学会、阅览室、共济会会所——上流社会知识生活的新场所。

无论是灯火通明的聚会还是隐秘的私人交谈，任何人只要有闲暇和足够的钱都可以在家里开沙龙：这是哲学家的时代，开沙龙清议时政跟上一世纪攒够了钱在奥尔良和第戎附近置地一样正常。许多家族在两个世纪的作为形成鲜明对比：祖父辈勤俭节约几十年，在他们的地产上发家致富，终于在城外积累起大片产业或在危机年代守住了家族的生意；而18世纪50年代的孙儿们却在晚会上挥霍无度，在精致的公馆里眉飞色舞、口若悬河赢得宾客的喝彩。在沙龙上女主人往往摆出女学究的架子扮演主角：如朗贝尔侯爵夫人府上的沙龙开办于17世纪末，至1710年前后已高朋满座，人们在沙龙上热烈探讨科学和文学；德·唐森夫人和若弗兰夫人如法炮制，以她们对世界的广博知识把沙龙办得有声有色。1750年后，沙龙带有更多的政治色彩：如德·莱斯皮纳斯女士主持的沙龙，特别是为其丈夫实现当内阁大臣雄心的内克尔夫人的沙龙更是如此。巴黎沙龙聚集了名公巨卿，如作为

---

① 译注：克利萨勒（Chrysale），莫里哀喜剧《女学究》（1672）中人物，一个大男子主义者。

第一代哲学家而思想依然敏捷的年迈的丰特奈尔，他喜欢参加沙龙"相互探讨，那里时而有睿哲议论"；巴黎还有——现任的或未来的——学术院院士聚会，夏尔·埃诺在回忆录中谈到朗贝尔侯爵夫人的沙龙时，直言不讳地写道："必须先经过她才能进入法兰西学术院。"① 外省城市的沙龙不像巴黎那么显赫，沙龙常客写新文学作品，朗诵短诗，但是透出一种"自由精神"，狄德罗称之为世纪之精神：百无禁忌的言论自由，以及埃诺所称的那种"雅致风流"的自由气息。这种轻佻的游戏——哲学成分显然少了——我们可以在马里沃的戏剧舞台上看到（非常相像的）影子：故作风雅的爱情游戏和打情骂俏，浅薄和残忍的男女关系，以及矫揉造作的爱情心理；同样在肖代洛·德·拉克洛的创作中亦有反映，《危险的偷情》是最辛辣的作品。拥有一颗伟大心灵的卢梭对此疾恶如仇，他的泰蕾兹②是那么地单纯和不善掩饰，她忍受不了这些花言巧语和恶意中伤。

学会、图书馆和共济会会所

图书馆阅览室和学会等聚会比沙龙更严肃些，参与者基本上是男士，取得的成功或许更大，肯定也更有特点。在1715年以前外省已出现了许多学会，而到了18世纪50年代差不多中型的城市（居民人口两万左右）也都有了自己的学会：有些学会是柯尔贝创立的巴黎科学院的真正分支机构，譬如蒙彼利埃科学学会，它将自己的报告和研究送交巴黎总部；但其他学会并无如此大的志向，只是为了促进本地区法语的运用，发展科学和艺术，如亚眠的科学学会自称宗旨是"协同所有人一起促进语言，营造趣味，培养精神"。科学学会最广泛的

---

① 参阅他的《回忆录》，1855年版，第103页。
② 译注：泰蕾兹·勒瓦瑟尔（Thérèse le Vasseur）是卢梭的终身伴侣，参阅《忏悔录》。

关注和基本工作，在于促进科学的研究及其应用：人们不把科学分门别类，各种科学在人们眼中都是"使人们变得更幸福的方法"。达尔让松侯爵在谈到埃诺公馆的"夹楼俱乐部"① 时就用了这话，它使人想起圣茹斯特②；这句名言意味着从科学向技术的过渡——17世纪未能跨越的一大步。关于生理学、物理学和矿物学等问题的讨论占据学会的大部分议题，农艺学的讨论亦取得很大成功，有的学会只讨论农艺问题，不涉及其他科学，譬如奥尔良的科学艺术古典文学协会。得到保护人慷慨捐助的协会还出资举办论文竞赛、文学游戏和研究等活动——这是文艺赞助的一种新方式——科学院（协会）被当地城市引为自豪，鼓励文人和学者发表作品，建立通信联系，提高研究质量。在此值得提及第戎科学院对卢梭生平的影响，卢梭曾于1750年和1754年两度在第戎科学院发表论文。

与学会性质相近的还有公共图书馆和阅览室，参与者也是求知欲较强的男士。图书馆和阅览室往往是由某个富人（如第戎的布依埃院长）出资建立，或在某人（如格勒诺布尔的哲学家亨利·加尼翁）倡议下由公众集资建立，图书馆和阅览室在各地如雨后春笋般地涌现。至18世纪末，图卢兹以拥有"四所漂亮且藏书丰富的公共图书馆"而自豪，馆内收藏了上一世纪出版的神学著作、本笃会修士撰写的博学著作，以及新近出版的报章期刊；而且还拥有大量的研究工具，收集科学论文著作、大型词典，如皮埃尔·贝勒的《历史和批评词典》和特雷武的《词典》。图书馆收藏了当时出版的大量报章杂志，如《学者报》以及历史、政治刊物，其中最著名的是庞古克出版的一

---

① 译注：设在埃诺公馆夹楼的沙龙名称为"夹楼俱乐部"（Club de l'Entresol），夹楼为法国某些建筑内介于一楼与二楼之间的夹层，亦称为中二楼。
② 译注：圣茹斯特（Saint-Just, 1767—1794），法国大革命雅各宾专政时期的领袖之一，国民公会中最年轻的成员，以热情奔放的演说著称，热月政变后与罗伯斯庇尔一起被送上断头台。

些刊物，另有一些昙花一现的，尤其是文学方面的期刊，这些出版物使外省能及时了解巴黎的新闻。图书馆向公众出借图书，它拥有一间阅览室，往往（在图书馆旁边）还有一间讨论室——喜欢发表言论者可以在此交流心得，读者也可像在学会一样进行探讨和发表评论。此外，咖啡店也是一个聚会点，如同英国式的俱乐部，譬如巴黎著名的"夹楼俱乐部"。

文化生活在18世纪中还产生了其他一些背景，如共济会会所，共济会的作用和影响比较特别。该组织于1721年从英国引入，经过敦刻尔克、亚眠最后传到巴黎。共济会的标志和隐秘作风、在吸收新会员时多元化平等原则（当时科学院只接纳贵族和资产阶级）以及会员的入会仪式都毫无阻碍地引入法国，这个思想社团取得了极大成功。会员内部讨论的自由气氛及其思想的多元化是它成功的秘诀：从玫瑰十字会的神秘主义到最纯粹的理性主义都能在共济会内并存。共济会与19世纪的反宗教思想并无渊源关系（许多主教和本堂神父都自愿成为会员），它如同科学院一样关心普遍的进步，讨论社会时政的重大问题，对期刊（譬如《文学观察家》和《特雷武日报》等）发表的文章进行评论。因此共济会也促进了哲学思想的传播，但是并不存在所谓密谋大革命的问题。尽管某些作家相信大革命是一场阴谋，而思想激进的共济会就是幕后推手，这一推断实在高估了一些目光短浅、生活古板的共济会成员的作用。

由此可见，知识氛围浓厚的上流社会生活五花八门，从轻佻或学究气的沙龙到共济会会所，外省城市亦跟着各种庄重或隐秘聚会的节奏活跃着。每座城市都是文化中心，它在资产阶级、贵族和僧侣的积极参与下，组织论文评选和文学游戏等活动。贵族不再是城市生活的主宰，它必须跟自由资产阶级和商人共同发起各项活动、引导舆论和趣味；然而在启蒙时代已变得势单力薄的僧侣阶层，人数减少，至少德高望重者少了，已处于守势——他们最好不再摆出虔诚的样子，在生活和思想大潮流中随波逐流。在大革命前夕法国僧侣阶层的危机已是尽人皆知的事实：拉特雷耶先生在《教会与大革命》一书中对此有极其精彩的描绘。当时人们特别注意到僧侣人数的减少，反映在选择神职——尤其是进入修道院当修士——的人数大幅下降；譬如梅桑斯统计，1759 年在拥有上百钟楼的鲁昂市，21 个修会仅有修士 418 人，18 个女修会中修女仅 528 人。

华托和拉摩

这个崇尚精神享受的社会，它的最轻松的表达就是风流的节庆。华托、朗克雷和布歇的画为我们展现了当时跳舞、爱情游戏的最逼真场面。华托是第一个画这类题材的画家，也因此被冠以"风流节庆画家"的称号：充满激情的年轻国王路易十四于 1660 年在凡尔赛宫，幻想置身于一个能将枯燥朝政抛诸脑后的岛屿上，于是在凡尔赛宫举办的第一场节庆（1664）便命名为"欢乐岛的喜悦"。华托的《出发去爱情岛》（1717）显示出国王的创意在下一世纪初取得了何等的成功：《温和的爱情》《公园聚会》《小步舞》真实地反映出在明媚的阳光下，情人们翩翩起舞和拜谒神圣爱情的真实场面。在华托之后，18 世纪不乏各种倾向的天才画家：轻浮的弗拉戈纳尔、夸张的说教者格勒兹，还有关注小资产阶级生活的夏尔丹——当时的小资产阶级与奢华生活无缘，他们在平庸闲适中依旧保留着传统的美德，但也欣赏优雅的气质和上流社会的精美服饰，《饭前祷告》和《勤劳的母亲》等便是反映这一题材的画作。尽管如此，华托的田园风格和节庆氛围仍受到身后几代人的追捧（从奈瓦尔到雷诺阿），布歇的乡村牧歌同样受到欢迎，他的画亦表现出同样的情趣和优雅。这两位画家的作品令人联想起在作曲家大库普兰用羽管键琴演奏的优雅音乐或者拉摩的

图 26 在建筑上受法国启发的欧洲各地分布图

(引自 L. 雷奥 [L. Réau]:《启蒙时代的法国式欧洲》[*L'Europe française au siècle des Lumières*]，第 280—281 页)

第十二章 轻佻的节庆和启蒙时代，欧洲的法国世纪 521

- 卓宁霍姆宫
- 圣彼得堡
- 彼得霍夫宫
- 沙皇村
- 巴甫洛夫斯克宫
- 伏尔加河
- 斯德哥尔摩
- 波罗的海
- 道加瓦河
- 顿河
- 阿尔汉格尔斯科
- 库斯科伏
- 瓦金基
- 普里皮亚季河
- 柏林
- 维斯瓦河
- 第聂伯河
- 易北河
- 施莱斯海姆宫
- 宁芬堡
- 海伦基姆湖宫
- 维也纳
- 美泉宫
- 多瑙河
- 黑海
- 亚得里亚海
- 卡塞塔

"露天舞曲"伴奏下,在公园漫步、跳轻盈的小步舞和加沃特舞的场景。

拉摩是18世纪法国的伟大音乐家,他在德国与巴赫和莫扎特齐名。拉摩将17世纪吕利发现的声乐和弦乐发展到前所未有的高度。吕利的成功在他的时代是超乎寻常的,音乐不再被视为倚傍于文学的小艺术:这是拉丰丹说的。拉摩、狄德罗和卢梭为把"这一娱乐感官"的艺术提升至更显要地位而作出了很大贡献。1706年《信使报》上写道:"您不会想到,太太,我将在此表演一种十分高雅的艺术:它就是音乐";很难想象50年后还会有人说这样的话。拉摩曾长期在第戎和克莱蒙的教堂当风琴师,后来在拉布普利尼埃府上担任乐队指挥长达20年,这位大金融家在帕西的豪宅内招待宾客的盛大规模可与宫廷宴会相媲美;最后他接受了王室"室内乐作曲家"的官方头衔。音乐悲剧、英雄田园诗、抒情喜剧、芭蕾舞剧,尤其是使他声望大振的六部歌舞剧,构成他的全部创作。宣叙调、合唱和交响乐在他的音乐作品中已有较强的表现力,在19世纪的歌剧中更得到了进一步发挥。在《婚姻之神和爱神的节庆》《卡斯托耳和波鲁克斯》《爱神的惊喜》等剧的轻松情节上,拉摩谱写了齐整有序的音乐,大型乐队的演奏达到炉火纯青的地步,长期为后辈音乐家所称颂;但是音乐的细腻和轻盈的特点——在19世纪的抒情乐或20世纪的交响乐取得辉煌成功的背景下——被人们遗忘了。拉摩的歌舞剧《风流的印第安人》(亦译作《殷勤的印第安人》) 近年又被搬上舞台,雄浑的交响乐时而变得十分悲壮,常常令人惊讶不已……拉摩引领了他那个时代的音乐舞台(他逝于1764年),对莫扎特产生过较大的影响。同时他还是一个音乐理论家,他的音乐理论著作深受后人推崇①。歌剧比传

---

① 让-菲利普·拉摩(J.-Ph. Rameau):《和声学》(Traité de l'harmonie, 1722),《和声原则的示范》(Démonstration du principe de l'harmonie, 1750)。

统话剧更能激起观众的情感，在当时很受欢迎并诞生了多种形式，18世纪末格雷特利的喜歌剧征服了巴黎观众；抒情剧也逐渐摆脱了宫廷芭蕾舞剧的陈旧形式，形成独特的风格，赢得更多观众的喜爱。在18世纪下半期，伏尔泰的许多朋友不得不承认卢梭至少创作了一部好的独幕歌剧《乡村的占卜者》。

人们通常把华托和拉摩两人放在一起，他俩代表了巴黎生活乃至法国生活的一个精彩时期。但是，当用他俩来表达某些精致的情感时，其意义却超出了我们城市——从第戎到普罗旺斯的艾克斯——的范围：从1720年起柏林获得了华托的名画《出发去爱情岛》；波茨坦拥有了《温和的爱情》。欧洲各国宫廷争相在墙上挂布歇的画和朗克雷的《威尼斯节日》作为装饰。在音乐方面，外国有自己的大师，但是拉摩与巴赫的《勃兰登堡协奏曲》和莫扎特的《巴黎交响曲》《费加罗婚礼》有着不可否认的联系。法国的社会生活成为整个欧洲的典范，受到各国的仿效——不管怎么说——甚至还被赶上。正当某些法国人的目光转向外国，毫无保留地欣赏"人身保护法"的发源地英国——从1734年起竭尽溢美之词（伏尔泰的《英国通讯》）甚至证明英语表达的合理性，普鲁士国王腓特烈二世和俄国女皇叶卡捷琳娜二世纷纷宣布将在本国实行大规模改革，受到巴黎人的喝彩，中国亦在当时百科全书派学者中受到推崇。欧洲不分国别地出版法国书籍，欢迎法国人。在路易十四时期，各国大小亲王们开始仿造凡尔赛式的宫殿，模仿得惟妙惟肖，还在宫殿前修造了法国式的花园。到了18世纪，法国书籍、绘画、服饰和家具被源源不断地运往各国宫廷；无论在腓特烈二世身边还是在叶卡捷琳娜二世宫中，宫廷内一律讲法语，唯有法语才能精确地表达意思；年轻的歌德在斯特拉斯堡生活过一段时间后，竟然在动笔写作时会在使用法语还是德语之间犹豫片刻。几百个法国人仅因为会说法语而被请到维也纳、布拉格或柏林——最远到俄罗斯——的大贵族家庭担任孩子的家庭教师；法国的建筑师、音乐家和作家被请到从圣彼得堡到里斯本等的各国城市……巴黎生活之盛名如此之大，连最富有者都想来巴黎居住，把巴黎当作自己的城市。18世纪末卡扎诺瓦就如是说："只有在巴黎才是生活，在其他地方仅度日而已。"

欧洲迷恋于巴黎的大千世界和法国思想的普遍价值，启蒙时代的欧洲是法国的欧洲——只要有明确的范围，这句话千真万确。从沙龙到学会，无论在柏林还是在圣彼得堡，我们所说的欧洲是上流社会的欧洲，即贵族和资产阶级社会。无论在意大利北部——贝卡里亚[①]的故乡，还是在莱茵河畔的美因茨或科隆或荷兰南部（大部分是法语区），都过着法国式上流社会的生活。相反，英国从未参与对法国的热烈仿效，原因很清楚……我们知道英国的贵族不是一个社会等级，它的上流社会比其他国家更资产阶级化和绅士化。欧洲东部，包括柏林在内，当地有许多法国人，法语学校的存在使1685年因受宗教迫害而流亡当地的新教徒后裔仍与法国文化保持着可贵的联系——在萨克斯、奥地利或俄罗斯等地的贵族讲法语，看法语书籍，写法语和唱法语歌；在中欧和东欧国家，资产阶级尚不成气候，他们的经济和社会力量比较薄弱，因此没有参与模仿法国上流社会的生活，因为过这种生活需要有余暇、有丰厚的年金和人际关系，甚至需要商业活动。然而，圣彼得堡或维也纳的资产阶级，被德国或英国的中介者遮挡了……可以认为在全欧洲范围内，法语热与农民阶层或城市普通市民无关：他们什么都没有：余暇、年金……18世纪法国的欧洲是极少数贵族的欧洲，但它留下的遗产却影响深远。

[①] 译注：贝卡里亚（Beccaria，1738—1794），意大利法学家、哲学家，他以著作《论犯罪与刑罚》（1764）而闻名，该书批评酷刑和死刑，成为现代刑法学的奠基之作。

3. 启蒙运动：哲学精神

从纯粹知识层面上来说，法国并非唯一照亮世界的国家：莱布尼茨的声望，尤其是牛顿的名气都向我们证明这一点。科学的进步绝不逊色于文学的成就，因此需要在比《百科全书》所揭示的更广范围内来理解伏尔泰和孟德斯鸠等政治思想家的影响，九位"艺术之神"在启蒙运动中发挥了各自的作用。在整个18世纪过程中随着知识教育的进步，公众舆论的作用显得越来越重要，当时最重要的哲学家甚至在私人通信中都考虑舆论的影响。

《百科全书》

作为时代的集体创作，工程浩大的《百科全书》是狄德罗计划、准备并实施的，从1748至1765年前后花了17年时间，它或许是哲学精神和艺术的最重要见证人。狄德罗在达朗贝尔的辅助下，成功聚集了各门类的专家学者"尽可能分门别类地展示人类知识的来龙去脉"，达朗贝尔负责科学类编撰时间长达十余年，卢梭则担任音乐方面的编撰……他们都意识到要"为了人类的普遍利益而怀着相互友好的情感"一起工作，这是18世纪乐观的人文主义的大手笔。然而，《百科全书》不是一个科学的综合：百科全书派学者不无遗憾地承认，这个旨在介绍全部知识的唯一系统其实超出了他们个人的能力；自从笛卡尔的旋涡理论失败（而证明牛顿的学说是正确的）以来，法国学者对建立百科全书体系的希望变得不十分强烈。狄德罗的朋友们只是相信每门科学都有它的方法，也就是说"普遍原则是各门科学的基础"，一门科学对另一门科学可能有帮助，但它们之间的关系需要谨慎建立：所谓谨慎并不排斥热情和对人类的信仰（"人是唯一的，一切从人出发也最终归结到人"），正是对人的信仰支撑着《百科全书》的组织者承受住某些合作者们的粗暴拒绝——包括达朗贝尔的拒绝——和出版的贫困境遇，尤其是 1752 年后批评指责的风暴来临之际，编撰工作不得不迂回曲折地进行；同时亦相信科学的进步，尤其是自然科学领域雷奥米尔、特朗布莱和伟大的布丰的成就。布丰于 1744 年发表了《地球理论》，从 1749 年起陆续出版了卷帙浩繁的《自然史》。在自然科学领域中"观察"的进步是决定性的：17 世纪末诞生了第一部显微镜，光源通过透镜折射；靠这一简单的工具有了许多发现（今天的普通显微镜在 1880 年后才诞生[①]）。

解释各种行业、艺术和科学的《百科全书》是对人类进步的谨慎颂扬，它独立于任何教条和权威，尽管受到过某些保护；布丰因为《地球理论》一书中有与《圣经·创世记》相违的内容而遭到谴责，作者不得不服软，同样狄德罗亦只能在编纂过程中加上一些内容符合基督教正统理论的条款，如神学、亚当和地狱等。尽管许多地方显得相当大胆，百科全书的作者们不得不时时自律，对上帝有正统观念；有时难免显出不得体，甚至不信教（如关于罗马神话中女神"朱诺"的条款）。我们应当在这类人为的矛盾和不同作者之间的分歧和不协调之外去理解《百科全书》，有时不同作者的信仰之间会有相当大的差异（达朗贝尔几乎相信万能数学，但并不照此去做）；《百科全书》向世界展示出有意协调人类已获得的全部知识的企图，它是一部总结，或者说一部总目，当人们承认不可能以一种思想去把握人类全部知识时，有一部总结是必要的。它对各种知识做出点评，勾勒出物质

[①] 参阅居耶诺（Guyénot）：《17、18 世纪的生命科学》（*Les Sciences de la vie aux XVIIe et XVIIIe sciècles*），巴黎，1941 年版。

文明的概况，清点材料和技术、形式和风格；还展现出当时人的好奇心，以及他们在一定时空范围内（古代和现代的科学和哲学）[①] 对历史和周游世界的嗜好（作为对耶稣会教士在未开化国家传教时所写的无数见闻录的反响）。百科全书的精神也是开阔人们的视野，驾驭已有的发现，寻求将世界分门别类地归纳；它面向未来，并相信人类一旦掌握了常常不可预期的发展就必将有更美好的未来：百科全书派的每个作者在自己的领域中看到了超越眼下的将来——譬如《战术通论》（1772）的作者伊波利特·德·吉贝尔就预言了大革命时期的公民战士。这就是激励狄德罗的同路人的哲学精神之真髓。

狄德罗主持这项伟大工程十分勤奋努力，当与哲学同道意见相左时他的态度诚恳，对文学上的得失斤斤计较，总是穿着他那件破旧的睡袍，钟爱他笔下的那个反复无常的拉摩的侄儿，对情人索菲·沃兰温柔体贴。在30余年的哲学推论和讨论中，他的文笔始终那么犀利和精彩，是身边许多哲学家的楷模。他的朋友鼓励他、帮助他，但也有利用他的，如霍尔巴赫、爱尔维修和雷纳尔神父，还有许多平庸之辈。狄德罗的文思敏捷，常常会讲一些淫秽的话（因为他好色），有能力以寥寥数语把一些重要问题讲得非常透彻：拉摩的侄儿的嘴里常常会说出精彩的妙语，宿命论者雅克也是如此。倘若需要描绘从1770至1774年开始的经济危机的景象，《宿命论者雅克》中这样写道："糟糕透顶的年份，收成刚够糊口和养活孩子。谷物价格飞涨！家里滴酒无剩！如果还有工做，油水都被富人榨干了，穷人一无所有；工作一天，停息四天。从来不按劳付酬；债权人生硬粗暴得叫人绝望……"翻过一页，作者话题转到人口问题上，"困难时期尽生孩子，徒添嗷嗷待哺之口。多一个孩子对于穷人毫无意义，最终还是送

[①] 参阅《百科全书》中关于斯宾诺莎和莱布尼茨的条目。

慈善机构去养活……"等等。总之，狄德罗是当时最伟大的名字之一。

反宗教思想

《百科全书》并没提出一套哲学理论，对诸如宗教和政府等当时重大辩论每天都遭到新的质疑，哲学家们的立场亦不尽一致。这些激情洋溢者的方法或许是一致的：他们都受到同一自由批判精神的激励，都把法国君主制的绝对专制和天主教会作为反对的目标。然而他们的共同点仅此而已。不能忽视他们有共同的敌人，面临同一座巴士底狱和同样的耶稣会教士；但是如果看不到他们之间的分歧，就无法理解18世纪给后世留下的沉重包袱。哲学家们的分歧在1750年以后尤其凸显出来：伏尔泰开始以讽刺笔调评论卢梭的作品，一反以往对卢梭的卓越评价，经常觉得他天真幼稚。王权神授的理论和最受注重的天主教礼仪受到系统地抨击、贬低和驳斥；于是百科全书遭到巴黎大主教的谴责，国王下令禁止；然而书籍依然畅销，以假名或真名发表作品的作者和书店也赚了钱。可是在哲学家阵营内部，分歧扩大了：伏尔泰和卢梭之间出现了裂痕；后来布里索和罗伯斯庇尔之间亦产生对立。

伏尔泰的哲学以其反宗教思想著称，他那热烈雄辩的争论充溢了当时的空气，他的辛辣甚至变得有点疯狂（他有时署名"埃克兰""卑贱者埃克拉宗"……）。然而有必要更贴近地观察一下，在《英国通信》和《论风俗》出版之前，部分资产阶级和大贵族已逐渐具有反宗教的思想，至少开始信奉自然神论。很快人们觉得最好不谈宗教，除了付之一笑，最好只履行最必要的宗教义务，最好表面上显得确信上帝，虽然实际上虔诚已被看作"笑柄"。所以，当内克尔在1788年他的《宗教舆论重要性》中写道"一段时间来人们总在说有必要写一本道德的入门书，但不作宗教信仰的说教，它们已过时了，应当把它们搁置一边"时，人们并不感到震惊。一个世纪来教会内部进行神学和道德的大辩论也有助于滋长对宗教淡漠的情绪；《特雷武日报》和《新教会》之间的激烈争论，巴黎最高法院无视罗马教廷的训谕，英国的影响，特别是洛克鼓吹基督教各派之间应持容忍态度的著作：所有这一切——公开的长期讨论和危险的阅读——都助长了怀疑情绪，渐渐形成了反宗教的某些形式。长期来对罗马教廷和耶稣会教士的恼恨在巴黎市民中滋长，它的背后是对整个神学体系的不假思索的怀疑。伏尔泰肯定在其中起了很大作用：他能以震撼人心的三言两语道出别人需用 15 页来表达的意思（诸如出名的俏皮话：上帝按他的样子塑造了人……）；其次是他对政府、行政或司法机构内一切有意或无意彰显教会影响的权威的不懈仇恨，如对新教徒的迫害、主教们的滥权（如米普瓦主教）。与七月王朝或第三共和国初期的情况不同，1750 年前后形成的"伏尔泰精神"渐渐摧毁了社会对教会人士和教会本身的敬仰：否则如何解释国王路易十六下令把一个红衣主教像坏人一样当街拘捕的举动呢？

竭力宣扬容忍的伏尔泰，本人也许是宽容的；但对其他哲学家朋友却未能摆脱偏见，对犹太人也不够容忍。直至大革命前夕 1787 年，新教徒终于取得了身份户籍，被教会列为另类的演员也恢复了名誉因此相互拥抱和庆祝；犹太人始终处于社会的边缘。譬如在法国东部的梅斯，犹太人像在中欧国家一样同族人聚居一处，与城市其他居民相隔离；他们遭到诅咒辱骂，到处都是局外人。有人在回忆录中对 17 世纪末移居波尔多地区的一些犹太人的描写可引以为证："有些犹太人发了财，这个不幸的民族出于自我保护，知道在所居国宁可跟基督徒打交道也不和一个犹太人交往：前朝末年一些犹太人家里有了少许积蓄，就相信国家绝对需要他们，于是自认为是土生土长的本地人了，宁可忘记这个受诅咒的民族。这个民族理该永远流浪奔波，不得定居下来……"伏尔泰也在《哲学词典》中声称:"一个无知和野蛮的民族,长期来他们集合了最可鄙的吝啬、最令人憎恶的迷信和对所有民族的无法遏止的仇恨,然而别的民族却容忍他们,令他们致富。不过,不该烧死他们。"另一方面,伏尔泰(与喜欢阅读他作品的大资产阶级和贵族一样)并非真正的无神论者:他相信上帝而不相信僧侣和教会,他的上帝或许是个创造了世界之后不再干预人世的造物主;他尤其相信这个对民众必不可少的世人无法摆脱的上帝和宗教信仰,因为民众不能只靠道德(或政治)规范自己的言行。伏尔泰多次强调指出,对社会来说宗教是好事,因为任何人不否认:"我们的社会充满骗子、无赖,到处有小人,他们粗暴、酗酒、行窃:你能对他们说地狱不存在,灵魂会死的?对我来说,如果他们偷窃了我,我会对着他们的耳朵大声疾呼:你将被罚往地狱。"[1] 此话与宪兵、守财奴大财主的话如出一辙:穷苦人的虔信坦诚在伏尔泰的哲学小说中并没涉及,它只是费尔内的古堡主人[2]的一道屏风,尽管他抨击神父和宗教教条,抨击《圣经》和教会先圣,毫不留情地批评耶稣会教士及其上层……

这种偏执的理性主义在当时社会上蔓延,直到有一天充满激情的日内瓦公民终于发声了,恢复了其在宗教情感中的地位:"信仰,信仰,神的天性……"萨瓦省的神父[3]这样呼唤着,这个人物很快遭到罗马教廷和日内瓦双方的谴责,然而他在善良和邪恶之间发现了人和人的自由。面对权贵,卢梭显得和伏尔泰一样地高傲(谁不知那封《致拉斯蒂克伯爵的信》?),但与伏尔泰和其他人不同的是,他内心没有轻视小人物、蔑视民众的心态。在1750至1780年这30年里,卢梭从激情奔放的逻辑出发,强调人类情感的地位:这一点受到包括罗

---

[1] 伏尔泰:《哲学词典》(*Dictionnaire philosophique*),"上帝"条目。
[2] 译注:费尔内的古堡的主人指伏尔泰,因为他曾长期住在费尔内(Ferney)的古堡。
[3] 译注:萨瓦省的神父为《爱弥儿》中的人物,见"萨瓦省神父的信仰职业"一章。

朗夫人在内的整整一代人的赞同,更不用说对后世浪漫主义的影响了。罗朗夫人读着被她称为"神圣的卢梭"的作品会禁不住热泪盈眶。康德没有那么激动,但也受到了卢梭的影响。

在政治方面,分歧也相当明显。1750 年之前,我们的哲学家们是谨慎的改革者,表现出有勇气但也有克制:他们向国王提出大胆的建议,使人相信有望实行开明的君主制。但 1750 年后,卢梭发表了《论人类不平等的起源和基础》(1755)和《社会契约论》(1762),就不再是改良君主制、变绝对专制为温和君主制的问题了:提出了彻底的革命——这个任务连 1789 至 1794 年的人都未能完成。

温和的君主制

写《英国通信》(1734)时的伏尔泰和写《论法的精神》(1748)时的孟德斯鸠都不是共和党人,也不是民主派。伏尔泰匆匆见识了英国,但未曾想到棘手的问题;他肯定读过 1688 年英国革命的理论家——洛克的书,对国王与民众分享权力的英国君主制褒奖有加。伏尔泰对当时法国的一切都表示怀疑,相信外国制度的优越,轻易相信英国的现实和洛克所鼓吹的权力平衡原则是一回事:城市腐败、选举舞弊、地方行政权力混乱等跟他都没有什么关系。于是他不遗余力地吹捧这个制度:众议院立法,国王实施法律,没有巴士底狱,也没有死囚犯的黑牢……孟德斯鸠比较系统,他研究过古代至现代的例子;反复阅读前辈蒙田的著作,发觉自己与蒙田有相近之处;不屑对历史作一般性的思考——20 世纪人们对孟德斯鸠的学说冠以"历史哲学"的名义重新加以研究。孟德斯鸠在柏拉图、博丹等人的理论基础上,指出暴君、君主制和共和国制度的原则有多么大的区别,以权力内部衰落的原理来说明不同制度是如何产生的。最后他也不忽略洛克及其《政府论》,并从中引出他自己的三权分立理论(行政、立法和司法);

由此产生了《论法的精神》，尽管对这部巨著从远处欣赏的人比真正研读的人多，它至今仍指导着我们时代的政治思想。

英国在当时被视为楷模，是欧洲统治得最好的王国。公民受法律的保护，不受任何专横权力的侵犯，国王亦须遵守并非由他制定的法律，君主把立法权交与代表国民的议员手中。法国哲学家们尤其赞赏英国的"人身保护法"（habeas corpus），因为他们自身的安全常常受到国王手谕的威胁：伏尔泰和狄德罗都曾尝过铁窗风味。孟德斯鸠写道："英国是眼下最自由的国家，无论在世界的任何地方，不排除任何一个共和制国家。我所说的自由是指该国国王无权以任何想象的罪名迫害任何一个国民，他的权力受到监控和法律的限制。"除了保证君主制能同共和国一样运作三权分立这一优点外，孟德斯鸠还赞同英国立法机构的两院制：众议院为下院，上议院为贵族院，上议院的作用是保护国王，但是它不是像中世纪那样靠武力和军队来保护王室，而是通过监督代表全体公民的下议院通过的立法。在孟德斯鸠看来，占据上议院的贵族勋爵和圣公会主教们是君主政体的可靠支持者；特权阶层和王室密切相连。因此孟德斯鸠赋予贵族的角色正是几个世纪以来法国国王致力于削弱并最终剥夺贵族的权力；1789年路易十六也认为君主政体与特权阶层是不可分割的。但是孟德斯鸠对宫廷贵族并不温和，他大胆地写道：

> 以娱乐悠闲为能事，高傲自负又奴颜婢膝，不劳而获想发财，厌恶真理，拍马奉承，背叛投敌，背信弃义，放弃一切责任和义务，蔑视公民的权利，不敢履行亲王的美德，迷恋于苟且偷安，所有这一切再加上玷污美德的可笑行径，我认为，这就是绝大多数宫廷贵族的德行①。

---

① 孟德斯鸠：《论法的精神》（*Esprit des Lois*），第三卷，第五章。

对专制王权及其支持阶层的抨击影响深远，其深远意义或许超出了哲学家们的期许。长期来遭到贬低，尤其被凡尔赛的宫廷生活搞得威信扫地的贵族阶层，再不能重振雄风与海峡彼岸的贵族相提并论了。大革命前夕博马舍借男仆费加罗之口说出了对贵族最尖刻的讽刺话（"以人们要求一个仆人应具有的美德，阁下大人您可知道有多少主子配得上当仆人的？"）；同样，王室也受到百般攻击，它进行了大胆的改革；包括伏尔泰和孟德斯鸠的自由派人士或许会接受君主制度，倘若它能采纳他们的建议变得开明些。伏尔泰曾高声嚷道："啊！路易十四，您若是哲学家该多好！"这句话的弦外之音是："啊！路易十五，您若能听取哲学家的意见该多好！"君主制如同宗教：有好的一面。应当保留它，只要它能听取建议，只要它放弃专断的作风。伏尔泰甚至比孟德斯鸠的要求更低，孟德斯鸠执着于他的理论和权力平衡的理想：他曾服务过两位君主：腓特烈二世和路易十五，但两者都未听从他。不过他对路易十五至少还有些许满意：国王的情妇蓬帕杜尔夫人不时会听他的。

《社会契约论》

卢梭以另一种笔调写作：他不是国王的跟班，也不是最高法院的某个审判庭庭长。这位音乐家讨厌那班文化掮客，曾经发誓不从事写作；但他还是鼓起勇气参加了科学院的论文征集：在1750年他因一篇关于文明和艺术的进步使人的自然天性腐败的论文获得了第戎科学院的一等奖。卢梭认为人的自然天性是美好的，但高雅的社会是从变形镜子里看到的扭曲景象……当时有不少教士和旅行家著书介绍野蛮国度的朴质民风，让-雅克·卢梭相信他们的叙述并以自己优美的散文表达了这一观念。他的思想在1775至1780年间为扩大本杰明·富兰克林的影响和宣传美国独立战争发挥了重要作用。

1754年卢梭再次参加论文评选，提出了关于人类不平等的起源与基础的论文：但这一次他没有得奖，因为第戎科学院的院士们被他的论点吓倒了，这个哲学悖论不像1750年的论文观点那么可爱。可是卢梭没有放弃这一观点，1762年他出版了《社会契约论》，或《政治权力之原则》，设想将国家建立在一种新的权力基础之上：这部简明扼要的著作阐述了主权和平等的原则，被视为法国政治思想的重大事件。

一切人类社会都建立在全体参与者的契约基础上，不管这种契约是默认的还是在某一时候被明确接受的都不重要；因此一切最高权力应在于接受契约、准备或拟订该契约实施方式的民众之中。卢梭读过孟德斯鸠的书，但他决心走得更远，因为确认最高权力建立在全体公民的赞同之基础上，即确认全体公民的社会平等。《社会契约论》探讨国家建立于其上的原则，推翻了在18世纪法国社会已根深蒂固的一切秩序：由此一切神授权力、自上而下的权威都荡然无存了，既然国王之所以为国王是出自人民的至高无上的意愿，也即一个民族的全体立约人的意愿。人民可以推选一个国王，也有权制定国王统治必须遵循的规则；她尤其可以选择另一种政治制度："人民在把自己托付给一个国王之前就已经存在了。这种托付本身是一种公民行为；它意味着一个公开的评议。因此在考察人民推选国王的行为之前，得先审视人民之所以为人民的事实；因为这个事实先于推选行为而存在，它才是社会的真正基础。"① 伏尔泰和孟德斯鸠向王国政府出谋献策，使它能为哲学家和开明舆论所接受；向一个受到威胁的制度提供支撑和改革计划以便在不触动根本原则的前提下稳固它的根基：英国王室也有它的教会和屡经创伤的历代国王。但是卢梭与他们俩决然不同：

---

① 《社会契约论》(Contrat social)，第一卷，第五章。

对他来说王座已被掀翻，社会的基础不在上层的权力，而在小私有主的平等原则上。小私有主是自由人，他们拥有财产，所以是国家的一分子，参与国家的治理。卢梭的这一理念来自古代的学说，根据这一理论拥有小片土地的业主才是真正的公民，他们的政治平等决定了社会平等；所以揭示出《论人类不平等的起源和基础》中那句著名诅咒的滥权性质："有人破天荒地围了一片园子并无所顾忌地说：这是属于我的，他发觉别人竟天真地信以为真……"从这里出发，卢梭在公民自由之外更关注他们的平等：他有一种与社会组织息息相关的情感，而社会组织的建立来自全体参与者的一致赞同，所以他比孟德斯鸠走得更远，他谴责特权及其阶层。在孟德斯鸠眼里，宫廷贵族只是沾染了许多恶习，部分是因为他们的职位所致……而卢梭的谴责更干脆："富人或穷人，权贵者或弱小者，一切游手好闲之徒都是无赖混蛋。"卢梭是一个发自内心热烈追求正义的人，他的不妥协是伏尔泰做不到的。有一天他写信给一个反对他观点的第戎科学院院士、一个乐天派哲学家："我们城市上百个可怜虫过的奢侈生活，足以让我们乡村上万人免于饿毙。在富人和艺术家手中流转的金钱给他们提供了多余的享受，却剥夺了劳苦民众的生活必需品；穷人衣不蔽体就是因为富人服装上的锦绣饰带；我们的厨房需要肉汁，无数病患因此喝不上菜汤；我们的餐桌上要有蔬菜，使得乡下人只能喝清水；我们的假发要敷粉，穷人就没有面包……"卢梭是一个富于激情和慷慨之心的阿尔塞斯特①，他对文明进步的同时带来的某些社会浪费现象深恶痛绝，他宁可让文明消失在美好的社会进程中，也不愿看到不公正现象的永久存在。

---

① 译注：阿尔塞斯特（Alceste），莫里哀喜剧《愤世嫉俗者》中的人物，他痛恨贵族的虚伪、怯弱和妥协。

《社会契约论》原则上是一部民主宪章。这位生活在他所热爱的小共和国里的日内瓦公民，为捍卫理想而与诽谤者辩论（《关于演剧答达朗贝尔书》，参阅《百科全书》中"日内瓦"条目），给人民主权论下了定义；30 年后那可怖的 8 月 10 日，这一论点在巴黎的推勒利王宫（Tuileries）得到验证：两个权力和两种政治原则在枪炮和鲜血中正面交锋，神授王权和人民主权各自为政，也就在同一年，1792 年年底国民公会正式宣告人民主权的胜利。伏尔泰和其他人打了头阵，卢梭以重炮击溃了敌人；法国和法国以外的旧制度从此一蹶不振。

启蒙思想的传播

法国政治思想的这些批判和建设性的重大议题，被大哲学家们的弟子、大大小小的文学家和哲学家反复讨论和发展，它们究竟是如何传播的呢？随着邮局和交通的普遍发展，书籍、小册子和书信的传递更加便捷，人们在沙龙里阅读讨论。关键还是阅读面在不断扩大，也就是说小学和中学的发展：哲学家的读者群在 18 世纪迅速扩大；但除了城市及其郊区，乡村中依然较少人能接触到新思想。

教育的转变十分巨大，尤其是在中学。费迪南·布吕诺在研究法语传播时曾收集了有关资料（参阅他的著作《法语史》第七卷和本书图 27）[1]；相反，大学整体上对教育方法和内容的任何变革仍处于无动于衷的状态，尤其是当时的科学发展大都在大学范围以外取得，而且在一个包租人能成为最知名化学家[2]的年代，哲学家们和有识之

---

[1] 德·丹维尔（P. de Dainville）曾证明在巴黎盆地东北部的中学教育资源丰富（参阅《民众杂志》［Population］1955 年 3 月，《17、18 世纪法国东北部的中学教育情况》［Effectifs des collèges et scolarité aux XVIIe et XVIIIe siècles dans le N.-E. de la France］，第 445—488 页）。

[2] 译注：作者可能是指当过包租人的化学家拉瓦锡（Antoine lavoisier, 1743—1794），他是法国著名化学家，否定燃素说，曾提出物质不灭的最初设想，他成功地分析出水的成分，被认为是现代化学之父。

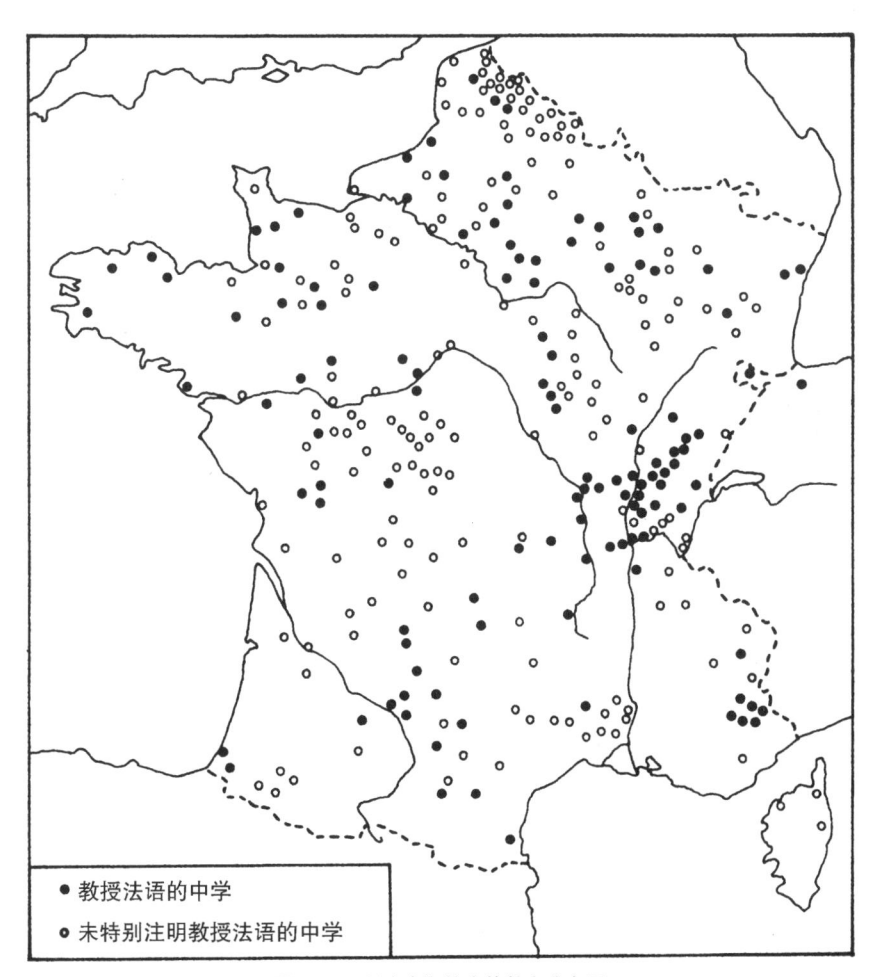

第十二章　轻佻的节庆和启蒙时代，欧洲的法国世纪　537

- ● 教授法语的中学
- ○ 未特别注明教授法语的中学

图 27　旧制度末期的中等教育分布图
（引自费迪南·布吕诺：《法语史》，第七卷，和革命历四年夏普塔尔的调查报告）

本图根据费迪南·布吕诺所收集的有关拉丁语或法语在中学教育中相对峙的资料绘制。在这方面图示并不十分明确：事实上当时各地许多中学仍继续教授拉丁语……但是该图也提供了革命前夕法国中学教育分布的重要信息，长期来人们对这方面了解不多。

士都轻视大学的作用。中学教育是这一时期的最大成功：各地都兴办中学，即便在数千居民的小镇都不例外，学校的学生人数从20至150人不等，中学增加宿舍和住宿生，以便课外辅导（如同几个世纪前中学在大学之外发挥的作用一样）。这些中学由资产阶级倡议建立，他们希望子女在小学之后能进一步接受教育。学校教授拉丁文，但在基础的人文科目内也开始教法语，特别是教法语拼写。法语正字法受到重视，但不一定被遵守，甚至连哲学家也不严格按规则书写。在人文学科外，中学还教授自然学科、历史和地理。1762年后，奥拉托利会接收了耶稣会的大部分学校，上述科目受到越来越多的重视。大贵族家庭和豪门出身的金融家继续延请家庭教师在家里教育子弟，《爱弥儿》出版后，他们更愿按照哲学家的方法来调教子女。学校里的大量学生绝大部分来自资产阶级家庭，包括法律界人士、商人和食利者阶层，也有个别手工匠和小贵族家庭的子女，极个别的学生是农民子女。这些学生便是哲学家们的未来读者群，他们也将参与各地科学院或学会、共济会会所的活动。资产阶级依靠教会学校的教育壮大了自己的知识分子队伍，这些教会学校包括耶稣会遭驱逐前所办的学校，以及奥拉托利会、多明我会和本笃会等修会办的学校。

在平民阶层中，能读能写能算的人数增加不明显；尽管重农论者不断呼吁知识对农民改良技术、学习新耕作方法的必要性，而哲学家却往往与此意见相左：伏尔泰就因在费尔内找不到足够的劳力而抱怨过，他认为农民把子女送去学校是多此一举。这是当时一种相当普遍的态度，带有某种怜悯地认为普通平民完全可以不学任何知识而继续生活在他们的偏见中。1721年国王的医生记述了一桩有趣的事："本回忆录中记载用蟾蜍粉来预防鼠疫，其实它没有特别作用，以我的实际观察看，相信民间流传的这种方法并无根据；不过出于对公众的尊重,我同意刊印此回忆录。"① 汝拉山地区的低级僧侣、农民,以及城市的手工匠和行会伙计们都要求当局开办小学;能读会写已成为城市中大量仆人的必备知识,他们每天跟有才智的主人打交道,公开或偷偷地翻阅主人收藏的图书,或者参与主人的阴谋;在机械行业内也更需要会读会写。在多数情况下基金会是由私人出资筹建的:一个在街区受到尊重的富有业主或学会会员出资,在冬季请一个教师,他们通常来自多菲内省或萨瓦省,或者甚至意大利,戴了有三根羽饰的礼帽来到集市的零工招募站,教劳工们读写算。学校教师已成为一种新的社会类型:他们常常有点迂腐,教人读印刷的文字以及写自己的名字、做简单的算术。这些知识或许相当肤浅,但是要知道当时手写与印刷的字体差别很大,而且真正会算的须得掌握各地区度量衡的精确知识和各种货币之间的换算。当时各地学校的规则不一,汝拉山、勃艮第和东部、北部地区的学校规矩比南部学校更细更严。如勃艮第的韦尔芒通市,学校规则这样写道:"须按月向教师缴付学费,学经商的缴六个苏,学写的十个苏,学唱宗教素歌和算术的十五苏;教师责罚小学生不得用手打、用脚踢,不能用棍棒,只能仁慈地鞭笞,否则仅凭这一条即可辞退教师;无力按月缴付学费的,可根据基金会规定获得慈善补助。"学习期满后学生离开学校,所学到的知识并不多:差不多只能读懂历书上的内容,也就是一些传统知识、收割日期、集市会期、谚语,等等。

如果说乡村有人阅读卢梭和伏尔泰著作的话,那一定是本堂神父了。或许还有某个退隐在小村庄的公证员和法院书记员。这样的读者在乡村十分稀少,除非在大城市近郊,如于尔布瓦②和大巴黎地区,

---

① 法国国家图书馆,法文手稿库藏文献,21630。
② 译注:于尔布瓦(Hurepoix)为法国旧省名,大致相当于今天的埃索纳省(Essonne),位于巴黎南郊。

巴黎的南郊和北郊，或交通便利的走廊地带，科尔多省的葡萄种植区，汝拉山和阿尔卑斯山山口等地区；这些地区交通稠密，农民出行多，自然联系也多，于是相互聊天、提供资讯。譬如有的农户每月向大户人家送家禽、奶酪等农产品，有机会与该户的仆人们聊天，而某仆人如果知道一些关于狄德罗或卢梭的事……这是传播启蒙思想的又一个侧面。试想杜·德芳夫人或罗朗夫人读伏尔泰的《论风俗》是完全读懂了，但是她们身边的仆人则未必——他们在等候主人的时候为消磨时间也读过这本书，当他们在大门边与邻家的马夫和厨子闲聊时提起读过的书——那么《天真汉》或《社会契约论》又将会是什么样子呢？这些城市平民在1789至1794年间，曾在雅各宾俱乐部内发挥过重要的政治作用。巴黎从7月14日至热月9日期间，平民阶层的作用是决定性的，了解——哪怕是大致了解——曾鼓动过革命民众的知识精英们的思想意识具有重要的意义。

至少可以确定的是，乡村农民阶层中绝大部分人并没有受到启蒙思想的影响：或多或少带有迷信色彩的古老传统、宗教信仰特别是天主教礼拜仪式依然原封不动地保留着。1774年塔恩省乡下一个知识分子与当地农民之间发生的故事尤其说明了村民中旧意识的根深蒂固："德·洛特雷克子爵领地的法官开庭审理一桩发生在科纳克的圣马丁堂区内的凶杀案，被告数人，被害人是王室土地丈量工程师皮埃尔·德·拉朗德，他在朗格多克地区当差。这位工程师授命绘制一幅该省地图（即卡西尼地图），为了从制高点进行三角测量，他和助手攀上了教堂钟楼顶和古堡塔顶。当地一群农民却以为他欲施巫术陷害村民，当看到他站在圣马丁教堂顶上时，齐声高喊：'看呀，他们在上面想把死亡降临在这里，抓住他们，杀死该死的家伙。'于是他们冲上去扭住他，逼他下来；当他刚下到地面，众人一起用镢头和石块砸他，把他扔进旱沟，用几大车的碎石将他活埋了。"① 总体来说，村民周日去教堂做弥撒、复活节上教堂领圣体是雷打不动的，正如同他们坚信王室的权威、国王的仁慈一样。这一点可从各地为准备三级会议而写的陈情书上得到证明。如果农民在大革命中扮演了某些角色，如果他们在陈情书上要求废除什一税、拆除领主家的鸽楼、废止劳役，等等，甚至扬言要烧毁贵族城堡，那是因为1775至1789年间的危机激化了社会矛盾，并非启蒙思想传播的结果。启蒙思想确实影响了城市，在大革命过程中发挥了最重要的作用。

---

① 塔恩省档案，B类7314。

第三部：

当代法国
(19 至 20 世纪)

第十三章 资产阶级的胜利
　　　　（1789—1845）

　　学者和哲学家们——譬如拉瓦锡和孔狄亚克们——的18世纪，只想表达一个词：自由（在路易十四时代就已常常听到这个不太协调的词）。一切反专制君主制的人、制宪会议和国民公会的代表以及雅各宾派议员，在议会中和其他场合不断地提到各种自由，1789年大革命也在相当长时期内——靠拉马丁的才能——被认为是一场自由的洗礼。1789年8月26日国民议会通过的《公民和人权宣言》的十七条款中的大部分不也是关于自由的吗？经过米什莱、若雷斯、马蒂埃和乔治·勒费弗尔等历史学家们的论证，今天我们谁也不会否认大革命更是一场社会革命，一场让资产阶级登台的革命。尽管有旧制度的反扑，尽管有1814至1815年的王政复辟及其失败，资产阶级一直牢牢地掌握着在1789年大革命中夺得的权力，直到今天依然不曾离开过统治地位。这是破天荒的事。1792年法国资产阶级向全世界发出了自由信息：巴黎建立了新制度，它要展示其优越性并向全欧洲提供帮助。这一信息或多或少地通过共和历二年的士兵以及不久后拿破仑·波拿巴的军队向外释放。整个19世纪被前所未有的社会动荡所照亮。1810年拿破仑的"法国时代"——它与启蒙时代法国在艺术上影响世界的方式大不相同——欧洲终于结束了以开拓新世界为名的传教徒使命。但是，一切并未在1815年纳入轨道——19世纪的历次革命尤其是1848年的熊熊烈火证明了这一点；法国的资产阶级经受住了在20多年流亡生涯中依然毫无长进的旧贵族冲击，终于在1830年取得了延续一个多世纪的胜利："资产阶级的法国"取代了"旧法国"。

大革命的轮廓

对这场大革命，在20多年时间里发生了如此多的重要事件，斗争的激烈引发了如此巨大的社会反响，人们不可能从每个细节上去跟踪它的发展；必须把握革命进程的节奏特别是其成功或停顿的曲线，从整体上加以归纳总结，并揭示资产阶级在后一个世纪的发展。从1789至1794年间，革命迅速向前发展：革命后作出的最初一批决议很快被形势超越了，妥协被打破。1789年或许是决定性的一年，旧制度被推翻，通过制宪会议建立了新的制度；但是从瓦雷纳事件发生到1793年1月，因国王的意图和对外战争的压力，由大革命的温和派建立起来的君主立宪制再次遭到质疑，并最后又被推翻；从1793年春天起的短短一年时间内（1793年7月至1794年7月），以山岳派为主导的国民公会，在民众为捍卫祖国和挽救革命的强大支持下，建立了一个短命的社会民主政体；热月政变是一个重要的分水岭。自那以后直至1815年，掌握了新制度的资产阶级不再依靠民众运动的支持，同时也不与旧势力勾结，他们企图稳定革命的成果，建立一种与1791年妥协方案相仿又能被接受的政权形式。拿破仑在这种情况下出现了，他成功地强加了他的方案，并开始对欧洲实行征服，这正是共和历二年的士兵们和1792年的立法议员所梦想的解放欧洲的理想……这种个人制度既远离传统又远离法国大革命，拿破仑帝国在欧洲引发了另一种回响,意味着政治和社会的动荡(有时也出现经济困难);总是以"法兰西化"取代与法国旧制度一样古老的欧洲各国传统:终于在1813至1815年间引发了各国"人民"的大规模反抗……

不管妥协的程度如何——督政府时期的共和国、执政府和帝国——也不管1794至1815年间某些创制对后世的影响如何(譬如荣誉勋位团、帝国大学等),对法国当时命运影响最大的还是大革命初期的种种措施。1789年占有辉煌的历史地位,法兰西王国的社会和政治框架在这一年崩塌了。法国未来的命运在当年10月5日至20日之间决定了,王室的犹豫不决、议会中代表第三等级的600名"律师"踌躇顾忌,以及巴黎平民阶层的高涨热情都暴露在历史舞台的前沿,他们是1789年及以后几年中的主角。乔治·勒费弗尔在第二次世界大战爆发前夕出版的题为《1789年》的著作中,精辟分析了法国历史乃至世界史上非同凡响的这一年的基本特征。代表第三等级的议员们大胆地诉求权利,拟订新法,勇敢地抵抗国王,于6月20日发表著名的网球场誓言,通过议员的一一表决终于迫使国王承认制宪会议,但7月初国王在凡尔赛周边集结军队并罢黜内克尔,议会因缺乏权力而遭受挫折:路易十六仍是军队的统帅(至少在新的立法尚未通过之前),而且国王不一定非得任命在制宪会议中占多数的资产阶级的朋友担任内阁大臣。7月14日巴黎城厢圣安托万街区的民众暴动,包围并攻克了那座臭名昭著的国家监狱,挽救了制宪会议中的法学家和他们的革命。面对不甘放弃权力和特权的国王——作为路易十一、路易十三和路易十四的继承人,国王是贵族阶层的保护者和神授王权的捍卫者——面对王室的"阴谋",巴黎商店店员、失业的行会伙计,以及没有前途的卫队士兵们集合在一起,他们拿起武器(直到1795年都不曾放下),为了捍卫制宪会议准备与德·洛奈指挥的瑞士卫队决一死战。

7月下半月和8月初发生的事件亦至关重要：各地农民运动引发了大恐惧。几年来因"领主反击"而惶惶不可终日的农民，更受到为三级会议呈递的陈情书内容的激励和连年饥荒所迫，当听说巴黎发生暴动及传遍全国的可怕传闻时他们立刻起来造反。农民暴动的目标直指贵族城堡，直指保管领主的地籍簿册的文献保管室和档案馆。或许最初只是张皇失措，大恐惧很快发展为规模巨大的社会运动。法国广大乡村农民反对领主制度的自发性起义以及他们自觉参与大革命，这在世界史上是绝无仅有的。对农民来说大恐惧是件兴高采烈的事，他们终于可借此摆脱"封建的"枷锁。尽管制宪会议在8月5至11日间公布的若干法令明文规定，领主的地租等一切权利是赎买而非废止，但农民根本不听这一套：他们拒绝赎买或缴租，动辄争讼于法庭，或消极抵抗或武力抗争，持续了数年之久……后来国民公会于1793年7月17日公布法令，最终废止了制宪会议曾以保护私有财产为名而保留的一切封建权利，实际上是承认了这场农民革命，这在法国乡村中也是破天荒第一遭。

最后，在1789年8月26日制宪会议通过了《人权宣言》，这份宣言以及废除领主权的其他法令均未得到国王签署认可，领主的部分权利仍合法存在，于是10月5日、6日两天再次发生类似7月14日的情形：国王拒绝"剥夺"僧侣和贵族的权利，随着7月初首批贵族流亡者逃往日耳曼帝国，关于贵族阴谋破坏革命的传言甚嚣尘上。9月的最后几天，凡尔赛周边又有军队调动迹象，令无能为力的制宪会议十分担忧，此时巴黎民众强迫国王返回巴黎再次挽救了制宪会议，随后制宪会议亦迁回了巴黎……在10月5日早上，巴黎妇女们发挥了重要作用：这一年的农业收成不错，但巴黎市内的食品供应依然不足，向凡尔赛进发的人群主要以为饥饿所逼的妇女为主体，当她们把国王一家押回巴黎时，有人戏称"面包店老板、老板娘和小伙计"回来了。尤其是 10 月 5 日晚，巴黎民众和部分抗命的卫队士兵冲入了凡尔赛的制宪会议会场，他们对议员们表示不满，决定施压制造恐怖，如同他们中有些人曾攻打巴士底狱和后来冲击各地领主城堡时一样。因恐惧民众的压力，议会中三个等级的许多议员开始倒向民众。10 月 20 日制宪会议颁布戒严令，以防再次发生民众冲击议会的事件；这是革命当局迈向与民众运动决裂的第一步，它同样表现在以后的纳税人选举制和督政府的镇压措施上。

巴黎和外省

1789 年后法国各地的大革命进程参差不齐。巴黎人受俱乐部和各街区组织的影响几乎每天紧跟革命的发展，对政治形势的每一细微变化都十分敏感，直到 1794 至 1799 年革命泄气而进入低潮为止，巴黎民众一直保持积极高昂的斗志；针织女工、记者和街头演说家活跃在人们焦虑等待的晚间集会上，他们是革命的活跃分子——在 1790 年 7 月 14 日、1792 年 7 月 11 日的关键时刻，或者在狂热的 1792 年 9 月——为拯救危难中的祖国继续革命、发动一次次体现信仰的行动。在巴黎以外的外省城市，人们从五花八门、数量繁多（至少在 1792 年以前）的巴黎报纸上获得革命的信息，或者由当地俱乐部传达报告、形势分析和巴黎的口令——特别是雅各宾俱乐部在外省设立了 150 个分部——以较平静的态度跟踪巴黎发生的革命事件，对各种政治选择抱有与巴黎人不同的看法，正如 1793 年春季的危机中所表现出的那样。首先在外省城市里，革命者的人数相对较少，中产阶级逐步取代大资产阶级成为当地政治领导者，1792 至 1793 年在巴黎发生的重大事件不可能在外省城市重演，因为外省城市旧制度的当权者还在位，不像在巴黎这些人已躲藏了起来；其次外省市民人数少，消息不像巴黎那么灵通，无法像巴黎那样形成巨大的压力。因此外省城市只能（往往出于不得已）跟随革命，但时间上比巴黎慢一拍，而且由于未亲身经历革命事件，所以热情也不及巴黎人那么高涨。至于乡村，仅交通便捷的大路沿线的民众受到革命影响，公证员和大面积耕种的耕农等"乡村资产阶级"对革命较感兴趣。地籍簿册烧毁了，制宪会议的地方机构（主要是村公所）建立了，经过平静的1790年，乡村民众的注意力主要集中在对上文提及的1789年8月5至11日法令的贵族受益者及其保护人的斗争上，不再紧随政治斗争：除了宗教问题比较特殊，革命带来的后果并非像人们长期来所想象的那么严重，每份研究都显示乡村本堂神父宣誓服从宪法的比例很高（约为50%至60%），从1791年起各地乡村已建立起服从宪法的主教团，仅在布列塔尼、旺代省等西部省份，以及北方省、下阿尔萨斯省和西南部若干乡镇存在教士拒绝宣誓的问题，而且性质并不严重，直到1793年革命当局决定在乡村征调30万士兵时乡村才发生较严重的动乱。事实上，乡村中反响较大的是国王的政治态度：瓦雷纳事件的意义极其重大，事件一下子传遍了法国，人们终于清晰地认识了路易十六对新制度的态度。惊恐的制宪会议如何解释事件或态度转变都不重要，国王企图逃跑就是一种背叛；从1791年6月到1792年8月10日，再到1793年1月20日①，一切都是逻辑和感情的延续：国王拒绝妥协，拒绝接受1791年制宪会议建立的英国式的君主立宪制，甚至还想在1792年外国军队威胁巴黎之际实现复辟，是国王把革命者推向了共和制，这是三年前谁都没有想到的结局。瓦雷纳出逃事件后，人们又在推勒利王宫的国王铁柜内发现里通外国的密件，从而给

---

① 译注：1791年6月21日国王出逃，在瓦雷纳遭民众拦截，被送回巴黎；1792年8月10日巴黎市民攻打国王居住的巴黎推勒利宫，制宪会议当天宣布夺权，君主立宪制理想破灭，王室从此退出历史舞台；1793年1月21日，国民公会经过宣判把路易十六送上断头台。

整个过程画上句号。但是在乡村中民众对逐日发生在巴黎的事件以及审判国王的辩论了解不多，国王的背叛自然而然地导致废止王政。这是对延续了上千年的君主制传统的重大反叛，共和国的诞生以法国的未来做抵押，即便是乡村的广大农民也将信将疑。他们只想有一个能过上安宁生活的政治制度，所以后来温和的路易十八或严厉的查理十世的种种复辟企图都未在农民中激起热情、重燃起民众几年前在陈情书中所表达的宗教和政治上的信仰。民众对王政的感情疏远缓慢而持久，而且在各地区不同社会结构下的表现亦不一致。总之，在城市尤其在巴黎，对国王背叛的反应尤为强烈；1791 年 6 月 23 日革命党人丹东对雅各宾俱乐部成员说："这个立誓当法国人民国王的人……"而且他讲话中言辞的激烈程度已有所克制。

国民公会

公安委员会和山岳派主导的国民公会的作为可能就像 1789 年那样再次标志法国社会演变的决定性一步：将土地分给贫穷公民的计划比变卖国有资产（受益者仅局限于少数资产阶级和农民）的影响更大。这一规模庞大的计划如同国民公会在罗伯斯庇尔和圣茹斯特掌控期间所作出的其他一些过激措施一样，都昙花一现，并最终导致领导人在热月 9 日被赶下历史舞台。第一共和国错过了在公民的社会和经济独立基础上实现真正民主的机会。卢梭的弟子们曾梦想按《不平等起源》和《共和国制度》的原则建立一个共和国，但是国民公会最终没有追随他们进行二次革命——它或许会在 1789 至 1791 年革命的巨大变化基础上再次改变法国公民社会的面貌。这就是热月政变的深刻含义。社会学家达尼埃尔·盖兰的精彩论文《资产阶级和赤手空拳者》的论证可能有简单化的缺陷，但提出了一个与众不同的论点。他的论点虽未获得大革命史专家们的一致认同，但因为被人广泛讨论而显得很有魅力。排除个人间的争论，排除承担着拯救当时内外交困的国家重任的公安委员会成员的言行失误，也排除这些可悲日子的种种特殊情况（譬如人手不足对1793至1794年政治生活的运转带来很大影响），国民公会中平原派——西哀士和其他真正革命家——的选择是决定性的：共和国往后看，国王已不复存在，但其理想还停留在1791年的立宪君主制；共和国能成为自由的和资产阶级性质的，但它还不是民主的。1794至1799年间的热月党人的政策在于稳固这个资产阶级政权的脆弱平衡，既拒绝民主派的要求又反对保皇派的复辟；这是相当困难的政策，一边是城市平民阶层的激进，再加上经济危机的压力，另一边是在教会混乱和相继返国的流亡贵族鼓动下保皇派的反攻。为了实现按资产阶级的标准来稳定革命成果，一场政变接着一场政变，不断排除来自左派或右派的反对势力，这个任务最终在1799至1800年落到波拿巴身上。他以妥协的方式挽救了革命的基本成果，亦就是在1789至1791年间取得的成果；直到对英实施大陆封锁和军队溃败的黑暗岁月，尽管在拿破仑统治期间专制独裁有所抬头，但没有引起任何足以动摇政权的抵抗。在复辟期间尽管极端保皇势力嚣张，1814至1815年的宪章仍以旧制度的语言（上帝的恩惠、上帝赐予的宪章等）保留了大革命的最初成果——它们又在1825至1830年间成为最后一次争论的议题：大革命的成果确实是资产阶级统治的基础。

1. 大革命的评价：平等

"人类生来并永远是自由和权利平等的"，1789年8月26日的这份《人权宣言》第一条中的这句话就足够否定旧制度的全部社会价值，法国人尤其欣赏这第二个词：平等，更精确地说是权利的平等。因为他们明白这份人权宣言为人类而非仅仅为法国人民——不同于美国革命者——1789年的法国人民不至于盲目地看不到事实上的或者说"自然的"不平等。正如当时就有人在国民议会上提出"不平等存在于自然本身"，其意思仍然模棱两可。制宪会议的议员们经过两年与旧制度遗留现实的不断较量，完善了他们的原则。围绕着阶级利益和革新愿望而进行发人深省的辩论，使最敏锐的人看到有必要从根基到屋脊整个重新翻造房屋（社会），而且认识到保存在旧房屋（社会）中各种利益的复杂性，资产阶级已变得富裕：悄悄地获得贵族的财产，剥夺由他们征收的什一税和许多其他税项、某些行会的商业特权等。最著名和最典型的辩论是8月4日夜间及之后几天的辩论：4日夜间议员们在冲动之下宣布废除一切特权，但而后又以私有财产神圣不可侵犯的名义（见第一份《人权宣言》[1789]第十七条），真心地恢复了贵族的部分权利。因此8月5日至11日颁布的法令中，将贵族权利从被废除改为赎买；同样对教会已宣布放弃的什一税，也改为继续征收，直到国家拨给教会别的财源为止。

仔细分析，制宪会议当时摧毁的东西比他们保存的多得多：封建制度仅留下一片废墟，然后在摧毁特权的基础上逐渐建立起平等的各种形式。首先是税务平等：特权阶层不光失去了靠广大农民养活他们的权利，而且他们还得像普通人一样纳税。对税务特权阶层的双重剥

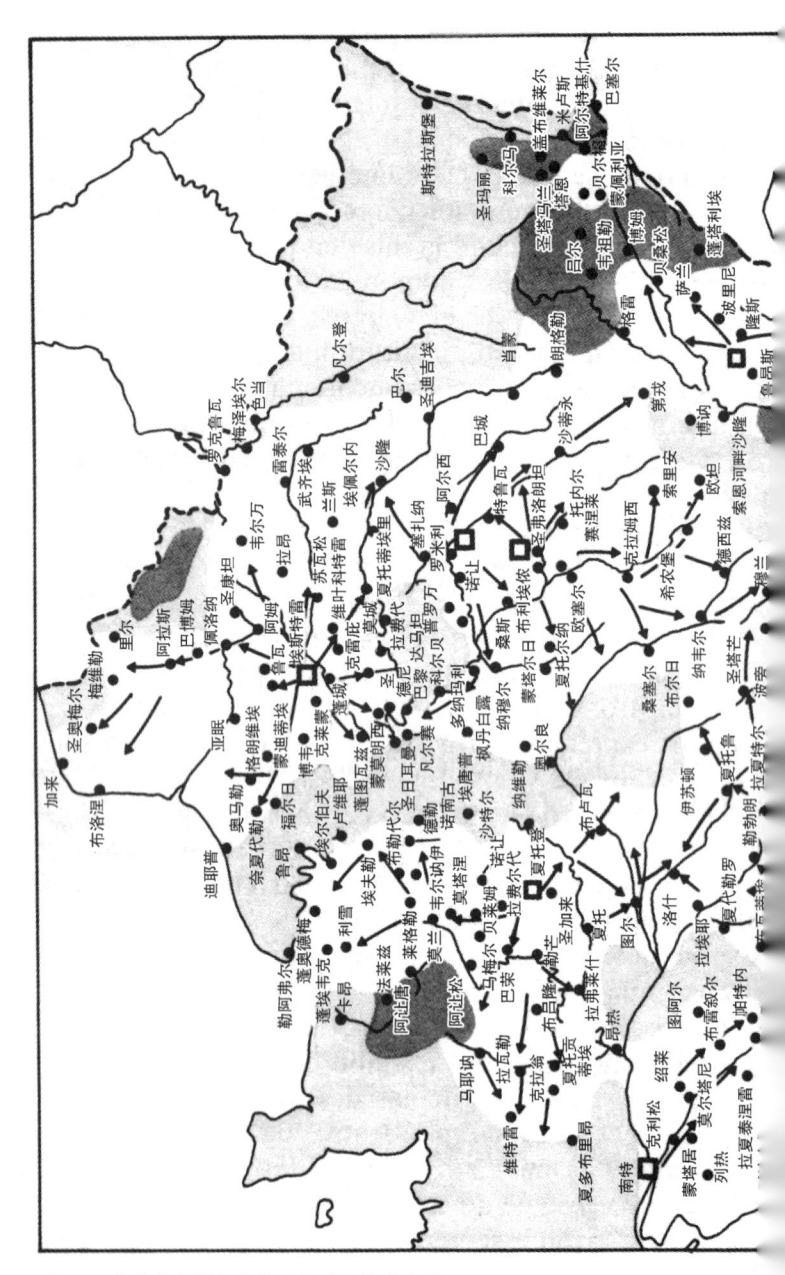

图 28　大革命期间发生大恐惧地区的分布图

（引自乔治·勒费弗尔：《大恐惧》，第一版，第 198—199 页）

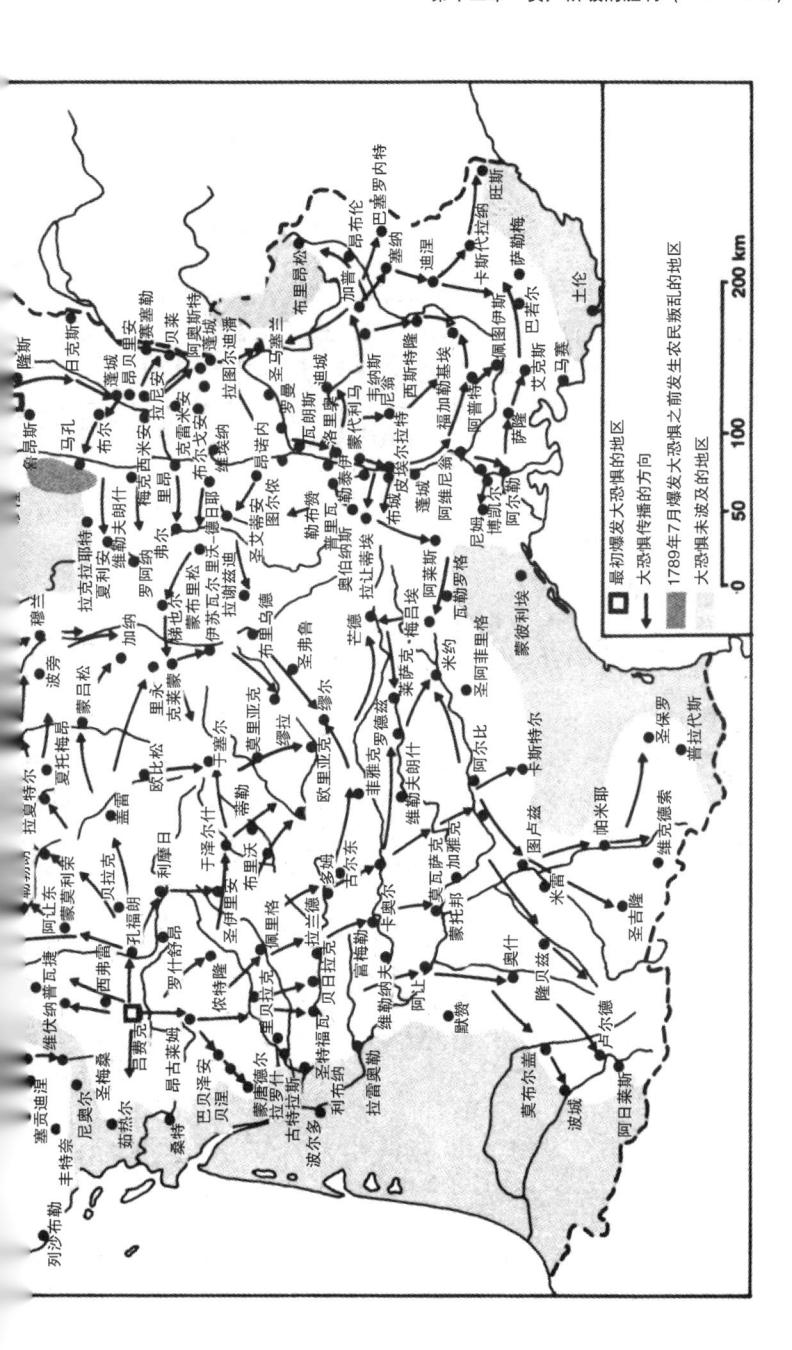

第十三章 资产阶级的胜利（1789—1845） 555

夺意味着对得益者的双重肯定。首先，第三等级的所有人为税务的合理分摊而感到高兴，尤其是城市资产阶级，他们曾被直接税和间接税压得喘不过气来；其次对广大农民来说，领主制（事实上或权利上）的废除可谓他们经济上的真正翻身。他们至少可多得四分之一的收成，尤其可拿去市场上出售，这也部分地说明了他们在1793年以后显得比较消极的原因。劳役制度、出身高贵的外部特征、狩猎权、司法特权以及贵族头衔在1790年的突然消失显得贵族就是乡村中的资产阶级，仅此而已——尽管贵族在各种场合仍显得比农民高贵得多。

公民平等

领主制的没落即意味着公民的平等：根据公益原则，一切保留给贵族的职业向全体公民开放，包括军队各级军衔和行政职务；资产阶级也要开放需要重组的司法领域职务；取消官职世袭制（仅少数官职的捐纳制度一直延续至今）以便受过教育且富有的新兴资产阶级子弟的入行；同样长子继承权也取消了，它显然涉及贵族财产，实行平等继承制度。由此而来的司法和行政机构的改革便于吸纳新进人员，因为旧制度下掌权者的逃亡或杯葛，这些机构急需大量人才；事实上波拿巴担任第一执政时创设新的公职人员职位，解决了在军队和行政机构中公民平等的问题，资产阶级遂急切涌向公职岗位：譬如税务征税机构、省级行政机构等。军队中的变化最引人注目：贵族仍十分看重其出身，资产阶级长期以来已效忠王室，由于流亡潮使兵营空虚，新入伍的年轻人很快填补了空缺的军官职位，成为第一共和国以及不久后帝国的英勇军人。"元帅的权杖出自弹盒"，这句军队用语很快具有了更广的含义，泛指军队中的公民平等。

大革命使法国人民享有行政的平等权利，法律面前人人平等，不光指社会等级和阶层差别也意味着地区差别的消失：从8月4日夜间起，某些城市自愿加入做出牺牲的运动，宣布放弃税务和商业特惠权；同样有些省份也宣布放弃几个世纪来王室特许的税务豁免权。事实上正是因为制宪会议宣言、后来国民公会和执政府相继实施的行政机构大改组才落实了"地区"平等：省、区、镇、市各级政府，以及各级议会、民选或被任命的各级法院，保证了在全法国各地区实施同样的法律，同样的税务和监狱制度；地区特性可能会造成差异，但国家行政机构的良好运作不同程度地满足了公民的期待。

不过大革命在海外属地同一化方面却是例外：议员们的慷慨没有扩展至当时在法国管辖下的海外属地，在安的列斯三岛（瓜德罗普、马提尼克和半个圣多明各）和印度殖民地，对土著人的政治不平等和剥夺自由的统治依然维持着；制宪会议当时受到了拉梅特兄弟领导下的安的列斯压力集团的影响，他们成功地在当地维持奴隶制度。法国失去了圣多明各，但是在1815年收复的少数海外属地仍维持旧制度——直到1848年才加以废止。

经济平等

更重要的是建立了经济平等，它反映了当时人对物质生活的相当粗浅的看法；但是雇主和工人，商人和船东之间的个人完全平等很大程度上促进了19世纪上半期的资本主义发展——这是资产阶级统治的一大成就。制宪会议首先对各地很不协调的行会及行会管理制度开刀，这种行会制度被普遍认为有碍经济发展，因为它束缚了制造商和商人们的创业精神。制宪会议一度表现出犹豫不决：按理说8月4日是取消行会制的有利时机，但它改变了主意，在两年后才作出决定，或许1791年经济形势明显好转起了作用；享受特权的行业社团和行会被取消了,对行会进行监控的规章制度(如行会标志和查访制度)也随之消失:雇主和行会师傅的地位降为普通成员,劳动市场解脱了一切羁绊和约束获得了自由发展。同年6月14日制宪会议还通过法案①解散设在行会和合伙组织内的雇工协会。有人认为这项法令是典型的阶级宣示而已,它建立起某种平起平坐的表象:雇主、合伙师傅似乎被完全看作平等的个人;但将雇主、行业师傅和只有劳力的工人完全平等地放在一起,对工人的保障其实微乎其微。表面上看,在迈向平等方面有所进步,因为旧制度的立法允许行会组织雇主联盟,而禁止雇工合伙自行创业,但是事实上的不平等依然处处存在。再加上《勒夏帕利埃法案》关于乡村劳力的其他措施,为镇压工人的举动开辟道路:于是便发生1815至1850年间镇压劳工的事件,以及1831年在里昂发生的事件……

出于同样目的在经济领域还采取了其他一些措施,但是社会影响不大:如取消贸易公司,即印度公司,这件事直到革命恐怖时期仍有人议论;还取消了垄断的矿产公司,有利于船东和矿主平等地经营。同样还取消了为几代法国人诟病的关税、入市税、盐税、酒税等间接税,这一措施有明显的社会目的。如果在18世纪末有一个措施令法国人民真正松了口气的话,那就是取消间接税了。拿破仑上台后,1804年因为财政紧张以合并税项的名义大胆地恢复了部分间接税;悄悄地恢复征税正说明民众对征收间接税的怨气之大:征收间接税最能说明不同社会条件下的不公平,沉重的税务完全压在平民阶级身上。

尽管因地区差别和议员们不了解情况而表现出犹豫不决或某种谨

---

① 译注:《勒夏帕利法》(la Loi Le Chapelier) 于1791年6月14日通过,法令禁止工人结社、禁止行会,亦禁止农民和工人集会以及工人合伙。

慎——特别在土地权平等方面，制宪会议议员和国民公会成员仍保留了乡村的公共土地和集体地役权——实行平等实质上是一种阶级行为。当制宪会议宣布公民在税务和就业方面享有平等时，它是为自己，而不是为第四等级的底层人民。（除了《勒夏帕利埃法案》）政治上的不平等就是最好的证明：制宪会议在宣告"主权在民"的原则后，将至少三分之一的公民排斥在政治生活之外，似乎这部分公民不具备参与政治的必要"能力"。纳税人选举制度将公民分为有选举权公民和无选举权公民两部分；无选举权公民享有公民的全部权利，但不能（至少暂时不能）参与政治生活。尽管遭到当时报纸、俱乐部和部分议员的抗议，在制宪会议中只有罗伯斯庇尔等极少数人提出反对，巴黎战神广场惨案发生后……法案以1789年《人权宣言》的名义作过少许修改（宣言第六条："法律是普遍意志的表达。所有公民有权亲自或通过其代表去参与法律的制定"）。财富于是成为衡量政治能力的唯一标准，1791年的情况最能说明问题：缴税额不算太大——相当于三天的工资，根据最精确的计算，若以此为标准在1791年法国有选举权的公民人数为400万，无选举权公民为200万。况且选举总是采用代选制。当时还不存在直接选举的想法；或许是因为直接选举虽有先例但为数极少——仅包括古代城邦、瑞士的州和意大利共和国——或许也因为几千选民选一个议员的做法不可思议。尽管交通手段和计算有了进步，但在人们对选举还相当陌生的情况下，让人数如此多的选民与候选人直接接触仍是令人却步的难事。纳税人选举制同时涉及选民和候选人双方的资格。组织这样选举的深层含义是：选举人对公众普遍利益作出合理评判的必要条件是拥有财富和有一定的余暇。这一观念是从古代传承下来的，它损害了在1789年发挥过重要作用的相当大部分人的利益，譬如家仆、乡村短工和巴黎行会伙计等等。

因瓦雷纳事件的后果而吓破胆的制宪会议通过了限制性的选举措

施，所以1791年的宪法包含了公民政治不平等的内容，把所有无能力保障个人生计和个人独立的人都排斥在政治生活之外。1792年8月10日王室被推翻后，议会在巴黎民众的压力下终于放弃了基于财产的排斥政策（即便在1788年王室召集三级会议时也没有对第三等级采取过这种歧视）……于是国民公会以全民普选的方式选举产生，共和国就在这种情况下诞生了。

但是热月党人后来又回到1791年的选举制度，虽然不把选民分为有、无选举权两类，但对选举人资格设置纳税门槛，事实上仅让有地产和不动产的富人参与政治；波拿巴算有慷慨之举，名义上恢复普选制度，不设门槛但规定每省仅有纳税最多的600人可成为选民……从1791至1815年都实行同一原则。但是王政复辟和七月王朝的30多年中，实行了比当初制宪会议更严的选举标准，致使大量公民被褫夺选举权：当局规定纳税300法郎以上者有选举资格，以此计算直至1830年法国选民人数仅为9万人，只占全体公民总数的1%；而从1830至1848年间，选举人需纳税200法郎，所以选民人数为18万，约占公民总数的3%。

19世纪初建立的新社会乃是没有等级的社会，原则上公民享有平等，但实际现实远非如此。资产阶级与旧特权阶层分享领导社会的影响力，并且或多或少通过选举制度，排斥小资产阶级、手工匠以及城乡最早无产阶级来巩固自己的统治地位，而当时民众在这样的社会结构里更关注于反旧制度的革新。所以迈斯特和博纳尔德等保皇理论家不仅讨论主权的原则，更质疑资产阶级的政治资格；在他们眼中资产阶级仅是一个经济阶层，而只有贵族才是政治首领：资产阶级活跃物质生活，而贵族则担任领导角色。这种理论出现得太迟，根本无法满足资产阶级的野心，其统治雄心已伸张了几个世纪，终于在1791年得到了满足。

2. 大革命的评价：自由

1791年的君主立宪制和1792年的共和国均打出自由的旗帜，法兰西民族对之向往已久，伏尔泰和其他人早已鼓吹自由之美德和英国的榜样；即便在1793年后出现过若干偏差，自由始终在法国人的理想制度中占重要地位，一代代公民已逐渐学会了对自由的尊重。

"以不妨碍他人为前提的一切"，这就是制宪会议议员为摆脱旧制度的种种规章、限制和困扰而成功地对自由所下的最广泛的定义。在具体的现实生活中，以不妨碍他人自由为限来界定一个自由人的行为，在1789年即意味着正式取消行会制、废除盐税及其追查制度、废止几个世纪来贵族利用头衔的荣誉来蔑视和刁难平民的做法；这是对上流社会习俗的不言明的否定——它们在本质上属同一精神状态——即通过社会限制来体现某一等级或阶级的优越感。自由和平等在下面的阐述中明显地结合在一起："每个人行使其自然权利的限制只能以保证他人享有同样的权利为限。"1789年的《人权宣言》强调某些社会团体可能会强加于人的约束[①]，足以说明问题的关键所在：1789年的法国人希望在日常生活中感受到自由……

人身自由

《人权宣言》不仅对自由本身的定义，而且对公民必不可少的各种自由的定义予以诸多考量。首先革命的立法者需要保障自身享有英国式的

[①] 见《人权宣言》第四条："此等约束只能通过法律来界定。"第五条："一切不被法律所禁止的事不能被阻拦，任何人不得被强制地去做法律未规定的事。"

人身不受侵犯的权利（habeas corpus），保证他们本人的个人自由：《宣言》不像英国法律那样严格精确，没有限定保护性拘留的限期，也未限定送法院审判的期限。立法的资产阶级或许心存疑虑，担心民众的"极端行为"和贵族的阴谋；困难还在于唯恐一时难以完全革除司法程序旷日持久的恶习。然而8月26日的《宣言》已对基本的自由保障作了明确定义，以致20世纪的共和国还有必要反复重申：保护性拘押受到限制，法令不具追溯力，任意性决定被取消并自动失效，逮捕、起诉和监禁的法律程序必须严格遵循……这些条文的制定旨在防止国王手谕、无辜遭关押后突然释放，以及在搜寻罪犯和司法侦查中的不合法手段等滥权行为。从一开始制宪会议就有类似担心，所以立法重申议员的不可侵犯性。在旧制度下的王国时代，虽然也曾试图改善司法（如塞吉埃担任掌玺大臣和柯尔贝主政时期），但国王的臣民从来就没有人身安全，尤其在18世纪，会使名誉受到影响的文字流传得如此之快，保护人身权利的上述措施是最基本的。制宪会议三令五申并明确制定法律，规范和实施保护人身自由的普遍原则，在最初制定的安全措施基础上再加上行动的自由……这是大革命的最大功绩之一：虽然后来在1792至1815年间有种种偏激和曲折，人身自由的定义在复辟时期的宪章上还是被完整无损地保存下来，并且一直持续到1848年。

思想自由

大革命还承认法国人民享有思想自由："任何人不应为其思想观点，甚至宗教信仰而感到担忧。"这个原则从1789年起就已载入《宣言》。"甚至"一词说明这一条在宗教意义上的大胆更胜于政治层面。以天主教为国教的法国从不允许存在异教：新教徒在1787年已获得合法身份，尽管当时天主教会抗议声不断；而犹太人仍被视为社会另类，他们到处受到歧视；优伶自古以来被逐出教门，虽受上流社会追捧,却被禁止踏入教堂,禁止领受圣体……自 1789 年起,法国天主教会的地位改变了:事实上新教有权在法国存在,《宣言》第十条与其说是为保护备受歧视的犹太人,不如说更为保护新教徒。1801 年波拿巴为新教徒立法,正如他曾为天主教徒立法一样;他又在 1806 年承认犹太教;1815 年复辟王朝没有推翻法国的多教制度,也标志了新教和犹太教这两个法国少数派宗教得以发展的开端,此后在 19 和 20 世纪又有了更大的发展。

那么制宪会议和后来的国民公会的议员们何以有勇气去冲击天主教的垄断地位呢?主张法国天主教会自主自治的简单化措施在其中起到了很大作用,至于伏尔泰反宗教思想在当时影响还不太大,主要在后来七月王朝时期才有较大影响。作为国民代表,议员们颠覆和改变了法国天主教的组织和内部规矩,其肆无忌惮如同法国历代国王长期以来利用天主教一样地大胆:没收教会财产以改善国家财政状况,取消什一税,国家按教士在教会内部的职务统一发薪,改革教会任命方式,采纳早期教会选举产生主教的办法。这些做法全然无视罗马教廷:一反过去法国天主教自主自治但仍参与教廷主教会议的政策,竭力反对罗马教廷,其实是回复到 1682 年的状况……不谨慎的做法加上其他一些措施,很快在天主教会内引发分歧。直至 1801 年的历届革命议会均面临教士中宣誓服从革命宪法与拒不宣誓的两派冲突的难题,冲突始终无法调解;反对革命的势力利用了教会内部的冲突。事实上,在实施共和历和国家至上的背景下,教会本身已或多或少地世俗化了,而大多数法国人的天主教意识并未因政治纷争而减弱,"至上崇拜"和"有神博爱教"① 等革命派宗教都十分短命、影响不大。

---

① 译注:"至上崇拜"(le culte de l'Être suprême)是法国大革命时期由罗伯斯庇尔创立的一种自然神论,并试图以它取代天主教;"有神博爱教"(la théophilanthropie)也是在大革命期间出现的一种建立在热爱上帝和人类基础上的自然神论。

如果1795年热月党人占多数的国民公会通过的政教分离政策能坚持下来，宗教自由或许能更稳固地扎根于法律上；但是这项政策随后便被弃置，未能在民众心目中树立宗教与政治关系的新观念。

言论自由

大革命鼓动者曾读过为躲避审查而自律谨慎的《百科全书》，以及许多作家出于安全而匿名发表的著作，他们要求拥有表达思想的自由，并在三级会议召开的最初几周就大胆地运用了这个权利，各种活跃而尖锐的出版物表达了各种各样的思想言论。不管是"人民之友"还是"国王之友"，1789年的报章是法国最早自由表达思想的报纸，因为此前的出版物（如《新闻报》《信使报》等）都受到王室的严密监控，从未享有完全的独立。"一切公民都能自由地发表言论、自由地著书和出版……"印刷厂或书店因"黑色办公室"（常设的邮局审查机构）审查信件而遭封闭的案子令人记忆犹新，因此制宪会议的议员们认为自由表达思想的权利是独立公民最宝贵的权利之一；但很快又意识到让有财力出版者享有完全的出版自由之危险。1792至1793年贵族办的报纸首先被查封……此后每当新闻自由的魅力和政治效力彰显时，新闻自由就不断地受到限制。在王政复辟和七月王朝期间，自由派反对党不断要求自由——它的价值在18世纪最为资产阶级所欣赏却被完全剥夺。政府害怕这股无法控制的力量，采取了一切手段加以限制，包括施加财政压力，勒令报社必须缴纳保证金以及对每期报纸收取税金，致使报纸成为昂贵的商品，令部分资产阶级都承受不起，更不用说拿破仑时代采取的专制措施，限定报刊的数量（巴黎市限为四份报纸，外省各一份）；直到1836年报纸开始刊登商业广告，出现吉拉丹出版每份只卖一苏的报纸，对报纸的财政施压才告失效。在整个复辟时期，通过施加财政压力限制舆论的发表和传播成为当局钳制言论最有效最体面的手段。

通过几个世纪"天主教"思想和一个世纪代表普遍价值的哲学思想的熏陶，制宪会议议员们明白是在为全人类立法。当1791年新制度遭遇挫折，尤其是1792年面临各国君主的阴谋破坏时，崇高理想激励着他们。面临来自维也纳和柏林的威胁，革命进一步被推向高潮，革命者揭露仍然统治着欧洲其他王国的特权阶级和专制制度，声称准备向立志争取自由的欧洲各国人民提供帮助，让他们也获得主权。或许，议员布里索宣布有必要对敌视革命的外国君主发动战争的呼唤未在欧洲各国人民中引起预料中的反响。比利时布拉班特人民1789年起来反对奥地利人，但此后几年平息了下来；倒是《皮尔尼兹宣言》[①]比受压迫民族的呼声更直接地导致了战争，这场战争一直持续至1815年。或许，因种植自由之树和推翻旧制度的时间还不够长，面对法国民众未能像国民公会所希望的那样热烈地投入革命，议会在1792年12月决定剥夺王室财产并采取其他摧毁旧制度的措施：国民公会成了征服者。法国革命当局归并了阿维尼翁和萨瓦省，又在热马帕战役后发动荷兰"革命"，在欧洲推动了人民掌权的进程，奠定了一种新的权利，带来深刻的社会变革。也在同样的精神原则下，国民公会于1793年创立了在法兰西领土上的"避难权"原则："（法国人民）向一切在本国因自由事业而遭到放逐的外国人提供庇护。法国拒绝向暴君提供庇护。"[②]

雅各宾传统

然而，1791年的立宪君主制或1792至1793年吉伦特派控制下的

[①] 译注：《皮尔尼兹宣言》(Déclaration de Pillnitz)，神圣罗马帝国皇帝利奥波德二世和普鲁士国王腓特烈·威廉二世，于1791年8月27日在德国萨克森州皮尔尼兹联合签署这份宣言，对法国革命政权发出威胁。

[②] 《共和历一年宪法》，第120条。

共和国并没有在自由领域内成功地传递出革命的信息；与制宪会议同属于资产阶级性质的国民公会后来改变路线，为了自身的长远利益而背离了自己的原则。于是在1793至1794年罗伯斯庇尔以雄辩和权威领导国民公会期间，形成了雅各宾传统，它的政治影响一直延续至我们当代的生活。

1789年主张君主立宪的议员以及包括罗伯斯庇尔在内的山岳党人，在1791年国王背叛，尤其是1792年王朝被推翻后成了共和党人。从这一刻起作为新制度——一个统一的不可分割的共和国，巴雷尔的讲话中不止一次地强调它的高大和崇高——的奠基者，他们立志创建一个前所未有的至少令人忘却过去的新时代。国民公会面临外国列强在边境的威胁和国内叛乱的局面，只有奋力拼搏；同时亦为创建新世界而做准备：1793年（共和历一年）发布新的人权宣言、筹备拟订《民法典》和《刑法典》，尤其是打下了初等教育和大学教育的基础，这一切都是当时国民公会议员们远大抱负的明证。山岳党领导下的国民公会在国民教育领域的计划和实施常常被人提起：如设立免费和义务的国家初小教育计划，这一措施后来被热月党人放弃；设立初中免费教育计划，这一措施亦被热月党人修改（改为收费的中心学校）；创立几所主要大学，在一个半世纪内为民族培养了大批的高级干部，如综合理工大学、桥梁公路大学、战神大学（后来改名为军事学院）和高等师范大学；创设大机构，如国家经纬测量和历法局、工艺制造博物馆和自然史博物馆等。意识到建立当时唯一真正的民主共和国（与荷兰和威尼斯等贵族共和国不同），山岳党人制订了三项首要目标：抵抗外国列强、反对国内反革命势力以及建立真正的民主，亦即社会的民主制度。

罗伯斯庇尔和他的朋友们接管政府正值全欧洲联合起来反对法国之际，当时有人就称法国为人权国家，由弑君者建立的政权和国家的领土完整正遭受严重的威胁（安特卫普国际会议已准备在来年春季瓜分法国）。对公安委员会来说，一切都得服从于挫败反法联盟的计划：征用农产品和工业制品，共和历二年动员大量劳工充实著名的革命军队，号召学者如加斯帕尔·蒙日、贝托莱、夏普塔尔等人负责后勤保障，为卡尔诺动员来的上百万战士提供武器装备；法国边境的各镇守要塞都遭到围困，但不出一年共和国军队击溃了敌人；法国也许不得不放弃向欧洲各国人民输出民主、和平等打算；它知道必须先捍卫自身。国民公会在1793年4月13日以法国人民的名义颁布法令指出，法国不以任何方式干涉其他国家的政府，但也同时声称法国宁可葬身本国的废墟之下，也绝不允许任何外国列强干涉共和国的内政……雅各宾党人首先是爱国主义者，他们认为人民自决权首先意味着捍卫法国人民自己建立的共和国。在土伦和朗多、在维桑堡和弗勒吕斯，到处响彻"马赛曲"，在隆隆炮声中上演了捍卫法兰西民族独立的壮烈一幕。1795年普鲁士、西班牙、荷兰等相继承认了法兰西共和国。1830年后当戈德弗鲁瓦·卡韦尼亚克重组共和党，1870至1871年当甘必大动员民众继续对普鲁士作战时，他们都曾引用雅各宾传统来激励国民的爱国主义；1870年后直到第二次世界大战期间，山岳党的政策仍有深刻影响，尽管存在若干不同的派别。

为对付国内激烈而危险的反对派，雅各宾派必须全力以赴，甚至在本国或在征服的领土上执行违背自己原则的政策：罗伯斯庇尔和许多国民公会成员对外国列强企图推翻法国革命政权的阴谋深信不疑，因此对自己最亲密的同党都毫不犹豫地开刀，清除了埃贝尔派和丹东集团；在此前的几个月中，"贵族"和可疑温和派的报纸和聚会已首先遭到取缔；在公安委员会的鼓动下，山岳党领导下的国民公会与各地的革命法庭及雅各宾俱乐部建立起积极的合作，在全国实行山岳党的专政。共和国首先属于共和党人，它必须保护共和党人不受敌人攻击。革命政府为了挽救自由只有暂时让公民放弃自由甚至和平；专政是暂时性的。公安委员会声称忠于自由的理想，但同时承认自由的政权相当脆弱，敌人会利用自由而趁机破坏，一旦得逞他们更会扼杀共和党人，因此公安委员会宣称为了捍卫自由有必要中止行使自由。罗伯斯庇尔在1793年12月25日的一份报告中指出："如果他们（指共和国的敌人）乞灵于宪法规定的自由，那只是为了冠冕堂皇地践踏它；他们是卑怯的刽子手，千方百计破坏自由，妄图把共和国扼杀在摇篮里……"在热月党人发动政变之前夕，法国为牺牲自由的政策付出了沉重代价，在大恐怖的日子里"人头像瓦片一样成片地掉下"。为挽救自由而禁止自由，任务难以完成：当自由处于危险时，就有足够理由摈弃自由吗？国民公会和雅各宾传统的政策取向只有一个标准，那就是一切为了应付对外战争。罗伯斯庇尔还在1793年12月25日的同一份报告中声称："革命政府需要非同寻常的行动，就是因为它在战争中。"了不起的克列孟梭在1917至1918年也说了同样的话。

雅各宾派冒着民望下降和个人生命危险而遏制自由，然而他们忠于自由的理想是不容置疑的，这一点从他们制定的社会政策可以清楚地看到。尽管在危机中他们实行了政治上的权宜之计，但在共和历二年风月所颁布的法令，以闻所未闻的大胆将财产分配给最贫困者的举动表明他们想建立一个真正民主的共和国，也就是建立在公民的经济社会真正独立基础上的共和国：正如罗伯斯庇尔一样，写《共和国制度》一书的圣茹斯特的眼中，只有当公民拥有小块土地、保证他不必低三下四地向雇主、债主或领主们乞求生活时，他才是真正自由的公民。圣茹斯特说过一句十分著名的话："人必须独立地活着。"制宪会议十分清楚这一点，所以曾将仆人和一切不付或只付很少税的人排除在选民范围之外。雅各宾把它颠倒过来，尽一切可能造就公民，使最贫穷者都不能被剥夺选举权。在小生产者社会里实现真正的民主，每个人拥有自己的土地和作坊，有能力养家活口，过上微薄但能自给的生活，不再受到邻居或竞争者的威胁。颁布后从未执行过的《风月法令》规定，将逃往外国的流亡者或可疑者的财产分配给贫困的爱国者，使一切反对革命的人在共和国不再有容身之地。圣茹斯特在《共和国制度》中指出："作为国家的敌人不能在该国拥有财产。"雅各宾的民主是原则上的平等；它将自由建立在限制社会经济不平等的基础上，并未走到"空想的"财产平等；极端的财富不均是民主的障碍，谴责财富不均就已经为挽救普选的深刻意义做了许多。乡村小私有主的理想无疑是雅各宾传统所包含的社会政策的基础和局限。直至20世纪雅各宾的社会思想仍具有很大魅力，它说明何以第三共和国历届议会对南部农民的心理抱有同情；它是扶老、济贫和资助残疾者的立法来源；也促成了继承法的修订。预定在1794年实施的土地分配是一项超前的大胆政策，使雅各宾传统带有社会主义的色彩。

因此山岳党控制下的国民公会向法国人民——稍后向全世界——提出了一个民主理想，其大胆举动远远超出了大革命的初期。1793年宪法在宣示权利方面，阐述了公民的基本权利，主要是公民有享受公共服务和教育的权利，承认公民的个人自由和私有财产，宪法第三十五条还赋予公民反抗的权利："当政府践踏人民的权利时，对全体或部分人民来说，反抗是最神圣和必不可少的权利。"1830年"七月革命"后形成的共和国传统，这种传统在资产阶级七月王朝和小拿破仑当政时期的反对派中，以及后来的执政过程中，不断地丰富和多元化，但是不能忘了它的思想来源。可是当时人们对大革命刚刚建立的自由被取消——哪怕是暂时地取消——非常地敏感：热月党人反对罗伯斯庇尔的政变，不管其深层的理由有多少，主要是出于对暴君的痛恨和要求恢复自由的强烈愿望。政变成功后热月党人面临保皇党和山岳派继承者的双重夹击，被恢复的自由十分脆弱，他们只能死死地坚守政变成果；波拿巴上台后成为第一执政官，后来建立帝国成为皇帝，他几乎忘记了自己曾是年轻的罗伯斯庇尔的朋友。实施自由变得异常困难，尤其当法国公民已默默地忍受被剥夺了一切权利，包括拿破仑的专制统治、重启国家监狱、取消新闻自由、监控印刷厂、把仅有的少数反对派投入监狱或流放……1804年后的拿破仑，在一封写给当时警察总监富歇的著名信件中谈到新闻自由时，以居高临下的难以模仿的口气说："富歇先生，不久要进行新闻改革，让那些只会妨碍新闻自由而无任何益处的报纸存在，实在太愚蠢了……"1814年王政复辟后的宪章虽名义上恢复了新闻自由，但通过法律对报纸严格地加以规范、限制，直到1848年各项基本自由仍处于十分脆弱的初步阶段，影响范围虽十分有限的报纸在其中发挥了主要作用。各种平等的原则和各项自由虽然从未被完全取消，但会轻易地受到质疑，它们是大革命的基本遗产，影响了19世纪的法国。

3. 拿破仑

年轻将军波拿巴不接受像僧侣一样被人供养、受人摆布的命运，在身居法国最高地位的15年中，使资产阶级拥有足够的时间和可能来巩固革命成果，而在果月政变（1797年9月4日）到雾月政变（1799年11月9日）的督政共和国期间，革命的成果依然是相当脆弱的。直到1815年对革命取得的社会成果的维护以及在19世纪最初10年的经济繁荣加强了资产阶级的统治地位，另一方面通过与教廷缔结和解协议使法国教会归顺政府，滞留外国的流亡贵族无法抗议：所以拿破仑时期是巩固革命成果的最重要阶段，从1794年起的长时间内，靠拿破仑的政治意识，排斥了最后的雅各宾派成员和朱安党保皇分子，保证了资产阶级的革命成果。

然而，拿破仑不只是推翻旧制度的资产阶级的自觉工具，他因出奇大胆而赢得政治上的成功迫使政敌在1792至1799年间与他达成长期的个人妥协；他的成功以罕见的法兰西"荣耀"在同时代人的日常生活中留下了印记：这就是人们常说的"拿破仑文化"。尤其是正当他在巴黎缔造拿破仑帝国的同时，他还是欧洲革命的一名战士，他的军队横扫欧洲大陆，摧枯拉朽地捣毁各国旧制度，在德国、波兰和意大利等国留下了不可磨灭的痕迹……正如歌德所说，这是一场光芒四射的革命。

从共和历八年雾月19日在圣克卢费尽周折才使立法议会勉强接受的宣誓将军到1804年12月2日在巴黎圣母院接受教皇庇护七世加冕的法国皇帝，拿破仑的传奇生涯令当年许多人目瞪口呆，而且至今仍有不少仰慕者。确实拿破仑很少遭受挫折：作为第一执政官的他仅用几个月的时间就逼迫奥地利就范,并巧妙地与之缔结了亚眠和约,结束了持续10年的战争;他以同样的权威降服了桀骜不驯的革命分子和野心勃勃的保皇派(处决昂吉安公爵):"我不再要党派,在法国我只要法国人民。"他可以既往不咎,但条件是必须归顺执政府的共和国也就是归顺他本人,因为他就是新政策的唯一保证。经过督政府时期的无数纷乱,法国终于在波拿巴治下恢复了平静。在治理国家中他承袭王朝时代的地方总督和国民公会时代全国专员的传统,创立了省长制,在财政领域设置征税官和国库司库官……但更重要的是推行"芽月法郎"①、制定《民法典》,尤其是与教廷达成和解协议。

芽月法郎和《民法典》

在1799年发动雾月政变时曾得到若干巴黎银行家支持的波拿巴,在登上第一执政官宝座后依然与这些银行家保持关系,并借力避免了第一共和国的财政崩溃:从指券、全国通用汇票到破产,此前10年中推行的所有财政政策都归于失败,加上战争和外国阴谋使这些政策在1797至1799年都一败涂地。波拿巴执政后重新规划公共财政,创建分期公债偿还金库,并借助银行家佩尔戈和马莱,从1803年起由法兰西银行独家发行见票即付的票据,最后在1803年(即共和历十一年芽月7日)推行价值为322毫克金价的芽月法郎。芽月法郎一经推出就成为稳定的法国货币,一直沿用至第一次世界大战结束后通胀高企时为止。在执政府时期采取的财政政策中,宣布历届政府所欠债务四分之三破产的决定十分重要,公债偿还金库

---

① 译注:拿破仑执政时期,根据革命历十一年芽月十七日(1803年4月7日)法令,由法兰西银行铸造的一种新法郎,其价值为0.3225克金价,故称"芽月法郎"。

以债务的四分之一为限额向债权人每年偿付5％的年金。虽然如此，因经历了督政府时期先通胀后通缩的不稳定局面，这项政策没遭到民众的抗议；它使得共和国的债权人和在1794至1799年间参与疯狂投机的所有人收回的金钱略高于当年投入的本金。但由于推行一种稳定的货币，使经济得以繁荣。长期来尽管农业收成不错，但城市不见繁荣，通胀造成物价上涨、商贸流通停滞，经济危机连年不断；从1801年特别是1803年起，尽管战火重燃，法国各地呈现普遍繁荣的局面，直至拿破仑对英国实施大陆封锁出现暂时危机（1811—1812）、1817年出现经济大衰退为止。在银行、商界的生意人以及靠年金生活的城市资产阶级中，当年的财政重组是人们对第一执政官的最好评价之一。

第二个评价是1804年正式颁布的《民法典》。修订《民法典》的工作在民国公会时期就已经开始了，当年的当务之急是必须以大革命后的新原则对王朝立法加以修改：这是一项极其细致并且须作长期努力的工程，它在1795年国民公会解散之前没来得及完成，而随后的督政府历届议会在这方面均无大的建树。《民法典》是法律的总汇，因此编纂《民法典》是在波拿巴和执政府之前已开始的工作。以最短期限完成这项工作在当时国民眼中意味着将革命成果以立法形式最终固定下来：人身自由和公民平等，铲除封建制度的一切痕迹，在全国范围内实行统一的法律等已刻不容缓。同样在保障私有财产、在限制工人结盟的《勒夏帕利埃法案》基础上正式禁止一切罢工，亦对雇主自由加以限制等条款，都说明了行政法院法官和执政府时期议会议员修订新法律时的意图。其实在保护私有财产方面，1789年宣言中已特别强调，没有必要再加重申，至于禁止工人罢工及集会，突出波拿巴的专制意识亦非《民法典》之主旨。行政法院法官们的思路十分明确：拿破仑修订民法的重点主要体现在关于家庭的条款方面，强调了丈夫对妻子、父亲对子女拥有最大的权力。司法机构也进行重组（特别是上诉法庭），从1804年起便有了一部详细明确的新法典，与1789年以前的法律相比，新法典是更简便更公正地实施法律的工具。

与教廷的和解协议

为了进一步稳定国内局面还必须与教廷签订和解协议，以便恢复全国宗教生活的平静。1801年与教廷签订的协议实行了100多年（除了1817年所作的若干修正），直至1905年为止。根据协议法国国家元首拥有对本国主教的任命权（与历代法国国王所不同的是：国王在接受教皇加冕后成为教会的一员和教会的象征，而第一执政官波拿巴则是"世俗的"当局）；协议还承认将教会财产变为国有财产，允许取消什一税；法国的僧侣根据宪法从此成为受薪的国家公职人员，服从公民的宣誓（第六条）；教廷方面做出让步姿态——教皇告诫主教们放弃对抗法国宪法，按照协议精神更换神职人员（三分之一的主教留用1789年以前的旧人，三分之一任用宣誓服从革命宪法的主教，另外三分之一是教皇新任命的主教），教廷的这一让步解决了法国神职人员的更新交替问题。由于部分主教拒绝接受上述安排，有些地区的教会出现分立，加上罗马教廷在法国王政复辟初期的纵容政策，19世纪法国教会的分立现象渐趋严重；但它并不影响和解协议的实施。很快宗教生活变得十分热烈，革命时期的纷乱非但没有使宗教热情减退，反而使之更加强了。在喜爱阅读的"有教养社会"里，《基督教真谛》（1802）的出版更激励了人们的宗教信仰。恢复教士在日常生活中的地位，结束革命年代的一切纷争，波拿巴与教廷签订和解协议无疑回应了广大民众的愿望：他们没有放弃传统的宗教信仰；同时也打击了反革命保皇派（逃亡贵族拒绝第一执政官提出的大赦令，朱安党人仍与阿图瓦伯爵暗中勾结），使他们失去广大农民的支持……拿破仑对此密切注意，1806年颁行的帝国宗教启蒙书强调国民对皇帝本人的义务："效忠和服务于我们的皇帝就是荣耀主和服务主……" 1804年教皇前来巴黎主持严格按照国王加冕礼来安排的拿破仑皇帝加冕仪式，在伦敦和维也纳眼中"篡位者"拿破仑是最大受益者，加冕礼的象征意义十分明显：上帝的手在为法国新君主祝福。然而拿破仑并没像过去的国王那样真以为自己有神奇的能力可治愈瘰子颈患者。在民众的意识中，国王以手触摸能治愈瘰子颈的奇迹早已与对王室的信仰一起消失了：这一点拿破仑看得十分清楚。尽管后来出现了种种困难，尽管教皇遭到软禁，1813年协约是在监禁和暴力下强夺来的，拿破仑政权是缔结1801年的和解协议的最大赢家。1802年复活节，当巴黎圣母院唱响赞美平息战争和思想纷争的感恩诗时，警察总署花钱雇佣的记者撰文鼓吹法国出现了一位新的奥古斯特君主。铁腕统治下的法国人民只要能享受平等、经济繁荣和宗教和睦的局面，就对丧失自由并不感到遗憾。

在此后的几年中，保皇党和雅各宾派等反对派力量减弱，在广大农民对帝国政权不抱敌意的麻木态度和警察总监富歇的严密监控下，拿破仑在恢复社会不平等的道路上又迈出了重要的一步：设立荣誉团勋章制度是第一个信号，1804年为捍卫国家的第一批功臣授勋，建立了一支法国精英队伍。1808年建立长子世袭财产制，同时根据帝国新贵族的爵位高低向新贵族赠送大批地产，保证他们的后代世袭爵位和财产，这是建立社会不平等的决定性一步：当然新公爵、新王子和新伯爵们不再享受免税待遇，也不再在他们拥有的地产上享有特权，但很明显拿破仑皇帝是为了替他的新王朝张罗一批与卡佩王朝的朝臣一样稳定的宫廷近臣。帝国新贵族的人数不多（大约2 000左右）以及在特权方面受到限制，使新制度不致引发过大的舆论震动，再者社会舆论早已遭到了钳制。

帝国宫廷和文明

帝国皇帝的眼中只有昔日王朝，对过去盛世王朝的回忆一定融化在新朝廷的豪华排场和煊赫荣华中了：宫廷流行的正式服装过分装饰，令穿着者行动不便，举行仪式如同军队操练，难怪"不拘礼节夫人"[①] 曾以辛辣的语言嘲讽拿破仑皇帝的自由，埃莉萨[②]亦对此强烈批评。推勒利王宫的新主人拿破仑大力推行宫廷文化，以图打上时代的印记。路易十五、路易十六时代分别创造了不同样式的家具；拿破仑时代也创造了一种笨重的帝国式风格：生硬地模仿罗马风格，硕大的立柱、精心雕刻的上楣和圆形装饰、多处镀金……拿破仑还在巴黎大兴土木，在推勒利王宫花园的东西两侧，建立大小两座凯旋门，式样亦仿效古罗马风格，表彰皇帝的历次战功；还建造了庞大而冷峻的古代神庙式的马德兰教堂……宫廷画师大卫和格罗领导帝国的艺术潮流，不过时间不长，未能形成一种创新的风格。文学方面未能受到文学大师夏多布里昂和斯塔埃尔夫人的追捧，只有一帮寡廉鲜耻的无名诗人的阿谀奉承。拿破仑皇帝仅在科学领域有所作为，他扶持工业研究和技术进步，一批学者在18世纪技术进步的基础上作出了重要贡献，譬如自然生物领域的居维叶、若弗鲁瓦-圣-伊莱尔，数学领域的蒙日、拉格朗日、物理学领域的阿拉戈、盖-吕萨克和贝托莱；不过帝国政府直接参与科学研究的不多。此外，拿破仑还对两种大众娱乐

---

① 译注："不拘礼节夫人"指帝国元帅勒费弗尔的夫人卡特琳娜·于歇（Catherine Hubscher，1753—1835），她心直口快、口无遮拦的直言作风有时令宫廷生活十分尴尬，遂有此雅号。

② 埃莉萨是埃莉萨·勒莫尼埃（Élisa Lemonnier，1805—1865），生活于19世纪上半期，创办女子职业学校，被视为法国妇女职业教育的创始人。

表现出短暂的热忱[①]：资产阶级上流社会的舞会和大众舞会，这两种舞会在督政府时期相当流行，拿破仑亦大力提倡，相反对舞台戏剧则比较冷淡，认为它有危险（严禁演出中的政治影射，剧院数量在执政府时期从三十来个骤减为八个）；另一方面，随着拿破仑帝国军队在欧洲各国的军事胜利，军事阅兵式频繁，于是渐渐掀起一股尚武从军的热潮，至少在巴黎青年中十分时髦。总之，在各个战役中靠雇佣文人吹捧的文学、艺术创作不值得冠以拿破仑文明的称号。介乎18世纪理性主义的大胆与精致和在法国境内外掀起的浪漫主义革命之间，拿破仑时代的那股人为插曲不过是妄自尊大意愿的表现而已；因此它的最大功绩不是为巴黎增添了一座马德兰教堂，而是摧枯拉朽地动摇了欧洲各国的旧制度。

拿破仑的欧洲

1810年的欧洲是法国的欧洲，法国对欧洲的影响或许超过了启蒙时期。拿破仑征服了普鲁士和奥地利，通过诸联盟国家和附庸小王国，将整个西欧和相当部分的中欧纳入大帝国或者法国的影响范围内。

在传统的盟国巴伐利亚和因被征服而梦想复仇的普鲁士两国，实行了法国式的改革：建立等级分明而高效率的行政机构是第一步目标，在当地某些人眼中拿破仑是位天才的开明君主，人们对本国前君主约瑟夫二世过去的改革失败记忆犹新；在拿破仑的兄弟和妻舅统治的威斯特法利和意大利等国，建立了仿效法国的制度；因此拿破仑

[①] 第一共和国期间没有太多的民众节庆活动：当局曾试图根据共和历法举办自然节和人道节等，但均未引起民众的热情。在督政府治下，为对抗共和党的作风，巴黎的民众娱乐活动相当活跃，至少在罗伯斯庇尔被送上断头台，恐怖结束后热月党人掌权初期是这样：舞会曾是主要的娱乐形式，譬如蒂伏利花园的舞会。

《民法典》的影响远远超出了当时帝国的130个省份。法国大革命经过执政府时期的纠正，其成果在新的更大范围内得到实施，曾经作为法国逃亡贵族避难地的欧洲封建国家，现在也经受了一场自上而下的没有流血和动乱的革命。在大帝国控制区范围内重新划分省级及区级行政单位，使五花八门、根深蒂固的各地城邦制或封建制毁于一旦；推行《民法典》就是自动推翻了一切封建制度，首先是解放人数超过法国本土的广大奴隶，实现公民平等；废除等级和特权有利于资产阶级和农民；建立法国式的公务员队伍，即在贵族阶层尚未沦为法国那样纯粹食利者的国家，废止贵族的一切行政和社会的优先权，将权力归于新型行政机构的法官、征税官和地方省长；各国在实施《民法典》中结合本国情况，如意大利与教廷签订了协议，实现教会财产的世俗化是一项重要的步骤，将教会财产当作国有资产出售，或者分赏给法国的新权贵，这些财产过了户，剥夺了当地教会的产权……对拿破仑来说，这一切都是新政成果；而对威斯特法利和教廷所辖国的居民来说，法国式制度就是革命，即便旧制度的头衔还保留着，即使米兰宫廷的装饰画还是过去伦巴第王国，即使巴伐利亚王朝还存在于慕尼黑。从1792年起，公民平等、人身自由和宗教自由的概念已经超越了法国国界，至1810年已传到维斯瓦河流域和卡拉布利亚：拿破仑依然是共和历二年的将军和征战意大利时的波拿巴，似乎整个欧洲都由衷地呼唤着革命。

然而征服欧洲乃是长期的使命，首先它面临的是毫无准备的各国民众，欧洲革命并非像法国典范所预言的那么成功。其次是需要时间，除了莱茵河左岸和意大利北部，其他各地实施法国式制度才短短数年。再次这一制度的引入伴随着带有掠夺意图的外国军队的军车，被占领地的民众很难接受，而且它是强加在各国原有的社会制度上；所实行的改革伴随了军事和经济措施，很快便显露出这些措施才是制度的核心，对当地带来沉重的负担：军事捐税和捐款、征兵、出口贸易须服从对英国实行大陆封锁的管制，还暴露出拿破仑希望欧洲市场给予法国经济优惠的野心。最后在意大利和西班牙等天主教国家内，教廷的利益受到威胁，这方面的担忧也在不小程度上动摇了帝国体制在欧洲大陆的信誉。

如果说拿破仑帝国的欧洲排斥"法兰西化"的话，还有一个更深层的原因，那就是卷入这场革命的各国的社会结构。意大利北部、莱茵河两岸和荷兰对法国革命的接受性较强，因为当地的资产阶级力量强大，贸易发达且自由程度高，甚至在法国军队到来之前就已接受了新思想、新理念。当地资产阶级很快原谅了帝国兵士的劫掠，而且甘心情愿地实行新的行政制度以便能最大限度地从法国带来的社会变革中获取好处，能够长期地参与革命的也正是这些人：莱茵河左岸民众从1794年起就参与了法国革命，意大利北部从1796年起参与革命，到拿破仑帝国的新制推行已经过了20年时间，整整一代人在新的社会制度下成长、生活。他们与意大利半岛中、南部，西班牙，易北河畔的日耳曼国家，或者伊里利亚省[1]等地毫无可比性：在法国军队占领当地的短短几年里，贵族和农民仍是当地居民的主要成分，城市活动基本停止，贵族和僧侣仍处于统治地位，即使拿破仑已剥夺了他们的爵位，并以在敌对地区已立足的法国公务员取而代之，正如司汤达在不伦瑞克服务过一段时间一样。因此，约瑟夫能掌控那不勒斯王国的城市，城市居民绝大多数接受新制度；但对广大的偏远山区却鞭长莫及，贵族即使被剥夺了头衔和职务，仍盘踞在那里，鼓动农民反对

---

[1] 译注：伊里利亚省是法兰西第一帝国在亚德里亚海北岸至东岸设置的一个行政区，面积约55 000平方公里，名称来自古代的伊里利亚人。伊里利亚省设置于1809年，首府为卢布尔雅那。1813年8月，奥地利对法国宣战，并入侵伊里利亚省。1816年，该省已完全被反法联军占领，伊里利亚省随之消失。

外国军队……同一批贵族在1815年奥地利军队入侵时就没有那么吹毛求疵。这就是因为拿破仑革命在此动了真格儿：它是一场社会革命，必然引起旧制度拥护者的反对，它需要依靠民众的开明意识；而卡拉布里亚或蒂罗尔地区的农民是不可能具有这种思想的。

爱国情绪占了上风，欧洲唯有一个国家支持法国军队的占领，那就是波兰。在革命初期的战争中，波尼亚托夫斯基统治下的波兰陷于被邻国瓜分的处境，它忠于拿破仑帝国直至莱比锡战役。但是在其他地方，从西班牙到德国各州，法国军队所到之处都激发了当地民众的民族团结意识，为此拿破仑不得不摧毁神圣罗马帝国的统治格局，在意大利亦如此。意大利王国开始酝酿着1848至1870年的独立运动，总之排外主义结束了拿破仑帝国的美梦。1813年的战争是一场兼有政治解放和社会重建双重使命的战争，但是政治解放腼腆地遮盖了社会重建。

1815年

1814年拿破仑的倒台使整个欧洲陷入了历史的反动，包括法国以外对新制度已经适应的国家。然而，突然间旧制度的全面复辟在有些地方还是出现反复，譬如德国的巴伐利亚和意大利的皮埃蒙特地区仍保留了自由宪法，保存了法国带去的某些改革。

令人惊讶的拿破仑的垮台分为两个阶段（1814年和1815年），它在法国表现出某种程度的妥协。波旁王朝的复辟并非全面复辟，而且比皮埃蒙特和巴伐利亚两地的复辟更不完全。法国国王路易十八在继位后第19年回到了巴黎，他明白要全面复辟、完全恢复旧制度是不可能了——如果说开始时他还有所疑虑的话，那么拿破仑的百日皇朝使他彻底认清了局势；因此才会有宪章所体现的种种妥协；也才会令匆匆赶回来的流亡贵族们感到不耐烦，这些贵族是极端保皇派军队的中坚力量。搭乘着外国军车而返回的波旁家族在1814至1815年间为争取资产阶级的认同曾作出不少让步，他们维持革命的重要成果，甚至恢复被拿破仑取消的若干自由。教会接受王政复辟，对天主教被恢复为国教感到满意。只有在议会中占压倒多数的贵族和制造白色恐怖的保皇势力仍感到不满，其愤懑情绪直到1820年还未能驾驭路易十八时公开暴露了。

在贝里公爵遭刺身亡后，1814年达成的妥协受到威胁：当维莱尔内阁在极端保皇党占多数的议会上通过对大革命期间被剥夺财产的流亡贵族进行赔偿的法案后，民众中产生了恐惧和不安；接着又通过了惩处渎圣罪法案，暴露了圣会的用意，预示着将对思想自由的进一步迫害；最后，恢复长子继承权也显示出全面复辟旧制度的用心。于是议会中自由派少数议员对极端保皇派议员发起进攻，也对敌视维莱尔内阁的巴黎大贵族进行指责，议会上的唇枪舌剑在普通百姓中没有引起多大反响，譬如1815至1817年，当局出兵讨伐发生在罗讷河谷一带抗议行动的影响还大于民众对议会辩论的关注；甚至当以年金方式赔偿贵族的法案通过时，也只引起巴黎的年金领取者们的抗议。只有首都巴黎市民才关心政治生活。到了波利尼亚克内阁时期，由于政府的不谨慎，肆无忌惮地违反宪法条文，终于使巴黎舆论引起警觉，唤醒了巴黎民众。他们不顾纳税人选举制度的合法框架，在1830年7月的几天内发动革命，重新夺回在政治生活中的地位。然而，持续3天的七月革命成果被佩利埃兄弟、拉菲特、梯也尔和拉法耶特等人巧妙地窃取，最后成立了以路易-菲利普亲王为国王的资产阶级新王朝——七月王朝。路易-菲利普家族是波旁王室中继位最近的一支，他向"国民起义者"承诺维护新制度，捍卫1789至1791年的革命成果；1830年7月后，资产阶级的法国终于有了自己的国王和如愿以偿的政治制度。

4. 资产阶级的法国

领年金者（当时领年金者人数不少，而且日子过得相当好），制造商、大宗批发商或银行家等资产阶级在路易-菲利普身上找到了自己的代表，对他十分欣赏——一个披着三色旗的好国王，在人群中自己打伞，平易近人，像普通人一样把孩子送进亨利四世中学念书，从此资产阶级赢得了长期来处心积虑谋取的社会主导地位。当资产阶级开始领导国家经济时，享受到独一无二的物质安全：农民始终受到自然灾害的威胁，工人还没有专业的分工，面临经济市场严苛规律的城市小店主亦没有如此优渥的物质条件。只有靠地租生活的大地主才能像资产阶级一样活得滋润自在，那么资产阶级还想要什么呢？……以路易-菲利普为代表的资产阶级十分清楚：能有现在的经济主导权，不正是他们靠自己的打拼——即使不计祖上的努力——才赢得的吗？而且他们自视为国家的精英：替代旧制度杂乱无章教育的新型大学，从基佐立法在各村建立小学到各学区首府创办专科学院，一切都是为了资产阶级的利益而组织安排的；18世纪纷繁多姿的知识文化生活未能在大革命后延续下来，有谁提出过异议呢？在路易-菲利普治下，靠了他的十分高明的统治手段和不亚于其前任的大胆，法国的政治生活似乎稳定下来，在资产阶级的掌控下法国回归到本国事务中来：只关心本国有选举权者的小世界，狭隘、拘谨、自私，有时显得天真幼稚，至少在1846至1847年的困难年份到来之前是这样。接着危机袭来，经济突然恶化，七月王朝的国王滥权，新思想的涌现和工人运动发展，各种矛盾找上门来终于踢醒了不敢正视现实的统治者，严重的社会问题孕育着巨大危机……一代思想大师基佐从此被人唾弃，或许因为他显得有点轻狂。

萧条

当法国退出革命战争而重新面临和平局面时，经济生活曾一度萎缩：资产阶级不再像在拿破仑帝国的辉煌时代那么有底气。与18世纪外贸连年递增的繁荣相比，1817至1850年间的经济活动衰退得相当严重。若以1815年指数为100，至1850年才上升到130……今天的经济学家（而当年的经济学家曾极力鼓吹带来维多利亚时代英国财富增长的"自由主义经济"）认为当时的经济停滞主要归咎于世界的稀有金属匮乏（在一个曾经推行指券的国家，人们对纸币极度不信任）、技术进步缓慢（尤其在能源领域，法国工业革命真正成气候是在1850至1880年间）和银行业的薄弱，阻碍了大型企业的形成：1842至1848年铁路建设由于投机风潮和实力有限而进展缓慢的事实足以说明这一点。所以王政复辟和七月王朝时期的经济仅有小幅增长，经济活动比较薄弱，资产阶级能够逐步积累其经济实力，但处境相当困难：缺乏贷款、价格低下、效益连年下降……关键是国内市场仍相当薄弱，广大农民尚未充分参与到经济活动中来；同时由于英国在工业和商业方面的超前发展，形成了强大的保护主义压力，阻止法国去争夺国际市场，正当美国和拉美国家需要一切之际，这些国家都一面倒向了英国。

这一时期的经济成功主要归功于商业资本主义，而非大规模的工业化（它在当时还未出现）：1842年法案通过后，法国决定开发铁路，一些有一定规模的银行——如马莱和佩尔戈两家老牌银行继续经营着法兰西银行，新兴的詹姆士·罗特希尔德银行是家庭性跨国银行在法国的分行——立即投资参与铁路建设，然而这些只是例外；一般的地方和地区银行因资金薄弱，放贷中精打细算，过于小心谨慎，而它们在全国扮演的角色和影响却大于财大气粗的罗特希尔德银行。从缓慢

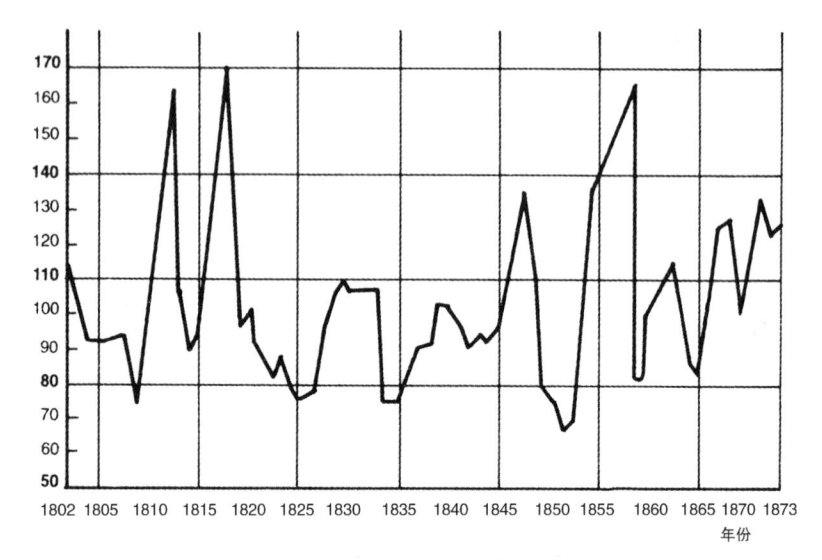

图 29　1817 至 1848 年间的经济萧条

这份表示小麦价格波动曲线的图表摘自拉布鲁斯先生的讲义：《法、英两国的社会、经济演变》(L'Évolution économique et sociale de la France et de l'Angleterre，查理达尔文大学出版社［C. D. U.］，1951 年版）。小麦价格长期低迷是经济萧条的重要征象。

的经济增长中受益最大的是大宗批发商和制造商：原始的铁匠铺已无法满足建造铁路的需要。当时炼铁采用森林里的木炭窑和原始的搅炼技术，法国 1848 年的木炭产量仅为 500 万吨，炼铁产量只有 40 万吨；只有纺织业主从英国发明的技术中得到好处，尽管拿破仑时代英法对峙，英国的纺织技术已传入欧洲大陆，应用在法国北方和诺曼底的毛纺业，尤其是阿尔萨斯、鲁昂和巴黎的棉纺业——巴黎当时还是棉纺业的一大中心；丝绸织造行业基本上是十来个织丝工组成的作坊，如克鲁瓦-鲁斯、里昂和维瓦赖等地的织丝作坊，丝织品已成为资产阶级热烈追捧的消费品，价格昂贵，营销商和制造商的利润最大，工匠的工资也最高。里昂丝绸在全欧洲独此一家，即使在英国也没有竞争者，大宗出口和内销，生意十分兴旺。最后还有运输业，业主与其说是现代意义上的实业家不如说是组织者,公共马车和搭客的邮车奔驰在18世纪修筑的公路网上,连接各大城市;成千上万的运输业者以公路运输和河道航运为生,在铁路诞生之前活跃着法国经济生活,它或许是大革命以后发展最快的行业。而持续发展的铁路运输尚未对经济生活产生大的影响:1823年建造的从圣艾蒂安到昂德雷济约、1827年建造的从圣艾蒂安到里昂的运煤铁路,仅为连接个别城市的局部铁路,至1848年为止总长不过3000公里;当时的法国技术观念薄弱,使得铁路发展举步维艰:阿拉戈(1838年!)、梯也尔等人对铁路的看法众所周知,说明当时人们对铁路的意义并不理解……

城市的市场虽小——因为城市发展迅速,巴黎市因各地农村人口的涌入已出现人口饱和现象,居民人口10年内翻了一番(从50万增长到100万)——已足以使经济生活的主导者避免外国竞争,也避免国家对他们生意的干预:1831年罗讷省省长在里昂克鲁瓦-鲁斯织丝工反抗雇主的激烈斗争中,企图强行规定工人工资、损害了丝绸厂厂主的经济自由而遭到政府撤职……按《勒夏伯利埃法案》的严格逻辑来说,里昂的流血冲突恰好说明了基佐所说的"尽快使自己富裕起来"的有名论调,就是在这种意识下,资产阶级的财富"通过劳动和经济"得以迅速膨胀。

唯有一个领域里扩张财富的欲望受到限制:那就是地产。在大革命期间资产阶级曾大量投资地产,城里人跟农民一起购入国家拍卖的地产。对于追求可靠收益的投资者来说,投资地产是理想的选择,其收益往往高于现金投机。但是正当城市资产阶级大置地产时,从外国流亡返乡的或对宫廷生活已失去兴趣的贵族们出现了;他们重返家乡,在自己尚剩的地产上定居下来,开始收拾残局、经营祖产、用心监管农户。对于那一时期的社会生活,巴尔扎克的作品是丰富的资讯来源,当然需要谨慎地运用:这里要提到一个名字和一种态度,那就是《幽谷百合》中的德·莫尔索先生,这个曾经流亡外国的贵族在

1814年回到家乡时,发现邻居是一个帝国的新贵,在大革命和拿破仑帝国期间都曾经是显赫人物。1815年布戈上校领取半饷、提前退休,于是一心一意地经营在佩里戈尔的大批地产。然而贵族大佬返乡,时隔至少四分之一个世纪后再次成为教区里的头面人物,自然引起了很大的社会反响:贵族返乡定居重新得到社会尊重,其经济地位亦获得提升。但是贵族的复辟并不威胁资产阶级的经济优势,只是使它受到一定的制约而已。

大学和中学

在19世纪上半期,资产阶级仍继续前几代人在教育上的努力:他们如今成了伏尔泰主义者,尤其关心有一个良好的教育制度,因为按照孔多塞和拉卡纳尔的观点,一个良好的教育制度能建立起文化上的优势地位。大革命之前由教会控制的教育体制已所剩无几:一方面是国民公会时期在旧学院基础上创立了高等学校以及拿破仑时代创立的大学;另一方面是国民公会时期建立的更为活跃的中心学校取代了旧制度下的中学以及各省创办的相当成功的初级学校,它们既招收年轻学生亦向成人开放,这些学校后来变为高级中学和初级中学;此外,如巴黎附近瑞伊市等地的奥拉托利会所办的中学,在拿破仑皇帝十分关切的帝国教育机构重组后继续存在。然而教育制度的最大革新是1808年创立帝国大学,它在七月王朝治下又经过调整和进一步的完善。

拿破仑在1808年创办帝国大学时为国民教育设立的一套行政制度,历经150年基本没有大的变动:教育总监[①]、最高教育委员会和

[①] 译注:教育总监(Grand Maître),或称大学总监,地位相当于部长,在后来的复辟王朝、七月王朝和第二共和国时期,教育总监往往身兼国民教育部部长。

教育部学监、学区区长和学区教育会议及学区监察等主要职能部门保证了教育制度的长期良好运作。这套教育体制的基本环节是中等教育。拿破仑皇帝或许重建了若干旧学院，譬如法学院、神学院和医学院，但它们均未有深刻的改制；此外还建立了科学院和文学院，不过这类学院仍处于草创阶段，相当于中学的简单延伸，教员还是原班人马，教学目标也相当有限。帝国在小学方面无大作为，其程度相当于初小教育，仍由天主教会教士们负责。总之，1808年帝国教育制度的创意在于中学教育，拿破仑设想由中学培养帝国所需的年轻领导者，如公职人员和年轻军官；此外当时人还设想由中学培养商人和法律界人士。学校纪律实行军事化，中学教育沿用教会学校奥拉托利会的教育大纲：包括古代语言、历史、修辞学和数学、物理等各门自然学科。中学阶段学业结束后由高等教育机构负责考核和授予学位……在这套教育制度中，教会不再有地位，教师由国家直接从民间选拔录用。事实上，部分仍掌握在教会手中的中等教育机构，如培养教士的教区学校依然存在。尽管地方上有各种困难，拿破仑式的中学仍受到民众的欢迎：1808年全国开办了三十来所新式中学（仅指各地城市自费创办的第一批中学，不包括原有的中学），至帝国末期这类中学数量已达百余来所（拿破仑式中学都是男子学校，拿破仑并未想到女子教育，除非少数获荣誉团授勋者的女孩才有机会上中学），而且中学的生源在不断扩大。

1815年帝国大学成为皇家大学，高级中学和初级中学也冠以皇家的名义，这一称呼一直持续至1830年——这说明拿破仑的新教育制度的坚固以及它受资产阶级欢迎的程度——王政复辟期间未曾触动这套教育体制：至少没有触动它的基本构架，仅对大学总监的名称及职能作过几次调整。复辟期间的保皇议会仅有一次试图对拿破仑教育制度进行修改：1817年的一项法案曾提出干脆取消大学，回复到

1789年之前的教育制度和体制；其中一项提议导致国王路易十八解散了那届倾向极端保皇的议会。然而，尽管1808年创制的大学"采纳天主教箴言作为其教育基础"，不再垄断教育的教会仍千方百计地想控制大学；复辟期间的教育总监、管理人、校长往往由教会人士出任……在七月王朝期间，这一现象减少了许多，那是否因为身为新教徒的基佐的影响和作用呢？直到1850年，究竟由谁来主导大学教育一直是社会激烈争辩的焦点：复辟期间的圣会要求在大学之外办学，教会学校则积极招收年轻学子，不管其是否有志向将来当神父；天主教政论家在报刊上声嘶力竭地攻击伏尔泰精神[1]十分明显的大学，主张还天主教的教育自由，结束教育垄断等等，这些便是实施《法鲁教育法案》之前各方争论的主要议题。

虽为皇家大学仍受到教会当局的密切关注，尽管批评声不绝于耳，但像一切应运而生的制度一样逐渐得到加强：理科学院和文学院的生存比较艰难，复辟时期从1816年起，不少学院被关闭，它们主要是由学区机构所在地的中学提升但办学苍白的大学；只有基佐和库辛教授任教的巴黎索邦大学，以及稍后基内和米什莱任教的法兰西学院吸引了大批学生。法学院办得比较成功，但因公共法和制度史等科目相当敏感，因此备受当局的严密监视。高等教育较热门的是医学院，随着治疗手段的长足进步以及医生的处方更有效[2]，人们对健康问题日益关注。但是大学教育中发展最快的是培养中学师资这一块：小城市开办中学需要师资，从巴黎高薪延聘必要的教师；尤其是皇家中学体制越来越明确，从1821年起创设了规范师资资格的"中学教师资格制度"，米什莱就参加了1821年9月的第一期中学教师资格会

---

[1] 译注：即反宗教倾向。
[2] 参阅巴尔扎克（Balzac）：《乡村医生》（*Le Médecin de campagne*）。

考，取得了"文学"资格考试的第三名（通过"文学"资格会考的教师可教中学三年级以上的学生，而取得"语法"资格的教师教四年级以下的学生①）。米什莱通过的考试包括哲学、希腊和罗马文学、古典文献解读……同一年还制定了包括具体科目的教育大纲、规定哲学课的课时以及通过考试升级的办法；经过种种调整，高等师范大学终于在1830年担负起培养皇家中学师资的重任。王政复辟期间还在全国所有皇家中学恢复了1748年创立的统考制度。这些是中等教育方面的大致体制，这一体制一直沿用至20世纪中叶。或许19世纪40年代的中学与今天的中学面貌不太相像；那时的教师都穿黑袍；大部分科目用拉丁语授课；古典文学占较大比重；学校不开设外语课；而且严厉的纪律令儒勒·瓦莱斯感到恶心，这一切都是当时的时代烙印。但是教育体制的主导特征已在那时勾勒完整了，它的坚实性和有效性经受了时间的考验。

小学

七月王朝政府在1833年颁布第一份小学教育条例，从而使整个教育体制更加完备。《基佐法案》既是他本人作为基督徒的理想主义产物，也是日益迫切的必要改革：劳动民众缺乏知识使工厂和作坊的生产受到影响，随着时间的推延，这一缺失越来越明显地凸显出来。从1833年起规定每个市镇必须留有教育预算，人口稀少的地区可以几个市镇合办一所小学；小学师资由省师范学院负责培训，由本堂神父协助市镇当局挑选录用，教师薪金不得低于法定标准，经费由学生所缴学费及市镇政府拨款保证。教师由教会僧侣及监察员进行监督，检查执行教育大纲的情况。这类小学不属于义务教育，不免费（但市

---

① 译注：法国中学最低年级为六年级，升级至五年级、四年级……与中国学制不同。

镇政府可给予贫困家庭减免），教学亦非完全世俗化：教士没有文凭也可以上课，教师受到教会方面的监督。但是这项法令在农村实施得相当缓慢，在民众中也没引起多大热情。乡村对知识的需求不像城市那么迫切，而且根据省长落实地方预算的不同态度，各地在执行中不平衡。新法令的实施毕竟培养了一批出身平民或接近普通民众的新型乡村教师——他们令第二共和国的各届政府感到头痛——亦产生了一批新的乡村"资产阶级"，他们在公证员、医生和本堂神父身边工作；同时也逐步地培养了乡村少量的年轻人。至1848年全法国小学在学学生人数达到5万名，约占学龄人数的1%；但是资产阶级和贵族的子女通常不上乡村小学，他们或在家接受家庭教师的严格训练，或进入正规中学的附属小学，在那里读完小学课程后直入中学。《基佐法案》在今天看来是日后努力的出发点，第二帝国时期维克多·迪吕伊，特别是第三共和国一些人的教育措施都是在此基础上发展的。然而在路易-菲利普国王的同时代人看来，《基佐法案》不过是为了使中等教育更巩固、更实用的一个普遍性的补充而已。

政治统治

最后，在政治制度方面，自由派资产阶级把君主立宪制看作最好的政治工具。以纳税额决定有否选举权的制度将所有贫困阶层都排斥在民主生活之外，如果说复辟初期选举制度的种种变更显示了某种东西的话，那就是资产阶级处心积虑地把一切不具备必要能力者排除在公民生活之外的用意；其实贵族与农民挨得较近，至少在乡村，他们的主张比城市资产阶级对贫苦农民更为有利。但是城市资产阶级在近30年中已获取了法国大部分的政治领导权。事实上，复辟时期以国王签署的宪章为宪法，虽然内阁仅对国王本人负责（第十三条），但迫于议会压力以及从历届革命议会已形成的议事构架，法国的政体已是议会制度：即便像夏多布里昂这样的保皇派议员也赞同并公开要求内阁应向议会负责；维莱尔首相本人的实际做法亦向议会负责，尽管他的雄心是恢复一个在社会上强大、政治上处领导地位的贵族阶级。1827年选举失败后，他没有依据宪法而再赖在首相位置上（说实在，国王查理十世是想挽留他但出于谨慎而不为之）。议会政治的规则遂在有关法律正式颁行之前就已进入了法国的政治习俗：七月王朝时期，路易-菲利普及其官身议员团在1840至1848年间为拼命保住基佐内阁，或许破坏了议会政治的游戏规则，也伤害了未来的改革派。不过这一原则已经确立，此后的第二帝国（借助官方候选人制度）和1871年的如此保守的议会都未经争执地实行了议会政治。因此政治权力的分配并未完全符合宪章的规定：它有利于代表纳税选举人利益的议员。

　　令资产阶级春风得意的另一标志和其实行政治统治的防护墙，就是七月王朝治下重新建立的国民卫队：这支卫队的成员须自置装备，每月需要操练或演习若干个半天，基本上是一支资产阶级掌握的队伍；贵族子弟多半倾向于正统保皇派，显然极少参与其中，他们宁可加入正规军队，若立志从戎便投身海军。国民卫队这支民间武装是资产阶级为捍卫其制度而建立的队伍：然而这支武装不乏勇气，尤其在七月王朝初期当物资匮乏和共和理想在巴黎或一些大城市引发频繁骚乱时表现英勇。在圣梅利修道院和特朗斯诺尼昂街，国民卫队通过无情镇压捍卫了制度。直到发生严重的经济危机、傲慢而衰弱的基佐内阁难以维持且爆发出多桩丑闻，才迫使国民卫队在1848年2月局部退却。

　　19世纪初期，法国资产阶级清醒地意识到自己在经历了漫长大革命后诞生的新社会里的领导角色：对他们在卑微的体力劳动外（他们不可能去从事体力劳动）所取得的经济成就感到自豪，意识到自身的物质安全远高于普通民众，对保持本阶级在知识和文化上的优势地位极为重视，注重本阶级全体成员对国家的领导地位。无论此后取得的成就有多大——诸如第二帝国时代靠最早的工业革命而积累起巨大财富、19世纪末随着圣日耳曼城厢的衰落而兴起的上流社会的成功——资产阶级的目光再也不会如此地清晰，也不再具有在推翻法国旧制度时真实体现出的那种集体魅力和胜利豪情。

第十四章　浪漫主义的反叛

19世纪上半叶法国资产阶级在1848年二月革命后经历了分化和重组，新上台的领导阶级未能完全排斥旧统治阶层——这些人始终存在，对新秩序抱批评和敌对态度。只要过去的辉煌历史和灯火通明的古堡还有魅力，新的统治阶级便无法将其完全抹杀。一方面是维护传统的保守派，他们的旧制度毕竟无法挽回了，另一方面是刚上台占领了最佳制高点的资产阶级，他们通常是自由派，在殊死搏斗中绝处逢生，如今终于确保了胜利，两者之间的长期斗争——而且刚在1848年的舞台上激烈较量过——无法让人完全忘却那些在台前幕后被人疏忽的次要角色，他们是被遗忘的历史见证者，也是社会重组的牺牲者，而他们正在寻找其他出路：他们是滑铁卢战役后退伍的领取半饷的军官，是难以重新适应公民生活的拿破仑近卫队老兵，是乡村中既无土地又无工作的长工，是城镇和村庄内被"铁的工资规律"[①]压垮的工人。工人甚至无法避免死于贫困之中：面对组成资产阶级社会新贵族阶层的新显贵和新富豪，存在着无数

[①] 译注："铁的工资规律"（Loi d'airain）系拉萨尔批判资本主义制度时提出的经济理论，指将工人工资限定在仅能维持劳动者及其家庭生计的最低水平。

太凄惨的受害者。

这些受害者尚未发声，人微言轻，他们知道在这个充斥浮夸演说家的国家里要让人听到自己的声音是多么困难；但是他们的不幸会不胫而走。基佐和梯也尔等人的认识不代表他们的整个阶级，仅是多数派的意见而已；其实，不需要人们有一颗太善良的心就能随处目睹和体验种种不和谐的事物，而在一个如此有理性的世界里，正直的人也应该很容易去改变这一切。和平时期的贫困，尤其当这种和平是以大量的牺牲和肮脏的背叛换来时，法国人对此并不喜欢并且不久前还表达过。人们同样憎恶利用上帝来使社会屈从的虚伪做法；资产阶级的美德虽然赢得了赞美者，青年学生还是在1830年7月筑起街垒，一反前几代人的谨慎和消极而奋起反抗：巴黎综合理工大学的学生似乎丧失了理智，不顾美好前程跑去圣安托万街区起义而惨遭杀戮……

1815至1848年间的法国社会并不愚蠢，它是被窒息了：这些大人物、坐在客厅沙发上夸夸其谈的宪政派议员或那个住在皇家宫殿的阴谋家国王①，都是些口若悬河、能说会道者，满脑子是政体设想的歪点子。他们不久就遇到了毫无顾忌、直截了当的反对派，这些反叛的子孙、大革命中叱咤风云者的继承者，以另一种眼光来看待世界和世人：感受到在希腊、波兰和法国被压制的自由；他们关切地球上被剥夺者的命运，那些无情制度的受害者需要同情和援助；他们宁可放弃个人前途的美好规划，不愿循规蹈矩地谋求事业上发财致富。有的呼吁慈悲心，有的鼓动造反；但始终发自内心的呼唤，他们想象能创造一个新的更美好的世界……在经过革命洗礼的社会上刚安顿下来，他们就在梦想通过10条、20条不同的途径走得更远。这些温和的梦

---

① 译注：指七月王朝国王路易-菲利普。

想者——从《欧那尼》到《玛里翁·德洛姆》[①]，在文学都成为战场的年代或许并非始终温和——曾现身于1848年二月革命的现场，马上为第二共和国提供了慷慨的计划，其时代超前性比1794年时更为大胆；时代变迁了，社会结构亦随之革新，社会主义、共产主义等词语已进入人们的日常语言。浪漫主义作为时代变革和心理状态长期演变的结果，成为当代法国社会的一个重要阶段，它至今仍在影响我们的文明。

---

① 译注：《欧那尼》(*Hernani*) 和《玛里翁·德洛姆》(*Marion Delorme*) 均为雨果的浪漫主义剧本。1830年2月25日当《欧那尼》在法国喜剧院首演时，曾引起古典派和浪漫派的激烈冲突，事件被称为"欧那尼之争"；次年8月1日被查禁两年的《玛里翁·德洛姆》在圣马丁门剧场得以上演。

1. 社会的另一面：资产阶级法国的贫困

从这些大大小小的贫困现象中，人们可作出以下两种评价。一方面，对许多年轻人和经历了拿破仑时代的成年人来说，纳税人选举制度下的法国已变得令人窒息：外国的占领、路易-菲利普政府将拿破仑骨灰运回国的笨拙举动燃起了国人对帝国辉煌年代的怀旧意识，以及法国和欧洲各列强之间无休止的和平交涉；另一方面，维莱尔政府倒行逆施，实行白色恐怖的过分政策，给人造成教会重新统治的印象：有人说圣会授意或者指使政府实行"天主教政策"，不同观点的人说法不一。在圣会主导下，教权主义重整旗鼓、迅速膨胀。更严重的是有些人拒绝接受法兰西王国自克洛维立国至1830年气数已尽，将在路易-菲利普王朝寿终正寝的事实。但是更深层的原因是，民众的不满情绪来源于经济困难。经济不振的阴霾笼罩了1848年革命前夕的整个时期，也就是说从实业家和银行家的谨慎反映出的危机尤其说明了贫困的真实性和深刻性；每年有许多人死于饥饿、寒冷和肆虐一时的肺痨，就连生活条件较优越的社会阶层都难以躲避肺痨的袭击。工人的贫困令许多社会观察家——包括像维莱梅这样多愁善感者和雨果这样的抒情诗人——感到震惊和愤慨；乡村中生活不稳定的民众亦身受贫困，"低劣人群"[①]——短工们则逃亡到经济更活跃更能接纳的城市去。对于一切遭受和体验过1815至1848年悲惨现实的人来说，资产阶级应当感到内疚：那么多次的反抗、那么多次遭到傲慢

[①] 译注："低劣人群"（la vile multitude）是梯也尔在1850年5月24日的议会辩论中对无固定住处的贫困者所用的词。

和卑鄙的拒绝，激起了悲惨世界中的强烈憎恨。贫民窟"院子"的潮湿、里尔市的冰冷和查理十世登基加冕礼上的滑稽形象（例如诗人贝朗瑞在《查理的加冕》中对其进行了讽刺），揭示了反教权主义、憎恨流亡贵族和蔑视新国王等情绪正在发酵。

拿破仑传奇

"1815年的惨败"沉重地压在整整一代人的身上：滑铁卢和叛变，大半个国家被哥萨克人、奥地利人及普鲁士人占领，国王第二次搭乘外国军队的战车回来，一桩桩匪夷所思的事实；从莱茵河畔避难地返回的流亡贵族或从蛰居的古堡重新露面的贵族亦令国人感到莫大的耻辱。令人羞耻的失败给一系列轰动一时的胜利画上了句号，第二份巴黎条约的签订迫使国家割让领土，忍受趾高气扬的保皇派分子大发国难财。许多法国人可能一时并未感到滑铁卢惨败的伤痛，甚至对失去朗多、萨尔布鲁克和萨瓦等地也漠不关心。但是当听到流亡贵族的胜利凯歌时，许多人的痛苦正如同1940年遭受类似失败后听到祈求"神赐的惊喜"时一样。这种心理状态能解释1815年时的国民反响。外国军队的占领在人们心里留下了最坏的记忆，令人回想起1815至1818年间，联军占领者手执武器、立等战争赔偿的情景；因此当年占领阿尔萨斯的俄罗斯军队在当地民间传说和童谣中被描写成狼人或魔鬼形象。第一阵骚动过去后，拿破仑百日王朝在许多法国人眼中始终代表一个伟大时代的终结，这种情感并非来自以后的法国新统治者的偏安政策，而是来自人们以无数方式不断更新和滋养对拿破仑时代的怀旧。怀旧者首先是拿破仑军队中的退伍老兵，其次是1818年后被复辟王朝战争大臣古维翁·圣-西尔勒令退役而领取半饷的军官们，他们留出的空缺便由保皇分子顶替。这些老兵和军官无法归田或经商，而且往往因鄙视公民生活而不屑融入其中，遂成为鼓吹昔日辉煌的义务吹鼓手。他们在帝国军队中受伤，获得嘉奖和头衔或授勋，复辟政府不敢予以取消，于是他们成为偏远乡村里家家户户围炉夜谈的英雄和重要事迹。"皇帝万岁"的口号虽然在复辟初期是反叛的呼喊，但在乡村集会上依然可以听到，曾到过米兰、维也纳、柏林和莫斯科的革命军队的老兵们会情不自禁地讲述亲身经历的战斗。有"小伍长"① 在，谁还会去提什么大腹便便的路易十八或者亲自打伞的路易-菲利普？谁不蔑视1840年中东事件中法国政府的沉默和军事退让呢？1840年是重要的标志：当缪塞的《德国的莱茵河》获得一片掌声时，谁也不听拉马丁和他的《和平的马赛曲》。

参加过帝国征战的老兵忘记了在拉培雷齐纳、莱比锡、蒙米拉伊和滑铁卢的不幸遭遇，而反映当年老兵征战场面的埃比纳版画早已传遍各地，版画以其鲜艳的色彩和精美的画面描绘拿破仑战役的壮丽场面，令人们对19世纪最初20年的辉煌记忆犹新；同样，货郎担兜销的故事书讲述拿破仑战争的无数故事。流放在圣赫勒拿岛上的拿破仑备受狱卒的烦扰——这些故事早已为人所知——经雨果和贝朗瑞笔下的夸张，在广大民众中引起的反响超越了现实生活的平淡，升华为对辉煌历史的崇拜，也促成了路易十八和路易-菲利普时代的民众对现实生活单调平凡的摈弃。司汤达也参与渲染昔日的荣耀，出版过一本拿破仑传记，他笔下最重要的主人公——于连和法布里斯——都是拿破仑的欣赏者：法布里斯为曾经接近过伟人而自命不凡，而于连则将自己的厄运归咎于1814至1815年的变故，自叹生不逢时，未能生活在一个辉煌的年代——在那个年代，一个木匠的儿子身经几场战役便能成为法国元帅。

---

① 译注：拿破仑皇帝是从当一名小伍长开始其戎马生涯的。

圣会

这里还要提及日常平庸的另一面：缺乏轰轰烈烈的行动，缺乏（在旅行者以外）涉足欧洲各地的机会。年轻一代不再能建功立业，面临微不足道的平庸生涯只有彷徨等待；国王路易十八谨小慎微的国策造成人才拥堵，年轻人举步维艰；于是只得投身于20多年来在政治和行政生活中悄无声息的另一股势力：教会。至少在王政复辟期间——因为七月王朝时期情况已有所改变——天主教会在当局支持下，热忱地效忠于传统制度，控制、扼制或者鼓励某些出路，褒扬或者诋毁某些人或者事，大胆监管正统社会，往往不择手段。以至于当时人不论是否信奉宗教，都将这股无形势力归咎于教会内的一个宗派——圣会，在同时代人的心目中，圣会继承了过去的"护圣会"的衣钵，但比它的前身更可怕。事实上，如果说"圣会"这个名称及其阴暗目的从未正式存在过的话，那么在帝国初期确有一个以"信仰骑士会"为名的秘密宗教团体为王政复辟做准备，随后以巩固复辟王朝为己任，对制度内人员实行有效监控。通过该团体谋求在动荡中收复失地的努力，各修道院的修士人数迅速增加，教区变得更趋活跃，在外国传道并在当地扎根的法国教会也在所在国行政当局的支持下，发展信徒和教会。正因如此，人们才会有受到圣会无处不在的严密监视的印象，连最坚定维护法国教会自治的宗教人士也往往有此感觉。

1825至1827年发生的一些事件证实了这样的担忧。查理十世治下的议会通过了令人恐惧的《渎圣罪惩处法》，它跟查理十世加冕祝圣礼一样令社会感到震惊。加冕礼完全复制旧制度下历代国王加冕典礼的所有细节：同样的手势和语言，同样在大教堂内放飞和平鸽……查理十世甚至仿效先王、手触瘰疬颈患者为他们治病；可惜在场的不幸患者寥寥无几，昔日的人山人海已不见踪影（更为谨慎的路易十八曾放弃了这样的加冕仪式，1804年拿破仑小心翼翼地预先视察整个加冕礼过程，取消了某些悖时环节）。尤其是为路易十六被处死而举行的赎罪仪式，1827年1月21日4 000名神父参加了仪式，长长的宗教行列在巴黎街头行进了数小时，仪式旨在向世人表明查理十世敢为路易十八所不敢为，宣示全面复辟旧制度的决心，同时彰显他获得了教会的支持。由此至少部分地说明，反教权的自然神论已不再像在18世纪那样仅是资产阶级的诉求，它已经深入城市平民阶层。其实，当初制订《渎圣罪惩处法》不过是为了惩处发生在教堂里的一些偷盗行为，防止其蔓延；而1831年抢劫圣-日耳曼-奥克塞瓦教堂及主教府的行动则反映出民众中重新燃起的反宗教情绪，行动变得更加暴力和失去理智。它是市民不耐烦的爆发，既无后续行动又无其他影响。巴黎市民的示威行动是对保皇派挑衅——在1820年2月为遇刺身亡的贝利公爵举行追思弥撒——的回应，具有警示意义；同一年代，神父们走在街上经常会遭人辱骂也有同样的含义。后来的七月王朝时期，或许因政界人物来自反宗教的资产阶级，教会的影响有所减弱，总之不再那么明显，更何况当时教会正为争取"教育自由"而与路易-菲利普政府存在冲突。此外，在1830至1848年间，物质贫困成为人们主要关心的问题，其他一切暂且搁置一边了。

经济停滞

在纳税人选举制度下的七月王朝，法国工业资本投资的设备发展缓慢，拖累了整整一代人。工业劳动者成天弯着腰埋头苦干，工作条件比乡村短工和已存在了一个多世纪的城市作坊工人更艰苦：在经济萎靡年代实现的机械进步、银行发展、纺织业飞跃及炼铁技术的微弱改进让资产阶级获得了可观利润，勒克勒佐、富尔尚博、米卢斯的科埃什兰和洛林的旺代尔工厂办得十分成功；但是付出了惊人的代价，在人口过剩的法国过分地浪费人力资源。

当时议会由制造业主和土地所有主议员占绝对多数，当问题涉及关税和商品进出口限制时，议会中缺乏不同政见的代表；议员们一味追随甚至强化拿破仑一世的政策，通过不少法案（特别在1820至1822年间）以关税壁垒保护国内市场；毫不厌烦地实行全面禁运，他们"保护"铁矿、丝绸织品、甜菜糖和小麦不受外国的竞争。提花织机数量大增，乡村里丝绸织机迅速推广到伊泽尔省，增加了里昂丝绸织品的产量，生产价格更便宜的丝织品；致使丝绸工业的发展受到国内消费的限制。这个例子亦适用于棉纺业，棉纺业的发展主要在七月王朝时期。

路易-菲利普时代的公共设施建设（特别是开凿运河）和1842年起铁路网的迅速扩展为缓慢而谨慎地迈向英国式工业革命的法国经济注入了活力；但是作为实业家的铸造业主和银行家们的目光短浅，只看到自己的企业、自己所在的城市或城镇；有些铸造业主无法满足用户对铸铁和钢材的需求，却仍主张维持对从英国进口钢铁商品的征税，为保住自己利润增长而沾沾自喜；另一些银行家随波逐流地卷入无节制的投机，原因是法国缺乏大规模的银行吸纳和组织资金的流动，直到1846至1847年爆发经济危机，最早一批铁路公司倒闭，银行和债权人得不到任何救助而陷于破产。

路易-菲利普统治的最后两年见证了这种经济不适应市场的状况：绝大部分地区相当落后的农业经济仍像在18世纪一样主导着法国的经济总体。包括中央高原、孚日山脉和阿尔摩高地（布列塔尼）等地势较高的地区仍采用烧荒肥田的做法便是农业落后的明证。同样从1830年的一本农艺学课本中可以看到，当时小麦的出产率为一比七，与18世纪相比（一比五、一比六）仅有微弱的进步。1846至1847年

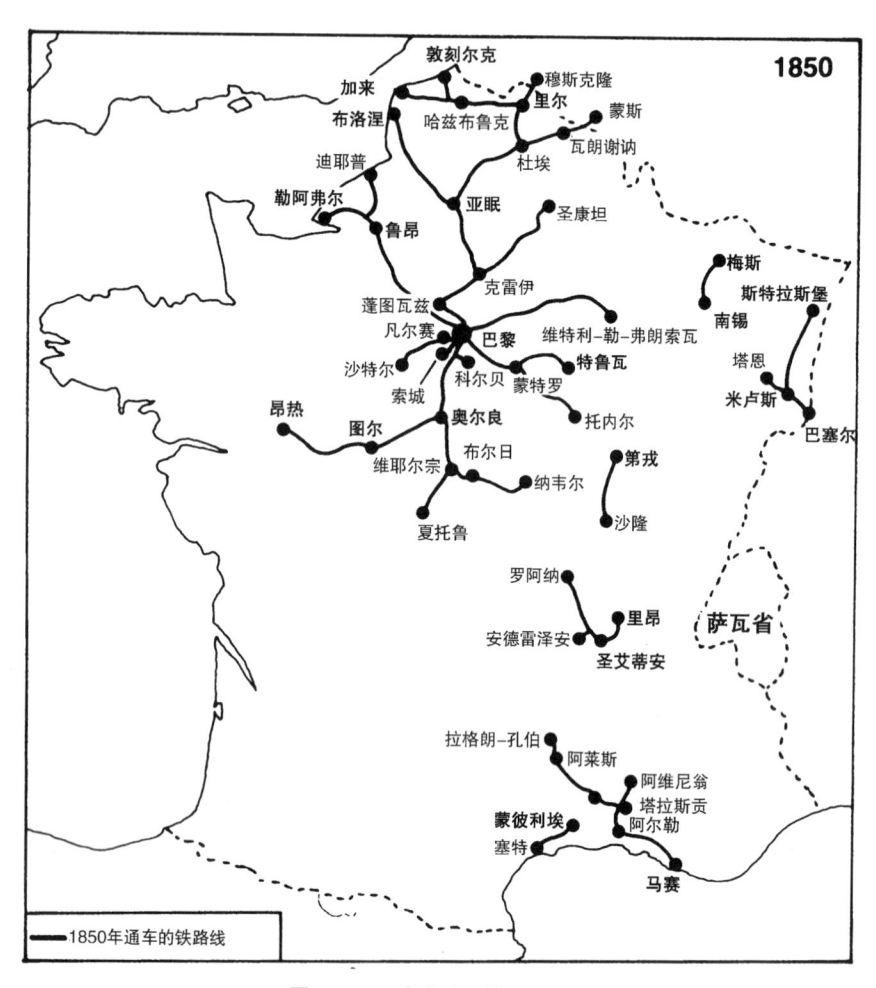

图 30　1850 年的法国铁路分布图

（引自拉蒂伊安［Lartilleux］：《法国国营铁路公司》［*La S. N. C. F.*］，谢克斯出版社［Chaix］，第 5 页）

在法国发展铁路建设之前，从 1823 至 1850 年间不存在真正意义上的铁路网。1846 至 1848 年的破产似乎证实了某些学者和政治家的悲观预言。参阅第十一章图 24 所示的 18 世纪末的公路网。

的危机可以说是旧经济制度下的最后一次危机，从 1846 年起全欧洲农业普遍歉收——再加上土豆病和 1847 年卢瓦尔河、索恩河和罗讷河河水泛滥成灾——影响了整个经济生活。饥饿的城市缺粮、小麦价格上涨和民众打劫运粮车队——这在 1846、1847 年是屡见不鲜的现象。农业歉收引发了工业和商业的危机，失业和城市贫困益发加重，这一切对爆发 1848 年革命不无影响。

民众的贫困

人们对城市平民阶层的贫困比较了解，但不应将他们的贫困与乡村贫困分割开，两者是密切相关的。农村短工和没有土地的佃农在乡村无法生活而离开农村，来到城市作坊、铁路修筑工地挣工资谋生。对每年经手现金不过几十法郎的农民来说，城内所挣的工资自然相当可观。在棉纺工场打工的工人每年至少也能挣上六七百法郎；其实这些钱也仅够工人糊口。然而对于吃住通常不用自己掏钱的工人来说，一天能挣几个法郎已是天大的好事了。人口过剩的乡村实在留不住赤贫的农民，尤其是佃农无法承受每次租约更新时的苛刻条件；大地主与作坊主一样心狠手辣，因此跑到城里来的打工者人满为患。不过乡村的贫困不易被人察觉，不像在城里看到的最早的离乡背井者到处扎堆那么触目惊心。在里昂的克鲁瓦-鲁斯街区、南特的菲米埃街或者里尔的圣-索弗尔街区（1828 年里尔市 8 万居民人口中有 2 万贫穷者），在刚诞生的大工业中工人过着极其贫苦的生活，其悲惨境遇令一切知情者感到震惊。劳动力过剩、消费市场疲软加剧了工人之间的激烈竞争，加上统治阶层的"节约"主意，都足以说明在工业革新和转型的地方何以劳动条件如此恶劣：工场污秽不堪，既无场地保养又无卫生设施，尤其工资十分微薄，甚至令工人难以养家糊口。在纺织业中有大量的女工和童工，她们挣钱贴补家庭开支，即便如此工人家庭也不见得好过：因为女工的工资低（通常只及男工工资的一半），而童工一天工作 15 小时才挣几个苏。凡是了解工人贫困的人都承认这种凄惨的状况①。即使赞成这种经济制度的最乐观者，譬如相信在 1850 年前后工场的卫生条件已有改善的阿道夫·布朗基也不能否认工人生活的"可怕现实"。作为自由派的经济学家阿道夫·布朗基，不可能被人认为是多愁善感的人，但他也这样描写过里尔市贫民窟小院里孩子们的状况：

> 一进入小院，就看到一群脸黄肌瘦的羸弱孩子，有的驼背，有的畸形，个个脸色发灰、苍白无力，他们立刻围住来访者要求赐舍。大多数孩子几乎裸体，少数几个衣衫褴褛，但是他们至少还能呼吸到自由的空气；而在地窖里，人们才目睹了真正的肉体折磨，那些因年迈或天气寒冷而无法出来的人整天呆在里面。常常是一家人就地而卧，地上只铺了些油菜秸，或者干枯的土豆藤和沙子，这些还是白天劳动时好不容易捡来的碎屑残片。

根据不同季节，一天得工作 13 至 15 小时，没有休息日，也没有过去的宗教节日，这就是纺织业内有害身心的劳动。四五岁的孩子即开始当童工，在作坊内推碾靛蓝植物、捡拾掉在机器下的空线筒和监视自动织机；一家人拥挤在一个泥土地窖里，没有家具，没有取暖设

---

① 主要的见证包括：E. 维莱梅（E. Villermé）：《丝绸、棉纺和毛纺作坊中工人的精神状态和身体状况》（*Tableau de l'état physique et moral des ouvriers employés dans les manufactures de soie, coton, laine*, 1840）; A. 盖潘（A. Guépin）：《19 世纪的南特》（*Nantes au XIXe siècle*, 1825）；阿道夫·布朗基（Adolphe Blanqui）：《1848 年的工人阶级》（*Les classes ouvrières en 1848*）; E. 比雷（E. Buret）：《法、英两国劳动阶级的贫困》（*La misère des classes laborieuses en France et en Anglettere*, 1849）；维尔纳夫-巴日蒙（Villeneuve-Bargemont）：《基督教政治经济或探讨法国及欧洲贫困现象的性质和成因》（*Économie politique chrétienne ou recherches sur la nature et les causes du paupérisme en France et en Europe*, 1834）。

备，晚上席地躺在麦秆上。从不换洗衣服，男人天天在小酒店酗酒以致酒精中毒，得肺痨毁坏了身体，还有一大群孩子拖累，孩子大多活不到成年便夭折。这就是在里尔、鲁昂、南特和米卢斯的成千上万工人所过的生活。或许并非所有城市都这样：在诺曼底的织布行业里，工人工资略高些，生活不至于如此悲惨，食物也充足些。同样，在色当和兰斯的工人生活也好些。然而那里的工人虽然靠工资能过得体面些，一旦危机袭来仍不免受到失业和疾病的威胁，到处一片赤贫，穷人流浪行乞，甚至丧生于传染病，譬如1832年的霍乱肆虐。

七月王朝期间，维莱梅的调查使政府和议会注意到童工的悲惨遭遇，但当局仍然顾忌重重，因为在劳工领域的干预会与1791年颁布的《勒夏帕利埃法案》有冲突：该法案规定雇主在其企业内享有自由，企业完全独立于政府。经过议会辩论，最终在1841年通过一项法律，禁止8岁以下的儿童工作，规定8至12岁的儿童每天工作时间不得超过8小时，12至16岁的未成年人每天工作时间限制为12小时。可是这项法律到头来还是一纸空文，因为法律仅适用于佣工超过20人的工厂，而且监督权在雇主手中，监察员都是自愿的前作坊主。1841年法律的意义如同前一项法律一样，仅在于承认政府有权在劳工法领域内进行干预。至于其他一些慷慨的建议也都不见成效：譬如限制女工的工作时间，工场的卫生条例等等。

对制造业工人而言，就是盖潘所说的："活着就是不饿死。"工人只能听天由命，1791年法律严禁工人罢工（所谓结社损及劳动自由），帝国时代还建立了劳工本制度——竟然后来谁都没想到予以废止，所以工人只有忍受屈辱的份儿。因此里昂丝绸工人的抗暴起义丝毫不奇怪，他们长期被压低工资，尤其是受到1830年危机的冲击，终于在1831年11月爆发了反雇主的暴动。因雇主方拒绝接受地方当局的仲裁（这种仲裁在形式上并不合法）和罗讷省省长提出的工资方案，坚决维持免饥饿的工资标准：丝绸织工忍无可忍在 1831 年 11 月 22 至 23 日发动起义，并提出了"工作而自由地生或者战斗至死"的口号。这是一场反饥饿的暴动，也是在贫困中觉醒的新兴阶级的第一次抗暴示威，第一次为捍卫生的权利的激烈抗争①。

---

① 1831 年里昂织工抗暴起义的社会和政治意义经常被人提及，其中费尔南·吕德（F. Rude）的著作最出名：《1827 至 1832 年的里昂工人运动》（*Le Mouvement ouvrier à Lyon de 1827 à 1832*），巴黎，1944 年版。

2. 法国浪漫主义的题材和风格

在这个悲惨和非人道的世界上，往往处于无力自救境地的受害者，对不义或卑劣的社会现象十分敏感的人，开始寻找出路。面对上台不久假装和善的新统治者的沾沾自喜，甚至傲慢的姿态，发出了令人振奋而高昂的抗议声。因为资产阶级的胜利是以理性为基础的公平的胜利，所以劳动者的抗议更显得理直气壮；他们的抗议超出了一般的社会抗争和隔代冲突的范畴：19世纪初期法国的呼喊是浪漫主义的呼声。它不但打破传统的社会规范而令资产阶级措手不及（戈蒂埃对传统规范并非无知，却偏偏穿一件红背心去剧场，这种场所理应穿黑礼服），而且显示出欧洲浪漫主义运动中法国特有的民族面貌。当然有外国的影响，德国的"狂飙突进运动"和爱尔兰诗人莪相的纯文学性呼唤，但这些在我们看来都不及围绕《欧那尼》的争论或者将拉辛与莎士比亚作比较更重要。浪漫主义是一个国际性的文学运动，它不分（或几乎不分）国别，各国文人之间有极多的同源和对应现象[1]；它还是一种精神状态，一种以敏感和宗教信仰的名义对理性主义的反叛；该运动一直延续（或者说不断的反弹）至20世纪就清楚地说明了这一点。从1820年拉马丁和雨果的早期诗歌到1848年革命前夕，在法国发生的一切如火如荼的事件，一切寻求新出路的努力都烙上了浪漫主义的印记：沙龙和剧院内的争论，尤其是工业革命之初人口迁徙、城市居民暴增和新的生活条件形成之际，试图改革现有生活方式

---

[1] 参阅《人类进化》(*L'Évolution de l'Humanité*) 丛书中涉及浪漫主义运动的著作，特别是 P. 凡蒂甘 (P. Van Tieghem) 所写的《欧洲文学中的浪漫主义》(*Le Romantisme dans la littérature européenne*)。

的一切新原则和新价值等等。艺术家们往往出于对人类即将发生变化的本能意识（这种意识在浪漫主义者身上特别强烈）迫不及待地大声疾呼。他们是历史性的人物，在我们今天看来，他们是历史的创造者。

反叛

作为卢梭（《新爱洛依丝》和《忏悔录》的作者）、夏多布里昂的继承者，这些好动爱闹的诗人（或散文家）取得成功与其说是他们的韵文天赋和对自然景色的出色描写，不如说是因为他们的发现：在大革命和拿破仑时代的阴影下蔓延的一种（或者说几种）"世纪病"，反叛的渴望出现在拿破仑之后而非之前[1]。病态或许存在于生理上，但精神上肯定是有的……以至有人因此死亡，譬如热拉·德·奈瓦尔病故于 1855 年。他们至少无法掩饰内心的恐慌和痛苦：写了剧本《夏泰东》（*Chatterton*）的维尼说，这种痛苦是诗人在这个世界上找不到自己位置的彷徨，缪塞也曾反复说过这样的话，稍后波德莱尔在《浪漫主义艺术》中再次表白。他们四处寻求出路或退隐之地，以后又试图改变世界，有的人甚至投身了 1830 年的革命：拉马丁特别是雨果奋斗到第三共和国；他们渴望那种征服的幸福感，这种梦想始终萦绕在司汤达的脑际，然而作为资产阶级（或贵族）的子弟，在上等家庭环境中长大，受过当时最好的教育，有的甚至获得过中学会考的桂冠[2]，却只能窒息于法国社会的现实中；他们拒绝平庸和日常生活的枯燥乏味，拒绝卑躬屈膝地去乞讨体面人的可悲生活；呻吟哀诉的诗神，荒僻湖泊边的少妇，游历过的（至少在想象中）令人神往的异

---

[1] 拿破仑的《圣赫勒拿岛回忆录》（*Le Mémorial de Sainte-Hélène*）出版于 1823 年，20 年后这本书仍被年轻一代如痴如醉地阅读着。

[2] 特别是缪塞、雨果和米什莱等。

国风情，以及激动地回忆流逝的时光，这些就是浪漫派诗人逃避悲惨年代痛苦生活的避难所，是他们排忧解愁的良药。但是遁迹于象牙之塔、藏身于高山牧场的牧羊人之家，或者蛰居于米利、诺昂或奥蒂斯①的祖传故居内，生活该是如何地无奈和孤注一掷！每年春天众多朋友来到诺昂，而奥蒂斯就位于通往佛兰德和巴黎的大路旁。

不过绝望并未压垮所有人。立志为王政和宗教效力的巴尔扎克认为这两柱火炬的光焰照亮了他的作品，他孜孜不倦地描绘所有人都觉得比巴黎更枯燥的外省生活场景：乡村医生、农民、流亡返乡的贵族和图尔市的商人……另一些人投身于别的战斗：浪漫主义戏剧、浪漫主义诗歌、浪漫主义艺术等等，无数奋勇向前的战马奠定并宣告了一种新美学的诞生，它终于颠覆了长期独霸文坛但已筋疲力尽的过时的古典主义。1830 年《欧那尼》一剧赢得了开启浪漫主义时代的伟大战役。在形式的争论之外，浪漫主义者通过打破"三一律"和关于戏剧、悲剧的社会功能的争论，弘扬了情感和敏锐性，由此肯定浪漫派面对理性至上的权利。

浪漫主义之心

新一场的"古今之争"比另一场争论吸引了更多人的关注，亦煽起更大的激情，至少在巴黎是这样，它是对统治文坛三个世纪之久的古典主义的反拨，是理性启蒙思想的进步。卢梭和写《基督教真谛》时年轻的夏多布里昂所孕育的浪漫主义之心是灵感和知识的源泉，它面对 1830 年代半官方的伏尔泰反宗教主义，与高调宣示的宗教情感不无关系。祈求诗神的灵感，呼唤潜意识的存在（在奈瓦尔和波德莱尔身上），以诗的魅力或借用地狱情景（奈瓦尔在 20 岁时翻译歌德的

---

① 译注：米利、诺昂和奥蒂斯分别为拉马丁、乔治·桑和奈瓦尔曾经生活过的地方。

《浮士德》）来表现一种超自然的生活——一种逃避现实的方式，这些都是表现诗人的情感高于理智的方法。对于1830年前后登场的浪漫主义所代表的激情奔放和精神骚动，人们或许可以根据浪漫派小说所塑造的人物类型来估量它的倾向：冒险家、金钱操纵者、苦役犯、妓女……领导浪漫主义运动、体现浪漫主义之心的天才作家并非所谓大师，他们只是因地因时获取灵感而发，这场运动无须哲学思想的引导来概括他们的自然天赋和诗的魅力。至少在它风行的时代还未出现它的哲学：同时代的维克多·库辛和奥古斯特·孔德的哲学思想与浪漫主义都没有那种像高乃依、布瓦洛与笛卡尔之间的深刻关系。浪漫主义哲学至少在法国产生于该运动之后，随着柏格森的出现——这一现象与德国的情况不同。事实上浪漫主义之所以形成一种流派就是因为它的反理性思想；从这一点出发，浪漫派从莎士比亚到卡尔德隆的作品中，从苏格兰到斯塔埃尔夫人熟悉的德国，发现了它的榜样和大师……他们都有一个共同的特征，即有意无意地要摆脱标志新时代的理智主义的控制。"浴火少女"[①]、妖精、神灵、占卜和神启……浪漫主义的灵感——现实世界和天堂的幻象——是一种念咒式的显露：这就是想象力。

浪漫主义艺术

沿着杰利柯和德拉克洛瓦的艺术之路去追寻宿命之地——希腊和中东，去探索人类的伟大冒险和悲剧面具：《梅杜萨之筏》《自由引导人民》，浪漫主义者在沿途发现了跟他们一样放弃了古罗马传统的造型艺术，它们被排斥在与亚历山大诗体同属的古典运动之外；浪漫主

---

① 译注：《浴火少女》（les Filles du feu）是奈瓦尔（Gérard de Nerval, 1808—1855）的著名作品。

义者尤其发现了一种呼唤感觉而非心智的音乐，假如缪塞或维尼有交响乐的天赋，他们的作品就是浪漫主义音乐（我们的浪漫派诗人中最具音乐天赋的人无疑是奈瓦尔，他曾出于娱乐花了几个月时间，在毗邻瓦卢瓦的家乡埃默农维尔-夏利地区收集大巴黎地区民谣的歌词和乐曲）。尽管法国有柏辽兹——他的生活和作品，尤其是《罗马狂欢节》的序曲《罚入地狱》，代表了法国的浪漫派音乐——浪漫主义音乐在德国达到了巅峰：贝多芬、李斯特、舒曼、门德尔松，尤其是瓦格纳，而且在德国的所有城市都出现过研习音乐的无与伦比的狂热；然而至少肖邦和瓦格纳来到了巴黎。此外，还有抒情戏剧、歌剧和喜歌剧的发展，罗西尼和他的《塞维利亚的理发师》；稍后，当拉马丁和雨果在文学浪漫主义旗开得胜之际，梅耶贝尔的浪漫派歌剧令巴黎人如痴如醉。戏剧音乐的成功（由古诺、比才和德利布等人延续了整个19世纪）是否为交响乐的兴起作了准备呢？在浪漫主义者执着于艺术趣味的情况下，尽管艺术尚未受到社会的真正重视，所谓消遣娱乐却促使普莱耶尔、埃拉德等多家钢琴制造商生产更多的练习钢琴——19世纪资产阶级家庭必不可少的家具之一。浪漫主义与音乐和浪漫主义与情感一样变得不可分离；在这个领域内，法国浪漫主义对后世的影响超过了时代本身的影响。

各国人民和"人民"

浪漫主义的人——如果说充分体现在从司汤达到波德莱尔一代作家身上的话——他们所关切的是伟大的抱负和计划，不愿湮没在身边的日常琐事中。这种灵魂的崇高感在若干年中往往只是天真的自我激励，个性主义被推向灰暗色调的幻象和最剧烈的激情（在这一方面法国的浪漫派缺乏莱茵河彼岸从荷尔德林到诺瓦利斯等人的丰富想象力，他们从现实或想象的英雄获取灵感）——灵魂的崇高感是某种形式的勇敢。特别是1830年之后，在巴黎、布鲁塞尔、意大利和波兰燃起了短暂的希望之火，自由已经觉醒，浪漫主义之梦不止于自身的命运，还关系到被压迫的民族，他们渴望通过一场革命或一次解放去争取幸福：波兰的弟兄们应该像昨日的希腊人民一样谋求独立解放，德拉克洛瓦和维克多·雨果为之热血沸腾，拜伦为之献出了生命，他们成为新的追求目标。昔日的保皇派意外地迎合潮流，随着第二共和国的诞生变为共和党人，这种转变绝非政客的出尔反尔；而是认清了时代，充分意识到对自己认同的社会理想的同情。他们发觉德国、波兰和意大利人民为1814至1815年胜利所付出的代价，与法国人民遭受失败的痛苦一样地沉重，于是在面临共同的现实时，已经把如此不同的利益混淆在一起了。

　　文学上也是同样的情况，浪漫主义文学不但同情遭受土耳其侵略的希腊人、同情受俄罗斯和普鲁士压迫的波兰人，或受到奥地利首相梅特涅欺压的意大利诗人西尔维奥·佩利科及其同胞，更突出了一个群体：人民——它在18世纪如此介入政治的文学中却被完全忽略。这个旧制度下的第四等级在1830年7月，以及在特朗斯诺尼昂街抗争中所表现出的英勇精神和重要地位逐渐获得社会承认。它的形象在小说中（比在任何其他文学形式中都更）显明突出，这确实是一大发现。在《巴黎圣母院》中巴黎的小市民占据了重要角色；1848年尚未到来，而雨果已经在写作——甚至已发表——《悲惨世界》的初稿《贫困者》了，他描写普通小人物构成的巴黎，展示出处于绝望中的共和党人的伟大理想（雨果长期受到民众追捧的部分原因就是他的作品表达了对当时贫苦民众的同情；他的小说在整整一个世纪中多次重印再版……雨果的名声还来自他写的《惩罚集》以及他生命中共和党人的经历，来自他旗帜鲜明地反对教会并且在数年内为要求大赦巴黎公社社员而大声疾呼；或许他在1885年逝世时受到举国哀悼使其名声到达巅峰,并长期留在巴黎市民的记忆中)。但是雨果不是唯一的。在同一时期,乔治·桑赞美过贝里地区的农民,她收集民间传统和传说,并将其融合在《敲钟人》和许多描写乡村民风的作品中;此外还有若干带有社会主义色彩的作品如《环游法国的伙伴》;尤其值得一提的是米什莱,从孩提时代起他就生活在普通民众中,不需要特意地去发现。1847 年在撰写历史著作之余,他写了《人民》一书,长篇大论地公开表达了自己的信仰。被忽略和轻视的平民阶级终于进入了国民生活和文学生活——至少成为研究的对象和灵感的源泉。浪漫主义者或许来得太迟,艰苦的生存条件已使无产者有一种印象——随着时间的推移这种印象变得越来越强烈——似乎他们生活在一个与世隔绝的环境中,遭受国人的唾弃。至少浪漫主义者在当时为摆脱贫苦者的孤独处境而迈出了一步。

浪漫主义者以资产阶级和昔日贵族不再践行的美德(如忘我、仁慈等等)来形容平民阶层,浪漫主义者接近了社会主义思想家,在 1830 至 1848 年的同一时代,各种社会思潮描绘理想化的村镇,以此取代人们生活中的那个狭窄又不公正的世界。浪漫主义作家充当了预言家的角色,雨果后期有这种倾向,米什莱的全部作品都有预言成分,预感到民众将在工业革命最初浪潮冲击下的国家发挥越来越重要的角色。从 1820 年的伟大抒情,渴望激情和迷恋于"自我中心主义",经过升华在 19 世纪 40 年代积极介入社会,憧憬美好社会,这就是法国浪漫主义者演变的亮丽曲线;他们从预卜埃尔薇①的命运转变为关切穷苦人的命运,在人道关怀中找到了医治失望和挫折的安慰。

---

① 译注:埃尔薇(Elvire)是一个名字,可用于男性,更经常用于女性。这个名字包含了勇气、活力和特立独行的意思,还有自我中心和自我肯定的含义。拉马丁曾写过一首诗《献给埃尔薇》。

历史

由此可理解为何浪漫派这一代人对历史抱有浓厚兴趣。有人说，追溯历史也是一种对现实的逃避方式，但这还不足以说明问题；或许中世纪令人神往，譬如他们中许多人去过中东旅行，从夏多布里昂到奈瓦尔，创作旅行文学的人总是可赚不少钱。但是在阳光充足和神秘的东方，他们重新发现了存在过秘密政治团体及其秘密反抗的古希腊，在中世纪或17世纪也有同样的现象。历史是思想的一种新形式：人们不再续写家谱，而是将历代国王按人种分类，谱写英雄回忆录，所有人都参与了历史的改写！浪漫派诗人几乎人人都写过一本成功的书，其中历史题材不只是一个借口（除缪塞外，虽然他并不缺乏历史意识，他写过《德国的莱茵河》）；17世纪成为热门题材，这段历史太有意思了，特别是黎塞留，他被描写成是一切自由的死敌（如《圣马斯侯爵》和《马利翁·德洛姆》）；以浓重的色彩描写中世纪的圣女贞德和德国城堡军事首领，还写大革命的题材，从吉伦特党人到拿破仑生平。更不必说涉及题材广泛的大仲马的才能，以章回小说的形式，写作16世纪题材与写大革命题材一样地挥笔自如，他塑造的玛戈王后形象至今仍被人津津乐道。

在历史文学的洪流中也涌现出不少历史学家的专著。法国历史上（直至今天）从未有哪个时代出现过那么多坚韧不拔而大胆有为的治史人才。可以说，那个时代奠定了历史学：面对当时涌现的如此多的著作，过去的历史书变得无足轻重。在基佐、梯也尔、梯叶里、基内、米什莱之后，对历史的激情不断地在许多法国人心中滋生：大革命史、法国史、欧洲文明史……无论是作为天才记者的梯也尔，还是像基佐和米什莱那样的大学教授，他们都研究过大革命的历史，边写作边发表，他们的工作弘扬了民族的历史。斯塔埃尔夫人在拿破仑时代开始写作《论德国》的工作后继有人，30 年后终于蔚为大观。通过启迪知识阶层对历史的兴趣，不断向他们提供新的著作，有的夸张，有的充满战争场面（如梯也尔写的《执政府和帝国史》），历史学家们以他们的方式创造了非凡的成就（即便是拉马丁在 1847 年出版的多卷本历史著作《吉伦特党人史》也有出色的销售）。一个有历史的民族：这一实体，正如米什莱所称的这个"人物"，她的生命是组成她的全体人民的生命。

然而，大量的历史书致力于以优雅的——往往浮夸的——文笔叙述近年发生的事件，许多人还等待着事件的续篇，米什莱以其前瞻性的天才目光，站在历史的制高点上。他以发现者的热忱去感受并写作法国历史，开辟了一条新科学的道路。他大胆地提出假设，善于将分散凌乱的事实整理集中，对圣女贞德或大革命等人类创举始终怀着极大的赞美。他为当代人提供了一幅最发人深省的法国历史画卷，足以启发人们去想象。对他来说，历史就是他潜心生活于其中的过去时代的复活，不遗漏任何东西，要求完完整整的再现……米什莱的《法国史》有《法国概貌》一卷，字里行间透出唤醒人们联想的魅力，不能不在此加以引用。下面是一段描述外省人心态的普通例子。米什莱这样描写奥弗涅人：

> 和利摩日人一样，他们穿着不知有多沉的厚重衣服，有人说他们是遇北风便哆嗦的南方人，在说变就变的天空下生活。他们性格固执，彼此靠得很紧。每年有许多人离开大山，外出谋生，把钱财带回家乡，却很少带回思想。然而他们却有一种真正的勇气，一股苦涩的、或许略带有一点尖刻的活力，犹如康塔尔地方的野草，生命力十分旺盛……

下面再引一段对弗拉芒地区教堂的描写：

> 那些被清洗、打理得干干净净的教堂，像弗拉芒民居一般装点得十分漂亮，给人一种干净、富庶的印象。内部的铜饰闪闪发光，到处都用黑、白大理石装饰。它们比意大利的教堂干净多了，而且精致高雅。佛兰德就是没有葡萄园和阳光、少了点诗意的伦巴第。教堂上方钟塔顶部发出的和谐而悠扬的钟声，传递了弗拉芒村镇的体面和快乐。几个世纪来，每小时敲响同样的声音，满足了不知多少代艺术工匠们的音乐追求，他们在这个平台上出生和老死。

当米什莱写作《耶稣会教士》和《妇女》，当他修改作品和删节手稿时，曾陷入迷惘，循着——不久将出版的他的日记可能会让人明白的——思想轨迹走了出来，他没少对同时代人说过这样的想法：法国是一件财富尚未被认识、被发觉而需要去发掘和爱护的艺术品。他赋予了历史著作和研究某种意义，令如梦初醒的周围人发现了法国人的性格、环境和重要历史时刻：因此在他身后法国的历史研究有了如此的飞跃发展，出现了维克多·迪吕伊和泰纳！

3. 社会思想

在路易-菲利普治下，浪漫主义者为"人民"大声疾呼，对越来越多的人来说，这个词包含了平民阶级的意思；靠了皮埃尔·勒鲁、乔治·桑等人的作品，教会已开始反思，发现了无产阶级存在的现实——最好的例子就是自由派经济学家西斯蒙迪也为被掠夺的无产阶级呼吁了：无产阶级已成为自由竞争和放任经营的受害者，而这些原本就是资产阶级的经济政策的大原则。当年的批评——哲学的或文学的——指以社会浪漫主义的名义包括的整个思想领域，从圣西门到蒲鲁东以及1848年革命的思想家。值得强调的是，各种思想之间存在着不可否认的相承关系。

无论是经济学家还是自学成才者，不管信奉天主教还是无神论者，所有人都关心新生的无产阶级，关心米什莱眼中早期工业革命任重道远的现况，对眼前的现实都产生了几分感伤。譬如布歇如此描写过1833年的无产阶级状况（《历史科学导论》）：

> 几乎从最年幼时起，他们就得为生存而劳动（我的意思是他们必须为生存而工作：连四岁的孩童也不例外）；他们注定活在唯一的念头里：避免饥饿；他们像珊瑚虫一样俯伏地面劳动，从那里来到世界，也在那里劳动和死亡。

从个人经历（如傅立叶）或根据对变化中社会现象的深入观察（如圣西门），他们滔滔不绝地谈论谁都无法否认的贫困现象；这便是他们设计各种计划、发出预言和激发某种宗教般情感的根本原因。他们谁没有大批的追随者，没有创办过学校甚至教堂来宣传新社会的理想、不对当下发生的社会变革的方式和方法表现出忧心忡忡呢？在那里产生了令社会主义者醉心的"乌托邦"，他们是卡尔·马克思的前辈，后来被科学社会主义所取代，未能避免被冠以"过时的"先驱和哲学家的称号。今天已被世人遗忘的1848年那一代的大师们，他们的著作曾被人如饥似渴地阅读，亦拥有过与《吉伦特党人史》或《大街和树林下的歌曲》同样多的读者群；他们的忠实信徒致力于撰写大师的回忆录，或许不该被冠以"温和的梦想家"的贬称，这个称号是后世的唯科学主义强加给他们的。

早期社会主义思想大师们对其生活和受苦的世界都有大量精辟的观点；他们中无一人是真正的文职出身或站在大学讲台授课、生活安逸的大学教授；每个人都以自己的切身体验来说话：圣西门游历欧美各地，见多识广；傅立叶做过商店职员，对忙碌于核算利润的小生意职业生涯有切身体验。纵观他们的大量写作，从他们的文化程度和所提供的信息来看，他们的价值与其说是他们的思想体系或社会规划，不如说在于对社会现象入木三分的深刻分析。马克思并不轻视他们，他读过他们的全部著作，也借用他们的某些说法（如"人对人的剥削"），或者他们关于劳动组织的思考材料；所有人都是从同一观察结果出发，那就是生产一切却一无所有的工人阶级的发展和命运："富裕民族都出现了一个新现象，即随着物质的丰富，公众贫困现象不断加剧，生产出一切的阶级却一天天地逼近于一无所有的境地。"

圣西门

在民众舆论中创造一个全新领域的法国乌托邦社会主义者中间，亨利·德·圣西门是最著名的一个，他预言了现代工业世界和一个由生产者领导的政府。出身破落贵族、曾周游世界的圣西门参加过美国的独立战争,在1780年就预见商业资本主义的前景,晚年致力培养学生（如奥古斯丁·梯叶里、奥古斯特·孔德）。这些弟子建立了19世纪初最坚实的社会主义思想学派；他在去世前向世人宣告了工业世界的到来："工人阶层是基本阶级,是他们养育了社会",这句话在一个世纪后听来相当平凡,但在1825年却含义丰富、掷地有声。圣西门认为各种社会的政府应由生产者领导,因此政府应是经济型的,同时要科学地组织。他还预言一个全世界联盟将在一个真正有实效和工业制度下完成,那将是野蛮时代的终结,到那时"最勤奋和最平和的阶级将被赋予公众权力的领导权"。

除了纲领外,圣西门还向他的弟子们展示了一个未来蓝图,它的宽阔视野和独特性很吸引人。如果当时多数人认为土地财富是经济的主要财源,圣西门则召唤创造者的热情,并告诉他们"工业"这个词不再是过去所指的技巧,而是新的创业方式,它刚刚萌生,并且向一切大胆和进步的创意开放。试想在查理十世治下复辟的狂热气氛下,维莱尔的同僚及国王本人大肆推行极端保皇和宗教偏激的政策,圣西门学派在这种情况下创立,巴扎尔和昂方坦在巴黎组织圣西门派活动,出版大师著作,尤其是《新基督教主义》,建立工人团体,发行被广泛阅读的《环球报》（当时每份报纸都有自己的座右铭——这个习惯后来逐渐消失了——《环球报》的座右铭曾有相当影响："各尽所能,物尽其用"）。可惜后来党派转向为宗教团体,从1833年起逐渐式微,但并没完全消亡。不过圣西门的影响非常大：该学派弟子活跃在帝国时代的经济生活中,揭露自由放任政策的弊端,对劳动组织提出建议,他们中的路易·勃朗还建立了自己一整套经济体系；他们提出以合作形式替代个人私有制,生产者联合起来组成更大规模的企业,预见这类企业的发展前途,并在1825年刊行的杂志《生产者》

上登载研究大型企业的文章。正由于他们大量和深入人心的宣传，有关社会主义理论的整套语言进入了人们的日常生活：譬如剥削和组织、生产和消费、资产阶级和无产阶级等等。或许昂方坦神父的别出心裁未能使圣西门主义成为19世纪法国资产阶级的哲学；但也没有抹杀圣西门学说在一切社会阶层（包括从巴黎理工大学学生到参加人权协会的工人）中的深刻影响。

傅立叶

夏尔·傅立叶曾是一名商店小职员、一个谨慎的收银员，可是对销售艺术并不在行，与圣西门一样，在本职岗位上没有出路。他花了几年时间研读艰涩的经济学著作，终于揭露出商业的弊端——他称之为"罪恶"，并向世人揭示竞争如何造成了商业的封建制。他对这种制度下的受害者寄予莫大同情，因为曾在里昂和鲁昂市生活过，所以他对制造作坊内"工人遭屠杀"的现象十分清楚。于是挺身反对富人与穷人之间的战争，在他看来这便是新文明的核心问题。至于解救良方，他提出自己的社会科学，就是通过对种种激情的计算，组成1600人的社会团体，在经济上能自给自足，即"法伦斯泰尔"（Phalanstère）。这种社会组织于19世纪在色当和巴黎两地做过若干实验，不幸都归于失败。然而傅立叶这个老小孩，犹如一头固执的野牛，一有机会便往前冲。他在构建激情的社会组织中迷失了方向，其实这种组织跟社会主义风马牛不相及。所谓的"法伦斯泰尔"由最不同个性的人组成，而对人的心理分类的统计从来无法真正实现。因此他采用"激情"这一概念，认为孩童们喜欢捏弄泥土和翻垃圾如同蝴蝶一般，属于普遍特性；因此断言"真正的幸福就在于满足所有人的激情"；法伦斯泰尔内部各种激情应由一个有威望的女主管来调节，她"负责管理全体成员的充满活力的活动"。这一切在我们看来完全

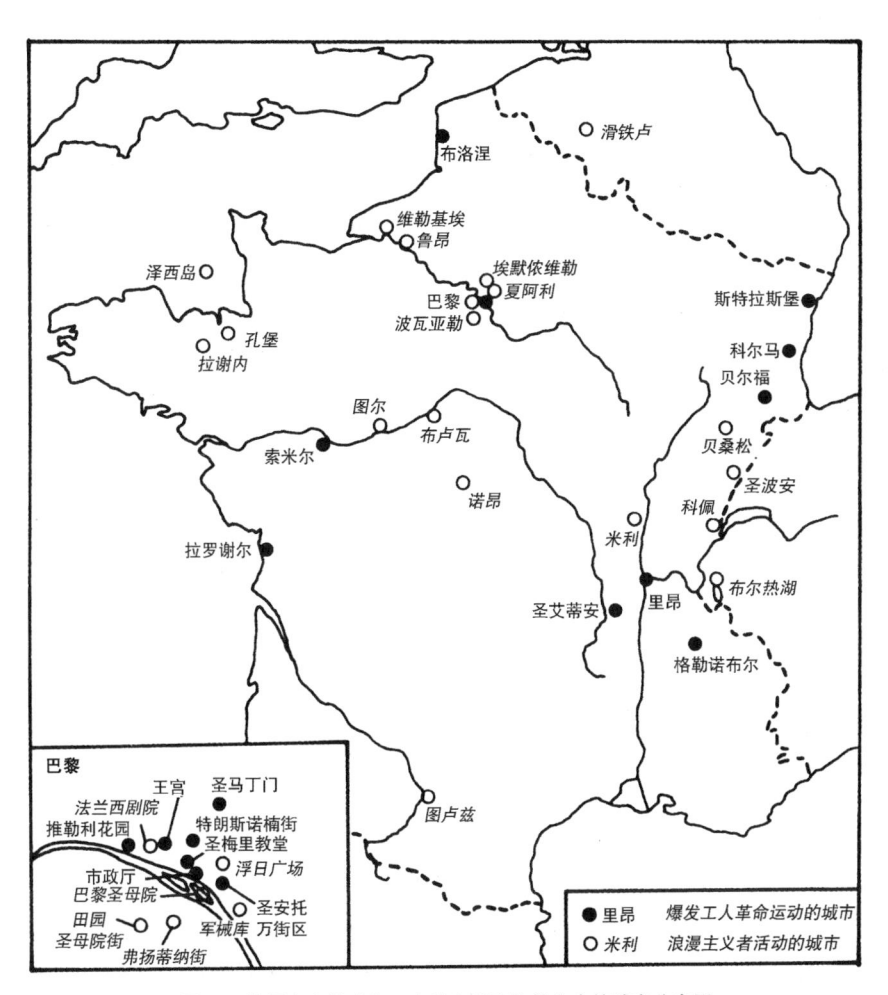

图 31　浪漫主义活动和工人革命运动比较集中的城市分布图

在凡尔赛之后，巴黎重新成为真正的首都。但是浪漫派诗人发现了森林、山脉和大海：如埃默侬维勒（卢梭故居）、圣波安（拉马丁故居）和泽西岛（雨果流亡期间曾在岛上住过三年）。革命运动在工业城市圣艾蒂安或商品集散地拉罗谢尔相当活跃：当时报纸和书籍还提及一些新的革命"城市"……

是无稽之谈①；它产生于文学浪漫主义情感泛滥的氛围下，与昂方坦神父的富于激情的幻想相去不远。

然而，这些近乎谵妄的奇谈怪论并不妨碍傅立叶创立自己的学派，他有像维克多·孔西代朗这样的门生，门生花了毕生精力传播这位夸夸其谈的汝拉山人的思想，并继他之后猛烈地揭露社会不协调现象。这正是傅立叶主义的主要立场，因为傅立叶关切的是从资本主义社会向法伦斯泰尔社会的过渡，而圣西门关注的是建立生产者领导的政府。傅立叶被后世看作是现代合作制度的创始者——这是比较宽容的评价，因为历史上除了法伦斯泰尔式的消费和生产共同体外，还有过其他生产共同体，譬如布瓦蒙多等等。

圣西门学派转变为昂方坦神父的宗教预言主义，最后于1833年在巴黎的梅尼蒙当街区消失（圣西门本人早已在1825年过世），傅立叶在1837年去世，但是他们的弟子或其他新理论家不断地涌现，富有想象力的改革者们组成了许多战斗团队，有能力向同时代人提出了更好的社会模式，同样令资产阶级社会感到可怕。如果说农村劳动阶层对革命文学一无所知的话，城市资产阶级面临各领域的大胆倡议会心惊胆战。在孔西代朗、勒鲁、贝盖尔、布歇、巴贝斯和布朗基等人外，还有一个叫卡贝的社会活动家，他写的《伊加利之行》是对未来的一大威胁，令人惧怕。书中宣扬平等世界之美梦，在那里生产资料和土地都将归集体所有。不过卡贝也没有取得成功，他在美国得克萨斯州建立伊加利村、实践他的乌托邦梦想，最终不了了之。另一位写作《劳动组织》的更为现实的理论家路易·勃朗，承袭傅立叶对竞争

---

① 傅立叶醉心于分类，不乏奇幻之想：他想到妻子的外遇，便归纳出49种"单纯外遇"和31种"复杂外遇"；然而当时人对这种不符合传统道德的观点并不感到离谱，难道他们不像我们一样认为滑稽可笑？应该不至于。要理解这类"幻想"，还需要对浪漫的敏感性作一番社会调查。

的批判，要求国家帮助濒临死亡的受压迫工人，也遭到许多人的憎恨（譬如法鲁对他的憎恨），迫使他在流亡中结束余生。其实卡贝和路易·勃朗仍相信当局能改造社会，受到罗伯斯庇尔和拿破仑的影响，也因此给人留下糟糕的记忆：如路易·勃朗曾专程去拜访过被软禁在汉姆堡的小拿破仑——这位未来的皇帝正在那里写作《杜绝赤贫》一书。

蒲鲁东

然而1848年革命前夕，即《共产党宣言》发表之前，在社会主义思想领域叱咤风云的人物还是弗朗什-孔泰人蒲鲁东。这位被人视为魔鬼的人物——31岁时因发表《何谓财产》一书而一举成名——从1840到1865年去世为止，搅得当时一些赫赫有名的大人物寝食不安、心惊肉跳。他捍卫自由，却不甘于只摇旗呐喊，他热衷于社会公正，又与前辈社会主义者不同。印刷工人出身、基本靠自学成才的蒲鲁东尖锐地批评各种经济矛盾却又无能力建立自己的体系；他精力旺盛、智力超群而且语言犀利，直接或间接地不断向受苦人群发出警示。他"出生和成长在工人阶级中，尤其是内心受苦和摆脱的愿望也属于那个阶级"，有一天向人交心地说，"从此可以不松懈地工作，以科学和哲学的精神，付出全副精力和全部力量为改善我愿称之为兄弟和同伴们的精神和知识状况而斗争"。蒲鲁东是对社会现实清醒而毫不留情的观察家，他写的《财富与贫困的哲学》（副题为"经济矛盾的体系"，1846）并没提出一套理论；但是他在平等和自由中寻找正义。他具有很强的语言表达才能，既吸引了他的追随者也招来更多的政敌：谁不知道他那句曾招来无数恶评的著名呐喊："财富就是偷窃。"有时他也会冒犯一些同时代人，譬如他有一天称路易·勃朗为"罗伯斯庇尔的矮小影子"。又有一次他说："他（指路易·勃朗）自以为是革命的蜜蜂,其实只是唱革命高调的蝉。"他思考时感情用事——直至生命终结都在为反对人和制度而斗争——是一个孤军作战者,后来发展成主张无政府的绝对自由主义者:"由于科学和法制的发展而形成的公众和私人的意识,足以替代政府和制度的形式,维持秩序、保障一切自由,因此一切权威的原则、警察制度、预防和镇压手段、官僚体制等作用都减弱到徒有虚名;更何况高度集权的王朝政体早已被联邦制和共同习俗所取代了。"他和其他社会主义者一样,无情抨击唯利是图的社会和无孔不入的资本主义。作为一名手工匠的儿子,他一生都对父亲表现出无限的钦佩,认为父亲做买卖定价从不只为谋利。可是他也是一个给社会主义捅娄子者,身为劳动阶级的一员却几乎与所有同路人都干过仗。我们还记得1848年后,他曾与卡尔·马克思进行过长期论战,其形象恰似古尔贝的漫画:一头勇气十足的矮胖看门狗,虎视眈眈,凶气逼人⋯⋯

1848年前夕,梦想和准备二月革命的政治家们不只为掀起一场政治革命,更希望建立一个真正自由的制度,一个共和国。"共和国"这个词还包含了另一层意思;秘密社团的命名英雄已不再是1789年时巴伊和德姆兰式的人物了,而是1793年时的罗伯斯庇尔和马拉,甚至是1796年时的巴贝夫,布朗基从布奥那罗蒂的学说中继承了巴贝夫的理论;革命应当是社会革命:社会主义一词已进入人们的日常语言,1834年被皮埃尔·勒鲁采用,更进一步普及开来。面对嘲弄人民的议会,托克维尔在1848年1月就注意到:是资产阶级社会的根基出了问题,并非一个政府或某个部长的问题。法国的社会主义者——尽管带有乌托邦色彩——已经勾勒出新生的工人阶级的意识形态,为生命力更旺盛的明天做了准备。

无产阶级的道德贫困与他们的物质匮乏一样引起1830年人们的关注:傅立叶将两者联系在一起,而马克思或许从他那里借鉴了这一重要思想。因此当时许多重要的社会主义理论家开始关心宗教及其在他们预言的新社会中的地位。然而极少有人认为天主教依然能在社会主义新世界中保持精神统治的地位：傅立叶在法伦斯泰尔理想中没有设计它的地位，卡贝在伊加利乐园里也不曾设想；蒲鲁东至少在1848年后显示出反宗教的倾向，对其鞭挞之猛烈不亚于反资本主义；而圣西门派昂方坦神父的教会是可笑的例外。在社会主义者中只有圣西门派的异己分子布歇，在《历史科学导论》或称《人类发展科学》（1833）及《法国大革命时期的议会史》（1834）两书中声称他的宗教信仰乃是其社会民主理想之精神食粮。他不认为在《福音书》和圣西门倡导的民主社会之间存在任何鸿沟；相反，觉得两者之间有深刻的联系；真正理解了《福音书》就会把平等看作主权在民。皮埃尔·勒鲁和乔治·桑也有类同见解；但是紧接着天主教自由倾向的《未来报》之后，出现的这种以传统宗教来改革社会的呼声并未引起太大反响：布歇及其朋友是社会主义思潮中的例外，他们理应是"犁沟"[①]团体的未被认同的远祖，"犁沟"同人在20世纪初发展天主教社会思想方面有过新作为。

拉梅内

1830年天主教会谴责了拉梅内，因为他不但是天主教内的社会主义者，更是一个民主派人士。事实上，当时很少天主教人士担心1825至1830年的复辟政府的政策会激起反宗教情绪（这一点从18世纪哲学家著作成为当时畅销书的事实可以看出），1831年民众爆发了反教会运动。产业工人不享受周日休息，也没有节假日，眼睁睁地

---

① 译注："犁沟"（le Sillon）团体是20世纪初由马克·桑尼埃创立的一种法国意识形态和政治运动，其宗旨为拉近天主教主义和共和政体，在工人中对抗左派反教会运动。

看着富人有余暇去参加宗教礼拜，他们事实上已被教会抛弃了，尽管他们的人数在不断地增加。更有甚者，教会一味与1801年背叛过的王室修好。拉梅内、蒙塔朗贝尔和拉科代尔等教会人士感到教会与民众之间存在断裂，而教士们只顾平日例行圣事，除神学以外缺乏任何资讯和历练，根本看不到这一点。尤其是个性十分敏感的拉梅内，他跟随时代的节奏：这位文风吸引人的作家在1817年发表《试论宗教淡漠》一文，以对资产阶级无神论的鞭挞引人注目，他还发行天主教民主倾向的《未来报》直到1832年被教皇封杀。教皇通谕"我感到诧异"（Mirari Vos）中指责《未来报》的纲领——接受自由思想，鼓吹容忍，反对教会与王室保持密切关系，等等。通谕发表后，蒙塔朗贝尔和拉科代尔两人屈服了，唯有拉梅内坚持己见。他离开教会于1834年发表《一个信仰者的话》，成为当时的一大事件。该书以优美的文笔显露出基本上属于资产阶级的社会思想，作为一个还俗者，作者写书的目的在于拉近平民阶层与神父的关系，这一方面比布歇的文章影响更大。

拉梅内在《一个信仰者的话》中的观点接近社会主义理论家的学说，主张合作联盟，消除社会垄断和贫困现象；他声称对人民有信心，人民比资产阶级和旧贵族更有人性，更道德；在稍后甚至宣布寄希望于人民："真正的人民虽然看来无知、衣衫褴褛，每天靠劳动维持生计，他们却是社会中最健康的成分。在他们身上能找到最纯真的良知、正义和最人道的东西。别人害怕他们，我却对他们抱有希望。"《一个信仰者的话》对在1848年春天暂时缓和民众与教会的关系起了一定作用。但是，自由派为促使天主教脱离王室，结束教会狭隘的政治干预的努力，与《未来报》在存在的两年中所作的努力引起了不同的反响：直至19世纪末保皇党人归顺第三共和国和1905年政教分离法的颁布，自由派在1830年的大胆主张早已被人遗忘，而大批民众在此后一段时间内脱离了传统教会（当然主要还是由于社会本身的演变）。原因是教会未及时听取拉梅内的呼声，其实他比教会中任何人都真切地感觉到当时正在发生的变化。一个世纪后，罗马教廷才把法国定为需要再次传道的国家，加强各种专门机构，以图重新征服广大工人群众。

最后，还有比圣西门、傅立叶等其他思想家和忧心忡忡的少数天主教教会人士的诉求更重要的现象，那就是随着资本主义迅速发展而成为牺牲者的工人阶级开始发声了：这是在切身体验和广泛传播的众多乌托邦社会主义理论滋养下形成的工人的思想和阶级的意识，它渐渐地显露并在社会中取得自主地位；它是以各种形式延续至今的一种意识形态运动的前奏。

工人组织

工人阶级在开始写作和发声之前已在旧制度遗留的体制内组织起来，工人组织的存在与其说被当局允许，不如说是被容忍；他们在等待新的爆发之前曾有过积极活动的年代。行会就是一种互助合作形式：上一世纪的巡回施工队按行业组成，彼此视为敌对帮派，随时伺机侮辱对方甚至打群架，但也保留了职业习惯、他们的行话和诀窍，以及针对工头的互助传统。一个名叫阿格利科·佩迪吉埃（绰号为"有美德的阿维尼翁人"）1854年出版了《伙计回忆录》，记载有关工人传统的极好资料：他非常赞成工人的传统习俗，甚至当许多工人对暴力公开表示遗憾时，他仍为此辩护。想入行者感觉自己被不公平对待，因此与业内工人相对立……许多工人，特别是巴黎的工人反对业内同行之间无谓的竞争和暴力，要求全体工人联合起来共同对付雇主。从那时起，"联合"一词开始具有它的价值和影响，因为联合起来才能斗争，这意味着互助的发展。工人们发扬互助合作，平时自发缴费，有时雇主也承担部分经费，用于救助生病或失业的工人。国家法律（资产阶级也表示赞同）亦允许成立互助保险公司，在绝大多数行业内这种互助组织都受到严密的政治监控。尽管有《勒夏伯利埃法案》的种种限制，自筹保险资金和定期开会等工人组织的习惯已经养成。在1817年爆发经济危机后，工人组织的互助共同基金不但帮助贫困者及丧失劳力的年迈工人，还用于资助罢工的工人，成为一种斗争武器。虽然遭到各种禁令，工人们仍越来越多地利用它来进行斗争：互助组织、疾病保险乃成为互助基金。1825年后，各省省长越来越少地允许工人设立互助基金——被雇主和当局认为是要求改善生活条件的劳动者手中的有效和危险的工具。

事实上，尽管工人运动爆发后当局依法严加禁止或追究，产业工人仍不断地以罢工形式反对雇主，1831年和1834年的里昂工人运动甚至发展成暴动。在里昂工人暴动之前或之后，还发生了多起规模较小、流血较少的反立法起义；自从1817年的经济危机直到1846至1847年酿成更大的危机，几乎每年在各地都有较大规模的工人运动爆发。在七月王朝时期，有些年份被当局追究的工人案件甚至达50多起（1837年有51起、1838年44起、1839年64起、1840年达130起）。巴黎、南特和鲁昂等地工人无视法律条款和刑事追究，勇敢地争取加薪：他们的斗争经常是绝望的抗争，成果十分有限，甚至往往一无所获。但是共同战斗的热情建立起持久的互助。

《工场》

然后工人们开始发言了，巴黎工人派代表团前往自由派议员或他们的朋友处，如阿拉戈那里去活动。当议会讨论一项有关工厂劳动的法案时，工人代表就四处活动；他们也开始写作，除了回忆录和研究改善劳工命运及伙计生活条件的报告外，当时一项重要的举动是在

1840 年创办了工人自己的报纸《工场》。这份月报与《环球》《生产者》和专门宣传法伦斯泰尔学说的报纸《法伦斯泰尔》不同，它的宗旨是紧跟时事——毫不隐瞒其倾向于布歇的社会天主教观点。这是一份"完全由工人撰稿的劳动阶级的专门报纸"。马丁·纳多在他的《回忆录》中赞赏道：

> 1840 年是工人运动史上最重要的标志。人们看到了前所未有的现象：一群工人集合在一起创办报纸，他们说为了他们的事业，需要白天拿工具劳动，晚上执笔写作。在 10 年时间里，他们一步步地捍卫本阶级的自由。

他们相信自己比任何人都更有资格说出工人的需要，分析每天积极从事劳资斗争的理由，怀着这样的信念他们进行写作并且自己校对报纸。用今天的话说，他们不接受"资产阶级"的合作，在 1848 年前后发表的研究报告和提出的诉求中可以看出工人们的清醒头脑，这足以说明为何《工场》报在办报 10 年中以及在后世留下了如此好的声誉。这份报纸由印刷业工人主办，该行业工人在 19 世纪与木材和首饰行业工匠一起成为工人运动的先锋队。《工场》报的团队（其主要编辑为高尔东）是民主的团队，主张实行普选，在劳资关系上强烈批评"工业特权"，并建议合理组织劳动……其纲领中并无特殊内容，主要是编辑委员会的组成以及在工人群众中传播明确的阶级意识。办《工场》报的人都有一种尊严感，一种工人的自豪感，因此他们能无畏地说出一切，直至揭露阶级斗争（1841 年 8 月）。"雇主和工人之间的斗争和对立一刻都不停地进行着；正是这种默默而痛苦的斗争，在被禁的名义下，向世界展露出新生、联盟和团结。它在每个工场里都能持续地感觉得到。"1844 年基佐曾指控《工场》报"在社会各阶级之间煽动仇恨"——最终是徒劳。接着又采取合法阻挠手段，如规定报纸须纳印花税，但这份报纸也挺过来了；最后是1848年6月后建立的保守派共和国难住了《工场》报同人：规定报社须缴押金。这种不带任何漂亮的空洞词语、清晰表达的工人思想——某种程度上让人心里更踏实，因为它宣扬忠于天主教会，热爱劳动——令资产阶级社会以及对这份新风格的报纸表示欢迎的保守派和自由派的报纸感到惊讶。当时社会主义思想的重大要点都体现在这份报纸上，它的座右铭乃是：自由、平等、博爱、团结。《工场》报同人特别偏好互助和一致行动：他们经常提到国际互助精神，也就是在英国宪章运动时期（1841年9月）的法、英两国工人的互助，"在工人大家庭的利益上，存在着如此完整和全部的共同利益，当一部分人受苦或遭受不幸时，其他人会立即感受到"。通过《工场》报的努力，工人的思想得到确立，并在法国社会中取得了自主地位，开始了漫长的征程。

因此，过去被忽略的第四等级不但在浪漫主义者笔下成为文学的主角，而且还是经济学家特别是社会主义理论家研究和讨论的对象，成为城里人交谈和关心的主题，他们以自己有尊严和让人踏实的声音令人感到惊讶、兴奋或担忧——第四等级在19世纪中叶已成为法国社会的一支新兴力量；在1848年2月至6月的革命中得到充分的展示。

4. 1848 年革命

奥尔良七月王朝与波旁复辟王朝一样，未经任何抵抗、毫无光彩地土崩瓦解。在2月凄风苦雨的三天中，和18年前阳光灿烂的7月底的三天一样，一个不得民心的衰弱政权在巴黎圣安托万至市政厅一带市民摧枯拉朽般的打击下垮台了。然而，两次革命的类同仅此而已。1848年2月不止于一场短命的政治革命：巴黎市民的胜利果实未被完全抹杀，第二共和国的短暂历史——确切地说从1848年2月到6月——乃是一段有厚重承载的历史，那场具有浪漫主义、社会主义和资产阶级多重面目的暴动，最终归于精明诡诈的小拿破仑——一个靠密谋和蛊惑人心而成功的阴谋家——的凯旋。然而，从它在欧洲激起的反响及其政治、社会的作用来说，第二共和国在当代法国文明轨迹上留下了它的印记：从民众春季起义到梯也尔、法鲁的保守派共和国的建立，炙手可热的历史篇章对当代某些现实仍有所启迪。

2月至3月

七月王朝被曾扶它上台的资产阶级抛弃了，被曾在1831至1839年间作为它最可靠支柱的国民卫队抛弃了，基佐和路易-菲利普在2月份最后向国民卫队求助时遭到了拒绝。因此说巴黎的资产阶级，包括银行家、商人、制造业主和梯也尔一类的政客也参加了革命。1846至1848年的经济危机横扫全国——从1846年起发生饥荒和因面包引发的骚乱，随之而来的金融界和工业危机导致工厂倒闭潮和失业——这一切都是对政府的打击。在人们眼中，政府无能力制止危机的蔓延。城市内面包店被抢，乡村中农民遭受小麦和土豆歉收，还面临铁路修筑工地关闭（全法国因此有50万修路工失业），种种混乱使资产阶级损失惨重，也让金融界深感失望。加上这几年爆发的多起丑闻，揭露出公共行政当局的贪污腐败，更令民众对在位领导层不信任。最后，当1847年不少曾参与1830年革命的头面人物相继背离基佐和国王路易-菲利普，要求实行改革之际，米什莱、路易·勃朗和拉马丁等人不约而同地于1847年春季发表了各自的大革命史（多卷本）第一卷，此类著作勾起了有文化的资产阶级对1789年的回忆。各部著作对历史事件的叙述不尽一致，但都激发起人们对大革命的同情，而"街垒国王"① 对此却不大欣赏。从1847年7月至1848年2月，主张改革选举制度和议会的政客在法国外省轮回举办旨在煽动民意的聚餐活动，遭到首相基佐的阻挠，这些"聚餐会"也起了催化民意的作用。梯也尔一派人、奥迪隆·巴罗和其他人提出降低有权参选的纳税门槛，使选民由25万增加至45万，同时主张对当时大多数倾向国王的官身议员之法定身份进行改革。尽管聚餐会是资产阶级和温和派组织的，但从秋季起越来越多的激进派人士（即共和党人）也参与进来。聚餐会在不满和群情激昂的氛围中进行着。

　　1847年的最后几个月中，著书立说者开始鼓动革命。其实对二月革命谁都没有准备，包括路易·勃朗或者勒德律-洛兰等人，既无改革计划又无政治组织准备；然而每个人都能感觉到，大家都猜度在聚餐会和骚动背后正孕育着一场革命，社会上充溢着直觉者（而非组织者）的预感。因此可以说，1848年3月至5月的第二共和国是由大革命回忆所哺育，狂热地追求人民主权和盲目信仰人类博爱的即兴之举。捍卫三色旗的拉马丁曾"游历世界"，他对人民的信任超过了对

---

① 译注：七月王朝诞生于巴黎市民筑街垒而奋起的暴动，并非王室的正统继承，因此国王路易-菲利普在法国历代国王中的地位特殊，其正统性备受质疑，外国列强因此戏称他为"街垒国王"。

自己的:"一个民族就跟大海一样是不会腐烂变质的。"2月的日子激起巴黎民众的无限热情,他们看到了贫困的尽头;《民族报》的温和派共和党人和《改革报》的社会主义共和党人之间达成暂时协议,组成临时政府,向人民承诺而且也付诸实施了若干措施:譬如实行全民普选,废止殖民地奴隶制,废止政治犯死刑,开设国民工场以纾解巴黎失业状况等等,一系列慷慨措施接续了1789至1793年的革命成果。各种俱乐部和报纸纷纷涌现,比大革命初期办得更好,在良好的气氛中对临时政府施加政治压力,不过好景不长。数周之内平民演说家到处获得掌声、教会神父祝福自由之树、平静的代表团前往市政厅……一切给人一种新生政权已稳掌天下的印象。或许对社会主义者来说,新的政治形式应当是让工人阶级获得最终解放的机会;但温和派却目光短浅或者别有用心。外省居民只是随波逐流,无法参与巴黎市民的革命洪流和俱乐部的热烈活动……巴黎人从3月份开始庆祝欧洲各国革命:从米兰到柏林,从维也纳到法兰克福,整个欧洲掀起了革命浪潮;日耳曼同盟瓦解,意大利分化,各地都受城市暴动冲击,民众要求建立自由制度和实现民族统一,而这是梅特涅从1815年起就执意反对的。尽管意大利的暴动先于巴黎革命前几周发生,巴黎市民仍认为是他们唤醒了欧洲各国人民为摆脱在帝国战争后陷于政治奴役的斗争。即使思想平和的外交部长拉马丁呼吁共和国不应干预邻国事务,巴黎人仍高喊各民族运动间的国际互助精神。当局势已逆转时,巴黎人还高呼着"波兰万岁"的口号游行。这种天真的乐观主义、街头平民演说家的浮夸作风和缺乏准备的政治(临时政府部长甚至留用七月王朝原来的人员)都说明何以后人常用带贬义的"四八党"来形容他们,这一称呼一直沿用至今。1848年的早春至5月份突然变天,尤其在6月份局势更紧。领导人的政治无能和资产阶级扼杀自由的残酷手段都起了作用;然而,1848年3月至4月的春天在巴黎工人的集体记忆中仍是充满博爱的伟大时刻：它铭记在人民的心中。

6月

直至6月（6月22至24日）革命被温和派共和党人篡夺了，国民卫队和二月革命之初由临时政府征募巴黎年轻失业者而组成的机动卫队镇压了工人暴动。腥风血雨的日子以及随后的严厉搜捕标志着共和国的倒退。保守派掌权的共和国立法镇压平民阶级，然后在1851年底被小拿破仑这个王子总统篡了权，至此第二共和国已完全失去了巴黎市民的支持，沦为路易-拿破仑·波拿巴弄于股掌上的玩物。

6月份两派冲突有了结局：一方是集合在国民工场内的十余万名工人，另一方则是由保皇分子和温和派共和党人占多数的制宪议会。但是全民普选并没帮上共和国的忙，4月间选出了一个连路易-菲利普，甚至路易十八都可接受的议会；数月后议会推选拿破仑皇帝的侄子为共和国总统。正如人们所说，是因900万选民缺乏政治经验。事实上，因当时大部分选民分布在乡村，无法接触到共和党候选人的宣传（即1848年之前的秘密社团或二月革命后俱乐部和报纸的宣传），所以把票投给了当地头面人物或者投给了拿破仑侄子。选民所熟悉的头面人物无非是公证员、乡绅或医生，他们个个自称拥护共和国，而其目的只在击败社会主义（或共产主义）候选人，社会主义者被称为"摘桃派""赤党"，或被指责在临时政府中主张加税45%（1法郎征税45生丁）。同样，非洲职业军队将军卡芬雅克和勒德律-洛兰等人在农村中的声望都不及路易-拿破仑·波拿巴：在浪漫主义时代，拿破仑神话靠石版画和木刻画的传播，早已在乡村中家喻户晓。因此4月份普选结果让保皇党分子和温和派共和党人获得了绝大多数选票，同样原因让小拿破仑在12月份当上了总统。

于是，一方面是敌视临时政府的议会，另一方面是路易·勃朗提倡的、由一个叫玛丽的女社会活动家组织得相当糟糕的"国民工场"，矛盾势必不可调和。社会福利的种种诉求令人担忧，而占社会主导地位的还是前朝延续下来的经济自由主义思想。一幅在战神广场救助巴黎劳动者场面的漫画使议会多数派更有理由无所顾忌地取缔国民工场。国民工场耗资大，不出产，没有发挥工人的技能特长；而雇主却恬不知耻地在卢森堡委员会上声称招不到工人……紧接着布朗基和巴贝斯在5月15日遭遇失败，国民工场立即被解散，于是引发了巴黎市内从先贤祠到拉雪兹神父公墓的东部和南部街区的市民总暴动。4天内，机动卫队和国民卫队两面夹击，又得到外省国民卫队的增援，一条街、一条街地扑杀起事民众。在非洲远征军——这支曾征服阿尔及利亚殖民地的军队惯于暴力镇压——的卡芬雅克将军和其他将军的率领下，共和国军队对民众实行了无情镇压，直至最后堡垒——圣安托万街区被军队攻克，在现场调停的巴黎总主教在民众投降之夜也因中弹而死于非命。6月26日数百人遭到处决，2.5万余人被捕，数千人遭流放，预示了1871年巴黎公社失败后遭镇压的惨景。蒲鲁东回忆这几天的惨状时写道：

  这次起义比60年来的任何起义都更惨烈。责任在议会用心歹毒……机动卫队、军队和国民卫队都参与了惨绝人寰的屠杀……镇压成功后的48小时内，当局在候审监狱、在市政厅实行枪决，杀害囚犯、伤员和已经缴械的手无寸铁的百姓……并且以最恶毒的诽谤攻击起义民众，以便对民众实施报复……太恐怖！太恐怖了！

拉梅内也在7月11日发表他的最后一篇文章中这样谴责卡芬雅

克、法鲁等一班人：

> 参与制宪的民众以共和国开始，也以共和国结束。因为我们所看到的肯定不是一个共和国……而是正围着它的血腥坟墓纵情狂舞的反动势力。这些当了部长及其忠心仆从的人很快会遭到报应……他们将被人蔑视地放逐，羞愧地弯下腰，今天被人诅咒，将来也被诅咒，最终滚到历代所有的叛徒一边去……

报纸被取缔，俱乐部遭关闭，民众缴了械，只有国民卫队趾高气扬，恐怖的统治开始了。卡芬雅克将军重权在握，制宪议会和后来的立法议会则精于弄权，以梯也尔、马拉斯特和法鲁等为首的保守党占议会多数，这是1848年的大恐怖。曾以资产阶级与工人阶层联合而诞生的第二共和国至6月已失去了第一张面孔：换上了一张阶级斗争的鬼脸；共和国曾经是2月份工人上街暴动的成果，现在它的捍卫者已被镇压，不光在1851年12月份不能动弹，而且在1852年也不得翻身……

梯也尔和法鲁

1849至1851年的共和国期间，议会被保守的多数派控制，总统是一个野心勃勃的阴谋家，他在爱丽舍宫不动声色地准备着一场新的雾月政变，梯也尔和法鲁——偶尔也包括蒙塔朗贝尔——把国家拉回到在教会保护下、消除了一切障碍的纳税人选举制度去。路易-拿破仑·波拿巴则宁可玩弄普选来捞取民意，似乎他比那些思想狭隘的保守派议员更拥护共和国。梯也尔通过了新的选举法，将选民在选举地的居住期限从6个月延长为3年，由此大大地限制了选民人数（900万选举人口中只有300万选民）；以巧妙手法把在各地巡回施工的工匠、乡村的短工和受害于经济危机的失业工人统统都挡在投票站门外。这便是准备立法选举的一大策略，即所谓"排除低劣人群"（écarter la vile multitude）。这项选举法是短命的，尤其是其用意太过明显。另外，1850年3月15日通过的《法鲁法案》因触动了帝国大学的地位（某些条款沿用至今仍未被取消）是另一项重要立法。法案实施所谓"教育自由"，在公立教育外允许私人办学，是造成法国教育界分歧的深层原因。法案在民众中重新煽起并激化反教会情绪，并在以后年代引发冲突。由蒙塔朗贝尔和法鲁炮制的该法案为天主教效劳，满足了长期来主张"自由"办学的人，他们从七月王朝时就开始反对国家垄断大学教育。法案规定个人可以非常自由地开办学校，因为开办私立中学的唯一条件是校长本人须拥有五年教学或监学的经验，具有资格证书或中学会考文凭；至于小学，神父即有资格当教师，无须任何手续。法案还允许市镇当局、专署或省议会根据学区委员会的意见拨款资助所有的学校。另一方面，《法鲁法案》还将公立教育置于教会监督下：小学教师受本堂神父或市长的管辖；圣会成员可担任公立小学教师；省议会或教育部有权决定关闭师范学校；教会人士进入学区委员会，这样教会通过学区同样可以监控中学教育等。尽管议会内以雨果为首的全体自由派议员，甚至卡芬雅克将军都反对法案，《法鲁法案》还是以多数票通过了，特别是梯也尔在其中推波助澜——在他眼中教师都是社会主义者；相反法案却遭到部分教会人士（如杜潘鲁神父和鲁-拉威涅神父）的反对。议会辩论时梯也尔和雨果两人针锋相对的言论，典型地体现了两种不同的思想境界。梯也尔说：

> 我准备把全部小学教育交给教会来管……除了教师应是世俗人士外，我还正式提出另一项要求：目前太多的教师令人厌

恶……我要求本堂神父加强监管的力度，比目前的监管大大加强，因为我十分寄望于他们能传播好的哲学，教育好眼下的受苦者……我说，我也支持小学教育不必也无须向所有人开放；我甚至说受教育，在我看来，是富裕的开始，而富裕不是所有人都能达到的……

雨果则反驳道：

小学义务教育是孩子们的权利，你别搞错了，它比父亲的权利更神圣……国家实行并管理庞大的公共教育，从乡村的小学，逐级上升至法兰西学院，直至更高的法兰西研究院；科学的大门应向一切求知者敞开。哪里有思想、有田野，哪里就应有书本！没有一座村庄不设小学！没有一个城市不开中学！……我反对你的法案。我反对它，因为它剥夺了小学教育，因为它损害了中学教育，因为它降低了科学的水准，因为它贬低了我们的国家……

那位王子总统赞成这项讨好教会的法案（若干主教和亲罗马教廷的韦约还要求得到更多的，甚至抗议政府对私立学校的卫生设施加以监管）；在他当上皇帝后，对《法鲁法案》进行修订补充，建立宣誓制度，从教育界清除基佐、米什莱和基内等教授，并推行新的改革：取消哲学、历史、文学和语法等分科文凭（统一以"文科"取代），也取消数学、物理、化学和自然科学分科文凭（统一以"科学"取代），规定教师必须身穿黑袍，而且不得留胡须。

1851年12月，路易-拿破仑·波拿巴终于排除了他最难对付的政敌；一年后宣布建立帝国：帝国之初实行严厉的专制政策，但持续不久。拿破仑三世与其他许多留恋个人权力的独裁者不同，从1860

年后转变政策,几乎回复到他刚上台时的地位,即议会制共和国的总统。但他的优柔寡断和退缩已无济于事:法国在他统治期间已进入了工业革命阶段,实现了前所未有的繁荣,在科技进步开创新时代的氛围下,法国向世界——至少向殖民地世界——更加开放。浪漫主义时代已成过去,城厢革命的年代也一去不复返了。

第十五章　实证主义的法国
（1850—1900）

在大半个世纪内（尤其在1850至1880年）法国经历了种种生活方式的转变，经济活动的变革令人遗忘了过去的民众运动和以往几个世纪的科技革新。对于经历了第二、第三次工业革命的我们来说，早已淡忘了19世纪是如何改变法国人生活的。如果说1870年的人们与他们17或18世纪的前辈还十分相近的话——特别是农民，19世纪80年代则是决定性的时期：那是一个转折点。"转折点"这个已被多次使用的说法用在19世纪比16世纪更有特殊意义。数百万人的日常生活开始发生变化，而这一变化还将加速进行下去：物质和精神生活条件、文化和饮食水平均发生了深刻变化。16世纪的转变仅涉及数万人而已；而19世纪的转折则牵涉到广大的民众。固定或移动的蒸汽机开始给人类提供能量，其效能——在20世纪中叶遭到批评——毕竟比水力、人力或畜力提高很多，铁、铸铁和钢在建筑和家庭生活中占有举足轻重的地位：从令人赞叹不已的埃菲尔铁塔到我们祖父辈的戈丹先生[①]就

[①] 译注：让-巴蒂斯特·安德烈·戈丹（Jean-Baptiste André Godin, 1817—1888），法国著名工业家和慈善家，受傅立叶空想社会主义理论的影响，将其生产家庭金属器皿的工厂发展成工人生产合作社，在法国北部地区有较大影响。

足以证明。第一次工业革命使城市和乡村面貌发生了翻天覆地的变化,交易所内疯狂的金融活动,朗格多克和奥弗涅地区数百年的乡村经济在一种强劲力量的推动下发生变革,迫使人们立即适应新的经济,尽管存在保护主义政策,这种国家手段在当时是唯一的保护措施。

经历这些变化的人们与其是自愿不如说是被动接受,当时的法国人能清醒地认识到正在发生的变化的很少,或许是因为技术的改进与科学的进步不像今天联系得那么紧密:从发明技术到它的推广应用往往要经过许多年时间;而从科学研究到技术发明则需要更长时间!帕潘的蒸汽压力锅发明于1680年,而第一辆蒸汽机车头要到一个多世纪后才问世;法国从1850年起才开始修筑铁路。然而,与拿破仑三世和麦克马洪同时代的资讯灵通者,那些曾读过圣西门作品,后来又热衷于奥古斯特·孔德和勒南学说的人则坚信不疑:工业时代的来临是科学突飞猛进的必然结果,所有科学领域的进步不断增强人类对自然及自身的把握能力;物理、化学、医学、天文学尤其证明了数学的近代成果。这一代人摈弃浪漫主义的神秘冲动,赞赏哪怕最平白的现实主义,他们对理性主义科学怀有激情,那是一种经过思考的激情。它正在征服社会、启迪19世纪60年代的精英学生以及一切寄希望于第三共和国的人,特别是从1877至1890年,甚至更近年代的人,克列孟梭就是他们中的优秀代表。

在社会、经济结构已更新的国家里,唯科学主义伴随着新的公共生活取得了胜利("伴随"是谨慎的说法,是否可更加肯定地说是因果关系呢?)。在1789年大革命后一个世纪,民主意识占据更重要的地位,保皇信仰除在个别地方外已难成气候,如巴黎的拉丁区,以及布列塔尼或法国诗人米斯特拉尔的家乡梅拉纳等一些外省偏远角落,保皇信仰的程度也参差不一。不过工人阶级的生活已有较大改善,那是因为工业设备的运作需要大量的劳动力，再加上城市化发展和工资上涨等因素。工人思想进一步发展，它与当代思想运动既有联系也有脱节。工人运动始终由巴黎的工人干部带头，他们在1870年巴黎公社等大胆创举的激励下，为法国的工人运动输送了领袖人物和作家。各地出现了法国生活的种种新气象，它们因时因地而得到加强。1895年后，工人组织在整合加强中作了必要的调整，使"无产者"运动登上了国家生活的舞台。

1. 第一次工业革命：经济和社会的新法国

没有取得很大进展，是否就不能说法国在19世纪下半叶经历了第一次工业大革命呢？尽管国家无数次的倡导，从柯尔贝起国家多次发放补贴、增加订单和给予优惠，制造业始终发展不起来。制造厂不制造，仅止于集中和分销原材料和手工艺制品，1850年前后手工匠人数仍比工人多，平原和山区始终在用木炭炼铁，对高炉焦炭炼铁还几乎一无所知，但法国的面貌毕竟发生了决定性的变化，工业化进程在持续，虽然其间爆发过因投机和生产过剩而造成的危机——新型的经济危机早已潜伏在那里。这是当代法国的诞生，城市扩大，乡村居民骤然减少，巴黎市和塞纳省每25年就会增加100万居民，住房也以同样速率增建5万多栋。在这个圣西门时代的法国（基督徒实业家或许与昂方坦神父的信徒一样多而且一样有效），究竟什么是转变的动力呢？蒸汽机肯定起着十分重要的作用，因为它带动了运输业的革新，也更新了大工业的装备。但是在这个仅出产少量煤炭又缺乏投资资金的国家，新生的冶金业大工厂不可能在金融业不普及、信贷机构少且缺乏黄金（最初20年）的环境下获得发展。法国的经济起飞及其危机（从1873至1895年）明显地与欧洲和全球的经济发展节奏相联系；包括它的最民族性的结果，譬如殖民地和19世纪80年代的帝国主义的发展。从佩雷尔、塔巴洛到儒勒·费里，都是重大的殖民政策的捍卫者，法国自由资本主义不断发展起来。

铁路

法国工业设备蒸汽机化的发展非常迅速：蒸汽机从1848年的

6 000 台，至 1870 年已增加到 2.8 万台，装备了近 2.3 万家工厂，总功率达到 34 万匹马力。这一发展进程在 1870 年后仍在持续（1900 年达到 8.4 万台蒸汽机，总功率达 200 万匹马力），直至 1914 年前夕。这也说明了在那一时期工人人数停止增长的原因（即便考虑到随着大工厂发展，手工业和家庭作坊衰退，需要对"工人"一词作更精确的定义）。仅从产量增加（包括纺织和食品的所有工业）来考察工业发展——如工厂的高炉数量和传送皮带的增加——对法国生活的影响，还不如移动蒸汽机——机车头——的发展对法国的影响更引人注目。铁路在几十年内已成为长途运输的工具：至 19 世纪末铁路已使加龙河和卢瓦尔河上的内河和运河航运业陷于破产，在汽车工业刚兴起之际，铁路加上 40 万公里的公路网，能到达法国最偏远的市镇；1850 年总长为 3 000 公里的铁路线，1870 年达到 1.7 万公里，至世纪末已达到 4.5 万公里，数十万辆车厢在 1.2 万台机车头的拉动下轰鸣驰骋，养活了近 50 万"铁路工人"……在第二帝国时代，法国成立了几家铁路公司，分别经营从巴黎出发的几大铁路线，犹如 18 世纪和七月王朝下的几条皇家公路一样。这些铁路网在第二帝国时代继续延伸，发展为以地区命名的铁路分段，譬如 1852 年建立北方、巴黎—奥尔良、巴黎—里昂和里昂—地中海等铁路段，然后在 1853 年建立南方和昙花一现的大中部铁路段，1854 年建立东部和西部铁路段……至 1862 年经合并而成立巴黎—里昂—地中海铁路段（这种情况一直延续至 1937 年的铁路国有化为止）。新兴的铁路产业很快成为不可或缺的交通工具，改变了远离大城市的偏远地区的面貌。然而建设这庞大的铁路设施需要依靠特别巨大的经济付出：铁路公司发展所需的大量资金只能通过交易所来融资；法国的冶金工业仍无法满足铁路建设的需求，因此在相当长的时期内，钢铁和机车头都靠从英国进口，尽管法国在中部和东北部也发展了自己的冶金工厂；基础设施

（如道砟、隧道、桥梁和车站等）的建设调动了全国数万建筑工人，还前所未有地从沉睡着的小乡村招工。铁路公司的建立必然以各种方式吸纳了部分公路运输人员。1850年前后从马赛到里昂的公路线上就业人员达5万人；自修筑铁路起，铁路行业带来的震动十分巨大：塔博自传中对马济耶尔-昂加蒂讷的描写充分显示了铁路业对地方的影响，但现今人们对由此带来的移民状况知之甚少。

由于铁路建设的大量需求，煤和铁的消耗均超过了生产量，尽管法国各地的煤铁产量都有较大增长，特别是北方省在第二帝国期间已赶上圣艾蒂安盆地成为第一煤铁生产基地。采用贝斯梅转炉，以及在1860至1870年代西门子和马丁公司对搅炼炉的改进都增加了铁和钢的产量。钢铁的用途越来越广：1867年世界博览会后，建造桥梁、轮船和灯塔都采用钢铁，而且金属结构成为新型建筑的基本元素。煤炭产量在1850年为400万吨，实际用煤为750万吨，1870年的产量和用煤量分别达到1 300万吨和1 800万吨。增长趋势还在继续：至1899年，由于北方省的煤矿产量从400万吨上升为2 000万吨，全法国煤炭产量已达到3 300万吨，但是用煤量为4 500万吨。钢铁生产也有进步，1878年后由于采用了托马斯炼钢法，采用洛林铁矿为原料，使法国冶金业生产供不应求的局面有所改善：1870年法国钢产量为11万吨，1880年已达到38万吨，至1903年达到463万吨。不过，法国冶金工业没有集中而形成大企业，在相当长的时间里采用的技术也不是最先进的。在第二帝国末期，冶金厂仍分散各地——除了北方省、洛林、圣艾蒂安和勒克勒佐四地以外——从朗德至下安德尔、阿登和下塞纳等法国各地。1864年成立了铸铁委员会，集中当时最有名的炼铁厂，如旺代尔、施奈德、巴黎的列加伊和里沃-德日耶的马雷尔，整合了炼铁行业。至第二帝国末，施奈德在勒克勒佐工厂已拥有15座高炉，30台锻压机，130座搅炼炉和85台蒸汽机，雇佣工人

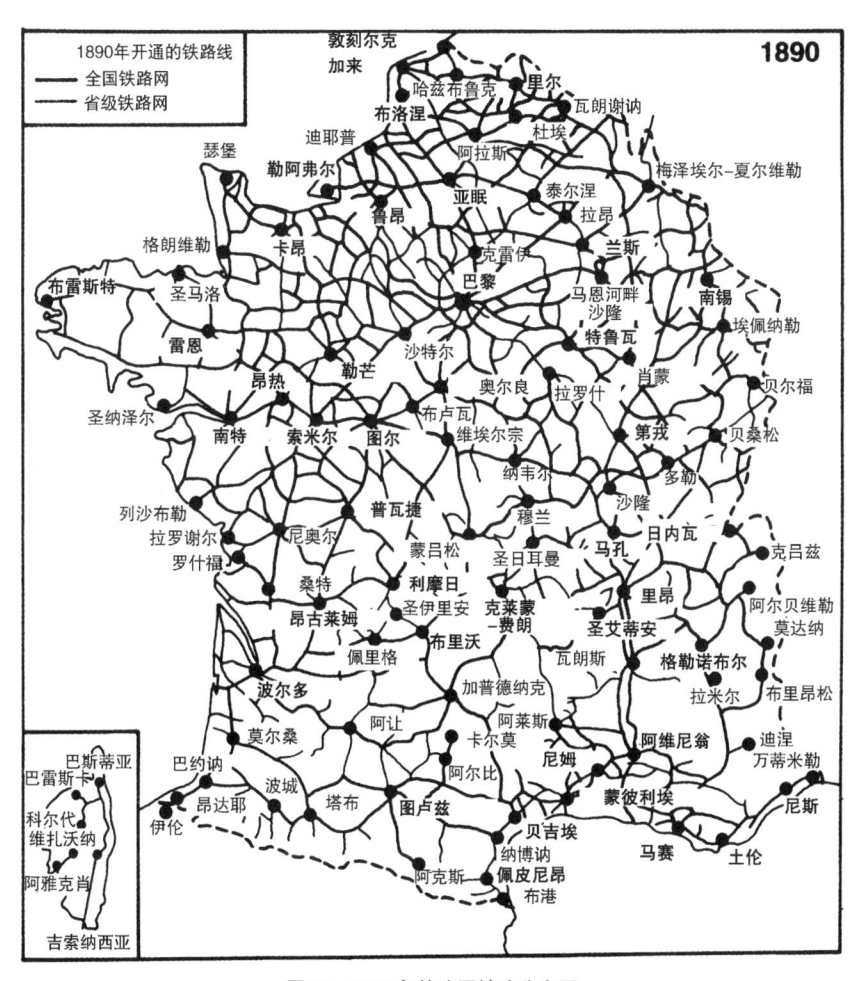

第十五章 实证主义的法国（1850—1900） 647

图 32 1890 年的法国铁路分布图
（引自拉蒂伊安：《法国国营铁路公司》，谢克斯出版社，第 98 页）

在 19 世纪末汽车出现时，铁路网达到全盛期；各省开发"小火车"以补充大铁路网；水路运输仅在法国北部继续运行。铁路线是法国的经济生命线。参阅第十一章图 24 "18 世纪末的公路和驿站"。

近万名。由于钢材价格在20年内下降了一半，设备良好的大工厂越来越多，以致阿韦龙省和朗格勒平原的森林小炼铁厂难以生存，苟延残喘。圣艾蒂安地区在圣沙蒙和霍尔姆两地还有海军的钢铁厂，小规模兵工厂仍以家庭作坊的形式经营，生产条件比较艰苦。旺代尔在洛林已开了大规模的冶炼厂时，邻近的上马恩省还有小规模的工厂以木炭炼铁。现代冶炼业逐渐形成，取代在煤矿就地炼铁——不久在大铁矿脉附近炼铁——的传统手工作坊，出现了重型钢铁工业，高炉、炼钢厂、拉丝车间和轧钢车间，同时在一些传统工业中心继续保留小型的专业冶金厂，生产工业工具，钉子、刀具、长柄镰刀和镰刀……在1890年前后，这些工厂开始生产自行车，然后是另一个目标——制造汽车。

银行和股份有限公司

铁路大公司和大型冶金企业由当时的头面人物控制，他们通过家族联姻和生意关系相互勾结，有的坐镇董事会，有的是立法议员，譬如欧仁·施奈德、保兰·塔拉波等人是法国的新巨头。据一位政论作家在1869年的统计，控制铁路、大型冶金厂、邮轮、煤气、银行和信贷机构等法国经济命脉的大老板，凡183人。时隔60年后，记者和讽刺歌谣作者称有200个家族。被歪曲的现实像神话一样流传着。所有这些大企业无一不是在公众储蓄的资助下靠信贷创办起来的。第二帝国在这一领域有很大建树。一方面，在"有利于发展法国工商业"的名义下，创办了法国最早的几家大银行，形成了现代法国的银行体系。土地信贷银行在1852年创立。同年（佩雷尔家族）也创办了动产信贷银行，成为唯一未存活至今的大信贷银行，其破产归咎于领导人野心太大和竞争激烈，有人说是18世纪破产的约翰·劳银行的新翻版。1853年贴现银行创立，此后相继出现了里昂信贷银行

（1863）和兴业银行（1864）。土地信贷银行创办时资本为6 000万法郎，至19世纪末已达到2.5亿法郎。它与法兰西银行一样从1857年起在外省各地开设分行，经营一个适应于地方工商业需求的极其灵活的信贷网络，长时期内相比其他信贷银行吸引了更多资金。该银行发行500或1 000法郎一股的债券，吸纳寻求投资安全的游资，成为受储蓄者信任的分行经理推介的储蓄产品。各地的土地信贷银行还向传统老银行和地区小银行提供贷款，同时亦向巴黎一些大银行（如马莱、罗特希尔德和米拉波等银行）贷款，这类巴黎大银行主要为国家发行债券和做国际贸易生意。各银行之间有专业分工（如土地信贷银行主要做抵押贷款），其他多数银行为商业银行，在经济生活中发挥重要作用（相反，各地和全国性的储蓄银行则主要是吸纳小额储蓄户的资金，为公共财政所用）。

另一方面，从1867年起，创建大型企业的步伐加速。政府通过一项新法律，向当时涌现出的许多股份有限公司提供发展上的优惠。从申报注册数据可看出股份有限公司发展之迅速：1868年有191家公司成立，1869年200家，1870年223家……股份有限公司靠认购股份来集资，公司由股东大会推选的董事会领导，股东投票权的大小取决于其掌握股份的多少。事实上，这一制度有利于大股东，大多数仅持有几股的股东只能得到分红，在股东大会中不起任何作用。因此新式的股份有限公司比已存在的无限责任公司具有更大的灵活性，它既能筹集到巨额资金又能使经营权掌握在少数人手里，这些人往往又联手参与其他大生意，相互之间有共同利益：因此在交易所上市公司的数量年复一年地增加，即使遇到危机也照常上市，这一情况一直持续至1914年第一次世界大战的爆发。同时，交易所内还有人对本国和外国政府的基金进行投机，基金投资也吸引了不少银行及其顾主。从第二帝国时代起，资金和交易所已成为文学作品的常见题材，从费多到左拉等作家对此都有所描写：这是一个大金融家的世界，无数的银行职员成为这类新兴行业中不可缺少的生力军。

大商场

工业产品增加和交通运输发展也带动了商业的繁荣，乡村里除了客栈也开出了有五花八门商品的杂货铺，过去的货郎担在几年内消失得无影无踪。城里的商业活动因大商场的出现而更趋活跃：各种名称的商业中心，实在想不出名称就干脆叫"新商场"；从"美廉大商场"到"萨玛利坦纳"，巴黎的大商场层出不穷。1852年开出"美廉大商场"（Le Bon Marché），1855年"卢浮宫商场"（Louvre），1865年"春天百货"（Printemps），1869年"萨玛利坦纳"（Samaritaine），1889年"老佛爷商场"（Galeries La Fayette）。雨后春笋般涌现的大商场与城市女性追求优雅的时尚密不可分，米什莱在1842年目睹棉花价格暴跌时就已看到了这一点，谁不记得他在《人民》中的著名描述：

> 所有妇女过去一律穿蓝、黑色的长袍，一穿十年也不洗换，担心长袍穿破。今天，她们的丈夫，再穷的工人哪怕花一天的工资也要替妻子买一件花衣服。如今在大马路上看到穿得五颜六色、眼花缭乱的这些平民妇女，不久前还穿得像戴孝似的。

1842年肯定还不是女性的春天到来之时，大商场在这场"革命"中扮演了重要角色；然而乡下女人还在继续"戴孝"。对于今天习惯于在超市任意选购和自助购物的我们来说，很难想象当年大商场取得的惊人成功。左拉是亲眼看见的：在《妇女乐园》中，太太们对商品看了又看，空手离开商场后再回来重复看，陈列的衣服可触摸但不能试，购物不能讨价还价……这就是新式零售业的全部新技巧和新节奏：在20世纪打广告和促销之前，19世纪末的大商场是新型商业中刺激性销售的第一步；商品的集中尤其是国内市场的拓展都在这一时期。商业的功能发展了，从业人员也在1860至1900年间翻了一番。

工商业的突飞猛进更因货币流通量的增加而如虎添翼：1850年美国加州发现新的金矿，稍后又在南非德兰士瓦发掘金矿，大量黄金涌入欧洲，涌入法国，在20来年里部分地带动了物流加速和工资上涨。得益者首先是炼铁技师、大工业家和董事会董事，他们实际上成为19世纪法国的新富豪。这些人不少是白手起家（法国各地，尤其巴黎变成"美国式"经济暴胀之地），更多人是在前一时期（尤其在金融业）成功的基础上快马加鞭：如萨玛利坦纳的科尼亚克-热，他的主顾们通过他家族发迹的一系列广告而对他的成功非常感动，但也有些广告显得笨拙；"美廉大商场"的东主——布西科也是同样情况。另一些人比较低调，譬如诺曼底纱厂业主富凯·勒梅特从一个纺纱工成为棉纺技师，他去世时竟留下了200万法郎的遗产。正是为了这批新富豪，奥斯曼男爵改造巴黎旧城区（或许其中有他们重大的战略意图，他们达到了目的，老房拆迁让金融家们赚取了高额利润：诚如儒勒·费里所说，"奥斯曼的超人算盘"）。改造后的新巴黎，大马路上四轮马车畅通无阻，视野开阔，两旁的漂亮住宅；香榭丽舍大街的"奢华"，从奥德伊到帕西的高尚区，剧场上演奥芬巴赫的轻歌剧《美丽的海伦》和滑稽歌剧，风格轻浮而无聊，巴黎生活铺展的挥霍排场往往带有某种低级趣味；推勒利王宫的情调遭到高傲的圣日耳曼街区的抵制。同样也是为了这批新富豪，巴黎周边兴建起最早的度假地，不安于现状的投机家们再次一哄而上：多维尔、迪耶普、昂吉安，然后是更远的维希、鲁瓦亚和普隆比埃等温泉疗养地。还是为了这批新富豪，1860至1880年间巴黎的高级时装应运而生——在制衣业采用

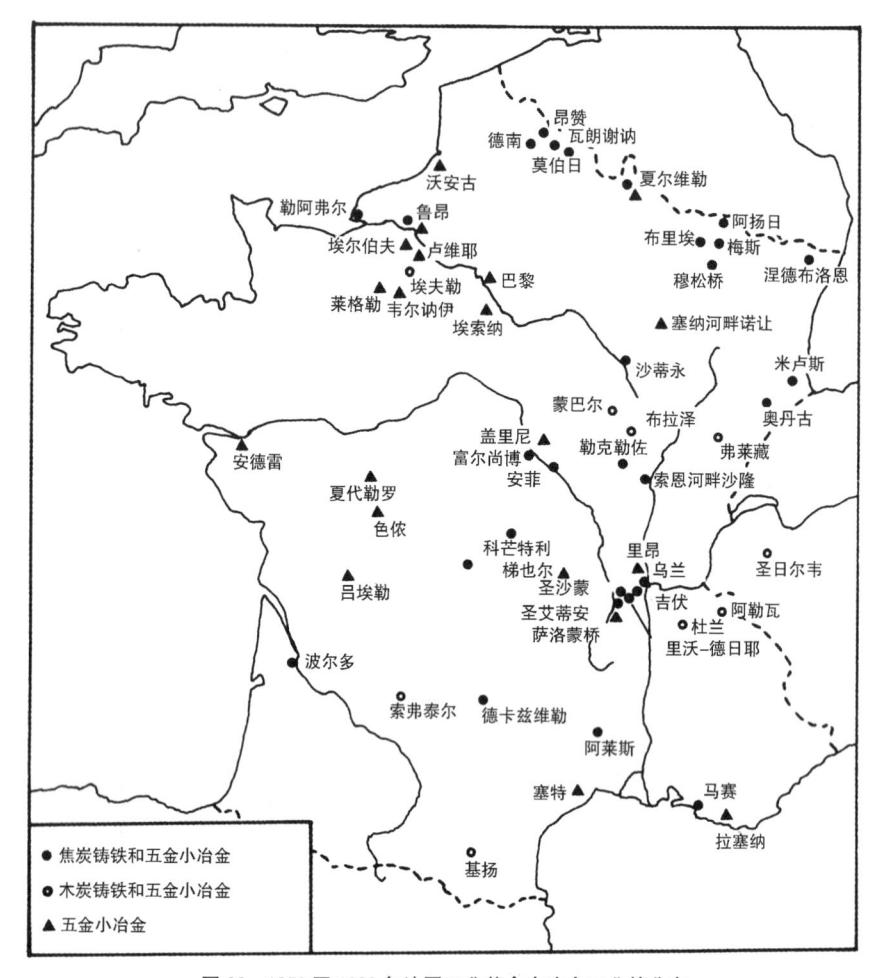

图 33　1850 至 1880 年法国工业革命中冶金工业的分布

本图根据 G. 迪沃（G. Duveau）先生所著《第二帝国时期的工人生活》（*La Vie ouvrière sous le second Empire*）一书提供的信息绘制而成。这是冶金业发生大转型的时期。木炭炼铁炉还将长期存在：大批的小炼铁厂放弃了铸造而朝五金小冶金的专门化方面发展。19 世纪末托马斯和吉克利斯特的冶炼技术的发明和电热法冶金技术为冶金业带来了更大发展，使本图在 19 世纪末有所变动：洛林地区、北方省和阿尔卑斯山脉是新技术的主要受益地区。

缝纫机——装扮巴黎的贵妇,高级时装行业越来越国际化:如帕甘等名店一直经营至20世纪,尽管有维也纳和柏林等地其他名牌的竞争,它的牌子在英国和美国始终畅销。于是在金融、商业和工业资本主义的刺激下,巴黎凭借它的底子厚、行政集中、铁路发达和银行林立而成为一个新型大都市,同一时期街头开始用煤气灯照明了。

金融家沉湛一气、结成势力强大的利益集团,各集团之间往往有冲突。冒险投机家像赌徒一样在交易所赌博,幕后的实业家和商人不敢轻视利益相关的政治行为——谁不知晓阿尔丰斯·都德在《努马·鲁梅斯当》中对巴黎政经界的无情揭露?这个掺杂了外国利益关系、由各色人等组成的狂热社会就像一个"铁路封建王国":因为它产生于铁路带来的距离缩短和工业发展两者之结合。这一切也同样改变了乡村生活,不过没有城市的变化那么显眼。各种丑闻通过廉价小报传播到乡村,遭受不幸的人对富豪的所作所为大加指责。资本的(哪怕是虚假的)诱惑力比以往任何时候都更大,城市的繁华喧嚣掩盖了刚平静起步的农业革命,乡村革命正方兴未艾。

乡村革新和地区专业化

农产品——还包括肥料和农业机械——的流通便利和加速,促成地区生产的专业化,这是19世纪末农业的一大进步。由于各地区的土地所有制的结构和经营方式不同,专业化发展的速度亦参差不齐。由农产品大量商业化而带来的这一转变在一个世纪中改变着农村生活面貌,直至目前所处的危机。最明显的例子是朗格多克地区——每个地区的反应不同,从德芒戎的《皮卡第》到E. 朱亚尔的《阿尔萨斯南部》,法国地理学派发表的各篇论文都证明了这一点——这个地中海多种作物地区原来有拉古斯蒂埃的葡萄种植、塞文山区的夏季进山牧羊业和平原的小麦种植,自从开通铁路后就专门发展葡萄园,仅十来年时间完全放弃了原来的传统农业；与此同时，北方省则放弃了葡萄种植。总体来说，地区专业化的倾向十分明显，主导思想是选择与地区气候条件相适应的农业生产，放弃传统的谋求自足的多种经营。在贡塔郡，由于各地改进灌溉系统，消除了夏季干旱现象，使农业生产明显好转；其他地方如克勒兹和贡布莱伊河流域喷石灰水改善硅质土壤，使小麦种植面积不再减少。物流便利使得某些地区易变质的商品，如南部蔚蓝海岸的鲜花、布列塔尼和南方地中海沿岸的蔬菜和水果，销售范围能扩大到全国，不久更进入国际贸易循环……

图 34　19 至 20 世纪的城市人口增长

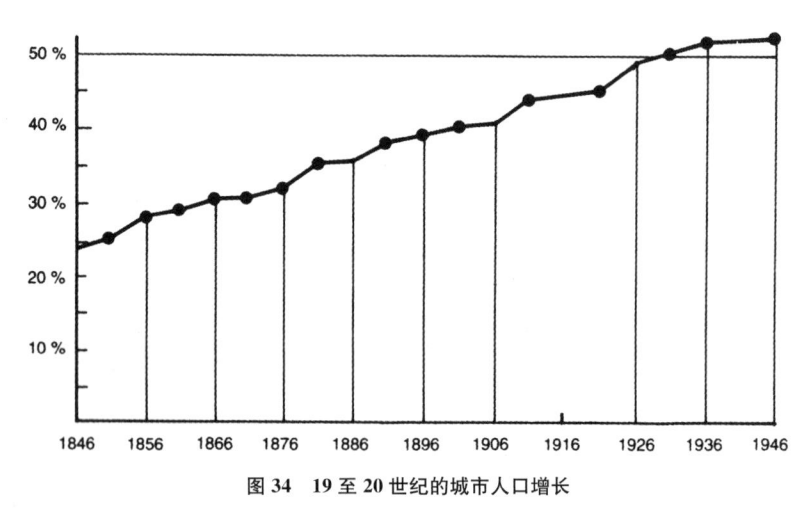

图中曲线表示自 1846 年以来，城市人口占全国总人口的比重逐年上升。农村人口流向城市是世纪性的现象。反映了当今法国在人口方面的一个基本事实。

然而，地区种植专业化并未带来土地所有制和经营方式上的根本改变。不像在英国和德国等邻国，19 世纪下半叶更多的乡村人口迁往城市，形成更大规模的大面积经营，种植方式也随之发生巨大变化。在法国农业人口虽有减少，但截至 1900 年农村人口仍占全国总人口的多数（59%），净减少的农村居民基本上是进城打工者，没有出现耕地大规模集中的现象，其结果只是扩大了小农户经营的种植面积，没有促成大经营农户的增加。不过根深蒂固的传统习惯没有阻挡种植作物的转变，诺曼底小麦种植面积减少了，阿基坦的葡萄种植也减少；土地分散的状况仍保持不变，每一处公共土地也按块分配给农户。因此农业机械，如割草机、收割机、播种机和脱粒机等无法迅速推广。1862年时10万台脱粒机，至1892年增加到23.5万台；播种机从1862年的1万台增加到1892年的5万台。尽管开设农艺学校加以鼓励，农艺学教师亦大力推广，法国农民面临革新所表现出的犹豫是闻名遐迩的[①]；尽管普及使用肥料，特别是从北美进口的磷肥，使每公顷产量有所增加，但农民的经济状况没有我们所想的那么好。乡村工业尤其纺织业萎缩，主要是大工厂的竞争，加上1880至1890年经济危机的影响。由于休耕地总面积减少（1860年休耕地为500万公顷，1880年减少为300万公顷，1880年后逐渐取消了土地休耕的做法），普遍将公共土地改造为人造牧场；森林资源得到改善，在国家水资源和森林管理局的合理经营下，开发了森林资源的新用途。综合这些因素使农业收入不断增加，显示出农业革新的规模。

村庄也发生了变化：或许过去村里半农半手工艺人占重要地位，他们在传统经济中身兼两职，向农民提供车轮、工具、布匹等必需品。随着铁路的延伸，他们的人数根据村庄离铁路的距离成比例地减少，村子里小公务员、小学教师、邮递员和退休者的人数渐渐多了起来，尤其是专职手工匠增加了。村寨小广场上开出了几家店铺：小酒店在周日教堂弥撒结束后格外的红火；杂货铺除了销售每周出版的报纸外，还经销五金小商品、糖果和调味品，各类商品"一应俱全"；

---

① 塔博：《我的村庄》，其中详细分析了农村各种基本的心理现象。

在较大的乡镇上，有医生、药剂师、公证员、收税官、兼营农机的车行，充实了原已存在的乡村资产阶级队伍。如果小镇居民人数不足2 000，那么在统计直接靠土地生活的农村人口减少时，就会把这部分人遗漏了①。

法国各地的乡村面目依然千差万别：19世纪末在博斯一户农庄的马厩内有10至15匹马，仓库里有当时的所有农机，小麦和甜菜收成很好；波旁地区的一个佃户每逢周一按主人的吩咐安排一周的劳作，年终的微薄收成与主人五五分成；阿基坦的自由小经营户靠得天独厚的气候和土壤条件，经营着尚有盈余的多种作物，其个性十分独特；随着铁路的发展，他们不同程度地从开放的全国市场获得好处，即便是处境最差的佃户也从中分得一杯羹。

1873年的萧条

这半个世纪并非始终繁荣的时期。它的"发动"阶段几乎与第二帝国同步，即从1850至1873年，其间遇到了一些不容忽视的冲突，不同程度地影响到法国的经济生活：如1857年由投机引起的危机、1860年后因拿破仑三世与英国签订自由贸易协议，英国纺织品涌入法国市场而造成纺织业困难，又因美国爆发独立战争，进口棉花短缺使纺织业困境延续至1866至1867年。虽说在困难发生之前，法国纺织业界在1860年已提出抗议，但协议的签订使法国的工、农业经济面临英国同行的挑战，英国近一个世纪来始终占有技术优势，而且近十年来又推行自由贸易政策，这对囿于传统观念受到国内市场保护的法国经济造成巨大冲击。1871年起拿破仑三世的继承者很快回到了

---

① 参阅加拉韦勒（Garavel）所著《莫雷特的农民》（*Les Paysans de Morette*）一书，以及上述的塔博自传。

贸易保护主义。

但是，拿破仑三世的后继者刚上台即遇到1873至1895年间的经济大萧条：1873年危机是国际现象，并非只在法国。危机可能源自黄金短缺，加上多国放弃（货币的）复本位制。法国或许因为是以农业为主的国家，所以未遭受英国等国家那样的严重萧条。但是法国农业受到影响，一方面是因为新兴国家的发展压低了价格，美国小麦及阿根廷、澳大利亚羊毛大量销往欧洲——这是法国羊群急剧减少的时期；另一方面是1875年前后出现的葡萄根瘤蚜虫害造成葡萄种植业危机，一直持续至1890年，波及全法国所有葡萄种植区。后来靠从美国引进的砧木进行嫁接才接活葡萄藤，但阿基坦和夏朗德地区（包括夏朗德和滨海夏朗德）两地的葡萄种植业因此丧失了重要的市场地位，再加上阿尔及利亚葡萄酒进口的新竞争。纺织、化工和冶金工业也在1882至1885年间遭受打击，纺织业尤其因为德国在阿尔萨斯开设了纺织厂，迫使米卢斯部分纺织厂迁往孚日山脉西侧而受到影响。摆脱新的经济危机的办法是在1892年（经过1882至1883年的试验）实行梅利纳的保护主义价格政策；这位出生在孚日山的保守派人物对法国经济发展方向有巨大的影响，他的保护主义政策在法国一直沿用至1960年。1895年后法国经济开始全面复苏，老实说帝国主义的征服政策在其中起了重要作用。

在这方面，使得1873至1895年的经济危机对法国造成的影响远不如西欧其他国家那么严重。向海外扩张最初是政府有意推行的纾困政策，但很快在1885至1895年间变为公众舆论的共识：法兰西殖民帝国在开始时只是骑士贵族、天主教教士的孤立行为，民众对此并不支持，但从1890至1892年起便发展为国家行为。从这一定义出发，在1830至1870年间"征服"的最早殖民地（如留尼汪、圣皮埃尔和密克隆、马提尼克和瓜德罗普，以及在塞内加尔和印度开设的商行）

基础上，加上后来的新殖民地，如阿尔及利亚、加蓬、南圻（越南南部一个地区）、柬埔寨、塞内加尔和吉布提；1880至1900年达到帝国鼎盛时期，新增殖民地有突尼斯、北部湾、安南（越南）、西非、赤道非洲、马达加斯加和摩洛哥。当时对青年的宣传组织"殖民地和海洋联盟"以及1892年法国政府新设的"殖民地部"在海外扩张中扮演了重要角色。对于海外扩张行为，报复心强的巴黎小资产阶级和以人道主义反对殖民统治的工人阶级表达了很大程度的缄默；当然也有许多人蒙在鼓里，特别是乡下农民。商业资产阶级积极支持这一政策，认为殖民地是法国产品既可靠又安全的最好市场，而且还是工业和食品业原材料的稳定来源。殖民帝国的经济作用十分明显：1895年前后再也无人怀疑殖民地是令法国摆脱危机的"解救良方"。但帝国需治理面积达上千万平方公里的领地，管理包括讲各种语言、不同文化和不同肤色的6 000万人口，很快出现了困难。1890年帝国主义者开始隐约地感觉到出了问题（教士除外），而真正意识到问题的严重性还在以后。

经济萧条的严重后果不能忽视，但也不能抹杀19世纪下半叶经济总体的增长。在1880年以前工、农业的工资增长十分显著，由于大航运公司（海洋运输公司和大西洋公司），尤其是在马赛创造了巨大财富的苏伊士公司的经营，外贸总额在19世纪末超过了100亿法郎，民众的生活水平普遍得到提高，这些都证明了经济的发展：在第二帝国的20年中，小麦消费量增加了20%（从1863年起面包店成为自由经营的职业）；食粮消费量增加了50%，土豆消费增加了80%，酒类消费量增加1倍，咖啡消费量增加了3倍……这些是总的数据。各地增长情况不一致，譬如在农户家庭餐桌上酒类消费多一些，而咖啡还不太普及，咖啡只在城市居民中成为普遍的饮料。烈酒消费也增加了，或许在城市增长得比乡村更多些。总的来说，这些数据都说明经济有了较大的增长，如果说人口从1850年至1900年增加了400万（即从3 500万增加至3 900万），那是因为人均寿命的延长，说明人们生活条件的改善和医学的进步；并非因为出生率提高，恰恰相反，同一时期的出生率有所下降。正如有人说，这是生理状态明显改善的正常结果，尽管当时人对此还没有意识到；相反，他们对街道的改观、新型工厂的出现、城市和乡村到处实施大工程，改变人们原本熟悉的市容面貌这一切更敏感些。在不断地向四周扩展的城市、在农民能经常食用白面包和肉类的乡村里，19世纪末法国人的生活显然比活在1850年前的父辈或祖辈的生活更好，即使世界依然充满艰辛，贫穷、失业和疾病依然困扰着民众。

2. 科学和唯科学主义

上述的经济进步并非是社会变革的结果：七月王朝的自由资本主义社会基本上原封不动地保存着，只是人们对事物拥有更强的支配力；社会主导阶层比普通劳动者和工薪阶层获得了更大的利益。而这些利益无非来自对自然界甚至对人类本身的新认识、新把握。这半个世纪中靠科学进步而把握自然的进程之快是前所未有的。用一种乐观的表达，它是第二次创造世界之开端：人类创造着一个新世界。

《科学的未来》

全欧洲各知识领域的学者越来越多，自然科学的各学科渐渐分类独立，历史上在很长时期内出现过的百科全书式知识已变得不再可能，即使在物理或化学等单一学科内也不会再有人掌握全部知识。解释几个世纪来人们为何和如何凭经验或有系统的研究——从笛卡尔到蒙日，从梅森至开普勒、牛顿，从安布鲁瓦兹到杰纳和拉埃内克——将是一项浩瀚无边的工作，需要把我们的叙述推得很远；必须一步步地跟着自然博物学家——从帕雷到布丰、从居维叶到拉马克——的足迹；同样谨慎的数学家们面临的道路更崎岖，直到黎曼建立了非欧氏几何学——它在19世纪中期属于纯思维的研究，一个世纪后才变得如此重要。特别要强调的是，使科学得以突飞猛进的那种精神——同时代的勒南在他的伟大著作《科学的未来》充当了它的传令官：宣告了对理性的信仰，相信人类有方法征服自然并对已取得的成就感到自豪。几年后,克洛德·贝尔纳[1]雄辩地阐述了在假设和实验之间进行沟通的科学方法。这种科学方法被运用在当时最辉煌的发现中:从把数学严格地运用于天文学(根据勒维耶的计算推论,然后人们观察到海王星)到巴斯德观察到微生物生命等。奥古斯特·孔德关于人类社会发展三阶段论的思辨适逢其时:他断定人类已进入实证的科学阶段,在这一阶段一切形而上学已失去其存在的理由,因为它已无现实基础。在新医学的假设下,疾病自然生成说不攻自破;贝特洛的化学实现了最初的合成(甲醇、乙炔);光和电的现象得到解释和被掌握,确切地说是被掌握,但尚未得到充分解释。

将各个国家的所有重要发现按年份罗列将会是一份很长的清单,需要占不少篇幅:或许只要记住基本的科学研究就是围绕着化学及其原子理论,围绕着光谱理论、电子和电磁理论,以及地质学理论来进行的。热能化学、电子学和生物学则是连接科学和技术的桥梁。同时要指出的是,当时人们对科学的如此进步表现得十分惊讶。有一天雨果曾写道,科学协会在周六会议上记录的化学进步正在恢复并实现炼金术士的古老梦想。他还未看到 20 世纪的人所看到的事:水银会蜕变为黄金,这正是中世纪的博学者浮士德们梦寐以求的事。勒南在 1848 年就写道,科学是向人们提供自然界要求其作出一切解释的宗教。或许医学上的发现是最神奇的进步:首先巴斯德"革命"(发明灭菌法、无菌法,以及他的弟子们在巴斯德学院和热带赤道国家的种种发现)使人的寿命在短短一代人的时间里延长了二十几年;其次将不断改进的化学治疗运用于人体显示出科学的统一性,即把全部科学——包括自然科学和人文科学——统一起来考察的合理性。

---

[1] 克洛德·贝尔纳(Claude Bernard)的《实验医学导论》(*L'Introduction à la médecine expérimentale*)出版于 1862 年,《科学的未来》(*L'Avenir de la Science*)写于 1848 年,于稍后出版。

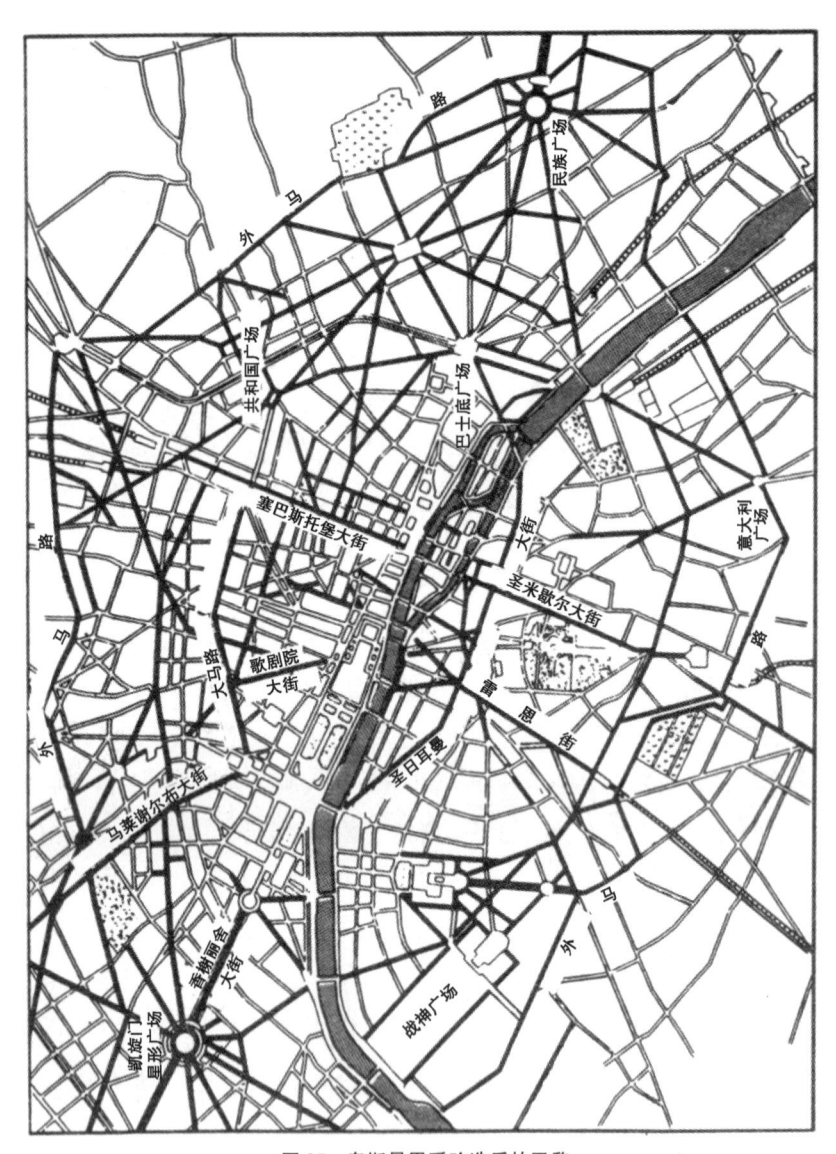

图 35 奥斯曼男爵改造后的巴黎

（引自 P. 拉夫坦 [P. Lavedan]：《奥斯曼男爵的业绩》 (*L'œuvre du baron Haussmann*)，法国大学出版社 [P. U. F.]，第 54—55 页）

图中粗线表示在奥斯曼担任塞纳省省长期间，领导巴黎市市政改造中开辟的大马路：包括当时的巴黎环城外马路和市中心各交通干道（如圣米歇尔大街、塞巴斯托堡大街和歌剧院大街等）。

数学的胜利

因为从1850至1880年各门科学取得的胜利是量化的胜利，所以归根结底都是数学的胜利：发明可以对无穷小（或微细胞）和对无穷大（当天体物理学诞生时）进行观察（或实验）的工具，其实都是在同一方向上实现的进步；生物学将自然科学与人文科学相联系，并且显示了两种科学之间过渡的简易性——基于史前重大发现而建立的进化论便是有力的证明①。自然科学领域的不断发现激起了世人的热情，成为产生唯科学主义的基础：信仰科学进步即意味着将各门科学汇集到以数学为基础的唯一知识殿堂，在此考察宇宙及其星系，考察人类，甚至也考察上帝。

正是在这同一运动中，人文科学得到更新，清晰地限定范围，摈弃一切艺术奢望，探寻人类决定论的普遍规律，它将比寻找和分析物质规律更困难：因为几乎不可能进行实验，而且在肯定中还带有臆测的成分，人的思想产生于头脑犹如糖分蓄积在人体的肝脏内一样，这些都说明困难的程度，然而还是有人进行尝试。泰纳不无困难地试图以环境、人种和气候等条件来解释英国文学的现象；德·库朗日的历史著作详尽耐心地分析历史事件的前因后果，其中地理决定论占了很大地位；在他之前勒南已出版了《耶稣的一生》（1863），该书的结论无比大胆：称耶稣为"无可比拟的人"。写《资本论》的马克思对剩余价值作过精确估算，说明这位科学社会主义的创始人也是抱着同样精神来著述的。19世纪末涂尔干重新使用奥古斯特·孔德的用语及

---

① 达尔文（Darwin）的《物种起源》（*L'Origine des espèces*），在1859年出版后，几乎立即被翻译成国际学术界使用的所有语言。

思想创立社会学，即对人类社会的科学研究[①]。人文科学将成为孔德以实证阶段推定的科学大厦之顶冠：1868年维克多·迪吕伊创立高等实践学院，以摆脱大学的限制，自由地拓展科学研究，大大促进了人文科学的发展。但这显然不是说所有法国人都已变成实证主义者。新科学，即便对人类再有用，也往往被人忽略，甚至受到挑战：乡村里的农民相信"驱魔者"——即我们所说的土法接骨师——而不信医生；在卢瓦尔河一带的农民流行这样一句话，"狗的舌头都比医生的手值钱"。唯科学主义作为一项科学运动只与少数人有关。

唯科学主义信仰是带有某种挑衅性的理性主义，它对宗教特别是天主教的挑衅含有毫不掩饰的蔑视。《耶稣的一生》显然已发出了呐喊，为此勒南丢掉了在法兰西学院的讲席；但是达尔文主义很快成为反对教会圣经教育的致命武器；最后，教皇庇护九世不得不在1864年颁布《现代错误学说汇编》，郑重地全面反对现代主义的一切谬误及带有"主义"的种种理论：自由主义、自然主义、冷淡主义、社会主义，此举或许加剧了现代科学与教会的对立。罗马教廷犹如一座被围攻的城堡，当其强调（圣母）无玷受孕或者在1870年宣布教皇无谬误论时，（或许因为被围攻的声势太猛）在庄严的外表下显得有点不寻常的僵硬。

不过法国天主教会与教廷的上述庄严声明关系并不大，教会与政府的关系也没有太大的困难：第二帝国初期天主教会得到拿破仑三世的保护，从1860年起因罗马教廷问题关系受到影响，但在"重振道德"的名义下教会又很快与当局联手（1875年当局允许天主教会开办高等教育，实现了天主教会自1833至1850年重新征服的最后一

[①] 涂尔干（Durkheim）：《社会学方法的准则》（*Règles de la méthode sociologique*），1895年版。

步），后来80年代因共和党议员在议会通过离婚法以及组织小学教育等问题，教会与当局的关系一度陷于紧张……但所有这一切都不能遮盖法国天主教会的强大生命力：民众特别是乡村民众十分听从教会，拥护教会竖立十字架，争当教会的宗座侍卫，年轻人进入神学院学习，成百上千名教士前往非洲和亚洲去传播福音，源源不绝的朝圣者前往勒皮的阿尔斯本堂神父身边忏悔，不久又去卢尔德①朝圣，信徒们踊跃前往耶稣圣心堂、玛丽亚圣心堂或约瑟夫圣心堂祈祷。在乡村里尤其是西部或山区，但凡本堂神父召唤，信徒们总是一呼百应。法国天主教会出现了许多圣人，拥有大批教师和传道士。但是教会的影响主要在乡村，城市内教士人数已不多了，无产阶级大众普遍不信教；资产阶级介乎信教与不信教之间，而在城郊地带即使正统派人士也有反教会的言行。在乡村里已经出现一种倾向，它发端于19世纪最后25年一直延续至1900年以后，即教士主要依靠女信徒。她们不读报亦不进学堂，除了周日上教堂做弥撒，平时足不出户。当教会变成"女人的事"，户主男人们纷纷离去，按照勒勃拉形象的说法，成为"季节性的旁观者"时，法国天主教是真正衰弱了。教会退却而又显得有一定活力，这并不矛盾——它宣告分隔时代的来临。

反教权主义

在帝国时期成长起来的年轻一代知识分子都带有唯科学主义的烙印，从费里至克列孟梭，从瓦莱斯到左拉，无一不是热情奔放的反教权主义者。米什莱修改了他的早期著作，雨果早已定下了基调。共济会四处招募人才，在它的秘密会所为第三共和国的建立培养大批干

---

① 圣母玛丽亚在法国首次显现是在1857年，当时崇拜圣母的狂热达到无以复加的程度，这一现象具有重要的意义（译注：据说圣母曾在卢尔德的一个山洞内显现，于是当地成为信徒们的朝圣地）。

部。科学的胜利意味着迷信的终结，受到激励的青年们立下"理性主义"的誓言，要加速迷信的消亡：青年时代的克列孟梭曾在拉丁区发誓，今后无论遇到什么情况决不求助于神父……年轻的知识一代有条不紊地工作，有效地准备着替代帝国的新政权的到来，他们拟订政治改革纲领和普及科学的规划。未来的医生、律师和记者如饥似渴地阅读18世纪哲学家的著作，为冲击传统观念的新出版物拍手叫绝：左拉因1867年出版《黛莱丝·拉甘》而在几个月内一举成名。到处宣扬理性主义的激情，不光在瓦莱斯或左拉作品中，也体现在《利特雷辞典》和最初几版的《拉罗斯辞典》中。仅举一例就足以说明问题：1867年的《拉罗斯辞典》中有关教士收取酬金（Casuel）的词条这样写道："（教士的）唯利是图甚至表现在死者的棺材前；谁都知道（神父）祈祷时间的长短与酬金多少成正比……"

抨击教会在1871至1879年间的政治辩论中采取立场，谴责"天主教义政治化"，反教权主义者注意将宗教与教权主义相区分，揭露教士影响社会的种种伎俩。为此让·马塞于1866年在阿尔萨斯的布雷班汉姆创建教育联盟组织。教育联盟不是共济会授意的组织，但确有一些共济会会员参与其中，也有许多新教徒参加，联盟宗旨是抗衡天主教教权主义。在1880至1886年间，议会和参议院经过激烈辩论通过了多项教育法案，剥夺了教会在培养青年一代中垄断教育的权力。同时对1875年在"重振道德"名义下批准公立、私立学校教授同样具有学位授予权的制度进行改革，规定只有公立高等学校教授才有权授予学位。规定小学教育从6岁至13岁：全体法国儿童——原则上在家长负责下——享受免费的义务教育，废除1833年法律规定由学生承担部分的教师报酬（学杂费不免费，但各地市政府可自行决定实行学杂费免费）。此外在教育世俗化方面，规定每周四由家长决定在课外让孩子接受由家长选择的宗教教育。教会失去了对教师实行监控的一切权力，小学师资由各省初等师范学校培养，即所谓"非教会的师资培训班"；于是在 1885 至 1900 年间全法国兴建了数千所小学，在很短时间内有数百万学生入学接受教育。另外，1880 年还推行女子教育，仿效男子中学建立女子初中和高中，男、女中学之间有一定差别，后来差别渐渐取消。这样就根本改变了教会学校的绝对优势，过去教会办女修道院专门培养城市资产阶级的女孩。然而出于根深蒂固的成见，高等教育中的女大学生直到第一次世界大战结束后才开始出现。1914 年以前，索邦大学内的女大学生都是外国女生，主要是俄罗斯女学生。

1884 年的法律还允许夫妻离婚、取消议会开会前的集体祈祷、严格实施以往有法不依的取缔圣会等法案，这一切都反映出同样的反教权精神。儒勒·费里、纳盖和卡米耶·塞等人准备并促成公众意识的重大转变；在极少数人不受洗礼、绝大多数人信奉天主教的法国，1880 年的诸项法律宣告了政教分离，在公众舆论中形成完全分割宗教权力与世俗权力的想法——这或许不是全新的观念，但还从来没有真正实施过：1880 至 1886 年正在为 1905 至 1907 年做着准备。

文化衰落

艺术是否也朝着这个蒸汽和铁的世界的科学方向发展呢？当"财富取代了一切"，当掌握技术的工程师被视为最有前途的人时，文化生活便衰落为无远见的投机行为：勒南在《雅典卫城上的祈祷》中所说的"泛维奥蒂亚现象"[①] 成为一个时代的标志，尖刻的福楼拜也在作品中无情地嘲笑过这种现象。文化衰落标志着工业资产阶级的登

---

① 译注：维奥蒂亚（Béotie）为希腊阿蒂卡（雅典所在的州）附近的一个州，在文化繁荣的雅典人眼中，维奥蒂亚人是没有文化、缺乏艺术趣味的文盲。勒南借用这一现象来比喻工业时代缺乏艺术修养的法国人，所以称为"泛维奥蒂亚现象"。

台，工业资本家不再有时间阅读，他们的后代也不会像上一世纪的人那样接受扎实的教育。同时还出现了道德消沉，在这一领域作笼统概括比较困难，但人们不难看到在17世纪积极进取的让森派资产阶级与作为巴拿马丑闻中陪衬人物的金融界之间的鸿沟。福兰的那幅尽人皆知的漫画（《他只记得我的话》）从来不会显得过分。布瓦尔、佩居歇和郝麦是福楼拜厌恶社会低级趣味而塑造的夸张人物，这些小说人物属于那个新的"体面社会"。在他们眼中，一切价值不管是否符合传统，都毫无意义。第三共和国的政坛个个都是精神空乏的"维奥蒂亚人"，他们取消向意大利剧场和歌剧院提供的津贴，1897年又曾拒绝接收卡耶博特的赠与，其中包括了马奈、塞尚和雷诺阿等创新大师的多幅名画。第二帝国时代或许好一些，拿破仑三世从1863年起取消由美术学院对艺术创作的严密监控，颁发罗马艺术大奖，国家出面购买艺术作品，并资助艺术家去罗马进行创作活动。在第三共和国时期，官方学院派恣意践踏创新艺术，只有克列孟梭对新绘画感兴趣。

作为对浪漫主义夸张和无病呻吟的反击，尤其为了迎合科学主义的客观性，文学创作刻意成为照相式的记录，不加诠释、不予美化地表现生活的某个剖面：现实主义小说是这类艺术中最优秀代表，拒绝对生活作任何选择，以求最真实地加以表现。左拉写了第二帝国时代的编年史，福楼拜描绘了外省诺曼底的风俗；诗歌已不再时兴，到世纪末已躲入象征派诗人的封闭小社团里，由少数诗人进行艰辛的探索，大众难以接近。巴尔扎克被推崇为新艺术的大师，《贝姨》《高老头》《欧也妮·葛朗台》道出了一代作家的心声：对社会进行传记式的批评和学者式的再现，从《人间喜剧》到《卢贡-马加尔》、《小酒店》和《人兽》。然后莫泊桑的作品也体现了同一个方向。

说实在话，文学被绘画超前了至少几年：库尔贝这个壮实的弗朗什-孔泰省人，他画画如苹果树结苹果①，鄙视德拉克洛瓦的中东题材画作。他热爱故乡的土地，以其历史性的画作打出了现实主义的旗帜，譬如《奥尔南的葬礼》（1851）、《打石者》和《乡村少女》；接着米勒和柯罗画了许多播种者和乡村景象，他们漠视一切神话，也不对题材作任何选择，专注于画岩石和人物。库尔贝把绘画从学院派题材的囚笼中解放出来，正如皮维·德·夏凡纳专注于创作大型壁画一样，库尔贝以幼稚的狂热用"他的"画来征服社会。

印象主义

面对左拉和库尔贝，波德莱尔（写《书信集》时的波德莱尔）、德彪西和稍后的马拉梅在探索中相互支持，并最终重逢于印象主义。印象主义是法国绘画史上最富有成果的创新，其最轰动的事件发生在1874至1876年的展览会上，但它的影响涵盖了19世纪末最后40年，准备并宣告了巴黎学派的诞生。在塞尚、德加、马奈、莫奈、雷诺阿等创作的年代，法国有诗意的天才似乎都集中在绘画领域，他们创作了那么多色彩丰富和光线明亮的画作，表现出生活的乐趣和内在的感情：画家超越了诗人，诗人消失在马拉梅和瓦莱里的苦苦求索中。新的风格就是重新发现露天下的色彩本身：当摄影问世，从拍摄人像开始，确定线条，于是就成了一幅画。绘画（在19世纪70年代被称为印象派）开始转向对色彩的追求：最初的印象派运动到世纪末转向在形式上的新探索，不过并没有理论。谁不知道克洛德·莫奈在绘画中的探索：1867年为了创作那幅著名的《花园里的妇女》，他在花园里挖一条沟，搭起了脚手架，装上滑轮；同时代人的第一个惊讶是发觉画室内的白光在画面上消失了，他们注意到遮阳伞下的人物脸部呈现

---

① 译注：意思是做某事无目的也不负责任。

蓝、绿色的阴影。再后几年里，画家们热衷于表现光线的反射效果，创作了许多作品：他们对河岸有偏爱，所以创作了《阿让特伊的塞纳河》《蓬图瓦兹的瓦兹河》等作品，表现河水中的倒影，执着地追求色彩效果，色彩是用连续的笔触来表达，不存在轮廓线，往往在草图线条上还留下追求色彩的痕迹。这方面的巨大成功体现在所有印象派画家身上，不管其特别的天才在哪一方面，从谙熟巴黎交际场所的温和的雷诺阿到画遍巴黎各种景色的马奈，还包括总是在探索新画法的毕沙罗，以及1885至1890年在忧郁不安中不断探寻新方法的塞尚、梵高和高更。

　　印象派画家遭到官方艺术沙龙的拒绝和摈弃，个人生活常常陷于贫困不堪，直至第一次世界大战结束始终遭受学院派批评的不公正对待。然而正是靠他们的不懈努力，绘画在当代成为现代艺术的主要表现领域，将音乐甚至文学推至第二线：这并非因为法国音乐的衰退，亦非因为文学变成了像马拉梅诗歌那样只有少数人才能享受的特权。古诺和比才的歌剧音乐就是大众喜闻乐见的艺术。瓦格纳更是独领乐坛风骚半个世纪的大音乐家，成为1860至1880年间音乐会上的偶像（1861年帕德卢以"大众音乐会"的名义创建交响乐团，1873年科洛纳也创建了乐团）。但是音乐会的听众毕竟比绘画沙龙的观众少得多。通过艺术沙龙，印象派画作《嘉布遣女修道院大街》《圣拉萨尔车站》《枫丹白露森林》《塞纳河畔的露天舞场》等进入了我们的艺术宝库，也靠莫奈、西斯莱和雷诺阿等人为我们留下了《加歇医生之家》《英国人桥》《普勒杜农庄》……

3. 公共生活和民主意识

法国是怎么变成共和国的？1871年2月当议会迁往波尔多时，贵族和保皇派议员人数比1789年旧制度下三级会议中他们前辈的人数还多，然而议会选择了共和制度，法国从此走上了一条不再回头的共和国之路……不单在法国的城市，在乡村也同样选择了共和制度。城市内早就传播了"进步的"思想，乡村中即使与城市联系较少的偏远农村也开始转变，虽然当时省级铁路刚开通不久，自行车还未进入农民的日常生活。其实问题不仅仅是1871至1875年的议会补选，在此期间，甘必大像热忱的旅行推销员一样一个个城市去宣传共和思想；更重要的是事件超越了年代的框架，反映出一个演变过程，它不是单纯的政治同情的改变，而是集体心理的转变。

要充分说明民主意识的进步，光看1850至1900年这段历史显然是不够的：其实在君主立宪时期的议会制度上已得到确认，再追溯上去，自进入现代社会以来，我们的法学家们已习惯于根据乡村集体生活中的多数民意来发表意见。所有这些重要的事实，包括传统和共同的工作方法都起了一定的作用。特别是19世纪末德莱菲斯事件爆发后，公众的民主意识骤然增强，同时它与经济和社会的发展亦不无关系。

在这方面，第二帝国最初十年影响重大；自1815年王政复辟以来，法国首次在平静的气氛中实现了普选，当时舆论的传统向导之间存在分歧：贵族方面在1848至1849年的复辟希望破灭后推出自己的候选人，或者说他们不赞成教会，也不支持官方候选人。本堂神父在大多数情况下随波逐流，教会与拿破仑三世联合，推出了教会方面的候选人，作为官方候选人，按照莫尔尼制订的做法，官方张贴白色布告，由省长发通报……因此对教会有利。拿破仑一世的侄子恢复了普选，梯也尔及其同党却加以限制，辩论在大庭广众前进行，所以对每个选民的影响深刻。而在1848年的选举中，情况则不一样，当时许多贵族当选为议员。1852年和1857年的选举中，官方候选人步步为营，两次选举都是官方组织下的选举，进行得十分顺利，选举结果一边倒。事实上，在专制的选举外表下，掩盖着民众对政治现实的缓慢而真正的觉醒：乡村里共和派"先生"与本堂神父之间的冲突常常爆出小风波，在集市和市场日益繁荣的农村中很快传得家喻户晓——因此这种冲突的反响很大。从那个时代起，农民手中的选票便成为体验政治自由的机会：农民熟悉的村镇议员各执一词，相互对立。1860年罗马教廷与帝国当局发生纷争，在拿破仑三世政府与教会之间出现困难。第二帝国不顾教廷的旨意而独立行事，使乡村的政治局面更陷混乱。但是农民的民主意识在不断进步。只有在南部新教影响较大的塞文山等地区，农民中未出现政治分歧。长期来由于加尔文教的影响，在农民中形成了相当强烈的民主意识，毫无疑问他们从1848年起就是共和派的选民了。

乡村教师和本堂神父

最大的冲突莫过于在19世纪80年代乡村教师与本堂神父在村子广场上的公开辩论了：这场辩论不但是公开的，而且还不断地扩大。1848年当乡村小学和师范学校在教会控制下时，保守倾向的资产阶级不就曾借梯也尔之口斥责乡村教师都是可憎的社会主义者吗？现在教会对学校的控制被儒勒·费里废除了；学校里不再进行宗教启蒙教育，教师在课堂上只讲"自然的"道德和公民教育。在19世纪八九十年代，在教会看来世俗化的学校就是没有上帝的学校，这一现象持续了很久。冲突已经公开化了，建立乡村公立小学的法案得以通过的社会条件只会使冲突不可避免地加剧。在国会辩论时，费里为了打消教会人士的顾虑而同意学校在一段必要的时间内仍可保留适当的宗教教育，但是因教会确信当局参与了去基督教化的罪恶计划，这番话根本无足轻重。对于持续了整整四分之一世纪的乡村教师与本堂神父的冲突，不必去寻找其他原因，它实际就是乡村环境中两种知识权威之间的冲突。由师范学校培养出的年轻教师在课堂上传授与地方环境相适应的普通教育，具有更人性化的特点，亦随时准备面对拥有大地主支持的教会方面的激烈抨击，教师们心中普遍地有一种实施公民文化和知识教育的强烈使命感：他们一般出生于平民家庭，是佃农、小农庄主，或者是邮递员、铁路工人的子女，深感肩负的重任，准备迎接一场不仅仅是思想和原则的战斗……如果说教师们自身意识到世俗观念以及各种信仰、各种不同意见享有平等自由的观念将给思想领域带来转变的话，他们与教会的冲突很快变了质：教师普遍地受到歪曲，被看作毫无信仰的物质主义者，在教堂内被看成是一个渎圣者；本堂神父则被看成为蒙昧迷信的卫道士、科学及新世界的敌人。除了言语中动辄使用这些侮辱性的词语外，几乎每个家庭都发生了争执：用词冲突和意见不合引起了不同的好奇心和兴趣，也推动了阅读和讨论。此外，法国人分为两派：左派和右派，两派阵营相对稳定。右派是指社会保守派，依仗教会人士，维护传统的政治和道德价值，对王室被推翻感到遗憾；左派则主张社会和政治进步，赞成摆脱一切宗教和社会束缚的民主信仰，相信人世间的未来。

　　在同一村子里，双方阵营稳定，各司其职。乡村教师掌握知识，有资格与医生、法官和乡村道路工程师对上话，与乡政府的秘书关系密切，在村里拥有举足轻重的社会地位。小学在共和制度下的法国乡村中也扮演了重要角色，其成功的一个标志是文盲率下降：由于严格推广读、写、算等"基础技能",克服困难耐心培养村民对流行观念的兴趣,终于成功地消除了选民的文盲现象。在 1900 年后,选民中的文盲人数几乎可忽略不计。应当看到乡村教师的坚韧不拔和热忱奉献对社会进步的贡献:广大村民踏上了上学之路,因为学校能满足农民们对文化和知识不断增长的需求;乡镇居民跟城里人一样习惯于送子弟上学;除了中央高原等个别地区外,那里的乡村教育差距需更长时间才能完全消除。历来在春、夏农忙季节(从5月到7月底),学生出勤率会有所下降,孩子们下田帮工干活。负责学生考勤的村代表由学区学监指派,一般都是学校的熟人,学生缺课家长不会受到追究。事实上,乡村小学的成功说明在师范学校受到扎实训练的教师们拥有道德和知识方面的权威,也说明 6 至 13 岁的孩子在小学所学的知识将来在社会上有用,至少受过教育的人有一定的自豪感;还在不久前,普通家庭都会在家里最好房间的墙上显眼地悬挂初小结业证书的镜框便是明证。学校之所以有必要,倒不是因为开了农艺课——不管教师的水平如何,这门课一般都不太受重视——而是因为学生在学校接受了必不可少的人文教育,譬如学习法语,不再讲方言;学会阅读,将来可以看懂割草机的使用说明书;学会计算平方面积,不再用报纸测量或用某量器贮存谷子的播种面积来丈量土地,采用立方米而不再是线段来计算容积;学会书写以便与人沟通,处理遗产或去附近城市购买播种机;在应征入伍出发前知道将前往的某省名称及省会的所在地。诸多的好处使学校经受住了本堂神父的嘲讽、攻击或者持有保留意见——神父的最好态度。公立小学在城里是无须争辩的,孩子们踊跃上学,家长热情高涨,而它在乡村中的立足则是靠一种对人类进步事业和共和国的纯朴信仰,它是公民道德教育的根本。乡村小学带来的互动变化十分明显:商业化农业的发展,铁路运输的加强,技术进步促进了对科学的信仰;共和精神也随着经济发展而深入人心。

从某种程度上说，共和国是蒸汽机的女儿，这句话并无不妥。

德莱菲斯事件

世纪末法国爆发了一场人类历史上最轰动的集体大辩论，它在全国范围内引起的反响之大可以衡量共和思想深入人心的程度：那就是德莱菲斯事件。当然，这并非说当时法国 3 500 万人个个都了解德莱菲斯事件的始末，所有人都选边站队，成为德莱菲斯派或反德莱菲斯派；但是可以说法国没有一个乡镇的体面人物如商人或公务员，从巴黎或省会送来的报纸上得悉事件后不表达自己立场的。尽管地处偏僻乡村的民众无法跟踪和分析事件的复杂经过，往往连德莱菲斯的名字也不知道，但至少整体舆论很快了解了冲突的基本争执：一边是正义和真理，另一边是祖国和军队的荣誉。从这个意义上说，德莱菲斯事件是第三共和国所经历的最大危机，其重要性超过了令巴黎人头脑发热的布朗热主义和引发金融丑闻的巴拿马事件。

德莱菲斯事件在 1898 至 1899 年的争论中达到高潮：整整几个月内，人们对德莱菲斯上尉是否犯通敌罪一事莫衷一是；社会各阶层人士因此爆发的争论，甚至造成家庭分裂。社会上很快形成两派，一派人赞成人权联盟提出重新调查事件的要求，进而发展为民主派人士的事业；另一派则拥护法兰西祖国联盟，主张尊重已判决的结果。在事件发酵过程中，法国政治的传统分野出现了大分化、大组合，情况比布朗热事件时更严重：左翼知识分子以严正立场反对军队参谋部，从而让右派突然高调垄断了军事爱国主义。甚至在 1914 至 1918 年一次大战结束后，深刻的分歧依然留在国民当中，直到 1940 年才渐渐淡忘。自从左拉发表《我控诉!》到亨利上校招供（1898 年 1 月至 8 月间），事件煽起一波又一波的冲突：共和主义和民族主义、反教会和拥护教会；上街示威游行、报章上发表各派的言论、议会内的激烈辩论都反映了群情激昂,许多大的原则问题都提出来了。在亨利上校招供之后,处于不利地位的反德莱菲斯派依然不甘心偃旗息鼓;尽管事实昭然若揭,代表军方的雷恩军事法庭在复审时仍然判处德莱菲斯有罪,不过享有"可减刑情节";法兰西祖国联盟认定军方若改变主意必然损害其荣誉,因此反过来于1899年2月突然指控总统府……但是在危机中显示出一个重要意义,即在为正义与荣誉、真理与祖国的斗争长期进行过程中,法国人民认识到一个政治制度赖以生存的原则和权利,正如他们已在1875年的各种有利环境下,几乎出其不意地采纳了共和制度:整整一代人经受了公民责任感的无与伦比的考验;在19世纪最后20年里,全体人民终于确信共和制度是最好的制度,或许也赋予了这个制度本身不具备的某些优点,首先是它改善了人的生活条件。

公民责任感

正是在这场斗争中体现了政治新观念的一个主要特征:公民责任感。公民责任感是在学校里从小培养的,教师不错过任何一个机会来宣传法国及其社会制度。小学生列队行进时喜爱模仿神气十足的军人,直到在1914至1918年大战中冲锋陷阵;共和信仰有它的仪式,它不是矫揉造作的;只有在巴黎才诞生过雅典式的自发的共和国——哪怕只是谨慎和相当肤浅的尝试。人们在各种场合悬挂三色旗:首先在7月14日,但在巴黎和其他大城市,遇到重大节日如国际博览会时也会挂出三色旗。1878年全巴黎挂满了三色旗,莫奈和马奈的绘画可以作证(《蒙托格伊街》《彩旗招展的莫尼埃街》)。在最小的村镇里,庆祝7月14日都会有一系列民众的欢庆活动,在这个庄重的官方节日里,人们高唱《马赛曲》,举行火炬游行,发表演讲怀念1848年甚至1789年的先辈,老老少少一起参加各项活动:游戏、赛跑、舞会和大聚餐……

公民责任感体现在日常生活中，市镇——乃至全国性——的议题总会引起民众热烈的讨论：任何地方的市政议会召集开会时，与会民众仔细听讲，关注民意代表们的言论和举动；特别是在学校操场上举行立法选举的竞选大会时，绝大多数选民都会到场，他们在会上一般不提问，但注意听讲的严肃程度至今令人惊讶。公民意识更是爱国心，民众关切国家的荣誉（从小在学校被激发的爱国主义，历史课上少不了道德教育），特别是1870年后阿尔萨斯和洛林地区民众的爱国情绪，这种现象一直延续至1914年大战前夕。总之，体现爱国心的例子不胜枚举：值得一提的是活跃在各地的许多乐队、军乐队（军鼓和军号）——较少管弦乐队——吹奏雄壮的军乐，这些在乡村和城市都是民众喜闻乐见的娱乐活动；此外影响较大的爱国主义活动还有阅兵式、演奏高亢的音乐等。可以列举的还有许多：如一些有才能的热情高涨的平民，与志同道合喜欢搞音乐的伙伴们一起组织长号、铜管乐晚会……巴尼奥莱和林畔丰特奈等城市的军乐队尤其出名，参加过省级、全国乃至国际性的军乐会演……

尽管经历了从布朗热事件到政教分离那么多的冲突和碰撞，共和国几度处境岌岌可危，尽管发生了从卡尔诺总统遇刺身亡到卡约事件等一系列政府丑闻和暴力危机，尽管发生了圣日耳曼街区事件、于泽斯公爵夫人和赛马俱乐部等阴谋和风波，1900年的法国已是一个根深蒂固的共和国。这不单是选民的选择——因为选举结果是可以随选举而改变的——更是扎根于法国人民集体心理的一个持久的事实。

4. 工人生活和思想

但是工人阶级还是被撇在社会的一边；即使最资产阶级化的工人或不穿工装、与工人保持一定距离的人也不否认这一点。阶级斗争是社会现实，把它当作理论家的空谈来加以否认是不恰当的；总之，于1871年5月在凡尔赛议会上以"秩序、正义和文明"的名义高呼胜利的梯也尔不会搞错，甘必大对此亦非常清楚，他创建第三共和国所依靠的那个"新的社会阶层"，不是工人而是小资产阶级，是下层的公务员、零售商、银行或企业职员。

阶级斗争

随着时间的推移，阶级之间的鸿沟越来越明显。历次政治事件似乎在这方面都没起太大的作用，在1848年6月和1871年5月，工人阶级中的最优秀分子在巴黎牺牲了，每次血腥镇压后是长时间的沉默，譬如1848至1860年，1871至1890年；特别是工业活动和经济发展扩大了阶级之间的鸿沟。巴黎及一些大城市的奥斯曼式改造、人口增长的压力促使居民重新分布：巴黎整个东部地区，围绕着巴士底广场、贝尔维尔街区和梅尼蒙塘一带是工人居住区；而大马路，特别是凯旋门附近的街区则是资产阶级的生活区。旧时巴黎市内各阶层人士混居一楼的现象已经消失，在新兴工业如化工企业迁往城郊一带时，大批平民也随之迁居到那里；在19世纪时形成了对巴黎的"红色包围圈"。蒲鲁东曾严厉谴责奥斯曼男爵改造后的巴黎，包括它的广场、现代住宅、柏油马路和清道夫大军。高尔蓬说得更简明："巴黎的改造势必把市中心的平民赶往城市边缘，首都巴黎被一分为二：

一个富人区，一个穷人区。穷人区包围富人区。"工业化集中和资本主义发展亦加剧了阶级的分化：合作关系不复存在，行会与同业公会一起消失了，雇主即便不是董事会主席或者受薪厂长，都成为普通工人难得一见的人物。雇主与工人的日常关系——至少在大企业内——成为纯粹的阶级关系。加上1873至1895年的经济危机，工人阶级的社会升迁变得更加困难。原来在第二帝国时代，工人还有不少成为小老板的，巴黎或外省工人的社会升迁尚有可能。到了第三共和国时代，随着大企业的形成，这条路被堵死了。由此产生工人阶层被封闭的沉重感觉，这个阶层只能自我关闭。于是出现了工人阶级中有政治能力的捍卫者，在阶级对抗中产生的自豪感不断加强，阶级意识在工人阶级或资产阶级双方都变得相当强烈。

工人生活条件

工人的生活条件各种各样——有住在巴黎沼泽区的手工艺工人，他们对所居住的巴黎市中心非常熟悉，也有在拉普街漂泊无定、完全靠体力过着朝不保夕生活的无产阶级——但在50年中多少有所改善：工资大致涨了一倍，物价在第二帝国时代先涨后跌，食品——或住房——方面有了较大改善，肺痨和酒精中毒虽然在当时是社会的普遍现象，但在抵抗力较弱的社会阶层中造成更多的受害者。19世纪末的工人身体更强壮，他们的面色比七月王朝那时代好多了。穿着方面也比较讲究了，至少在节日时工人穿得更漂亮些，因为一周的工作日中，工装仍是工人的工作服。但是这些改变并未使劳动者变为资产阶级，即使在巴黎奢侈品行业或新型冶金业工作的命运较好的工人也一样（那些企业的雇主实行家长式管理，为员工们盖住房，开职工食堂）。工人们与小资产阶级相比，缺乏的是足够的自信，特别是安全感；虽然工资有所增加，仍然无法维持全家的体面生活：妇女得同样参加劳动，往往孩子也需要工作，虽有1841年法律，雇主及工人都加以回避；学徒工没受到更多的保护，年轻学徒入行饱受剥削，而且传统的师傅规矩相当严苛。关于年轻学徒工艰难的生活条件有许多见证和调查报告，最著名的是皮埃尔·昂普的杰作①，絮叨的作者叙述了许多行业内的学徒现象。此外，工人每天的工作时间仍然很长，很少低于10个小时；女工即便与男工做同样的工作，工资普遍比男同事低一半，外省的情况比巴黎更糟；艰辛的劳动使工人很快衰老：工人平均寿命的增长比其他社会阶层低得多；老工人很少在一个行业里做到老，往往头发未白人先死了。

总之，无产阶级与专业工人一样过着悲惨的生活，他们不断受到各种威胁：首先是疾病，没有疾病保险，甚至没有足够的工人互助基金，得了重症无力医治；其次是失业，经济危机袭来，或者雇主伺机裁员而另聘更好的劳动力；工人就业得不到任何保障，只能听天由命。这也说明何以劳工阶层在储蓄银行存钱的人数特别多：这是他们平时省吃俭用换取的最低限度保险。这种不安全感说明工人感到需要团结和组织起来，不但是为了捍卫若干利益，更是为了争取生存的权利。因此工人自愿过一种集体性的生活，即使在工厂外亦是如此，他们需要经常集会，小咖啡馆就是最理想的聚会点（因为个人住房一般相当狭窄），在咖啡馆内可以喝饮料，还可以读到报纸，一起跟踪和评论时事，同时商讨工人运动的事宜。当时有一句流行的话："小咖啡馆对今天的工人阶级来说，犹如过去的教堂。"工人的生活条件、从1848年革命继承下来的传统，甚至是过去的行会习惯，加上阶级意识的觉醒，一切都促使工人们组织起来，结成社团去争取他们在阳光下的社会地位。

---

① 皮埃尔·昂普（Pierre Hamp）：《我的职业》（*Mes Métiers*），巴黎，1943年版。

工人运动

从第二帝国时期起,工人运动的巨大规模已使所有观察家感到震惊:《两世界杂志》在1863年4月1日发表了一篇反响极大的文章,作者自由派人士雷缪萨这样写道:"必须考虑到眼下不断壮大的力量,这就是工人阶级……知识和道德的进步正在他们中得到展现。"显然这并非说工人都是美德和知识的典范:酗酒、放荡等现象在他们中间与在其他社会阶层中一样泛滥,或许更严重些。那些喝得酩酊大醉的酒鬼,那些游荡在马比勒舞场的混混儿和第二帝国时代在大马路上(从圣德尼门到玛德莱娜教堂)找婊子的嫖客确实是工人,但他们与工人阶级毫无关系。全法国约有数百名工人以全体工人的名义与蒲鲁东(他直到去世都自称为工人)和马克思等理论家进行讨论,也与政府进行交涉,他们是工人阶级中的精英,尤其是巴黎工人的优秀分子。他们称得上是工人运动的活跃分子,由于他们的出现,工人阶级被社会认可,从第二帝国时代起他们要求并取得了必要的自由,使工人阶级能够有效地与资本家进行斗争,争取在国民生活中真正的地位。

在这方面,最显著的例子是工人干部对教育问题的重视[①]。工人们多数在公立小学受过初等教育,但也有工人只在教会识字班(如阿尔萨斯或里昂地区)学过一点基础知识,他们深感知识之不足。许多人在公立学校受过互助教育的培养,求知欲十分强烈,他们大量阅读,甚至在公众生活中也保留着小学教师的方法和语气;让·马塞创建教育联盟促进教育的发展,反对资产阶级的偏见(资产阶级把学校

[①] 参阅 G. 迪沃(G. Duveau):《第二共和国和第二帝国时期的工人教育思想》(*La Pensée ouvrière sur l'éducation sous la Seconde République et le Second Empire*),这是一本极有价值的书。

看作革命的摇篮），吸收了许多工人阶级的成员；维克多·迪昌伊在巴黎工人中很受拥护，他在担任政府部长时，在中学设立三至四年制的职业教育，学生不学拉丁语、希腊语，专攻与商业经营有关的科目；同样，也是他创立并推广了公立小学。此外，伯努瓦、高尔蓬、蒲鲁东等自学成才者还对教育的普遍问题进行思考，制订出组织规划，把重点放在职业教育和成人教育上：相信实现普遍教育是社会进步的原动力。

教育问题也是更大范围辩论的焦点：要实现更好的、真正博爱的世界，使工人阶级不再是无产者，也就是说不再受剥削；工人运动是一项解放运动，而教育即是必要条件。瓦尔兰、托兰和伯努瓦·马隆等一代人努力唤醒法国工人阶级的意识，一直活动到1870年。他们受到了来自两个方面的影响，这两种思想相互对立，从当时起直到今天仍存在分歧：这就是蒲鲁东和马克思之间的争论。

马克思和蒲鲁东

他们俩于七月王朝时代在巴黎相识，曾经有过交往，但在1848年革命前夕突然分道扬镳。从此以后直至蒲鲁东去世（1865），再没有任何东西能使两人相互接近；性格差别渐渐成为理论与方法上的对立。无论对资本主义社会的研究，还是在摧毁（或改良）资本主义所使用的方法上，两人水火不容。蒲鲁东是个道德说教者：他更寄希望于人民的本能直觉而非理智，他要实现社会正义，依靠他所生活于其中的工人阶级。当他研究私有财产、经济矛盾或工人阶级能力时，他以犀利的文笔揭发经济关系中不人道的现实，也就是社会的不公正。但如何改变这一切，蒲鲁东没有思想体系也没有整体规划，更缺乏对未来世界的远景设想：他只知道工人阶级只有依靠自己，依靠工人的职业行动、联合团结和生产自救；他在整整十年中给遭受了1848年

第十五章 实证主义的法国（1850—1900）

6月血腥镇压的工人们提供希望。他鼓励工人们团结起来，接受拿破仑三世政府在1860年后提供的宽松现实。这并非因为蒲鲁东是拿破仑分子；他骨子里憎恨国家和军队。如果说他看到了一些未来社会的影子，那就是在无政府状态下能快乐地自由劳动的小团体结合。蒲鲁东告诫巴黎的工人积极分子不要相信一切政治，对通过职业以外的任何行动手段去达到目的表示怀疑；于是他使工人们远离了共和党人，而对拿破仑三世来说，正中下怀。因此蒲鲁东生前划定了工人思想的界线，即反对国家亦反对政治，致力于每日改善生活条件，相信工人阶级的解放将是通过职业劳动而获得的受薪者的解放。这种思想后来经过革新和明晰化，遂成为工人运动中"无政府工团主义"传统的基础。

马克思的阐述则完全不同。他的思想——在法国流行不及在德国和英国快——展现出另一番前景。马克思是科学社会主义的创始人，相信科学主义，是一个和蒲鲁东一样的斗士。马克思号召全世界无产者联合起来，在阐明社会主义的必然胜利之后，认为工人能够而且应当为实现这一目标而奋斗。马克思是个理论家，也是实际行动家，他长期在伦敦筹划召开第一国际大会，听取同伴的意见，撰写宣言；然而对马克思来说最重要的显然是建立一个体系——蒲鲁东所憎恨的理论，该体系将揭示资本主义社会的机制并预言它的末日。从《共产党宣言》（1847）到第一部《资本论》的发表（1867），马克思成为当时最伟大的社会学家；他研究生产关系、剩余价值理论和阶级斗争，这些马克思主义分析中的词语与其他关于社会结构的一些说法，成为人们日常生活中十分熟悉的语言："生产关系的总和构成了社会的经济结构，也就是说它是政治、法律等上层建筑建立于其上的现实基础，各种社会意识形态都与此相关联。物质生活的生产方式普遍决定了生活中社会、政治和知识的进程。并非人的意识决定人的存在方式，而是社会存在方式决定了人的意识。"或许他的论述从前人圣西门和卡贝身上继承了某些要素,但在他之前没有一人能如此清晰地建立起一个体系。马克思通过分析生产方式而将他的唯物主义推广至整个历史进程,构成一幅气势磅礴的巨大历史画卷:他要创建一部科学的人类社会历史;他的最终目标(生前没能实现)或许是建立一门社会数学,计算剩余价值和资本利润,揭示人剥削人的代数方程式和法则。但是他没有达到这一目标,马克思分析法国的阶级斗争,稍后又叙述了亲眼看见的巴黎公社,用他的思想影响了工人阶级的集体意识,尤其是对建立一个更美好世界的希望:也就是说在这样一种思想——即资本主义社会内部各种经济力量的相互作用必将动摇这个社会及其主宰者——的激励下,工人们将更热情地起来实现自身的解放,建立一个没有阶级的社会——社会主义社会……因此说,马克思赋予了工人运动一种无与伦比的社会分析工具(他的继承者们未必懂得在遵循各种辩证关系的情况下加以运用)和抱有希望的理由,鼓励他们加速历史步伐,无产阶级必将如哲学家所预言的那样发挥更重要的作用。

蒲鲁东主义者和马克思主义者都很少正面遇到过合作互助联盟及行业联合会的问题,这类现象兴起于第二帝国初期。当拿破仑三世承认工人的罢工权(1864),当托兰与他的英国同伴在同一年创建第一国际(1864—1872)即"国际劳工联盟"时,工人运动正风起云涌;政府对此大吃一惊,不久产生了忧虑,雇主方面更是忧心忡忡。第一国际的法国支部在最初几年由蒲鲁东派控制,但至1870年前夕,法国爆发了大规模的工人罢工潮(拉利加马里、欧班和勒克勒佐等地),马克思主义理论开始从国外传到法国,也正是在这一时期马克思主义成为国际联盟的官方理论(1868年的布鲁塞尔大会,1869年的巴塞尔大会)。法国的国际劳工支部遭到政府的追究并被取缔,但它在工人中已产生了巨大影响,至普法战争前夕,法国的国际劳工支部已拥有24万会员（最初几年仅有数百名会员）。一场普法战争使工人运动陷于瘫痪，但亦给法国工人运动提供了一个实现表率性创举的机遇：巴黎公社。

巴黎公社

1871年3月18日至5月28日，巴黎在少数革命者的控制下，他们属于国际劳工联盟中的少数派，没有明确的计划（只有若干口号，最著名的如"土地归农民，工具归工人，为全体人民劳动"），也来不及实行重要的改革。梯也尔拒绝与革命者谈判，串通围困巴黎的普鲁士军队对巴黎市民实行镇压，巴黎公社就是在"被围困所激起的热情"和梯也尔的挑衅下诞生的。巴黎公社创举是社会主义传统的伟大时刻：公社社员们不是担负起全巴黎的行政运作、严格管理公共财政、防止一切抢劫特别是对法兰西银行的打劫活动吗？同时公社社员们以他们的部分建树，如制订劳工法规和组织各行业工会等，证明了他们对社会主义社会未来的信仰。公社是人民自主的政府，具有榜样的价值。瓦尔兰、库尔贝、德勒克吕兹和罗塞尔等人实现了自己的诺言，显示工人有能力管理他们自己。

工人运动也有他们的殉道者：在5月21至28日腥风血雨的一周里，成千上万名工人付出了自己的生命；因为个别的破坏行为，如放火烧了推勒利王宫花园和梯也尔的公馆、枪杀了几名人质——其实人质是在最激烈的巷战中被杀的——有多少工人受害者倒在了里沃利大街和拉雪兹神父公墓的血泊中？1871年5月，当梯也尔和嘉利费恬不知耻地为胜利弹冠相庆时，（据研究巴黎公社的历史学家们估计）至少有10万名巴黎人遭到了镇压。直至今日每年的5月份，工会组织在拉雪兹神父公墓的"公社社员墙"前献上鲜花，他们没有忘记"无产阶级的英勇斗争"。

巴黎公社过去后，工人们保留了在第二帝国治下获得的权利：从1864年起罢工成为工人的合法权利，工人阶级借此有效地与雇主进行斗争；1868年第二帝国当局容许工人组织行业联合会。但是巴黎公社遭受如此残酷的镇压，以致工人运动再没有重振起来。此后整整十年陷入一片死一般的寂静：仅在1876年后出现过小规模的集会、个别的呼吁声，儒勒·盖德几乎一人孤军奋战……

从1880至1895年间，工人运动重组工会，寻找新的出路（1884年法案正式允许成立工会）；另一方面全国各行业联合会按行业组织工人（1879年成立法国制帽工人总工会、1881年法国印刷工人联合会、1892年煤矿工人联合会经过几度失败后终于宣告成立）；地方上成立了不分行业帮助工人的劳工互助协会。此外，那些年还成立了工人社会党，但因各地负责人的个人性格及所属派别不同，党内分歧很大：布朗基派、马克思派和蒲鲁东派形成党内许多小团体，通过四处活动和多方宣传，在工人群众中逐渐扩大了影响，终于在1893年立法选举中有五十来名社会党人当选为国会议员。在工人日常生活中，行业联合会、工会和政党之间存在根本分歧，虽然在支持工人提出的要求方面绝不含糊，但各方都想在普选中利用工人的政治力量。

与此同时，最初的几届全国工人大会——特别是工人总工会（CGT）创建之前的几届大会——讨论了劳动者在斗争中为施加压力而采取的方法。阿里斯蒂德·白里安是当时全国总罢工的推动者，总罢工使全法国陷于瘫痪，取得了对资本家的决定性胜利；人们甚至带有几分幻想地设想发动一场独立于一切政治和政党的革命行动。教育始终是工人运动中最受关注的领域：各地劳工互助协会开设图书馆，组织职业培训班，特别是科学和经济普及班；在技师和中小学教师的帮助下，成立了最早的劳工职业中学，尤其是在巴黎市。

在1885至1895年的经济萧条期间，工人的日常斗争有所加强：

各地爆发罢工风潮，显示出工运积极分子的斗争热情高涨，领导人也因此信心倍增；1891年5月1日，富尔米市参加集会的工人遭到枪杀，赋予鲜花盛开的5月新的革命含义——5月1日遂成为劳动者的节日。每年的这一天，工人们举行集会庆祝对资产阶级斗争的胜利，评估下一步需要采取的行动。这么多年来5月1日也是怀念死难工人的纪念日。

可见工人运动在逐步恢复：它的社会行动的主导纲领已经确定。在下一个历史时期内，在工人总工会的佩鲁蒂埃和格利富勒、政党领袖饶勒斯的领导下，工人运动将进行重组并确立它的理论，但分歧也会长期地存在下去。

第十六章　科学文明的黎明
（1895—1914）

从 1873 至 1895 年的严重经济危机到 1914 至 1918 年的"大战"在世纪交替年代，法国经历了一系列狂躁事件，如国内的德莱菲斯事件和 1905 年的政教分离，国际上的法绍达事件、布尔人战争到摩洛哥的丹吉尔、阿加迪尔等地的事件以及德法殖民者在喀麦隆东北部"鸭嘴角"的争执等帝国主义列强间的冲突；日益加剧的仇恨和恐惧渐渐激化为战争的心态，终于酿成了 1914 年痛苦的夏天。巴黎几乎天天在新的激奋中震颤：尚未泯灭的复仇情绪、卡约总理的亲德绥靖政策、社会主义理论的大辩论和反宗教主义等都引发了激烈争论和斗争。首都巴黎比以往任何年代都更脱离了构成国民主体的农民大众，卷入政治矛盾和国际危机之中，在乡镇和偏远地区甚至很少感觉到各种矛盾和国际冲突的回响。1900 年万国博览会、英国国王的亲善来访等一系列活动令首都巴黎应接不暇，无法像外省那样地从容应对，一桩桩事件都导致民情激奋，同时爆出焦虑不安的火花。

出生于 1890 至 1900 年的一代人曾连续四年处于地狱般的煎熬、歹徒横行和死寂的气氛中，当他们年迈时，回想起纷乱杂沓的往事足以令他们相信 1900 年前后是个"美好年代"：人们忘记了那么多的暴力和贫困，忘记了贝济耶和富尔米①；时隔四五十年后的今天，我们也愿意相信巴黎和法国从来没有像在世纪初那么美好过。造物主赐予人类何等的才能！从很早奥唐-拉腊的精美的《茜芬的婚礼》到让·雷诺阿的《法兰西康康舞》，有声电影自问世以来长盛不衰：这是"美好年代"的全部神话，充满了令人赞叹的画面、精彩动人的题材（红磨坊艳舞厅老板、风度翩翩的东方王子和英武潇洒的军官）和歌颂顽强生活的主旋律和片尾曲，这些内容经过"升华"大胆地反映了我们过去的动荡年代。20世纪初比过去的许多时代更堪称"黄金时代"，并非因为有"红磨坊"和罗宾逊，也非因为巴黎和外省城市的建筑外表至今所体现的洛可可风格、过分装饰的阳台、精雕细刻的铸铁护栏或大都会的城市建筑……

法国在这一年代引人入胜的特征是科学运动所赋予的，所有人都能感受到它的奇迹，至少人们在这些年看到了平行发展的技术，如被称为"小皇后"的自行车进入了家家户户（环法自行车赛从那时起开始了漫长的生涯），汽车取代马车奔驰在城市街道上，在大战前夕就有人驾机飞越了英吉利海峡；经常阅读的人对突飞猛进的科学进展简直感到眼花缭乱，对一项项科学发明更是目不暇接，居里夫妇和朗日万的发明，爱因斯坦的大胆理论，普朗克的实验，等等。在处于最后辉煌期的欧洲，一切科学门类似乎都要给世人带来惊天动地的创新：这是唯科学主义的末日，虽然没有宣告，但一切了解广义相对论和读过爱因斯坦关于时空新概念的最精彩论述的人已经清晰地看到了这一点。

---

① 译注：贝济耶（Béziers）为法国南方葡萄酒产地，当地葡萄酒酿造者曾在1907年爆发大规模示威，要求当局惩处掺兑假酒的不法商人，事件连续发酵，导致前往镇压的军队哗变，酿成政治危机，震撼共和国。富尔米（Fourmies）为法国北方省的一个市镇，1891年5月1日，富尔米市罢工工人和平示威，要求改善劳动条件，遭到军队弹压，事件震撼世界，后来这一天被定为"国际劳动节"。

第十六章 科学文明的黎明（1895—1914） 691

自然科学和人文科学向人们提供信息，尽管它们尚未指导人们的日常生活；20世纪新的生活艺术还未诞生。但是首先引导物理学，然后逐渐指导其他科学的新的科学精神已经在知识界、文学和艺术界激起了隐隐的回响，但不确定的回声仍让人有所犹豫；绘画和音乐已表现出令正统派担忧的创新，其他艺术领域也一样；囿于传统和诗艺的文学开始遇到蔑视权威者的躁动。唯科学主义从根本上全面溃败，虽然表面不那么明显，它特别并首先体现在宗教革新——确切地说是天主教的革新，尤其是贝玑、桑尼埃等人坚持不懈地投入日常斗争；直觉派哲学的新浪漫派人物柏格森，以充满魅力的丰富语言热情地为非理性主义正名，使得宗教革新在困境中日益发展壮大。

作为一个殖民强国和历次革命的发源地，法国因在世界上担负着各种巨大的责任而不堪重负、陷于分裂，但动荡的法国仍是知识和不断征服中的欧洲中心、文明的最早发祥地之一。当1914年大战降临时，它经受了一个现代的伟大民族所能承受的最严峻的考验。

1. 科学的新生

在19世纪末知识广为传播的欧洲，科学生活不再为法国所独有：几个世纪以来，特别是从梅森神父在"最小兄弟会"的修道院内接待意大利、荷兰等国朋友，组织真正的数学研讨会之时起，科学发现及其影响已不再有边界和国别，学者们为全人类而工作，护照制度尚未建立，至少在西欧他们可以到各地游访；科学的进步乃是无国界的进步。皮埃尔和居里夫妇在巴黎，爱因斯坦在伯尔尼或苏黎世，卢瑟福在剑桥，普朗克在柏林，正如稍后朗日万和德·布罗格利在巴黎，费米在罗马一样，他们组成了一个分布于欧洲各国的知识社会（当时美国和俄罗斯还很少有科学家）。这些都说明20世纪初的科学发明不属于法国——也不属于德国和英国——属于为科学作出了决定性贡献的每个科学家、他们的实验室以及为非凡的发现提供资助的机构。

新物理学

从1895年居里夫妇的放射性研究到1905年爱因斯坦提出狭义相对论、进而在1915年提出广义相对论，这是一场真正的哥白尼式的革命。它创立了新物理学，为天体物理学的建立和提出宇宙结构的假设开辟了真正前景——比哥白尼和伽利略的时代都更可靠——而且促成了一切机械论和牛顿解释世界体系的迅速瓦解；在此之前多少代人都安稳地把世界建立在经典力学的基础之上。保尔·朗之万研究单质的原子质量，马克斯·普朗克提出量子论填补了光波理论的不足，他们俩都在这场创立新物理学的革命中发挥了重要作用。"相对论之父"在战后以极大热情进行的一切研究工作，如运用非欧氏几何学、提出时空概念的定义等哺育了新的科学思想，为确立新科学概念作出了贡献；因此20世纪最初几年是科学的决定性阶段，这不光是因为当时的多项重大科学发现，更因为曾养育了现代科学三个世纪之久的数学决定论的最终退却。

辐射理论和相对论的紧密结合构成当时重大的科学进步。在短短的十多年时间里，所有学者和研究人员都被这两项发现的重要性和意义所吸引；生活在机械论原则氛围中的所有人（或者几乎所有人）都进入了一个想象不到的通过实验能够理解的有秩序的宇宙中，如此的经验和理论的交替将人们带入了世界的新视野，连写过大量数学著作，而且思想接近狭义相对论的亨利·普安卡雷都一时晕头转向，不知所措。物理学占了数学的上风，人们把它称作是一场"科学革命"，如果这样的形容不太过分的话。还需要看到原子理论和相对论向知识世界敞开的巨大的研究空间：20世纪开辟了一个同位素的世界，一个中子、电子（这些名词很快进入了人们的日常语言）的世界，在这些领域中的研究宣告了路易·德·布罗格利发明的电子波理论（1925）和弗雷德里克·约里奥-居里发现的铀原子裂变（1938），以及回旋加速器、原子反应堆等一系列发明。

人文科学

物理学革命带来的第一个成果似乎是使人文科学摆脱自然科学而获得了自主独立性，使它从数学机械论及其伟大的公理（即所谓"凡是科学都应能用计量测定"等）中解放出来。事实上当物理学发生巨大变革之际，正是人文科学确立其原则之时：在历史学方面，塞纽博斯和朗格卢瓦于1897年发表了他们的《历史研究导论》，这是一本"客观方法论"的必读书；同时像保尔·瓦莱里这样洞察入微的文学家也在他的《达芬奇方法之引论》中表示自己是科学大师们忠实和执着的门徒。科学的宇宙决定论已让位于人文科学决定论,似乎在新物理学诞生后科学的宇宙决定论就不再灵验了。于是,朗博在《法国文明史》(出版于20世纪初)中的如下一段文字就不难理解了:"政治不像某些人认为的仅仅是观念问题。应该知道它是一门科学,甚至属于实验科学的范畴……如果人们以真正科学的精神来看待政治,那么它也有像物理学、化学或生理学一样可靠的法则。"

由于人文科学发展上的严重滞后,它对世界现象的解释还相当肤浅。当数学、物理学和化学齐心协力、交汇融合之际——我们不去分辨哪门为主,哪门为辅(这是学院派的说法),在生物化学取得长足进展的今天,人文科学最关切的却是分割地盘、划清界限和监视阵地——人们小心翼翼地分清界限,互不越雷池一步:心理学、社会学、政治经济学、历史学和地理学各守其庙,维护其小钟塔(譬如历史学家和社会学家之间);半个世纪后,我们中学毕业会考的哲学纲要和考题依然让人感受到这一点。

在人文科学领域内,一些洞察入微的学者,知识渊博、感觉敏锐,敢于突破唯科学主义,为我们开辟了道路。这些先驱者长期来遭到——甚至包括同行和母校的——质疑、嘲讽和挖苦。1902年亨利·贝尔创办《历史综合杂志》,主张建立一门在津津乐道于逐年分析之外加以综合的历史学,而且认为不应将历史学与其他辅助或相邻学科——如社会学和地理学——相割裂。因为这些相近学科对切实理解人类历史是必不可少的。在同一时期维达尔·德·拉·布拉什以博大精深的才学呼吁建立人类地理学,更广泛地借助于历史学、人种志,创立地区地理学,也就是以"地区"为单位的综合地理学,这是法国地理学派的一大成就,很快便出现了德芒戎、西翁和布吕纳等代表人物。最后在历史学方面也悄悄地开始了革新:让·饶勒斯领导展开了社会史的研究,其宗旨或许带有意识形态目的,但研究视野开阔，不局限于政治史和外交史；吕西安·费弗尔于1911年出版了他的论文《菲利普二世和弗朗什-孔泰》，这是一部融合了政治、宗教和社会史的综合著作，全面描绘了一个省份的面貌及其在16世纪下半叶的社会状况。接着亨利·贝尔于1922年组织并出版了《人类的演变》总集之第一部《土地和人类演变》——但这本书的酝酿和部分写作是从1913年就开始的，它以明晰的论述将某些现象归结为地理环境决定论，但没有明确提出这一理论；与其提出一种理论而在侧面受到反对和牵制，不如隐而不宣更容易达到目的！"真理是在谬误中形成的"，被误解的先驱者们这样写道。但是在很久以后，他们仍然受到打击和讥笑。在历史学领域内，直到1946年还有人对亨利·贝尔提出如下指责："在《人类的演变》的标题下，（亨利·贝尔）负责汇集的多卷本大型历史著作中，竟没有一部书——除了若干前言——涉及丁点历史观点，近半个世纪来他在其著作和文章中扮演了不知疲倦的使徒角色。"[1]

科学主义的普及

但是科学主义并没有无所作为地沉沦下去，它生存得更好：科学得到传播，在各城市得到普及，影响了普通民众，甚至通过一个世纪来迅速发展，以已逐渐成为新领导阶层——或辅助领导阶层——的乡村资产阶级为中介，影响到广大农村。科学（或者确切地说是机械的运用）令人眼花缭乱，使公众舆论相信简单的物质主义，民众目睹物质成就年复一年地改变了他们的生活环境和物质手段；在人们出门旅行再也不靠两条腿走路的世界里，科学思想的传播多半伴随着速度的

---

[1] L. 阿尔方（L. Halphen）：《历史学导论》（*Introduction à l'histoire*），1946年版，第94页。

进步。

然而，进步是从蒸汽到电再到发动机一步步发展过来的：贝热斯、德普雷、雷诺阿和福雷斯特等人的发明在1914至1918年第一次世界大战结束后才被人重视。不过德尔卡塞同时代人当时就已对一系列神奇事物惊叹得目瞪口呆，把它们归结为科学的进步，归功于学者和技术员的创造智慧：电灯、引擎和电力牵引、巴黎的有轨电车和地铁交通，还有吕米埃兄弟和乔治·梅利埃的电影——将戏剧搬上银幕，再现日常生活的场景（《害人者害己》），以及最早的新闻影片。出现了最早的实心胶胎自行车，后来靠爱德华·米什兰的发明再改进为充气胶胎自行车，一时被吹嘘为"铁当差"。最后，在大战前夕还出现了时速能达七八十公里的汽车，在城市里取代了马车，迫使市政当局通过法令限制车速，以保障行人和家畜的安全！城市灰尘满天、惊呼声四起，坐车人紧裹着厚衣，穿戴得如同爱斯基摩人。这就是当年阿尔芒·珀若和路易·雷诺创建汽车厂时，技术进步给人类带来的欢乐景象！在这一时期的最后几年里还诞生了飞机：1909年布莱里奥驾机飞越英吉利海峡，1913年罗兰·加罗斯穿越了地中海，当时飞机的时速已可达200公里！

电动引擎的用途逐年推广，它已在工厂内广泛使用；生产染料、肥料和炸药的化工行业也取得长足发展；尤其是电子化学（电解作用）已在金属处理中被普遍采用，硬铝已在大战前夕出现了。最早的塑胶材料，如酪朊塑料和酚醛塑料与人造丝同时于1900至1914年之间问世。新工厂和新产品不断地从实验室和学者的复杂设备和手中涌现出来，改变人们的日常生活。

在科学奇观领域里，最令人惊讶的是布朗利和马可尼的发明，它在改变大众的科学观念上能发挥重要作用，但一时还鲜为人知：那就是当时还十分稀罕的矿石收音机；同样在电话和电报方面，使用者也相当少……但是神奇的速度和照明已足以展示科学的魅力。或许不能用技术进步来解释一切，其中还掺杂着一些过去时代遗留下来的其他因素，它们靠报纸、漫画和广告等传媒在民众中渐渐传播开来，绘画和照相在其中起了重要作用：福兰和其他画家的讽刺漫画在民众中传播了新观念，传达出当时政治辩论和争议的深刻回响，譬如村子广场上本堂神父和小学教师的对峙，德莱菲斯事件和政教分离，等等。科学思想如同涉及人类和法国前途的信仰而得到迅速传播，它意味着与过去"蒙昧主义和盲从势力"的决裂。信仰进步亦即意味着强烈的反宗教主义——往往同时还反对穷兵黩武，这方面在民众中引起最大的反响。相信今天的世界比昨天更美好，这是一股强大的力量，对所有人都是一种希望。人们甚至看得更远，期望学者能无限延长人的寿命——这便是世人相信科学具有无比威力的最好例证。

在凭借个人的单纯经历而获得的，或者仅随着事件的发展不假思索而形成的各种观点中，反神学、反神谱的想法尤其突出。因为教会的态度是敌视现代社会的，半个多世纪来教会始终谴责一切可能触动其世袭领域的变革——每每教皇发言都会增添混沌不清（在这方面，本堂神父和主教们平时反对没有上帝的学校、谴责没有灵魂的世界，其作用比谨慎的教廷更坏）——于是一切都朝着漠视教会，甚至反教权主义的方向发展：科学和技术很快——或许有点过快地——取代了被击败的宗教，直至使普通民众相信科学和宗教两者是水火不容的。一本刊行于1912年而流传不广的著作之标题再贴切不过地反映了当时人的精神状态：《不是傻瓜能相信上帝吗？》这一现象显得尤其重要，特别在天主教主义重新征服了知识分子或大学教师之际，它已经开始复兴，并不断壮大至今。

2. 天主教复兴

　　第一次世界大战爆发之前20多年，法国天主教得以重振可能与巴黎政坛意识形态的争论不无关系。在政治集会上、报章上和塞纳河左岸持续进行的意识形态纷争十分激烈：1905至1907年间，从德莱菲斯事件到政教分离的争论不断，它们与天主教振兴之间存在着明显的关系。如果说法国正向世人展现世俗和宗教两股势力在为厘清并建立新关系而进行艰难调整的一幕，那么在这场战斗中天主教会肯定处于被指谪的防守地位，以至于根据1905年法案进行的教会财产清点时，全国各地引发了激烈的示威，但孔布政府的立场未有丝毫改变。同样在工人国际运动重申各国无产阶级的积极互助精神之际，难道教会还可能在有利于宗教的诸多立场上，标榜捍卫受到社会主义思想严重威胁的社会秩序吗？某个巴赞先生、波尔多先生等捍卫家庭、祖国和天主教义的浪漫主义卫道士支持一种观点，如同若干年前左拉捍卫自己的观点一样地高亢。不过，天主教的振兴还是前面简略提到的科学"地震"带来的结果。柏格森的文学成就，以及他在大学和上流社会的影响改变了整个哲学思想，为天主教的复兴提供了基础，在此基础上产生了一代人的天主教思想、文学和运动，如克洛代尔和莱昂·布洛伊、布尔热和埃斯托涅、桑尼埃和贝玑……

柏格森

　　显然，柏格森的著作以及关于科学价值的最早讨论并非从1895

年才开始的①：在大学占有重要地位的布伦蒂埃，在大力驳斥贝特洛和勒南时曾无所畏惧地宣称科学的破产。其他一些学者或者从笛卡尔，或者从康德身上寻找依据，只是指出科学的局限性，无法认识精神世界，因为伦理道德现象不能像物理现象一样来解释。小规模的辩论持续进行着，直到1907年出现了柏格森的《创造进化论》，作者根据物质非决定论，发掘产生意识的直接素材，最终建立起非理性思维的新基础。

柏格森的思想引起的反响极大，以至在很短时间内他成了所有知识精英中无可争辩的思想领袖：他的散文清晰流畅——与19世纪许多哲学家的佶屈聱牙的文风不同——柏格森的有些提法一语破的，令读者赏心悦目，如著名的"生命冲力"等，他在法兰西学院任教时已在巴黎声名鹊起，就很说明问题了。柏格森强调生命的流动，把人的内心深层的神秘和本能当作意识的直接素材，反对唯科学主义者的过分偏执，从而轻而易举地推翻了贝特洛所设想的唯科学理性主义。在他发起的论战中，他的论证可能不总那么令人信服，有时论述中还会出现文字游戏，诸如"自然的自然和被自然的自然"，但这些无关紧要：许多其他哲学家，即他的前辈，也玩过类似的游戏。总之，批判科学主义的任务已经完成：柏格森的意识已转向绝对的形而上学，转向能解释一切事物的上帝，首先是指出科学知识之不足。

这位哲学家并非天主教徒，可是他比布隆代尔兄弟和勒鲁瓦为弘扬天主教做得更多：他使人有这样一种印象，即枯燥乏味的理智主义已被判处死刑，更不必说许多实证主义者以各种途径求助的唯物主义已被确认为19世纪的最大谬误。这一充满活力、以无比华丽的睿智

---

① 柏格森的《论意识的直接素材》（*L'Essai sur les données immédiates de la conscience*）出版于1889年（译注：该本的一种中译本可能受英译本的影响，取名为《时间与自由意志》）。

所表现出的非理性哲学,有意无意地与叔本华到尼采的一切外国思想相合拍,加速了理性在生命的本能和力量之前的溃退。当然柏格森并非超人,1905年在法兰西学院因言论过于大胆,曾被看作是一个为无宗教信仰民众而写作的德吕蒙式人物①;但是他的灵感和基本观点自始至终没有变过。由此可理解何以一种哲学能引起如此大的反响,而他的魅力在身后旋即消失,连他的门生也很快指出了他思想的弱点;可是柏格森的出现适逢其时,当科学需要大的修正之际,一种反理性思想——或者简单地说,超越因科学启迪而产生的理性主义——比较容易被世人接受。这也说明了许多学者和哲学家对柏格森优美散文无动于衷的具体态度。柏格森的文笔优美流畅是显然的,只要重读《论意识的直接素材》的下面一段文字就不言而喻了:"可是我们能认识自己的时候很少,正因如此我们很少自由……我们不是为自己而是为外部世界活着;我们说得多思考得少;被动多而主动行动少。自由地行动,就是掌握自己,重新置身于'纯粹的绵延'② 中来。"面对如此流畅的散文,谁会无动于衷呢?

虔诚的文学

总之,如果文学不同时参与的话,新哲学不会有那么多的追随者。正如当年自然主义风行时,文学界靠一批作家的齐心协力非常活跃一样。虔诚的作家们一再表露他们的宗教情怀,以致反对派认定他们的态度是被收买的。让人受不了的莱昂·布洛伊因此而怪罪于那些

---

① 译注:德吕蒙(E. Drumont, 1844—1917)是法国记者,政论作者,以言论泼辣著称,自命不凡,创建全法反犹联盟,著名的排犹主义者。
② 译注:"绵延"(la durée)是柏格森哲学中的基本概念,他认为人的意识是一个延续不断的流动现象。相对于自然科学和理性主义的"客观时间"(le temps),柏格林提出了一个人的心理生活中的"主观时间",以"直觉"来解释非理性现象。"主观时间"是不可分割和延续不断的,所以他称之为"绵延"。

第十六章　科学文明的黎明（1895—1914）

一味满足教会和公众的皈依天主教的作家，他像对待科佩和布伦蒂埃一样地抨击于斯曼。这位天生的政论家文学造诣并不高，但语言犀利，对世事的判断不乏真知灼见，可惜不被社会认可，最终贫困潦倒。他如此评价梅塘团体的叛逆者于斯曼："（这个）勉强皈依的人，未遭到雷击，既无扭伤亦未闪腰，自己闯入了虔诚文学，谋取利益而已……"布伦蒂埃的待遇也差不多，他被说成是"摆出校长架势的学究"。可是莱昂·布洛伊毕竟见证了"正统思想"的文学的成功。

虔诚文学内有两条路线，它们均获得了成功：一边是文笔既优美又虔诚，体现出正统的宗教情感，乔治·奥内的《打铁匠》是当时的畅销书；保尔·布尔热作为深刻的心理学家以描写纯真的情感而著称；稍后亨利·波尔多亦写出了许多流露正统宗教思想的作品，这些作品的题材后来成为经典，如《弟子》《离婚》《南方的魔鬼》等，那么多标题和计划都揭示了同一主题，其成功不在《罗克维亚尔家族》和《橡树和芦苇》之下。波尔多和布尔热堪称这一派的旗手。在他们之后，还有优秀作品——埃斯托涅的《印记》，以及许多在杂志上发表连载小说的作家，当时引起轰动的连载小说有《索米埃之家的晚会》《正派报纸》等一大批，可惜对此没有统计数据。反映宗教、劳动、祖国和家庭等广泛题材的作品，是军人在枯燥的军营生活中的伴侣，也是处于像阿纳托尔·法朗士那样大胆的伏尔泰主义和始终流行的传统价值观之间彷徨的资产阶级的读物。

另一边是赞美天主教精神的诗歌，作品的调门更高，作家的名气更响，他们独立于文艺小团体和学派之外，颂扬自己的宗教信仰：如《圣女贞德之神秘》和《圣母院的壁毯》的作者贝玑，他歌颂沙特尔和家乡的灵感永远不会枯竭；克洛代尔于1912年发表带有中世纪神秘色彩的《向玛丽亚报喜》，稍后还有《人质》，描写庇护七世遭软禁时的罗马场景。两位大诗人都以极丰富的语言和强烈的悲壮气氛渲染自己刚皈依天主教的热诚信仰，光这一特征就足以解释他们的成功。《向玛丽亚报喜》和《圣母院的壁毯》，前者是一位外交家出身的商人兼诗人在其漫长的外交生涯之初所作，后者是一位渴望行动者的抒情之歌，两部诗作都是宗教情感复兴之丰碑。

从1880年起——当时任何作家都不敢自称为天主教徒，人们对公开宗教信仰的人抱有一种怜悯之情——基督教唯灵论渐渐征服了失去两个世纪之久的知识阶层。只要注意一下天主教作家中脾气最暴躁、对人最苛求的莱昂·布洛伊晚年（他死于1914年）身边的朋友圈就可明白知识分子回归天主教的情形：他们中有学者如地质学家皮埃尔·泰尔米耶，作家勒内·马蒂诺、雅克·马利坦，音乐家费利克斯·罗热尔、乔治·奥里克，画家乔治·德瓦利埃、鲁奥。鲁奥的画作《耶稣的圣容》明显表达出"上帝卫士"的坚定信仰。布洛伊的几个女儿曾就读于樊尚·丹第的巴黎音乐学校，凡参加过布尔拉兰纳镇上布洛伊家聚会的客人一定听过维埃内和弗兰克的新宗教音乐，"狂热的天主教"感动过激奋的灵魂。

最后要强调一点，在宗教文学和艺术复兴中，教会人士的姿态十分低调。如果说拉贝托尼埃神父偶尔出现在哲学家们的身旁，在世纪初皈依天主教的所有重要人物面向的对象首先是世俗大众，然后才是神父：当时许多神父的信仰都不及他们热忱。那是因为神父们所受的教育？还是执行1801年和解协议的"共和"政策的结果？抑或是因为教会在1880至1907年间长期干预政治，令他们在再征服知识精英时无法处于前沿？最后，极可能是因为教会内部已分化为现代派和极端派，双方在典型的法国式辩论中发生冲突。

天主教政治

在道德层面上，或许因1874和1875年的有利形势，特别是复辟势力（不管是否打出代表王室的白旗）仍然嚣张，天主教会继续拥有支持者；在第一次世界大战前夕，保皇的天主教会还出现了一位领军人物，他在几十年中培养或者更确切地说影响了几代知识分子：夏尔·莫拉斯。他从 1908 年起创办极右派民族主义日报《法兰西行动》，在知名作家莫拉斯、莱昂·都德和雅克·班维尔的参与下，这份报纸形成了一股政治力量。巴雷斯不属于这个集团，但在宣扬民族主义上出了不少力，堪称他们的助手。《法兰西行动》尤其在两次世界大战之间发挥了重要影响；莫拉斯主义首先是敌视共和制度的反动思想，尽管遭到罗马教廷的谴责，仍在法国保持较大影响力直至第三共和国末期。发表"神的奇迹"① 谬论后，莫拉斯的作用起了质的变化。然而，天主教复兴的主要特征并不在此：保皇天主教思想更像是一股残余势力，而后又提出诸如"近千年来 40 个国王造就了法国"等口号塑造政治神话；20 世纪初的一个重要特点是自由和社会性的天主教教义的复兴，这一复兴是在教皇利奥十三世的社会宣教影响和法国天主教人士（如贝玑和桑尼埃）的倡导下掀起的。教皇的社会宣教曾在法国引起特别大的反响。

1891、1892 年间，利奥十三世作出了两项重大举措：一项是政治性的政策，劝导法国天主教人士归顺已实施了十年之久的共和国。教皇的这一谨慎态度符合罗马教廷近年来的传统政策，它曾在 1801 年与第一执政拿破仑达成和解协议，又在 1848 年承认法国第二共和国。但是许多保守派政客犹豫不决，不愿像阿尔贝·德蒙那样归顺共和国。时间在观望中流逝，后来发生德莱菲斯事件，错过了与政府和解的时机。事实上，教会与共和国和解之事纯属法国内部事务，其影

---

① 译注：在第二次世界大战期间，莫拉斯支持贝当元帅和维希政府，称贝当元帅出掌维希政府是"神的奇迹"。

响远不及教皇颁布的通谕。这便是第二项重要举措。利奥十三世在该通谕中提出了工人的生存条件,通谕明确提出了因工业进步和阶级斗争日益尖锐而变得异常迫切的教会的社会理论,直至今天,这份教皇通谕仍被某些社会阶层视为天主教社会政策之根基[①]。教皇在通谕中驳斥了提倡集体所有制、取消阶级的社会主义理论,但主张慈善的义务和两个阶级的公正:"富人和老板要记住,剥削苦难者和贫穷者、在贫困上进行投机,都会遭到上帝意志和人道法则的谴责。剥夺他人劳动和对天赌誓复仇一样是犯罪。你们从工人工资上舞弊偷窃得来的钱会朝你们呼喊,呼声会直达天庭,传到万能上帝的耳中。"教皇对教会人士提出了团结的目标,要求他们建立天主教徒的合作,为达到这一目标而工作:"应当高声褒扬我们中间大多数人的热忱,他们十分明白当下的需要,在实地仔细探索,以寻求一条扶助工人阶级的光明之道……只要继续发扬光大,只要他们的组织在谨慎的指导下,依靠广大教士的团结,我们就一定能收获最幸福的果实……我们应以组织合作为普遍的和自始至终的原则,以最适合和最短的路径向每个成员提供达到其目标的方法,尽可能地让我们更健康、更聪慧和更富有。"除法国外,教皇通谕未在任何国家的世俗人士或教会中引起反响,也未为落实天主教的社会计划而采取任何行动。

教会在这方面所做的工作至今鲜为人知,在20世纪最初几年,保守派人士或反教会力量对此都不理解。巴黎和外省陆续出现了第一批工会,会员中职员人数比产业工人多;也出现了领取资本家津贴,旨在分裂劳动阶层的"黄色"工会,鱼目混珠,扑朔迷离。由职员占多数的工会为保证其独立性,既反对雇主亦反对势力强大的劳工总联

[①] 1931年教皇庇护十一世再发表通谕强调恢复社会秩序,以及最后一次主教会议上发出的重要教谕都进一步加强了教会的社会理论。

合会（CGT）。在混沌不清的斗争中，培养出一批日后组建天主教联合会的工会干部，譬如加斯东·泰西耶和波安伯夫等。1904年由马利尤斯·戈南领导的一批知识分子创建了"社会周"活动，每年组织类似短期大学的研讨会：举办讲座、讨论会和碰头会，就社会问题、工会、劳工合约和公共机构的社会职能等议题展开讨论。参加"社会周"活动的人数达数百人之多，听众远远超过了活跃分子的人数；但是工人始终很少参与这类活动。可以说这些座谈会的对象是知识精英，因此难免会出现某种学院派的倾向。还有些人积极地探索群众运动的新思想：于是有了实践经验，也培养了少数干部，为第一次世界大战后开展天主教的社会运动作了准备。

贝玑

天主教社会运动中出现了两位主角，其中一位是创办《双周杂志》的贝玑，他那火辣辣风格的文章令目光短浅的索邦大学教授和陷于保皇政策泥潭的教会主教们目瞪口呆。贝玑尤其不喜欢索邦大学的历史学教授，常常这样嘲笑他们："历史学家治史往往不考虑历史条件和局限；或许他们有理由，最好每个人做自己的本行；一般来说，历史学家写历史最好不要太冗长。"贝玑心中有正义感，急于使法国变成自己所梦想的那样慷慨。他是一个战斗诗人，为一切美好的事物辩护，抨击所有特权和邪恶。作为社会党前党员，他摈弃最亲近的朋友所主张的反教会、反穷兵黩武政策，作为天主教徒，却对他认为背叛了初衷的教会始终不满。贝玑对自己表面的矛盾供认不讳，他以自己榜样性的"经历"宣告了一种作为法国当代文明的独特性之一的法国新典型：天主教徒贝玑没有保皇思想，主张民主和共和制度，自发地亲近受苦受难和饥饿的弱势民众；他属于左派（有人在30年后利用了这一点），其天主教社会思想令他毫无顾忌地引用《圣经》上的话替自己辩护，他说："耶稣对富人的厌恶是如此的可怕，他（指耶稣）只爱贫困和穷苦人"。贝玑接受1789年法国大革命的遗产，甚至接受19世纪各场革命的成果。作为热忱的天主教徒，他并不因此而否认昔日之师：世俗学校，他是第一个（在如此氛围下！）公开承认世俗学校的重要意义的天主教徒。他有先见之明，指出世俗学校同样能为新的宗教生活服务，他接受法国宗教生活的多元化，并为之确立了自己的方法和目标。第一次世界大战前夕，在最全面反映法国状况的期刊之一《双周杂志》上，他阐述道："我们不再相信我们的世俗学校老师对我们说过的一个字，而完全听从本堂神父的教诲……然而世俗老师却留在我们心中，获得我们全部的信任。不幸的是我们不能说那些年迈的神父赢得了我们全部的心或者说获得了我们的信任……"作为精神启发者和思想大师，贝玑的著作被所有知识青年如饥似渴地阅读，年轻一代或被他的魅力所吸引或对他表示拒绝，总之贝玑开辟了一条道路；他是当代法国意识的一个标杆。

桑尼埃

作为坚信有必要打破阶级和社会等级隔阂的理想主义者，马克·桑尼埃比贝玑更接近政治行动，他创办《犁沟》杂志代表他所领导的运动，或许比贝玑更有效。正值国家准备和实施政教分离之际，桑尼埃看到教会可以从与世俗政权割断一切有机联系中获得巨大好处，从此教会不再是国家领导阶层的联盟者；因此可诞生一个完全独立的新教会……经过了一段困难的时期，犹如拓荒中艰难地开出最初的犁沟之后，马克·桑尼埃看到了一个从反教权纷争中解脱出来的法国，从此能在和平的气氛中建设符合基督思想的社会正义。在桑尼埃周围形成了一个团体，其思想超越政治而更多地带有社会倾向，其大胆精神远远超过了十年前主张归顺共和国的那些人。《犁沟》杂志在1910年遭到罗马教廷的谴责（教皇在 1907 年已经谴责过一切煽动异端邪说的现代主义理论，声称要不折不扣地捍卫传统的信条和立场）；1912 年马克·桑尼埃创建青年共和国组织，其性质与其说是政党不如说是更接近于人权联盟那样的团体。该组织在人数上少得可以被忽略，但其民主和社会理想却在战后法国的政治生活中发挥了重要影响。

当人们读到教皇庇护十世，甚至利奥十三世晚年对天主教内自由言论的多次谴责，看到教会人士在教堂和修道院门前为清点教会财产而发生的卑劣冲突，目击在最初的有声电影银幕上出现神父身影而引起嘘声和狂吼时，贝玑和桑尼埃的声音在如此狂躁的年代是多么的微弱；然而这是正在成形的法国天主教的全新面貌，它标志着一个时代。天主教复兴不是传统教会的简单重现，而是一个超越过去、震动大地的时代之诞生：它酝酿着一场新的基督教化运动。

3. 无政府个性主义

在产生蒙田和帕斯卡、蒲鲁东和安德烈·纪德的国家，在几个世纪来个人奋斗赢得的赞赏多于集体事业的法国，崇尚个性主义恐怕不能说是一定条件下的产物，也不是偶然或巧合。20世纪初，法国无论在政治和文学方面，还是在戏剧和绘画中，都出现了一股追求个性表达的潮流，个人发现和成功的雄心凸显；在政治缺乏理论指导而更受个性支配的氛围下，组织上再坚固的政党也会受到渴望行动的无政府主义影响，正如瓦莱里和阿波利内尔时代的文学界亦有追逐时髦的无政府主义的倾向。所有这一切能发展而形成气候，是因为历史上有过众多先例，有过类似探索和坚实的传统。当然20世纪初的法国社会及其气氛（至少在巴黎，尤其是塞纳河左岸）亦促成了这股潮流的出现：实证主义的溃退、唯科学主义（或者说在孤陋寡闻的文人眼中的科学）的破产，人们头顶上那片星空也和他们内心深处的道德原则一样发生了危机，而恰逢其时出现了无政府个性主义的思潮。难道对于艺术家、画家、音乐家或诗人，作为一个纷乱时代规模庞大运动的敏感见证人来说，有何值得惊讶的吗？

政治和工团主义

在政治生活中，捍卫工人阶级利益的各种力量之走向最能说明问题。左翼或右翼共和党人组成的各激进党的发展就与个性主义现象有关：围绕着在国会内有影响力的若干重要人物而形成的不稳定小团体，因其在国会内外缺乏组织和纪律性，激进党内的这种个性主义便得到充分发展。被称作"反权力的公民"的阿兰就是这种激进运动——"无政府主义"——的理论家("安那其主义"即"无政府主义"一词来自蒲鲁东,但将它加在阿兰头上并非偶然。阿兰的《杂论》一书充满了这方面言论)。但是最具个性特征的是工人组织的命运。事实上,这一时期是工人运动发展的时期:根据各种意识形态的差异而组成的许多社会党人小团体终于经过儒勒·盖德和让·饶勒斯的努力而统一起来,马克思主义者、布朗基主义者、可能派和阿勒马纳派联合组成了SFIO(国际工人法国分部),该组织在1914年成为议会内不容忽视的一支政治力量。由饶勒斯领导的社会党,依靠无产阶级劳动大众、小公务员和实行收益分成制的波旁等地区的农民,成为——至少在1905年的社会党全国大会后——法国一个组织最坚强最有力的政党;社会党加入第二国际,与各国工人组织进行思想交流和理论讨论,法国社会党在本国议会中的有效斗争与李卜克内西和考茨基领导的德国社会党的僵化的不妥协理论形成鲜明对照;第二国际的1900年巴黎大会和1904年阿姆斯特丹大会都显示了法国社会党的生命力。

同一时期的工人运动也实现了统一:在费尔南·佩鲁蒂埃和维克多·格利富勒的努力下,组成了"劳工总联合会"(CGT)。各省成立地方性劳工协会(Bourse du Travail),集合各行业于一体,而全国各工业联合会则统一为一个组织,力量不断壮大(尽管在1908年后遇到严重困难)。至第一次世界大战爆发前夕,工运组织进一步完善:各省劳工联合会一律由省劳工联盟取代,尽管工会组织所在的建筑上名称依旧,习惯称呼亦没变。为简便起见,板岩开采、煤矿、铜业和冶金等各全国工业联合会都合并为一个组织,工会会员在1912年多达60万人。

然而在劳工联盟大会及其出版物上,积极分子——包括自学成才的工人、手工匠、巴黎的技术工人或因个人思想原因而靠近社会主义的"资产阶级"——也未摆脱个性主义的社会风气：蒲鲁东派压倒马克思主义信仰者而占据上风，法国的社会主义因此打上了烙印，这种烙印至今仍清晰可辨；相邻的英国则不同，那里的工人运动更有组织、更强大，而法国社会主义则始终处于分裂状态。英国和比利时人建立起包括政党和工会的统一组织，领导劳工进行无产阶级解放的共同事业，而法国却存在两个（至少在原则上）完全独立的组织，政党和工会都力求实现社会革命，目标是一致的，但方法不同。饶勒斯的社会党——它不是马克思主义政党，正如当时国际工人运动所允许，它在议会中推行社会改革——曾试图统合"劳工总联合会"（CGT）。但工会对政治不信任；他们对米勒兰、维维亚尼等部长的"变节"行径记忆犹新，叛变的左派部长或受贿或在威胁之下背叛了工人运动的利益。白里安曾是发动总罢工的理论家，工会相信在行业内自发进行的革命行动；格利富勒曾这样写道："法国工团主义的特点是发起自发的创造性行动……这种行动不受任何模式的约束，也不需任何理论家的首肯。"他们在工厂内通过连续斗争来改变无产阶级的生存条件，如争取八小时工作制等。连续斗争的最高形式是总罢工，使全国的经济生活陷于全面瘫痪。因此"革命的工会活动者"只能设想一个独立于政治生活的工团主义；他们在1906年亚眠工联大会上确立了这个典型法国式的工会定义；正是这份亚眠决议至今仍不断地影响着法国的部分工人运动。这份决议的结论有两种表达方式，它们在战后备受争议，因此准确理解其精神是工人运动中热烈争论的话题：

第一种，"关于工会会员个人，大会重申会员们拥有在集体行动以外，根据自己的哲学和政治信念参加相应斗争的完全自由，但不能将他在外面宣扬的观点带到工会内部来"。

第二种，"关于工会组织，大会宣布为了使工会运动达到最大的成效，经济行动应当直接针对雇主，联合会作为工会组织不参与政党及派别活动,后者可以在工会外或与工会肩并肩地、完全自由地推进社会改革"。革命的工会运动一方面通过理论探讨(如乔治·索雷尔的《对暴力的思考》,以及布热、梅尔海姆和格利富勒等人较简短而更易阅读的文章),另一方面在反对雇主的严峻斗争和1907至1911年间反对政府的不断罢工中(1911年铁路工人举行了最大规模的罢工,但遭到时任内政部长阿里斯蒂德·白里安的突然镇压),成为面对社会党的最活跃的工人力量;而社会党从1905年起在议会内充当一贯反对派的角色。因此,尽管工会的影响力在第一次世界大战爆发前夕已有所减弱,法国工会传统仍有长久的魅力,

无政府工团主义是在蒲鲁东思想影响下发展起来的,其间也(以乔治·索雷尔的理论为中介)得到柏格森哲学的保护。它首先是莫纳特、格利富勒和梅尔海姆等主要人物的个人行动,出于这一特性,也由于工会干部轻视"无知的"大众,认为他们"尽读一些污秽淫书……没完没了地玩纸牌",所以法国的工人运动停留在少数人身上,尚未放眼于广大的劳工世界。但是另一方面,也有一些工运积极分子意识到自己的义务和肩负重任,而这些人则遭到政府当局的围捕(如五一节前夕,对他们实行保护性拘禁是著名的一招)。这些先驱者或者说英雄,不是这个崇尚个性主义时代的反常见证人。

文化界人士

文化界还很少人嗅到大战前的恐慌气氛,然而十年来这种气氛已经弥漫在各种社会环境中。当时有名大作家只拥有很少读者,《白色杂志》的发行量也很小,与贝玑的《双周期刊》相仿。这些都不重要。《白色杂志》仅是一个例子,许多其他"小"期刊也反映了这一现象,特别是像《信使报》这类大报刊或者规模较小的《新法兰西期刊》在发行初期都是这样。纪德在1912年2月曾写道,"我们拥有

528个订户，赠阅的份数有244份"。总之，在1900年万国博览会和第一次世界大战前的文学界带有极其浓厚的个性至上色彩：自我崇拜为作家的第一准则。从年轻时起就崇拜司汤达的莱昂·布卢姆——与其说他欣赏司汤达的批评小说，不如说是因为塑造于连和法布里斯等人物的作家身上的个人主义——到建议年轻作家保持孤独的巴雷斯都有这一倾向，巴雷斯说孤独能使个人完全属于自己，保留内心世界。因此当时的文学是为被社会排斥者而写，他们受到公众的羞辱，也被19世纪末拒绝社会的兰波的继承者所排斥。另有一些作家遁入梦境寻求另一种世界：阿兰-傅尼耶的《大莫纳》就是一部逃避现实的小说。还有些作家在现成的道路之外另辟蹊径：小说人物纳塔尼埃在一只坚定的手引领下走向"地粮"（nourritures terrestres）①，当时最出奇的作家纪德还塑造了人物拉夫卡迪奥；普鲁斯特在同一时期创作了一部描写感觉已消逝的世界的小说，那世界有太丰富的智慧和感受。但是个性主义最典型的作家或许还是巴雷斯，因为他最早取得成功，其他作家都在一战结束后才出名的。写作《离乡背井者》的巴雷斯是洛林人，一个狂热的爱国主义者，他主张的个性主义道德与《不道德者》②的道德或《婚礼》作者所提倡的道德一样严苛。

作为马拉梅的继承者，诗人瓦莱里和阿波利内尔只为能读懂自己作品的少数文艺精英创作，不久他们最成功的诗作需要经过注释才能被人理解：诸如《年轻的帕尔卡》或《海的坟墓》就需要借助诗人朋友的诠释才能为"耳背"和理解力差的人读懂。正当大众小说或描写交际圈的作品借助龚古尔文学奖设立后产生的最早的文学奖效应不断

---

① 译注：纳塔尼埃（Nathanaël）是《圣经·约翰福音》中耶稣一个门徒的名字，原意为"神赐的"，这个名字因作家纪德在作品《地粮》中塑造的人物而在20世纪被许多人使用为名字。

② 译注：纪德作品。

扩大读者群之际，当时最重要的文学作品却成为少数人的专属领域，只有他们才有能力享受神秘诗篇所包含的敏锐智慧和细腻情感；而隐藏在背后的则是与其他作家用直白的语言所表达的同样不安：《海的坟墓》的作者就写道，"需要尝试着生活"。

于是，进入20世纪后，文学上的学派现象消失了；没有了任何标签，即使对象征主义这类刚诞生的派别，也难以用一个作家或一个名称来概括；浪漫派的最后一个作家已在1885年去世了①，为他出殡举行的国葬之隆重显示出他受民众爱戴的程度；巴那斯派诗人和自然主义小说家都没有如此大的哀荣。但是写作的痛苦，即在写作时为体现个人特征的努力则依然如故；最能体现文学安那其主义现象的可能是作家们对日记形式的创作产生了日益浓厚的兴趣，作家在日记中记载个人琐事，日复一日地乐此不疲；这一形式或许滥觞于浪漫主义文学，经由龚古尔等作家的传承，发展为逐日记载的"编年史"，最后成为作家常用的一种文体、一种记事形式。它透露出作家自我至上的表达欲。

音乐家

确实，从不断出现的各派喧嚣的宣言和激烈争论来看，人们可以用个性主义张扬来概括当时整个艺术界的状况——不光在有沉重历史承载的文学界。在欧洲文明中占重要地位——可以说最重要地位——的音乐和绘画界，于20世纪初表现出极明显的个性主义色彩。虽然建议人们不要太在意理论家和批评家的评论，包括在饭桌上将某些音乐家和画家吹捧得天花乱坠的言论，但是必须承认他们的话有更广泛

---

① 译注：作者在此显然是指维克多·雨果，雨果于1885年5月22日在巴黎逝世。6月1日，法兰西共和国为他举行了国葬，举国致哀，超过200万人参加了从凯旋门到先贤祠的送葬队伍。

的意义，比象征主义者的批评和孤芳自赏的沉思更有可信性。编年史不会搞错，根据法国音乐和绘画在国际上的影响，它提出了法国（音乐）学派和巴黎画派。

19世纪末，在巴黎——以及外省一些大城市——交响乐十分繁荣，并拥有越来越多的听众；与此同时，戏剧音乐和以罗西尼和古诺为代表的歌剧、喜歌剧亦取得了极大成功。歌剧的保留剧目已经固定，不会以比才和马斯内时代一样的节奏不断扩充。当时最成功的剧目是夏庞蒂埃的《路易丝》，乐曲委婉动听：从此歌剧和喜歌剧在某些社会阶层中被认为是"大众化"音乐，于是轻歌剧开始流行。但是"庄重的"音乐（即人们所称的纯音乐）仍在一系列机构的推动下不断发展：包括古老的音乐学院（成名的音乐家或多或少都曾在那里深造过）、国家音乐社团（由圣桑在1871年普法战争惨败后因激愤而立志创建，国家音乐社团的风格比古老的音乐学院更自由更大胆）、后来樊尚·丹第创办巴黎音乐学院（1896），以及各种音乐会社团（每年冬季举办音乐会，推出新剧目吸引听众，剧目或一炮走红或失败）。弗兰克、圣桑、福莱和德英迪等人组织的最初几届音乐会取得了不小的成功。在瓦格纳等德国音乐家成功之时，法国音乐的复兴也影响了国际音乐界。

尽管他们的作品和成就有一定影响，法国音乐学派中最有影响的还是德彪西、拉威尔和斯特拉文斯基。艺术家们之间会有某些相互影响的关系，正如福莱受到当时某些诗人的影响那样，德彪西也受到象征派诗人，尤其是马拉梅的影响。但是克洛德·德彪西的音乐探索——包括他的成功——从当时伟大的科学运动汲取了更重要的养分。拉威尔和斯特拉文斯基亦以同样的大胆，挑战16世纪以来的传统音乐技巧。在这一方面，传统音乐如巴赫的作品或者罗西尼的成就一向被视为像欧氏几何学（牛顿物理学的基础）一样不可动摇的基石；而德彪西以其作品《佩利亚斯和梅丽桑德》（1902年的轰动事件）和《大海》，创造了一种全新的音乐——采用全音音阶，以及七度音程、九度音程和十一度音程等和弦，允许通常避免的不协和和弦，同时也不排斥传统技巧。他采用的新技巧曾遭到批评界的强烈反对，围绕着他的"垂直主义"引发了长时间的争论。德彪西为当今大胆创新的音乐作了准备。

莫里斯·拉威尔的主要作品出现在第一次世界大战后，在1914年以前他被看作是德彪西的弟子。他在创作中同样展现了大胆和革新，很快便与他的老师一样出名了。从1905年起，拉威尔创作了《天方夜谭》《喷泉》等乐曲，此后有更成功的《西班牙狂想曲》和《鹅妈妈》等名曲。拉威尔乐曲的纤细风格多少还有些"古典的"韵味；与之相比，伊戈尔·斯特拉文斯基的伟大创作激起更大的反对声浪：1901年的《火鸟》，特别是1913年的《春祭》都引起了极大反响。当《春祭》在巴黎首演时，尽管巴黎听众十多年来已习惯了创新的印象派音乐，作曲家所用的节奏及音调还是引发了无休止的争论；这位俄罗斯裔作曲家在一战后入了法国籍，从此他在音乐界与德彪西齐名，成为现代音乐的伟大奠基人之一。

德彪西和斯特拉文斯基同为无政府主义者，都不遵循神圣的法则，但正由于这个相同的原因，他们的成就比单纯的个性张扬重要得多：在音乐史上再无别人比他俩引起过更大的震动。他们革新了传统和声学，发掘了音乐表现的新手段，从而创造了新音乐；谁都知道两次大战之间出现的六人乐团和其他许多音乐人都从他们身上汲取了养分。

画家

绘画界的情况更丰富多彩：画家们比音乐家引来更多的话题。在绘画独立派、新印象派、野兽派和立体派等时代，狂放的绘画理论引起了热烈的争论。艺术批评发端于司汤达（比狄德罗的批评范围更广，狄德罗的《沙龙》主要涉及文学批评），成熟于波德莱尔，成为德高望重的大师及其弟子的一项职业，有出版物、有标准和悖论。1900年万国博览会及以后几年中，随着非洲和日本等异国情调艺术的输入，俄罗斯芭蕾舞的引入，批评界对各种造型艺术均冠以"主义"的头衔。画室内的讨论、批评家的高调评论，加上画家们或凭借个人经验或借鉴某个体系的探索，延续了莫奈、雷诺瓦、梵高和塞尚等大师的工作；以至50年后的今天——即使带有所谓的历史距离感——对第一次世界大战前法国如此丰富多彩的绘画界进行评价仍然十分困难。安德烈·纪德在《伪币制造者》中借人物之口道出对当时五彩缤纷的绘画界的赞叹："我常问自己，绘画凭何奇才能如此发达，把文学远远抛在后面……"

有多少艺术家值得一提，但或许只有那个绘画奇才图卢兹-洛特雷克不能不提。他画海报也作石版画，画妓院内景也画马戏团，画动物亦画早期的体育场景。倘若只看当时最出名的画家，可以将他们分为两类：一类是从印象派发展而来的野兽派，包括梵高、高更和修拉，他们继续在色彩上进行探索：马蒂斯、德兰和弗拉曼克是他们的代表。尤其是弗拉曼克，这位自行车赛车手出身的画家或许更称得上野兽派：他总蛰伏在一处作画，不像马蒂斯和杜飞那样到处出游。大胆采用色彩是这些画家的共同特点，至少在一个时期内是如此。野兽派画风在1905年左右达到巅峰。

另一类是比野兽派影响更大的立体主义画派；当时最好的画家很快被卷了进来，1910年前后，统领画界的新画派引发了许多理论研究：物理立体主义、解析立体主义和装饰立体主义等等。毕加索（1914年以前）、布拉克、杜飞和莱热在绘画界掀起了一场革命，他们阐述新艺术，特别是分析他们的感觉和表达感觉的形象，在画布上想象、构思通过他们的视觉而重新组合的造型空间：静物、人体——不再是自然景色——成为他们探索的新题材，作品既是理论研究也是实践经验。立体主义是一种思考的艺术，探索客观世界与思考主体的关系；它是现实与非现实的结合，是认识相对论的深层情感所发现的世界。皮埃尔·弗朗卡斯泰尔常用如下的精彩言语来强调立体主义画派，他说毕加索和杜飞比许多物理学家都更好地理解（和感觉）相对论。

立体主义画派以其观察世界新视觉的大胆以及与科学革命的深度合拍，代表了自1865年印象主义画派以来巴黎绘画界的一个最重要阶段；然而在1910年前后，毕加索和布拉克却因他们作品上的某些离奇形象而令同时代人感到不快——常常遭到嘲笑。但是他们毕竟打下了印记；他们的艺术——传统的、象征的或几何形的符号——即使在50年后仍然启迪着后继者，如吉西亚、富热龙和皮尼翁等人。立体主义画派以其解读空间的大胆，表达了人类的自信，特别是科学世纪的征服姿态。这种探索引领了当代生活的方方面面，乃至人们的日常生活：譬如立体图式化（一种风格或样式）时隔30多年仍影响着家具和家用物品的设计；通过受洛特雷克的影响而革新的招贴画，立体派画家将自己的新视觉影响到广大公众，在地铁里或沿着长栅栏，人们学会了欣赏意想不到的线条和色彩，习惯了这种非书写语言的启示力量。立体主义——在战后更甚于战前——影响了人们观察世界的视觉，这就是巴黎画派的影响，全世界（至少在各国首都）都在逐渐地发现和适应这种视觉。

当然，受作家、音乐家和画家影响的仅限于巴黎的市民，大战结束后无线电推广、招贴增多，但接触到这类艺术的人依然是少数：纪德、布卢姆、德尼、福莱、德彪西等人是例外，大多数艺术家只被少数人了解。但是尽管局限，尽管正统学院派的种种保留（美术学院为了抵制立体主义而大肆吹捧印象派画家，莫里斯·拉威尔在1905年的罗马大奖赛中落选），尽管民众不理解和嘲讽，法国艺术界的上述种种伟大创意构成了法兰西文明最活跃的部分。

第一次世界大战

在两次马恩河战役之间，法国在四年内经受了第一次世界大战最惨重的损失：五分之一的国土被占领，必须承担东部前线部队的给养，帮助从海路而来的盟军，直到1918年最终胜利为止，法国在一战中付出的代价比任何一个大国都巨大。一言以蔽之，在1939年，即20年后爆发第二次世界大战之际，法国尚未从一战的创伤中恢复元气。人口的骤减、经济恢复缓慢，特别是集体心理上的阴影，都显露出法国在一战四年中所遭受的损失和痛苦。

自大战爆发以来的半个多世纪里，法国人口增长十分缓慢；尽管医学进步和人类平均寿命延长，出生率仍不断下滑；因战争造成劳动力的减少更为严重：战死人数达140万，占全国人口的二十五分之一，更确切地说，这个数字代表了法国五分之一的年轻人被战争夺去了生命。此外，还造成300万伤员，他们不同程度地成了残疾人，有的缺胳膊少腿，有的被毁容（人称"被毁容者"），还有人被毒气损坏了肺：存活者中五分之二的人无法重新融入正常的国民生活，至少四分之一的人因丧失或部分丧失自立能力而需要靠同胞来养活。因此，在1918年已成年的人中，有五分之二的人须帮助同胞或抚养死者的家眷：在两次世界大战之间，即便参加工作的女性不断增加，即便外国移民源源不断地来到法国，都不能弥补法国人口的骤然减少。

在人口损失方面，乡村比城市更严重（城市因工厂被特别征用，致使部分男劳力免于奔赴前线），再加上物资上遭受大量破坏：重建

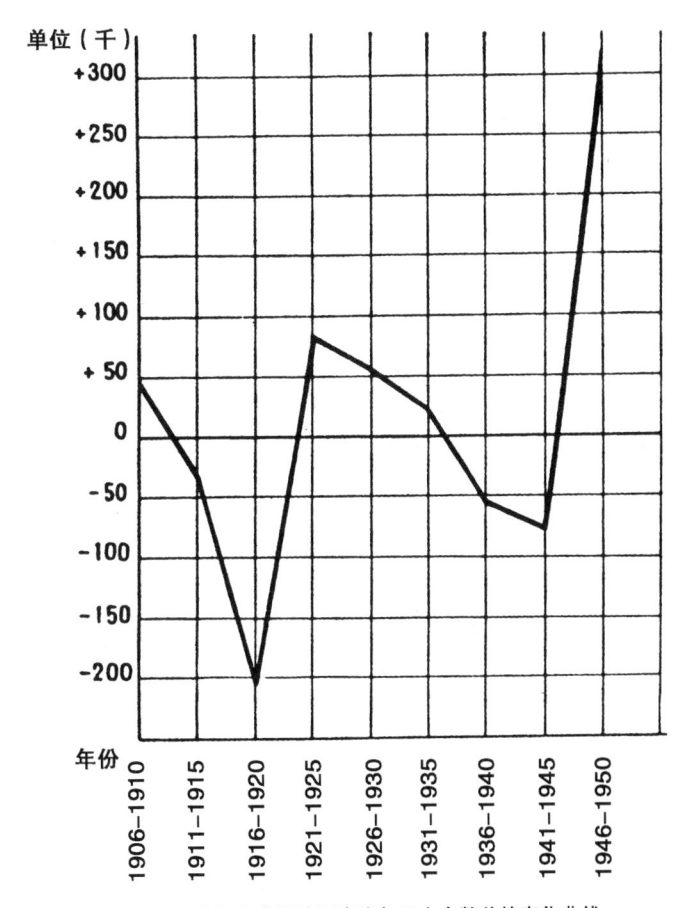

图 36　20 世纪上半期法国出生与死亡人数差的变化曲线

图表显示两次世界大战对法国人口的影响之大。在 20 世纪第二个十年里，世界上有哪个国家遭受了如此严峻的考验？

乡村整整花了 10 年时间；房屋毁坏（逾 30 万座）或部分损坏（50 万座），公路受损（5 万公里），铁路废弃（近万公里），5 000 座桥梁被炸断；加上 3 万平方公里的良田、牧场和森林被毁。为恢复农业生产需要排雷，重新耕作；还有数千公顷耕田一时无法恢复，地产主只能略加整理。更不用说北方的煤矿，占领者在撤退前放水把煤矿淹了，工业设施遭受严重毁坏。

兰斯、阿拉斯、桑利斯和吕内维尔等地在几个世纪中建成的古城，一座座在战争的狂轰滥炸下顷刻化为灰烬。战斗最激烈的战场凡尔登在骸骨堆旁还保存了城市的影子。正当法国必须付出全部经济力量来进行庞大的战后重建之际，其他未遭受如此战争重创的国家，如美国、英国、包括德国，可以发展工业装备，因此在经济上大大超过法国。

精神上的创伤——以及由此造成的集体意识的变化——也非常巨大。老兵们经历了战争年代的战壕生活：泥泞、地鼠、跳蚤和虱子等寄生虫、毒气和不断的警报声响，肉搏战和炮弹轰炸在这些老兵身上留下了令人难以想象的肉体伤害；他们的神经、肺部和肠道消化系统（打仗时难免大量饮酒）都受了损伤。1914至1918年的老兵，那些经历过消耗战的无名英雄们，身上留着伤疤，把在艰苦卓绝的战火中结下的生死友情当作公民信条（"像在前线一样团结"是他们的座右铭）。平民们则遭受了另一番痛苦：被占领区的百姓们受苦最深，被押为人质和房屋被烧是常有的事，即使后方居民也因前线战事而遭受心理创伤：谣言满天飞，军队参谋部故意编造谎言，政府部门和报章寡廉鲜耻地制造"假消息"（bourrage de crâne）的痕迹随处可见。1917年，正当俄罗斯和美国改变战场形势之际，法国前线和后方却冒出了溃败大恐慌，说明全体国民的精神不振和士气低落。有关的思想争论直到1918年仍未完全结束。

当人们渐渐能理智地看待这场战争时，发觉这场战争是因尊重盟国为履行那些"破纸上的协议"而引发的，当时只有少数法国人对"协议"的重要性产生过疑义。第一次世界大战最终靠美国总统威尔逊而停止，当时的口号是"这是最后的最后一次战争"（la Der des Der），它道出了为这场战争付出牺牲的所有法国家庭的心声。1918

年 11 月 11 日，劳民伤财的战争结束了，但不过是"再不会看到如此屠杀"的许诺而已；和平协议的签订和"国联"的建立原本应能实现这项许诺。但事实上从 1919 年起，即便在法国也有人对凡尔赛和约提出异议，认为它是外国列强单方面意志的产物，将一切耻辱都归咎在德国人身上，包括由德国单方面承担战争的全部责任（著名的第二百三十一条）；国联组织因缺乏美国支持而很快显出弱势无能，未能落实已被某些人视为最大财富的和平。经过如此长时期（从 1919 至 1924 年）的严峻考验，当人们逐渐松弛下来时，一战仍在相当长时间内影响着人们的精神状态，甚至影响法国的政治选择，当 1939 年……法国人依旧生活在战争的阴影下。

第十七章 20世纪初的法国：科学、艺术和技术（1919—1939）

关于两次世界大战之间的日子，法国人有太多的痛苦记忆，因而他们把20世纪初轻率地称为"美好时代"。或许有这样一个原因：经过漫长努力终于迎来胜利的陶醉和放松之后，法国人民仍面临着艰辛的岁月，在一个如惊弓之鸟的国家里，对世界上任何动向都会十分敏感。俄罗斯革命，1929年美国的经济危机，阿拉伯世界的觉醒和欧洲法西斯幽灵的出现，都在巴黎或全法国引起反响；而法国还需面对国内政治、经济等各种困难。

因此有必要提一下这难熬的20年。首先是经济危机，法国从1931年起，即比世界性危机晚两年出现了经济萧条，工资和物价下降，造成1934年严重的通货紧缩；直至1938年，也就是直到因备战而对经济的人为刺激，长期的经济萎靡对数百万法国人意味着失业、贫困，至少是生活拮据。工人、小农户、小公务员艰难度日，尽管在1936年曾有过若干希望。

这也因为国家制度的疲软衰弱：第三共和国已失去了1914年以前的光彩。它曾经在前40年中有过较大的作为，现今在政治领域犹如折断了的弹簧——再无活力了：国会议员们的尔虞我诈，走廊里的肮脏交易，常常令消息灵通的公民感到不安和厌恶。对国家面临的新挑战既无有效的机制又缺乏领导人才；直到1940年7月悲惨的一天，议员们不得不解散第三共和国。其实，它在1934年2月的一个晚上就差点儿寿终正寝了。

这20年又是国际上纷争不断的危机年代：尽管白里安和斯特莱斯曼等人的努力曾带来过若干光明，从法国占领德国的鲁尔地区到德国吞并捷克斯洛伐克，发生了多少令人焦虑不安的事件；和平未能实现，落实凡尔赛和约的希望渐渐破灭，这一趋势在1933年，尤其是1936年后不断加剧；西班牙战争的爆发，德国重新占领莱茵河西岸，埃塞俄比亚战争，奥地利被德国占领，直到慕尼黑和坦茨格会议，法国人早已被1939年9月之前的神经战和宣传战压垮了。

然而，透过事件的表象，各种纷扰反映出深刻变动中世界的冲撞和不安，同时法国文明仍然在不断地创新。尽管存在各种严重的不利因素，尽管遭到邻国甚至某些本国人的不断诋毁，尽管在摩洛哥的里夫发生的殖民战争和巴黎殖民地博览会的虚假繁荣，法国文明继续展现出一种国民生活的独特形式，一种巴黎和法国的生活方式。相隔若干年后回头再看，它与欧洲其他国家，甚至与新兴或传统的殖民社会相比，乃是全世界独一无二的生活方式。这种生活方式被人欣赏，试看那么多外国人来巴黎生活，或每年来住上几个月，或选择在此定居，享受此地无从模仿的人文氛围；举世瞩目的1937年万国博览会取得了巨大成功，尽管其间发生了一些不愉快的插曲。在新式交通工具使地球上的居民相互靠近、文化交流日益频繁的时代，当机械文明在美国、西欧和不久的苏联取得极大进步之时，法国的独特性依然像在一两个世纪前一样光彩照人，它在新世纪又赢得了新的欣赏者。

法国参与了20世纪科学和技术的迅猛发展，而且名列前茅；某些领域的适应方面可能比德国和英国慢——特别在农业，甚至商业方面，也可能条件不及北美国家那么优越，但它的汽车工业较发达，乡村电气化实施也早，即使在阿尔卑斯山区也较早通了电，而且修筑了水坝和公路。法国的工程师及学者越来越意识到与外国"竞争者"在国际发明专利市场和科学研究方面进行竞争：至少自己处于领先地位。

同样在思想表达和传播领域，法国的地位也许更为显著：自由探索知识的氛围与前人创造的条件密不可分，它沐浴着精神活动的一切方面；尽管报章和电台在商业和经济逻辑的影响下乏善可陈，根本无法与16世纪慷慨的文艺资助家相比，但法国知识界的繁荣活跃反映出本国自由主义取得的无比成功。

技术和自由主义思想的进步影响了社会生活的深刻变化：在交通领域实现的第二次工业革命，促进农村人口向城市迁徙的同时亦提高了人民生活水平：在重建的十年中（1919—1929），法国人的物质生活大幅提高。如果说上卢瓦尔省农民还在用长柄镰刀收割、用连枷打麦、过着自给自足生活的话，这一切很快就过时了。城市居民生活更舒适、娱乐更丰富，城市生活经过几十年的变化拥有更大的吸引力。尽管1931年以后经济危机的影响，城乡对比发生了有利于城市的根本转变。

包括人口地域分布等一系列巨大改变，使社会生活也发生了很大变化。新一代的知识精英产生了，他们渗透到资产阶级阶层内，尽管不时有漂亮而空洞的革命口号，新一代精英仍模仿资产阶级，承认资产阶级作为社会的主导阶层；在相互渗透的作用下，法国社会形成了新的架构，同时经济危机也促使陈旧的社会结构最终解体。但是大众与精英始终处于对立状态，他们不参与同样的文化生活，对国家事务也没有共同的理想，两者似乎无法和解，但均无力完全压倒对方。除了选民阵营的对立和左、右两派的传统分歧，革命"传统"似乎已丧失殆尽：尽管在1936年热情曾高涨一时，当局推行社会改革而最终失败便是明证。在资本主义社会财富分配不均和金钱的巨大威力下，大众与精英的分化日益扩大：一边是成功者享受剧场娱乐、高级时装和已成为风雅人士专利的绘画；另一边则观看环法自行车赛、廉价的美国"西部片"、哼唱蒂诺·罗西的老歌。这就是法国的轮廓或者说外表：各种面目的差异很大……

1. 新技术：能源和交通

对于20世纪关注时间及与时间相关现象的人来说，最触动他们的就是迅捷，他们生活于其中的世界正以迅猛的速度改变着。人们日常的出行速度只有一切运动和历史本身的普遍加速才能比拟。因此可以发现在19世纪80年代已见过铁路和其他新鲜事件的我们祖父辈，跟生活在17世纪，甚至16世纪的他们祖辈比跟我们更亲近。20世纪30年代的法国人所生活的科技环境与生活在19世纪80年代的前辈所处环境截然不同，当时蒸汽机、煤气、铁路和铁桥代表了物质进步的最新技术；然后电、石油和电影带来了更大变化，物质环境变化的规模有了质的不同。每年都有新的发明改变我们的日常用品，革新机器或交通工具。技术研发已成为工业家必须做的工作；否则他就得掌握发明新产品的知识。每年举办展览会，出版大量的季刊、月刊，都是为了在使用者和发明者之间进行必要的信息沟通。19世纪展览会的周期较长，每七年或十一年举办一次，如今已跟不上需求了，这一习惯自然就消失了。问题是人们往往不理解举办展览会的必要：技术革新被人接受的过程相当长，原因是科学精神（包括设备折旧的合理计算和成本核算）尚未普及；更不必说对技术探索的兴趣了。马克·布洛克在1940年时还这样写道："我们有大学问家，可是别国的技术却比我们的先进。"因此改善日常生活全靠技术进步：机械成为农民每天劳作的帮手，农民使用电动离心脱脂机，正如大商场的会计离不开计算器一样。技术的应用在20年中不断扩大，反映出科学的实际水平。从理论到实验室发明或验算，再到实际应用之间的间隔时间在不断缩短；20世纪出现的应用研发实验室就承担这个过渡阶段的工作。最后，比较缓慢的还是推广使用，其中或许有经济因素（新的生产工具价格往往比较昂贵），也有少数的技术因素，因为使用习惯的机器不需要对使用者进行专门的职业培训。此外，心理因素也是一个原因：城里人使用吸尘器或农民采用拖拉机的最大障碍是克服使用扫帚或牛轭的习惯。总之，可以想象在1890年发明汽车，至1914年大战前夕在全法国才只有数万辆①，直到1930年前后，马路上奔跑的汽车才多了起来。电话、电影和唱片等也有类似现象……这20年中的突出标志是电和内燃机的推广使用。

至少有一点可以肯定，那就是科技的应用最大地改善了法国人的生活，当然不能忽略家政学的进步（其实除少数城市居民外，家政学还很少投入实际应用），亦不排斥生化领域和新药物研制的巨大成就（罗讷-波朗等公司靠这些技术发了财），不忽视1939年之前几年迅速发展起来的塑料工业。因化学进步而诞生的新兴化工业，由于专业狭窄的原因，在地理分布和技术方面都比较分散：从巴黎的制药厂到南部鲁西永地区的生产醋酸盐的工厂（罗迪亚醋酸盐厂［Rhodiaceta］）。虽然技术已有非凡的进步，但化工厂的规模仍相对较小。

新型发动机

电动马达和内燃机给机械文明带来了两大动力：正值开采了一个或数世纪的煤矿开始面临矿藏枯竭的威胁时，它们向工业提供了两种新型能源；利用雨水的水力发电，与用煤和石油发电相比具有取之不尽的优势。不过石油和电气使人类有了新的运输工具：汽车、摩托车和飞机，填补了铁路运输的不足，但很快便与象征上一世纪成功的铁

---

① 纪德当年去参加夏尔-路易-菲利普的葬礼：从穆兰到色里利去，汽车出租公司老板不愿出车，非得花好长时间找到一个专职驾驶员才肯放行。

路有了竞争。新型交通工具被迅速采纳，使人类能更好地开发利用自然。

1914年之前，法国的煤炭产量就不足以保证其工业需要。至1939年前后法国的煤产量为4 500万吨，必须从德、英两国进口1 000万吨煤补缺。这就是为何法国铁矿产量3 000万至3 500万吨而钢产量才600万吨的原因。新能源的开发促进了机械工业发展。不过水力发电推广缓慢，尤其在1930年以后更加如此，原因是地方发电厂财力有限，无力引进水力发电的设备；而火力发电通过高压长距离输电条件优越，因此在码头和产煤地区兴建了不少热电厂。热电厂虽容易建设，却消耗大量煤炭所以赢利低。到第一次世界大战前夕热电厂发电量几乎与水力发电量持平：1936年热电发电量为760万度，水力发电量为890万度，其中一半用于向阿尔卑斯山区供电，四分之一供电给中央高原地区。石油方面，勘探进展缓慢，而且技术落后，全国只发现一处油田，即1904年由德国人在阿尔萨斯发掘的佩什布洛恩油田，在1939年前投产。该油田的石油产量仅占法国石油需求量的1%，其余均靠从中东、美国和墨西哥等地进口成品油或原油。

尽管有种种局限，电动马达和柴油发动机在工业生产中仍占有重要地位。首先采用电力比蒸汽机灵活得多——每台机器安装一个电动马达，尤其在纺织和冶金工业中非常适用；特别是电力能输送至农村小规模的作坊，如里昂附近山区的纺织厂或汝拉山脉的手工作坊，令在上一世纪因工业化集中而濒临倒闭的山区小作坊起死回生。因此电气设备在大企业和小作坊都受到欢迎，尤其在织造和纺纱等行业。然而事实上因设备投资昂贵，企业内采用电动马达的效应远不及交通运输方面的革新。

在国内和国际运输两方面，电气和燃油马达带来的革新更为巨大：电动马达和柴油马达运用于铁路和城市交通；效率高、大量节约煤和发动加速稳定，各种优点说明新设备的成功，尽管某些人对蒸汽机仍依恋不舍，它还是难免衰退。巴黎—奥尔良—南方铁路（现在的西南路段）利用比利牛斯山脉高原湖泊的水资源发电，几乎完全采用了电力机车，同样它也运行在西部铁路的部分路段上。目前正计划在山区坡度大的路段也采用电力机车。作为技术应用，在一些短途路线上，铁路公司亦采用动力较大的柴油机车；此外大城市里开发了城市电气轨道交通网，但因受到汽车的严重挑战，在1930年达到巅峰后即开始衰退。不过衰退缓慢，尽管公共汽车和无轨电车相当灵活，巴黎直到1935、1936年还保留了有轨电车，外省都市如里昂和圣艾蒂安等地至今还未完全放弃轨道交通。

交通

内燃机比电气更大地革新了交通运输：于是汽车成为法国最重要的交通工具。1914年前，汽车是火车的补充——譬如在火车站与村庄之间或不通火车的两个小城市之间行驶——随后作为体育竞技和市内交通工具，每年使用汽车的人数不断增加。如同1900年时的自行车一样，汽车也成为所有人都想拥有的交通工具（这股风气一直延续至今）；1930年，大马路上剧场里歌手高唱"我终于有了汽车，我终于有了汽车……"；不久汽车有了新用途，卡车和小货车从事短途和货物运输，或者运送易坏的食品；再后来出现了公共汽车、出租车和私家车。汽车工业集中在巴黎周围，主要是几家有名的工厂——雷诺、标致和雪铁龙，1914年前还有若干靠手工匠制造的汽车厂，譬如德迪翁-布东，后来逐渐消失，大工厂将它们吞并而垄断了法国市场。到第一次世界大战前夕，法国每年汽车产量达到20万辆，近200万辆汽车驰骋在全国30万公里的柏油公路上，公路边有标志明显的车胎行（米其林轮胎厂）——为繁忙的交通提供必不可少的服务。汽车既是推销员、商业代理和商人们更为便捷的交通工具,也是人们周末外出郊游散步的娱乐工具,有车的人活动范围一下子扩大了,避免了骑自行车的劳累和赶火车的不便。

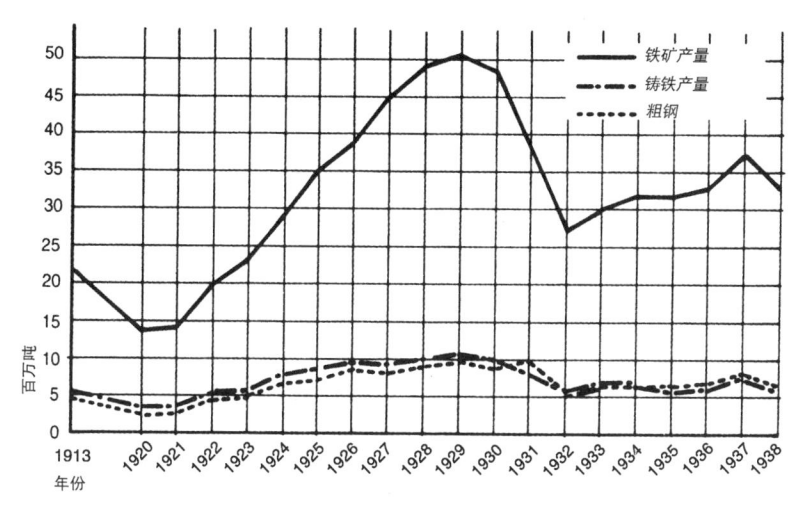

图 37 两次世界大战之间的法国冶金工业

在 20 多年时间里,大量出产铁矿的法国只能出口大部分的铁矿以换取冶金工业所需的焦炭。1930 年起,经济危机使铁矿的开采和出口受到影响:铸铁和炼钢业也随之减产,这一趋势一直持续至第二次世界大战爆发前夕,此后因加紧战备刺激了冶金工业重新增长。

1925 至 1930 年以后,大客车驶离城市,也不再局限于连接火车站周边的小市镇,开始长途载客运输:从巴黎到南部蔚蓝海岸,从巴黎到西南部的巴斯克海岸,等等。还有搬家公司的搬运车和"挨家挨户"送水果和蔬菜上门的送货车,它们穿梭于城市之间,从鲁西永地区直通巴黎。从此公路运输与铁路运输开始了激烈竞争。直至第一次世界大战爆发前,这一竞争始终十分激烈。铁路运输方面因受公共服务的种种限制(譬如价格、减价、法律规定必须保障的线路及列车班次的间隔等),不断地失去市场,被迫关闭某些线路和车站,以更轻便的电气火车取代蒸汽机列车；而公路运输方面在价格、线路、班次时刻和安全措施方面则灵活自由得多……1939年法国铁路公司（1937年合并各地区铁路公司而实行国有化）经营近4万公里的铁路。尽管若干保守倾向的省议会提出抗议，尽管某些留恋蒸汽机小火车的人惋惜再看不到在乡间奔驰的小火车，绝大多数省一级的窄轨路段还是被放弃了，二级线路亦逐渐停止运营。一些在1939年未及"死亡"的省级线路，曾在1940至1945年间回光返照，红火过一阵。那是因为当时石油匮乏，早些年丢失的乘客又回来了，运营状况可与1914年前相比：如中央高原梅藏克山下的上卢瓦尔省—阿尔代什铁路线。

内燃机还应用在更大的航空设备上：飞机。航空事业在1914年战争期间取得长足进步，一战后期飞机已参与军事行动。飞机发展成为国际乃至洲际的交通工具。1927年林德伯格驾机成功飞越大西洋；各大城市附近都建起了机场、中转站和驾驶学校；梅尔莫兹、多雷和圣-埃克朱贝利等人叱咤风云，开辟了多条航线：开始了航空邮政，并开辟了飞往南美的航线。布尔日机场开设定期航班，使旅客能以最快速度到达欧洲各国。1936年航空旅行人数已达7万人，行程达1 000万公里。尽管价格昂贵，飞机还是成为最常用的交通工具，尤其是运送航空邮件。

最后一点，电力和石油还革新了航海和内河航运。装了柴油机的大型邮轮和货轮逐渐占主要地位，大量机动平底驳船行驶在内河和运河上，在北方至巴黎盆地的内河运输中发挥了重要作用。在1万公里的水路上，四分之一的水路由吨位超过300吨的驳船航行，只有数百公里的水路如莱茵河，才能航行3 000吨的大型驳船。在越洋航海业中，素来追求质量的法国造船技术在世界上名列前茅，大西洋航运公司的"诺曼底号"下水属世界首创。不过更大的成就还是货物海运业的进步。截至第一次世界大战前夕，海运船舶吨位总共达 300 万吨左右。法国在世界上名列第七，它造船不多，每年造船吨位在 4 万吨左右。

但是能享受勒阿弗尔—纽约航线的"诺曼底号"邮轮——当时被称为北大西洋的"蓝色绸带"——和巴黎—维也纳航空班机的旅客只是法国少数人，而真正改变人们的日常生活、促进交流和方便人们出行的还是汽车、摩托车和自行车——当然还有火车，它的历史使命远未完成。这些新型交通工具使人们能在村落与村落之间、农庄和耕田之间、城市和乡村之间以及各城市之间方便地出行，这是前所未有的。它推动了人口大流动，特别是 1936 年左派"人民阵线"政府创设带薪休假制度更大大加速了这一趋势。交通发展也带来了观念的更新：即便在毛驴和骡子拖车仍十分流行的山村，最早的笨重又结实的自行车也开始进入百姓之家，然后是机械构造更复杂的摩托车，"效率"比自行车高许多，颇受欢迎——方便人们外出参加"周日舞会"，亦为实现小农机械化作了准备，第二次世界大战后农村开始普及拖拉机。对城里人来说，雪铁龙 B2 型汽车或最新款汽车很快被更新换代，摩托车成为去近郊或更远地方最常用的交通工具：周末去钓鱼或打猎，假日出外度假，于是法国人发觉自己的国家变小了，对国家更了解了。至少在本土，不包括海外属地和殖民地，少数富有冒险精神的人或企业家开始探险或经济开发，但大多数人因缺乏财力与此无缘。交通进步对殖民地的开发建树不多，虽然常有人提出，但终未能实现。

随着中、短距离交通的发展，城市面貌逐渐改变，出现了一批大、中型城市。但也有一些城市如里尔、圣艾蒂安缩小了，而市郊、附近村庄和小市镇却发展起来，原因是人们对大工业和商业中心的喧哗心生厌烦，宁可搬往更安静、更大空间的郊区居住，于是出现有人住在维勒夫朗什、格里尼和沃涅赖而去里昂工作的现象。一些大企业如克莱蒙-费朗的米其林、勒克勒佐的施耐德等在离工厂不太远的地方建造工人住宅，每天用班车接送员工上下班；甚至鼓励工人住在离工厂25至30公里的乡村，因为农民工不像城里人那么会滋事。在1931至1936年间，巴黎减少了近6万居民的同时，塞纳省和塞纳-瓦兹省各市镇却发展起来。郊区各镇每天上午因上班族外出工作，显得冷冷清清，一到傍晚就热闹起来。这一趋势促进了大巴黎地区的形成（加上化工、制药和汽车等大工厂的催化作用），更多地吸纳法国的有生力量：至1930年大巴黎地区的居民人口已达500万，占全法国总人口的八分之一。1930年时就拥有一个城市及郊区的交通网，再加上郊区铁路网，每天客运量达到50万，还有开私家车的人（10万人左右）。巴黎拥有上百条有轨电车线路（行程共计1 000多公里），公共汽车各线路行程共有600公里，各条地铁线行程总共有150公里。

交通运输的第二次革命不但促进了居民和物资流通，引领人们改变了居住观念，而且在习惯思维中引进了速度概念：适应于更快速的交通工具，即使短途出行也希望快捷；还产生了以更快速度刷新纪录的体育趣味，以及在道路或跑道上赶超的好胜心和追求更快速度的乐趣。自行车赛、汽车拉力赛的出现就表达了这种欲望。它首先体现在城里人身上，后来逐渐蔓延到乡村人：19世纪的法国人靠火车更快地出行，他们的儿孙在20世纪更具另一种性格，即喜欢速度，追求快速已成为法国人出行的行为习惯。

2. 知 识 氛 围

这 20 年的文化生活仍然多姿多彩。法国在顶尖科学的研究方面稍显逊色,而新传媒的出现赋予了文化生活前所未有的影响力;尤其是学者和思想家们创作的自由氛围始终是独一无二的成功。这样说,并不意味着法国科学研究有所衰退,它仍保持着自己的水平,在 20 世纪的世界科技发展中常处于领先地位。勒里什医生带领的外科学、巴斯德研究院的肺结核科医生以及维勒瑞夫的放射科医生的巨大成功获得举世公认;越南河内或刚果布拉柴维尔的医院,以及欧洲一些国家的医院都采用法国的医疗方法,法国人在医学研究、教学和临床方面都非常杰出。先进的卫生设施促进科学发展;医学——分科越来越专业化——效力日益显著;伤寒症和破伤风症已经绝迹,肺结核病例越来越少……

科学成就

在尖端的物理学研究方面,由朱利奥-居里夫妇(伊莱娜和弗雷德里克)、让·佩兰、保尔·朗之万和路易·德·布罗格利各自领导的实验室都是世界一流的(在第一次世界大战结束后不久,德·布罗格利"建立"的电子波理论攻克了相对论的最后一项空白);1939 年大战前夕,朱利奥-居里夫妇在法兰西学院成功地进行了首次核反应实验,与此同时,德国、意大利、英国和美国在同一领域也有重大发现。

法国在物理学上的成就仍然超过在人文科学上的研究:如社会学还纠缠于限定范畴和建立方法,政治经济学方面的学派争论仍无休止,人文科学的许多领域都没有大的影响;哲学家们开始渐渐摆脱柏格森的理论(在 1920 年达到巅峰),但非理性哲学靠超现实主义的影响仍然保持着它的魅力;第二次世界大战前夕从德国引入的早期存在主义哲学(海德格尔)开始兴起。历史学方面,大学界出现了一股教科书热,出版了一批以大学生——而非广大读者——为对象的丛书,但质量平庸、充其量不过二流水平,许多学者热情甚高,投入了很大精力,其中多半是教师而非研究者[①]。相反,地理学在维达尔·德·拉·布拉什的推动下,一批地理学家如德芒戎、儒勒·西翁、罗歇·迪翁、安德烈·阿利克斯、E. 德·马托纳等人不懈努力,取得了与历史学相当的地位。同样,乔治·杜马和亨利·瓦隆的心理学,以及多扎和布吕诺的最早语言学著作也有相当建树……

尽管如此,相对于当时外国的科学研究和法国前一世纪的科学成就来说,这一时期法国科学研究的进展总体有所放慢:首先是战争的后果,科学研究与其他领域一样人才匮乏;但亦有其他方面的原因。10 个、20 个国家在同时攻克某些科学难题,倘若一个科学家单枪匹马很难全面跟踪科学研究的动向;必须发扬团队精神,实现资讯交流,而法国在这方面不及其他国家:每个学者在其狭窄的领域里单独进行研究,往往缺乏开阔的视野;而在相邻学科内频繁的科学发现恰恰使拥有广阔的视野比任何时代都更有必要。历史学家们局限于"大事件历史"或"唯历史"研究——或者只做历史综述或当其他人文学科的配角——就是一个很好的例子,但不是唯一的例子。此外,不论在心理实验室或在回旋加速器旁,科学研究需要经费:科学家在阁楼

[①] 某些丛书至今尚未完成:如格洛茨(Glotz)的《人类进化》(*Evolution de l'humanité*),其他更"学院气"的著作有《人民和文明》(*Peuples et Civilisations*)等。历史科学的生命显然不在这里,而在乔治·勒费弗尔、阿尔贝·马蒂耶、马克·布洛克、吕西安·费弗尔和亨利·皮雷纳等人身上。

和地下室里单干，用绳子和旧报纸粗糙地修补设备，进行振奋人心的实验的时代已经过去。学者们靠任教的大学提供微弱的研究经费，在缺乏资金、图书、设备，甚至实验室的情况下进行工作。因此，当时法国的教学和科研中心、大学都缺乏资金，而且"囿于庸碌"①。

1936年的"人民阵线"政府意识到科研领域的双重问题，建立由朱利奥-居里夫人领导的国家科研中心（此前几年曾设立科研基金鼓励科学研究，但资金薄弱，收效甚微）；该中心后来由让·佩兰主持。国家科研中心建立新的科研体制，通过招聘与大学保持密切联系，但独立于大学，获得重要贷款，专门从事理论和应用的科研工作。在第二次世界大战爆发时，它正处于运行磨合阶段。

印刷、广播和电影

当法国科研领域面临困难之际，文化生活却因出现传播思想的新媒体而发生了巨大变化。新媒体逐渐渗入民众的生活习俗，靠日积月累的普及才得以成功，同时也造就了更多的知识面较广的民众，至少在民众容易参与的精神生活领域是这样，当然简单化的"说教"也不无风险。

印刷品进步了：报纸采用传真图片等新的方法能快捷地传递照片。但是，当时法国报纸往往受到经济和政治的不可明言的影响，大量采用图片和大标题，并非传播文化的重要工具。即使在周刊上发表的文章（从《玛利亚纳》到《格兰戈瓦》，均过多地用意于政治，而像《小巴黎人报》《巴黎晚报》等发行量较大的报纸号称不带政治倾向）也往往是由科学知识浅薄者执笔的草率之作，作者更多考虑用词和文

---

① 这话出自布洛克之口，或许有点刻薄。人们时常提及这位历史学家的一本书《离奇的失败》(*L'Étrange Défaite*)，这是一部极其重要的著作，长期无人问津，最近才得以再版。

章漂亮，而非准确地传递思想。即便像《时代报》这样被视为最严肃的大报，也消息量不足，根本无法与当时英国的同名报纸相比。

书籍显然比报纸和期刊（包括《新法国杂志》《欧洲杂志》等有名刊物）的影响更大。不过除了大量的教育用书之外（阿歇特和其他书局因出版教育用书赚了钱），绝大部分的出版物均是文学书，尤其是小说：上流社会（十足巴黎化的沙龙）读者的兴趣，五花八门的文学秋季奖的刺激，以及外国翻译作品在法国大量出版等种种原因，使文学出版物压倒了其他所有领域。伽利玛和格拉赛两个出版社就靠"文学"起家，而拉布鲁斯和科林等老牌出版社以及较"年轻的"巴黎大学出版社则致力于出版高质量的学术著作来保住其市场份额，但影响较小。阿尔芒·科林出版社出版的《世界地理》和《艺术史》，以及拉布鲁斯出版的《法国大百科全书》都是优秀的学术著作，只是出版量无法与伽利玛出版社的小说发行量相比。

然而，随着无线电广播和电影的出现，传播和表达思想的途径很快超越了已有400年历史的书籍范围。还有电话，亦与杂志一样成为交流思想的工具，人们通过电话能更准确更快地交流看法，甚至还部分替代了书信。作为艺术家的纪德曾在日记中写道："多少经典作品在电话通话中消失……"无线电广播则另有一番魅力：家家户户安装了收音机，"话匣子"很快便征服了广大民众，对他们来说收音机就是科学进步的象征。广播以最有效的方式每天传播各种各样的新闻，听众除了工作时间，日日夜夜被广播的声音包围着，阻断了与他们惯常的社会环境的一切接触。由于广播无处不在，而且拥有比其他所有资讯手段更强的说服力，不幸被私人利用牟利。巴黎电台——一个靠广告收入维持的私营电台，竟滥用广告以灌输他们以音乐和语言组成的口号——与国营电台进行竞争，广告宣传压倒了新闻传播；国营教育电台只能推出科普谈话、职业信息，以及司法、工人和历史等专栏节目争取听众。事实上,除了文化方面转播戏剧、音乐和体育节目外,法国电台也就是能较快地播报新闻,并不完全取代报纸;此外就是做宣传和播放扰人心绪的广告。总之,共和国并没很好地利用广播来宣传遭到严重诋毁的共和政体,相比之下莱茵河东岸的纳粹政权就做得更好。

1918年后,与无线电广播同时出现的电影却在法国人生活中占据了重要位置,它提供的各项资讯不亚于广播,尤其在1930年以后,其作用超过了印刷品:在影像的视觉效果下配以语言评论。然而电影也未被很好地加以利用,除了让·班勒韦的科教片(大战前夕拍摄过一些用于教学的真正科教片),可谓乏善可陈。

电影的文化功能局限在两个方面:每周时事新闻片,将一周内的大事逐日拍摄下来,虽有图像显示却未能像报纸那样加以更多的说明;另一类是资料片,仅作为节目空档的填充,往往流于劣质的民间采访,或者粗制滥造的异国情调短片,用意只在制作花钱少的"配菜"而已。

于是,广播和电影——城市比农村更普及——丰富了法国的文化生活,但从某种程度上说,只是传播了低级趣味;加上报纸的推波助澜,使得科学骗子猖獗,伪科学的江湖骗术:占星术、偏方治病、玄学等,因科学取得一系列重大的进步,更趁机蒙骗了不少人。于是,医学的魅力造就了《科诺克医生》①的成功,亦让江湖郎中从中受益。或许埋头于研究的学者们未看到传播思想的新媒体的长处和危险,只顾在实验室或办公室里工作,教授们专心于给人数众多的大学生授课;而让口若悬河者和耸人听闻者征服了有文化的广大听众。只

---

① 译注:科诺克(Knock)系法国作家儒勒·罗曼一部喜剧中江湖郎中的名字,科诺克利用"现代医学"和民众的轻信,令许多健康人相信自己得了病,成为自己的病人。故事富有讽刺意义,也在一定程度上反映了当时的社会现实。

有制订规划才能避免伪科学的泛滥。在教育方面，当时已采取了非常的措施：1932年实行中学的免费教育；在第二次世界大战爆发前已经开始了教育的普遍改革；在让·扎伊政府当政期间将义务教育从12年延长至14年。

政教分离

最后，两次世界大战之间法国知识文化生活的另一成就是精神自由氛围的确立，使法国人在所有的聚会和对话中享受到比世界上任何国家都自由的气氛。或许这种自由主义有长期传统的因素：鉴于任何一方都无法彻底清除异己，因此对立的教会——首先是天主教和新教——只能长期地相互承受。如果再往上追溯，可以找到法国天主教会自主自治的传统；自中世纪以来，主张法国天主教自主派与罗马教廷之间冲突严重，不分胜负；维护旧制度者与拥护大革命者之间的公开辩论贯穿整个19世纪；从路易-菲利普至第三共和国初期逐步形成的19世纪大学的自由传统，在高等教育上体现了思想自由交锋的氛围，它已经成为规则。大学教授受到的种种打击，特别是米什莱和耶稣会教士的争论，以及拿破仑三世解除勒维利埃巴黎天文台台长等事件，都显示出教育和科研领域内自由气氛的必要性。

两次世界大战之间，整个法国知识界活跃在自由的空气中。一方面因为世纪初的科学运动，在受过教育的民众眼里意味着对一切宗教教条的最终摈弃；另一方面实行政教分离虽然有抗议和反对声浪，毕竟有了成果：教会完全独立，天主教内最明智的人士毫不迟疑地表示欢迎，"世俗"国家亦能卸下重负，否则在处理政教关系时，政界人士会因无能为力而陷于混乱。

最后需要特别指出的是，政教纷争的逐渐平息是实现宗教生活和平相处的重要因素；这并非是因为派性十足的学校教师（反教权主义

第十七章　20世纪初的法国：科学、艺术和技术（1919—1939）

者或共济会成员）的神奇消失，也不是思想狭隘的本堂神父和斥责公立学校的狂热信徒的回心转意；事实是公立学校已被绝大多数法国人所接受，至少小学是这样：由此，公立学校在"中立化"的标志下成为各种宗教信仰者和平共处的场所。如果说对立还存在，特别是在成人教育领域里，在结构大致相仿的各教育机构之间展开公平竞争：一边是天主教行动组织、基督教青年工人、基督教农民和基督教大学生组织；另一边是种种"联盟"（包括法国世俗教育下属的体育和艺术联盟等），在1926年成立世俗教育总联合会。至于资金赞助，体育、音乐等教育机构和最早的电影俱乐部，承担对广大民众普及教育的任务，这类世俗教育机构得到国家的补贴，其他机构则由天主教会提供部分资助。于是产生了需要澄清的问题，即人们对在世俗教育机构、学校和校外活动中天主教影响的不同态度：对大多数人来说，纷争已在第一次世界大战前平息，这类天主教组织的活动已被民众接受并认为它们优于教会所办的中、小学校；由此可解释何以"法国少年尖兵队"（Éclaireurs de France）比"法国童子军"（Scouts de France）更受民众欢迎。但是在"激进的"天主教徒眼中，"自由学校"比什么都好，在那里宗教教育主导一切教育，学生不会受到在"世俗教育"机构中可能遇到的一切异端邪说的蛊惑：于是，天主教会资助和鼓励教会学校和青年运动——其意识形态难免会使过去的纷争死灰复燃。

在这一时期的最后几年里，法国的世俗化有新进展，特别体现在中学和大学——甚至小学——的教育中：世俗化运动不单是科学时代的反教权主义，也不再提"中立化"的泛泛口号，它已成为研究中的自由和表达真理的代名词，意味着对一切不同信仰的理解，既然各种信仰——从辩证唯物主义到各种理想主义——均已被认可。然而，世俗化也招致诸多批评：民主共和国也因此不能对主张权威、传统和专制的反对派实行高压政策，迫使政敌噤声；世俗化也只能允许那些总想强加自己"真理"的人乘机诋毁世俗化。正是在这样的氛围下，人们可理解 1932 至 1939 年间，由埃马纽埃尔·穆尼埃创办的基督教人格主义的杂志《精神》所掀起的社会思潮；理解每年在蓬蒂尼修道院举行的向所有人开放的"十日讨论会"①的背景；同样可理解由阿纳托尔·德·蒙齐和吕西安·费弗尔主持的大型工程《法国大百科全书》的意义……同样在向各种学术思潮和宗教思想开放的社会氛围下，去理解法国天主教自主运动在罗马教廷内的特殊立场：法国天主教会比其他任何国家的教会都更有革新精神，它经历了罗马天主教内部所有的思想运动，包括严厉谴责"世俗化"的思潮。从"唯理主义者联盟"到"天主教社会行动妇女同盟"，包括各政党（通常党员人数不多）的青年组织，以及天主教、基督教、犹太教青年大会等世俗运动，这些组织对知识生活和宗教生活的参与度有很大差别，但它们的存在反映出典型的法国式自由主义。

---

① 译注："十日讨论会"（les décades de Pontigny）指 1910 年起由保尔·戴雅尔丹在约讷省蓬蒂尼修道院组织的年度讨论会，为期十日。每天由一个作家或哲学家就文学、哲学和宗教等问题作演讲，讨论会向所有人开放。讨论会因第一次世界大战而中断，1919 年恢复举办直至 1939 年。

3. 生活水平

科学和技术的进步未能让全体人民均等地受益,而且科技的进步在这个传统的古老国家里发展亦不平衡,至1928年法国的城市人口才与乡村人口大致相等。在第二次世界大战爆发前夕,城市人口略多于乡村人口(约53%与47%),统计中的城市人口包括尚未完全城市化的大乡镇、外省各省会及区县行署所在地,这些市镇还未跟上现代化的必要节奏。正如布洛克先生所指出的:"令人留恋的小城市,保留着它的慢节奏:缓缓行驶的公共汽车,懒洋洋的行政机关,自由随意的每一步都浪费着时间,驻防地咖啡馆内的逍遥自在,鼠目寸光的政客手腕,勉强糊口的手工匠人,图书馆内的崭新书架,喜爱似曾相识的事物,对一切可能打扰其传统习惯的变化都心存疑虑。"我们今天看到的法国卢瓦尔河南、北地区在物质生活上的明显差别,其实在这20年中已经显现。在卢瓦尔河以北地区,农业和工业在冶金工业的发展下同时并进,设备更新,逐步现代化,快速适应最新技术,从而保证生活水平的普遍提高;但南方包括中央高原、山区和南部平原,工业化仅局限于若干零星城市,依然主导地区经济的农业却革新迟缓,犹豫不决,甚至倒退,频频出现衰退现象。因此下阿尔卑斯山省、上阿尔卑斯山省和洛泽尔省的人口减少,耕田荒芜;相反,北方省、塞纳-马恩省、下塞纳省和摩泽尔省则人丁兴旺,持续繁荣,尽管有较多的土地转让和耕作经营方面的变化。无论从地域还是从社会层面上看,变革从1914年前已经开始,而且涉及面广,但各地发展不平衡。现在,所有这些因素都由法国统计总局仔细地加以统计和评估。该统计局从1890年创建以来,不断改进评估方法:数据、平均值、曲线等是统计学家和经济学家的研究领域。在评估生活水平方面，工资、物价和货币是主要的参考数据；它们组成了极其复杂的研究资料，而对这些数据的解释往往存在争议。这方面还有待进一步的研究，系统的研究才刚刚开始。不过其大致脉络可以归纳如下。

平均生活水平的提高

首先也是最重要的事实是生活水平的普遍提高：这是从平均值得出的结论——根据所有年龄段、各社会阶层的 4 000 万居民的统计平均值，当然其中可能会有虚假成分——不过已有足够的说服力。在这 20 年中，法国的城市设施完备，达到了今天我们认为的最低舒适水平：水、电和煤气；乡村中已实现供电，根据各地资源的不同情况，亦已开始最艰难的供水设施建设。建筑和住房方面的进展时快时慢：受战争破坏较严重的地区和大城市郊区，受益于鲁歇尔法案的优惠政策，房屋建造速度较快。战后房租暴跌部分说明了建筑行业的萎靡不振：当巴黎工薪阶层只需花工资的百分之六七付房租时，投资房产已无利可图；而在1914年前，房租占工资的比例为16%至20%。法国人外出走动得越来越频繁，特别是第二次世界大战前的最后几年，更多的城里人外出旅行（1936年起实行带薪年假制度）：20年中自行车数量增加了2倍多；开车人数增加了15倍。然而最明显、争议最少的是居民的伙食改善了——关于150万辆汽车的车主分配可能引起众说纷纭，但罗特希尔德①后人的胃一定不比布里地区②农业工人的胃更大。同一时期每人每年的食糖消费量从18公斤增加至23公斤，咖啡从2.9公斤增加到4.4公斤，酒类从100升增加到116升……在食

---

① 译注：罗特希尔德（Rothschild）系法国有名的银行家。
② 译注：布里地区（Brie）位于巴黎盆地东部，历史悠久，为法国著名农业区。

品方面,已出现城乡不同的变化:肉食的平均消费量增加了,但城里人的肉食消费有所下降。出于营养学的原因,城里人的蔬菜、水果的消费量相对于面包和肉食有大幅增加,他们在1914年前更喜欢肉食和面包。相反,乡下人比过去更经常地光顾肉店,尤其是杂货香料铺:因此这一时期来自"殖民地"的商品,如咖啡、巧克力、茶、香蕉、橙子的销量大增,跃居为大宗消费品。让·盖埃诺在他的《一个40岁男人的日记》中,有一页关于1914年前乡下人每年圣诞节前买橙子情况的令人动容的描写,放在高高壁炉架上的橙子已开始腐烂,而孩子们天天眼巴巴地望着腐烂的橙子——这是家长承诺过的珍贵奖品呢!

表 1830至1930年间,法国每人每年的平均消费
(引自富拉斯蒂埃:《机械化和舒适生活》)

	1830年	1880年	1930年
小麦(公担,相当于100公斤)	1.4	2.4	2.2
土豆(公担,相当于100公斤)	1	2.8	3.4
酒类(升)	26	71	121
糖(公斤)	2.3	8.6	22
咖啡(公斤)	2.5	15	43
啤酒(升)	9	23	35
烟草(公斤)	0.3	0.9	1.3
棉花(公斤)	0.9	4.1	8.7
羊毛(公斤)	1.5	4	7.4

最后,羊毛和棉花的消费量在20年中原地踏步,但很难下结论说是因为生产停滞,原因是人们在衣着和室内装饰上的趣味变了——尤其在夏季人们喜欢穿单薄和轻便的服装,室内的三重床帐已成为过时的"老古董"了。虽然1930年后的通货收缩和失业困扰,人们的

普遍生活水平仍比第一次世界大战前有所改善——不管经济学家把法国与世界其他国家，特别是与美国相比，得出技术性衰退有多严重的结论。如果把法国与地中海沿岸的欧洲国家和中欧国家相比，西班牙、意大利和波兰人宁愿移民法国——特别是移民到北方省、洛林地区和圣艾蒂安盆地等采煤区从事艰苦的煤矿工作，建筑工匠则愿意移民到法国任何一个地方谋生——便不难理解法国的普遍生活水平有所提高的说法。外国人移民法国主要是为生活水平所吸引，他们在自己国家看问题很简单，不外乎工资和日常消费品物价。因此这些移民与来法国寻求更自由空气的外国知识分子和艺术家不同。此外，还有第三类移民，在这 20 年中不少人来到法国，各人情况不尽相同，他们是政治难民，在法国国民生活中同样占重要地位。

法国之所以能维持一定的生活水平，首先是因为 1926 和 1936 年再度货币贬值抵消了通货膨胀——也就是说增加货币量——以纸币取代 19 世纪的金属钱币，靠变动法兰西银行的储备金标准来玩弄货币游戏；其次就是靠执行贸易保护主义，这项在第一次世界大战前就已开始的政策被不断加强，借以保护本国农业及装备不良的工业：法国本土市场——以及占份额较少的帝国市场——趋向于维持自给自足。但是，借此维持较高生活水平的政策——终将在世界经济危机中破产——有受益者也有受害者。

农民

在乡村，受害者是小本经营的农户，他们靠直接耕作维持生计。中央高原、西南地区和山区的小农死守祖业，抗拒一切土地兼并，又缺乏资金，无力实现耕作机械化（其实在耕田零星分散的情况下，小农实行机械化毫无意义）。他们对国内市场的需求一无所知，生产无法适应城市需求，依旧过着呆板的生活：照样是黑麦、小麦、土豆和饲料作物等都种上一点，再养一些家畜，可用来耕田拉车，也有牛奶和肉类——如此经营只能勉强度日。在上卢瓦尔省、洛泽尔省等地还生活着最后一批靠自给自足小农经济过活的农户，落后的经营必然导致生活艰难。然而，这些地区偶尔也有个别成功的农户，如沃克吕兹省和鲁西永省的少数农家联合起来合作经营，专门种植水果和蔬菜；又如汝拉山的果农在闲季兼营手工业；利马涅平原、索恩河谷平原和福雷兹平原上的部分大农户，颇有北方大面积种植经营的气派。

其次，受害的还有波旁、旺代和布列塔尼南部农庄和租赁地较集中地区的小乡绅和城堡主，他们或许更有危机感，生活不算贫困但离平庸不远了：进项在逐年减少，因为劳动力被城市所吸引，找佣工困难，承租的佃农亦随着市场变化和人的意识转变而几近消失。中央省的农户虽已摆脱了依附地位，顾念昔日对城堡主的传统尊重，每年仍会来农庄帮几天工，不过……选票是不会再投给城堡主了。对城堡主来说，损失不像地租的损失那么重……那是另一回事了。

相反，在卢瓦尔河以北地区，农户的生活比较宽裕，即便在博斯、布里地区和加来海峡省等机械化农庄里的农业工人生活得亦不错。因为附近有城市和工厂，对大农庄主来说它们既是消费市场，也是劳动力的竞争对手，为了留住稀缺的劳动力，必须付给农业工人较南部更高的工资。在北部和东部受战争破坏严重的地区，1918年后的重整耕田促进了土地兼并，使小本经营的农户能更有利地进入地区或全国的市场。此外，北方和南方一样，耕田逐渐变为牧场，畜牧业——特别是奶制品业——取代了粮食生产。在诺曼底地区，即使只有几公顷土地的小农，也能"看着牧草生长"而获得更好收益。大巴黎地区和北方的大产业主的成功就更不用说了，他们拥有大批土地，资本雄厚，机械化程度高，又善于革新，实行最复杂的土地轮作制，掌握土壤的化学特性，每年根据市场需求调整生产，充分利用技术和商业优势,他们是南方和中部的"落后"(至少在技术上)农户的真正竞争者。

资产阶级

资产阶级——包括那些从巴黎政治学院和法国综合理工大学毕业进入高级行政机构和各大公司董事会的社会地位较高的阶层,以及领取年金者、实业家和大商人们组成的中等资产阶级——尽管生活阔绰,已渐渐感到地位受到威胁,特别是1936年后更是忧心忡忡,成为被激怒的领导阶级。虽然养尊处优,生活比普通平民、工人和农民高出许多,甚至可与正在消亡的旧制度下的贵族相比,但他们感到其阔绰生活相对来说不如以前:以至于看到下属员工去电影院娱乐都会怒气冲天。

这些资产阶级分子仍旧过着统治阶级的生活:服饰与一般民众的差别已不像过去那么明显,但仍穿着名牌;家里仆人的数量或许也减少了,很少有人再雇佣完全依附主人的家庭佣工,不过家电设备的改善能补偿仆人的减少;他们的生活依然丰富多彩,出入沙龙和招待会,去海滨城市多维尔消夏,冬天去南部蔚蓝海岸度假;他们住在各大城市的最好街区,譬如巴黎十六区和里昂的布罗托街区,住宅内浴室、电梯、电话……一应俱全,当时家里有一部电话是家道殷实的标志。

只是财富已变得如此不稳定:经过一个世纪(1801—1926)的货币稳定以及蒸汽机带来经济革命的繁荣,资产阶级的财富在战祸中变得动摇不稳,部分财富甚至在第二次工业革命中化为灰烬。美国工商业崛起,在1914至1918年大战期间加速扩张;欧洲以外其他新兴国家的经济发展,令欧洲资本主义面临萎缩。于是,法国靠年金生活阶层的收入缩水,他们不明白如此稳定的年金收入——在1914年仍是许多法国家庭的唯一进项——如何会迅速地消失，这一现象在1930年危机到来前已经发生了。他们靠年金生活变得越来越困难，开始羡慕公务员的退休金制度，而在20年前他们还公开嘲笑过公务员哩。

工业资本家也面临威胁，情况或许不像领年金者那么严重，但更加揪心，因为他们卷入阶级斗争。一方面，由于资金短缺（尽管有俄罗斯债券的惨痛教训，法国有钱人还是往外国投资或宁可认购国家公债）和设备陈旧，工厂利润微薄（除了雪铁龙、雷诺、标致和罗讷-波朗等少数大企业外），加上政府实行贸易保护主义政策，虽然避免了德国、英国和日本的商品竞争，但亦关闭了法国商品的外销市场，法国工厂只为有限的国内市场和微弱的殖民地市场生产，利润极其有限。国家税制落后，其基础还是拿破仑一世时代的产物，此后从未有过系统的调整，令实业家们怨声载道。另一方面他们还得对付员工的斗争，工人和职员们为争取加薪而团结战斗。每场危机带来新的困难，利润原本已经萎缩，加上业主为逃税而瞒报，所以工厂根本不可能进行必要的设备技术更新和商业改革。技术教育进展缓慢，大部分由私人出资，一般小业主都是从父辈手中继承产业，往往疏忽员工的技术培训，还是像过去行会的做法，让工人们边干边学，这也是工业停滞的一个原因。

自由职业者则因其他原因对社会普遍的生活水平提高感到困扰；高级职员看到中、低层民众生活提高而自己的薪金不加亦不乐意；律师、医生等必须更多地工作才能维持自己的生活水平，他们必须付雇员工资，不再把给下属发工资看作是统治阶级的一种骄傲，感觉自己跟员工一样拼命干活，心中难免产生时世艰难的苦涩。

在两次世界大战之间的这20年中，法国资产阶级忧心忡忡，对日益受到威胁的统治阶级特权更是依恋不舍，很少人对现实抱乐观态度：诸如银行高级职员、大商业主，尤其是食品业商家；在北非殖民地的殖民者，如阿尔及利亚西北部奥拉尼地区葡萄种植园主人、突尼斯橄榄园农庄主、摩洛哥大农庄主，每年夏季照常来法国本土的温泉疗养地挥霍和治疗；或许还包括少数出身平民阶层、靠国家助学金[①]念书而慢慢进入上层社会的人，或者靠非凡的个人努力而成功跻身于资产阶级阶层的工人，但总体上人数极少。因此，1936年当"人民阵线"左派政府上台时，在实业家和商业资本家中引起了恐慌。即使往昔思想开明的资本家也会为财产安全而惊慌失措：如阿尔萨斯纺织业的基督徒业主们，长期关心工人生活，或许是为了笼络工人，但至少是慈善者。在左派政府上台后即刻变为员工们的激烈对立者……然而，法国社会分裂为两大阵营绝非是由1936年6月的变革挑起的，如果说统治阶级长期以来已感到特权受到威胁，对仅仅推行轻微改革又马上表示愿意"给自由资本主义最后机会"的左派政府亦放下心来，那么一场虚惊又何足挂齿！发人深省的倒是惊恐本身。

城市平民

城市平民大众也呈现不同的情况。部分民众始终与时代的技术进步无缘，他们的生活境况与其他阶层相比始终处于绝对贫困中：苦苦支撑小店的手工匠继续从事古老的职业，尤其是鞋匠、打铁匠和大车修理工等修修补补的行业；还有村镇上的手工匠，电工和加油站的修车工渐渐取代了往昔的打铁匠和大车修理工；成千上万的磨坊工人也属这一类，他们在河道旁那无数的磨坊内每年只工作几周，可惜磨坊在大规模面粉厂的竞争下纷纷倒闭；此外，城镇上靠微不足道的收入度日的小商铺店主，以及零售大商号（如波丹、卡西诺等）的小连锁店经营者，他们收入微薄，在大商铺"Prisunic"的竞争下生计岌岌

[①] 参阅 J. 马鲁佐（J. Marouzeau）：《童年》（*Une enfance*），这是一本精彩的书。

可危。上述这些人生活拮据，日益贫困却又不敢承认，构成了敢怒不敢言的城市平民主体，在危机当头的岁月，只盼望得到当局或者某个"社会改革"政党的帮助和救济。

然而，工业机械化的发展和企业兼并，虽然不像工业无产阶级的崛起那么喧喧嚷嚷和引人注目，但在技术进步带动最大的领域（冶金和化工）内，形成一支人数众多的工人队伍。产业工人——至少在大城市和大企业内——具有强烈的阶级意识，亦面临了一些特殊问题。如果说"一个"工人阶级，恐怕不妥当：就阶级意识和生活水平而言，在雷诺工厂的工人与外省小工厂（劳工监察部门往往不知道它的存在）学徒工之间有很大差别。但是行业内全国性的互助意识和生活水平比过去提高了。对无产阶级来说，这20年意味着生活水平的很大提高：1919年战争刚结束即通过法案，规定8小时工作制，满足了工会长期来的要求，限定工作时间，并且同意工人分享前几十年中技术进步所带来的利益；1936年实行每周40小时工作制及带薪年假制度是同一方向上的两项进步——尽管在战后马上实行40小时工作制有困难。至于工人期待从技术进步中获得另一项改善——增加工资，那是20年中一系列斗争的目标，从罢工权利到实行行业统一的雇工合同，集中体现在1936年6月的大改革中，劳资双方终于达成了关于"行业内统一待遇"的马蒂尼翁协议。

有两个问题涉及工人生活条件：一个问题是安全问题，它肯定不是个新问题，经济革命并未使问题得到缓解。企业必须为职工购买工伤及疾病保险——这项措施是缓慢而逐步实行的——对身处困境的工人有所帮助；但最大的不安全乃是失业：机械化的发展增加了对"专一化工人"的需求，譬如自动化生产线不需要专门技能，很少需要有长期工作经验、对工厂运营必不可少的高级技工。由此对雇主来说，人工的可塑性大了，一旦企业遇到困难（特别在1930年后），雇主便十分容易辞退工人。工人承受着第二天即可能失业的思想压力，这一点从人们羡慕公职还能享受退休制度，或者宁可当邮递员或更理想的铁路职工上反映出来；这种想法在工人联合会的工会运动中十分敏感，也是工会提升阶级意识和发动"互助"罢工的一个主要因素（有些纯粹"互助"性质的罢工实在令"资产阶级"感到费解）；另一方面，危机造成大量失业人群，直到第二次世界大战爆发，这支庞大的"劳动力大军"人数不减，情况对雇主极为有利。在1932至1938年间，每年需救济的失业人数达40万人！

另一个问题是劳动条件。人依附于机器，被固定在本人无法控制的生产线上某个岗位从事单一劳动，工人不需要理解所做的工作，完全成了一个机器人。机器使劳动脱离了人，也使人摆脱了繁重的体力劳动，譬如清洗工作；越来越多的工作不需要人的创造性及责任性，相反，有些涉及机器制造或维护的工作则需要更高技能和更多关注。但是在一个企业内，自动生产线上的岗位永远占多数，工作的疲劳和单调向工程师提出了劳动生理学的棘手问题。美国泰勒制的翻版——合理化生产制度，结合计时员和增效措施，危害无产阶级的身心健康。1913年当巴黎冶金行业最早引进泰勒制时，乔治·弗里德曼引述梅尔海姆[1]的如下呼吁，这20年中关于劳动环境的一切思考都围绕了梅尔海姆的尖锐话题："怎么能想象工会允许实行泰勒工作法？……难道人们没看清它是资本主义蔑视工人阶级的最刻毒的表现？它不是要求劳动者加强主动性，而是对他们说，做机器吧！不是发挥各人的特长和技能，而是剥夺他们的生产能力，只把他们当原始人来使用……人的智慧从车间和工厂被摈除，只留下在钢铁和肉身组

---

[1] 译注：梅尔海姆（Alphonse Merrheim, 1871—1925），工人出身，法国革命工团主义者。

成的自动生产线上以血肉之躯变成的无头脑的机器人之双臂……劳动者非但不能捍卫自己的劳动成果不被偷窃,还得防备体力的衰竭,捍卫作为有智慧的人的生存权利。"① 于是工会、医生、社会学家和心理技术人员便开始研究如何制造适合于人的机器,调整工作节奏,以及改革学徒制度,在民间大学和技术教育中渐渐创立一整套人类劳动学,使新的劳动形式更"人性化":这便是工业自动化,正如《摩登时代》中主角夏尔洛所体现的情形。

  人们会说,只有在工厂里工作过,处身在行车、加工机床的喧闹声中,跟着机器停和转的节奏,从事机器维护和生产的人,才能意识到八小时工作制的滋味,体会到八小时站柜台和十小时坐办公室的不一样的疲劳!当然,1930年的工人每天工作时间肯定比1860年的工人工作时间短了,甚至比工程师和老板的工作时间都短,但是体力消耗的差异不允许作如此简单化的比较。同样不能把蒸汽机车司机与车站检票员相比。工人不会对各种劳动强度、疲劳方式的差别一无所知,他们分得清各行业森严的、有时甚至不公平的等级区别。经过仔细的权衡,这一切劳动条件定义了工人的生存条件;1935至1936年,工人群众高举拳头愤怒地提出要求绝非偶然,他们表达了一种伟大的期望。

---

  ① G. 弗里德曼(G. Friedmann):《工业机械化的人力问题》(*Problèmes humains du machinisme industriel*),第25页。

4. 大众与精英

言论和事实，理论和技术的、经济的革命实践相冲撞：在法国经济危机激化社会矛盾之时，"阶级斗争"这个马克思主义的关键词，已被资产阶级本身承认为社会的基本现实。资产阶级和工人阶级之间的鸿沟已经存在，对立双方成为法国社会中最活跃的成分，农民社会因对意识形态和新技术的麻木，与广播和电影无缘，处于某一地区甚至某行政区的隔绝状态，依旧固守那些在城里早已消亡的传统，依然对许多社会和宗教价值抱有敬畏，似乎完全被排除在大辩论之外。

阶级斗争

作为一个多世纪来这个国家统治阶级的资产阶级是否应当让位了呢？它夺取了重要的地位，取得了无数成功，它最辉煌的文化继续在古老的欧洲和美洲新大陆彰显夺目，资产阶级丝毫无退出历史舞台之意。除了放弃自由民主——随着无产阶级解放事业的进展，一些概念已反过来威胁到它自身——资产阶级内部存在一股留恋邻国专制制度的强大势力；除了相信平民阶级会蜕化变质，甚至相信整个民族都会衰退，直到怀疑国家的命运：这就是在这 20 年中变得越来越突显的莫拉斯主义宣传的有效而危险的结果。但在 1934 至 1940 年间，随着一次次更大危机的冲击（1934 年 2 月 6 日、1936 年 6 月、1938 年 9 月和 1940 年 6 月）而不断扩大的鸿沟之另一边，工人阶级的积极分子声称"第四等级"已登上历史舞台——根据正统的马克思主义理论，这是尤其必要的——并且主张建立一个无阶级的社会：这是享受到新科技日益提供更多服务的所有平民的希望，但新技术往往偏离法国的文化传统，为人们提供更多商业化的无聊娱乐。正如马克·布洛克所言："在'人民阵线'——真正大众的而非政客们的'人民阵线'中，复活了某种 1790 年 7 月 14 日阳光下战神广场的气氛。"①

资产阶级中许多人抱有内疚心理是再明显不过的事实。1932 年实施中学免费教育一举，难道不是反映了同样的内疚心态吗？这是秉承长期传统的自由主义的标志——事实上它是大革命时期孔多塞和国民公会中许多革命家的主张，因此可以说是雅各宾派的遗产；当然也意识到统治阶级的更新必要。绝大多数的企业主、高层行政主管和在职军官——也就是说领导阶层中相当一部分人——相信他们效忠的政治制度已经彻底腐烂了，国家已力不从心，无力抵抗任何经济或军事冲击，全体民众亦因受到各种蛊惑宣传而蜕化变质了。如此指责早已是所有报章和文学作品中的陈词滥调，只是忘记了这个制度和民众也是领导者造成的。

不过，内疚心理尤其反映出领导阶级的泄气，对自己的使命已失去信心，把失败的责任推到别人身上。物质方面的原因显而易见，从事物的反面来看，也显示出简单化的马克思主义理论多么深入人心。在他们看来，经济的衰落导致其他一切后果：所以 20 世纪 30 年代的"利欲熏心的物质主义"不在某政治家所指的那里。每周五天工作已成习惯，至少是理想：所以才有税务上的不道德行为。然而，偷税漏税并非受薪阶层所做的事，而是有东西要隐瞒、需要把收益转移至国外、在企业做假账的人所为；更有甚者，利用国家和公共财政的政策来转移资产的事屡见不鲜：本来将长期亏损、需公共财政屡次充资接

---

① 译注：1790 年 7 月 14 日，攻占巴士底狱一周年之际，法国全体民众在战神广场集会，庆祝"联盟节"，象征全民族的和解。国王路易十六世在集会上宣誓忠于革命宪法。后来 7 月 14 日遂被定为每年的法国国庆日。

济的铁路公司国有化并非坏事，重新整合省级公共汽车网同样亦无不妥；但是在山区的线路分配中，将利润高、客源多的平原地带线路留给私营汽车公司，而由国营省级公交公司经营利润薄的线路的做法就很说明问题。公路—铁路竞争中也反映出同样性质的问题。这种经济"自由主义"的最醒目形式与19世纪理论家的主张大相径庭。从那时起，法国自由资本主义就悄悄地利用国家，而在嫌弃公共权力的干预时就将它一脚踢开。

资产阶级泄气不光在物质层面，财富和收入的减少也显露其严重的衰落。从文学作品中可看到他们的处境。19世纪末左拉在作品中"揭发"穷人的道德和物质贫困，而1919至1939年间莫里亚克则"揭露"资产阶级的道德和物质危机。法国已完全是"外省的"景象，不再是一个殖民帝国的面貌，亦很少有欧洲国家的气派，以至于有预见的学者、大学教授和工程师的话不再有人听；当吝啬的资产阶级付给孩子家庭教师的工资还不及佣人，何以培养技术革命后所必需的大批工程师和研究人员？这仅是一个例子。第一次世界大战后，过去只有在城市内能感受到的自由风俗开始蔓延：这是经历四年艰苦卓绝之后的反应，也是在电气化、电影和广播的影响下更多人向往更美好生活的事实……然而身陷绝境的统治阶级却未能加以引导；只是一味地反对女权主义（女子中学教育发展缓慢、妇女始终被剥夺选举权、拒绝修改民法），其实随着1914年后的经济发展和妇女的社会地位不断提高，压制妇女的思想早已过时了；强调宗教的重要——其实信教早已变成人们在周日遵循的惯例，毫无热忱可言，仅表示从属于"正统的"统治阶级罢了。凡此种种都是软弱无力的反应。在统治阶级无能为力的内心深处可能隐藏着导致1938年慕尼黑妥协的"怯懦的自保"；但是在这困难的年代，资产阶级并非唯一责任者。

文化

然而，在一批天才艺术家的努力下，拥有丰富传统的法国文化仍绽放出灿烂的光芒，尽管它越来越面向少数受益者，但国际性越来越强；在黑暗年代到来之前，灯油减少了，火焰依然发光发热。时代的特征比以往任何时候都更集中地显现在巴黎：外省各地的音乐学院一所所凋零了，而巴黎聚集了更多的音乐家，艺术家们继续着前辈的探索，利用电影提供的新资源，创造出许多音乐杰作，很快被列入大型音乐会的传统曲目中。巴黎还集中了高级时装的名牌：如香奈儿等法国名牌令全世界的消费者心醉神迷，他们纷至沓来，在巴黎的和平大街、旺多姆广场周边街道的商店购物，盛况一直持续至第二次世界大战的爆发。高雅的时装配上别致的饰件显得尤其不可模仿，精巧的饰件使时装更加"雅致"。在这 20 年中，巴黎高级时装业在脆弱的工商业的基础上，创造了炫耀女性优雅的真正艺术。同样在各种超现实主义想象力的启发下，巴黎画派呈现出各种各样的面貌，其画作在各画廊和展览馆展出，吸引了批评家和无数艺术爱好者，也冲击了他们的视觉：毕加索、马蒂斯和布拉克的丰富创作始终引领巴黎画派。

最令人惊愕的艺术成功是话剧的复兴，话剧在 19 世纪末曾一度陷入夸张地朗诵法语的浪漫风格。第一次世界大战爆发前科波和杜兰就努力复兴话剧，戏剧界的一些名人参与了话剧复兴，如 G. 巴蒂、G. 庞托埃夫，尤其是路易·茹韦是这场运动的发起者，并在舞台上一直活跃至生命终结。茹韦结识了剧作家让·季洛杜和儒勒·罗曼，在舞台布景设计师克里斯蒂安·贝拉尔天才创作的协助下，领导法国的话剧艺术。1923 至 1934 年间在香榭丽舍剧院，1934 至 1939 年在雅典奈-路易·茹韦剧场，以及在外省各地的巡回演出中，在忠实于剧本的基础上再现话剧的魅力。1936 年，当这位演员、导演上演喜剧《太太学堂》时，创造了一种演绎古典戏剧的新风格。1936年5月9日《太太学堂》的彩排是一桩轰动法国的大事，比巴黎上流社会轰动一时的事件影响大得多。只要回忆一下当时最好评论家欣喜若狂的样子便清楚了，皮埃尔·西泽在《喜剧报》上这样写道："克里斯蒂安·贝拉尔的美轮美奂的布景。人们从未见过一种不靠单纯复制而让人联想到某种风格的艺术……我们身在何处？没有任何明确提示某一时代的东西，然而即便最无知的观众也不会搞错：这是17世纪的法国，这是在巴黎，在皇家广场，在沼泽区①，老剧场的照明灯和意大利即兴喜剧的传统布景……"路易·茹韦十年来就在这样的布景下演戏……他和朋友巴蒂、科波和杜兰一起，在爱德华·布尔代领导的法兰西喜剧院演戏，三年中这些舞台艺术家的演技深入人心，使这个剧场获得新生并一直延续至今。正当外省各地的剧场在电影的竞争下纷纷破产倒闭，剧团不得不靠断断续续的巡回演出维持生计之际，巴黎舞台却依然火爆，观众比萨拉·伯恩哈特和穆内-苏利的黄金时代的人数更多、修养更高。

大众文化

对于法国文明中最精彩的成功，工人大众无缘参与——或者仅略有所闻，受到少许波及——譬如聚集在"小白床舞场"门口或巴黎歌剧院前，围观某剧首场公演盛况的凑热闹者，在耀眼灯火下围观新款时髦服装；他们听说过茹韦的名字，当然不会在剧院而是在银幕上——《科诺克医生》《艺术家之门》《北方旅馆》；当最普通的广告画也已受到立体主义的影响（总是追求远距离的视觉效果）时，他们还把毕加索当作最荒唐绘画的代名词。

---

① 译注：沼泽区（Marais），巴黎一个古老的街区名，在今天的巴黎第四区。

只要提出几条显明的解释就不难理解上述的差别：对工人的教育局限于每年仅数百名的工会积极分子，而且向他们提供的信息主要涉及政治和社会而非文化方面的内容；第一次世界大战后因缺乏经费和听课者，曾经轰轰烈烈的民众大学一蹶不振；到民众中去不再是公民责任感的表现，因为民众已去了别处——广播和观看体育（电影除外）。因此那些优秀的工运活动分子，譬如蒙穆索，是靠本人在劳动中自学成才，他们没有进过学校，全凭自己清晰的思路和明白的言语，靠个人的性格魅力来领导大众；在这些与众不同者的身上仍反映出传统文化的影响——但是他们毕竟是少数例外。

由于唱片制作的逐步完善，无线电台能整天在所有波长的频道上不断地播放轻松低俗的时兴歌曲；或许我们知道自古以来城市（或者宫廷）里都有哼讽刺小曲的传统，譬如挖苦马萨林红衣主教或玛丽-安托瓦内特皇后。但是自从有了广播及成千上万的听众，伤感的、哭腔的、淫荡的曲调取代了政治小曲，但"爱情歌曲"始终经久不衰，大战前的老歌成为有品位的示范性杰作。莫里斯·谢瓦利埃、夏尔·特雷内和蒂诺·罗西是国内众多歌星中的翘楚；而30年前，他们的巴黎同行还只是在大马路剧场内演唱。广播当然也普及了高尚音乐：电台每周都转播喜歌剧、轻歌剧和歌剧，同样受听众的喜爱，肯定比"古典音乐"的音乐会更受欢迎。但是这种成功不能与《玛丽内拉》《瓦朗蒂纳》《蓝花》等歌曲的成功同日而语了。

城里人（和乡下人）天天在家里有"音乐会"可听，但城市居民照样参加集会，不过聚集地不在教堂，因为工人大众已与教堂彻底决裂了。这是从19世纪开始到两次世界大战之间完成的长期演变的结果。工人参加宗教活动的人比今天还少，反教会的现象不再令人惋惜，教会简直就被彻底打倒了。体育比赛取代了教堂弥撒。因为得不到国家的补贴，体育联合会为资助体育活动和谋取利益，调动商业手

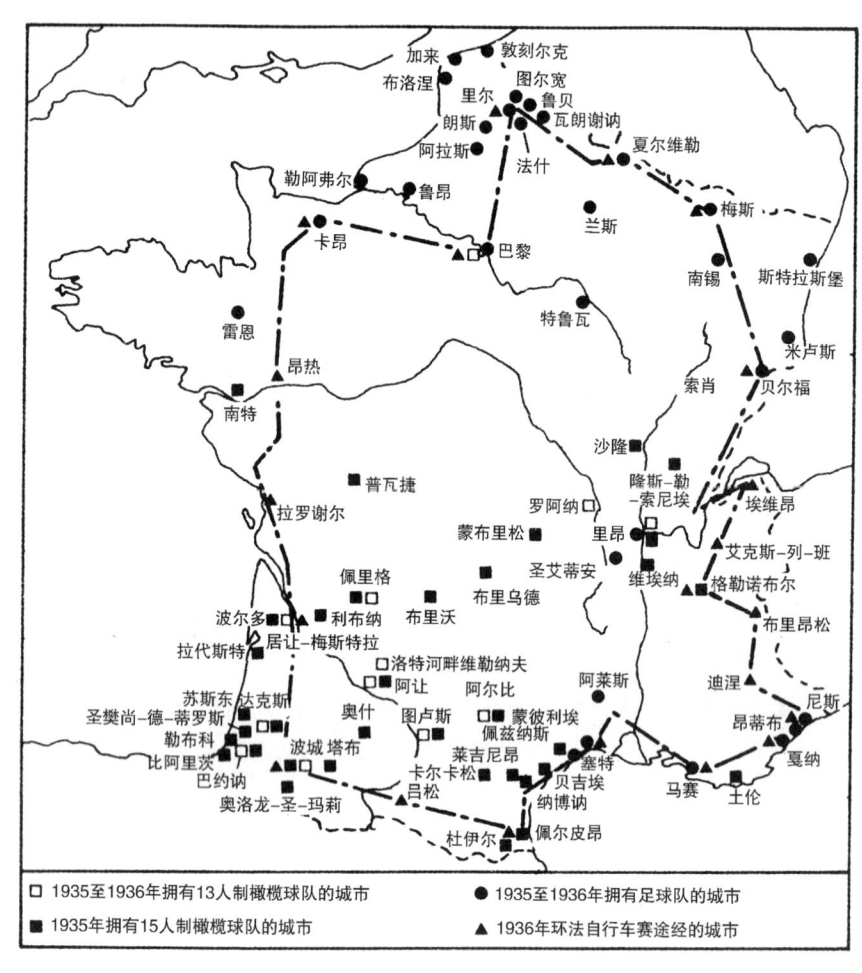

图 38　1935 至 1936 年的职业体育

作为现代文明的一种表达，商业体育难道就没有它的地域分布图吗？橄榄球主要是南方的体育项目，足球的分布更广些，但在西南部较少。自行车赛有多项传统的赛事，如巴黎—图尔、巴黎—鲁贝、波尔多—巴黎和巴黎—尼斯等自行车赛，环法自行车赛是每年 7 月的一项真正的全国性体育盛事。

段而竭力组织周日体育比赛,因此拳击、足球、网球、橄榄球和自行车赛都十分火爆。多回合的全国锦标赛、个人和团体对抗赛和各种体育盛会,通过报纸、广播和电影的宣传而吸引了大批民众。在人们眼中"体育场上的英雄"才是真正的民族英雄:自行车赛冠军和法国足球联赛的优胜队尤其受到追捧。

毫无疑问,共和国没有意识到在民众中普及一种应有的文化,以"古老战歌"激励民众,使全民族感情交融的重要性:国庆节没有精彩的活动安排,至多在巴黎举行一场盛装阅兵,而外省没有驻军的城市则很少有活动,仅仅检阅消防队和警察队伍而已。如果说7月14日在巴黎有更多的活动,晚间在一些公共广场举办舞会是传统节目,那也是因为与历史事件有深刻联系的一些传统做法。不过,1936至1939年间"人民阵线"政府确实在"组织娱乐方面"作了努力:组织戏剧和电影方面的活动,建立青年旅馆、文化之家,这些创举都与莱奥·拉格朗日的名字联系在一起,可惜时间太短未能有更大的建树;何况这些举措还遭到了资产阶级的阴险诋毁、嘲讽和杯葛……城市民众的文化生活局限于这些微薄的资源,再则日常艰苦的劳动也不允许他们去追求更多的文化享受。

工人运动

因此,工人阶级首先得以更多精力来改善他们的命运,工人干部是工会和工人阶级政党的积极分子。在19世纪末燃起的强烈的革命希望依然燃烧着:虽然国会内难以忘却的惨痛教训、战争的困扰以及饶勒斯在1917年危机中遇刺身亡都抑制了革命的希望,俄国十月革命的胜利使法国工人运动受到震动。凡尔赛和会后,法国社会党和工人总联合会面临困难时期:列宁领导的革命突如其来使法国社会主义思想陷入危机;无产阶级专政和马克思理论在法国工人思想界从未有过很大市场，顿时竟成了榜样。在著名的社会党图尔大会（1920）上经过激烈辩论，多数派创建了法国共产党，次年即加入列宁创建的第三共产国际，少数派则仍忠于第二国际。在1921年里尔大会上，工人总联合会也出现了分化，多数派忠于亚眠大会决议，而少数派成立了统一的工人总工会，在行业斗争中与共产党结盟。工人运动的分裂状态一直维持到今天：1936年工会组织曾尝试在亚眠决议的基础上实现统一，但好景不长，1938年因慕尼黑协议而再度陷入分裂。两个政党、两个工会，各方有自己的报纸、干部培训学校和青年组织，相互争夺群众，分裂局面令群众逡巡不前。在竞争局面之下，工人运动虽然也思考夺取政权和对资本主义国家进行社会主义改造等重大问题，但毕竟对法国社会主义运动带来严重的阴影。无休止的理论争论、领导层不同派别成员的个人恩怨和虚设领导岗位（在某些资产阶级化的行政机构内早已成惯例），这一切现象都是两次世界大战之间20年中法国工人运动衰落的原因。工会的衰退尤为严重：企业内两派工会的争斗导致工人群众远离工会，结果只有少数人愿意继续缴纳会费；同时也让基督教工会得以迅速发展。法国天主教劳工联合会（CFTC）就是这种多元化工会现状的最大受益者。

直到1934年2月6日，心怀不满的小业主和下级军官发动反国会的法西斯暴乱，严重威胁到共和国政体时，左派双方和左翼激进党才开始联会起来。从1934年2月12日的"反法西斯主义"总罢工到1935至1936年"人民阵线"达成协议，工人运动实现了短时期的强大的统一行动（工人总工会会员人数在数月内翻了5倍），重新有了希望；但成功仅限于1936年五六月份的立法选举，新国会内社会党议员达150个，共产党议员有70个；但是派系之间的明争暗斗和磕磕碰碰依然如故。结果从1937年起"人民阵线"即开始溃退，与其说是因为政敌的攻击不如说是因为内讧，慕尼黑协议和

1938年秋季国民意识的危机感亦促使左派的挫败。被雷缪萨、托克维尔的同时代人称为"第四等级"的工人阶级，尚未做好接替资产阶级的准备……

第二次世界大战爆发前几年（1936—1939）是关键的年份：统治阶级和工人大众之间互不理解、相互恐惧甚至仇恨的鸿沟越来越深；对自身命运的担忧导致资产阶级责怪全体民众，而工人群众则放弃了长期来口口声声的革命。头脑最清楚的法国人对局势感到忧虑，尤其在战争爆发的最初几个月突然宣布总动员，令民众陷于惊恐，群情亢奋，尽管程度不及一年前慕尼黑协议出炉时那么激烈。同一民族两个阶级的严重隔阂终于使他们渐渐意识到彼此已成了陌路人，对立状况似乎过分了，毕竟在一个具有古老文明传统国家的文化氛围下，社会群体之间或多或少有交流，尽管已不甚明显：传递信息的报纸和招贴上使用的语言和风格相同；对见证漫长历史的文化古迹的认同；由于人口流通、职业生涯、普及性的娱乐和平民精英地位的缓慢上升（包括这部分人可能的资产阶级化），对立阶级之间的个人交往越来越多；此外还有一个联结两个阶级的重要的社会阶层，他们是小公务员、零售商、工矿企业的下层干部……

有声电影

尤其是各阶层人士共同喜爱的电影，改变了城市居民的文化生活，在法国城市生活中留下了不可磨灭的印记。在各大城市特别是巴黎，电影观众的层次随街区、影院而不同，但是无法像对音乐那样（分为大众音乐场和古典音乐厅）清楚地加以区分：电影吸引社会各阶层的观众，从最有教养的到最无知识的。在这20年中，法国大、小城市内商业电影院增至2000多家，电影院成为吸引观众最多的娱乐场所。电影这门新艺术靠灵活的商业推销和艺术的成功，几年内就变成最受欢迎的观赏娱乐。如同许多其他国家一样，城市文明已变成有声影像的文明。农村地区尽管有巡回放映公司及各种文化协会的竭力推广，电影却不十分成功。或许因为电影的节奏对农民来说太快，或许放映的影片拷贝陈旧，节目太蹩脚。

法国电影业的发展经历了一个漫长和复杂的过程：第一次世界大战前夕，百代电影公司在制作和推销上曾雄踞世界霸主地位。1918年后，美国和其他工业国的电影业飞速发展，结束了法国电影的垄断局面。美国好莱坞电影充斥一战后的电影市场。直到1929年无声电影寿终正寝，此时已建立起电影销售网和制作体系。电影销售网方面，电影院业主只租影片，负责制订放映计划和做电影广告；而制作方面，包括胶卷生产的一系列化工企业及电影制片工业。法国电影在巴黎地区和南部地中海沿岸的摄影棚摄制，规模与美国加州的无法相比。电影制片厂需要庞大的资金投入，影片制作和艺术本身与工业条件相关，很大程度上决定影片的质量。制片人出资着眼于能收回成本，选择有成功把握的项目，或者将戏剧、轻喜剧和音乐剧搬上银幕。电影院业主在制订影片的放映计划时，当然希望电影院每天从14点至24点能场场爆满，还有一个不容忽视的重要因素，即考虑影片要容易欣赏、内容俗而不滥，而且有较强的戏剧性。

电影的成功来自新艺术自身的魅力。无论无声还是有声，电影把观众置于电影场黑暗的环境中，借以梦魇的法力——心理学家尚未就此进行过分析——营造出梦幻出奇的魅力和常常令人毛骨悚然的惊险：使孩子们和头脑单纯者真正地出神入化，令所有观众都积极地参与到情节发展中，这是戏剧舞台无法做到的；剧场内观众明白情节的虚构性，整个剧场内弥漫着美学情感，观众与演员达到某种情感交流，但这不是电影所追求的目标。第七艺术是唯一能调动所有观众全身心融入剧情中去的艺术，即使演员不像舞台演员那样完全进入人

第十七章 20世纪初的法国：科学、艺术和技术（1919—1939） 765

- ○居民人口超过8 000、每11个居民拥有至少1个电影院座位的城市
- ●居民人口超过8 000、每11个居民拥有不到1个电影院座位的城市
- ▲居民人口超过8 000而没有1家电影院（或每周放映电影不超过3场）的城市（右上角的小图代表大巴黎地区）

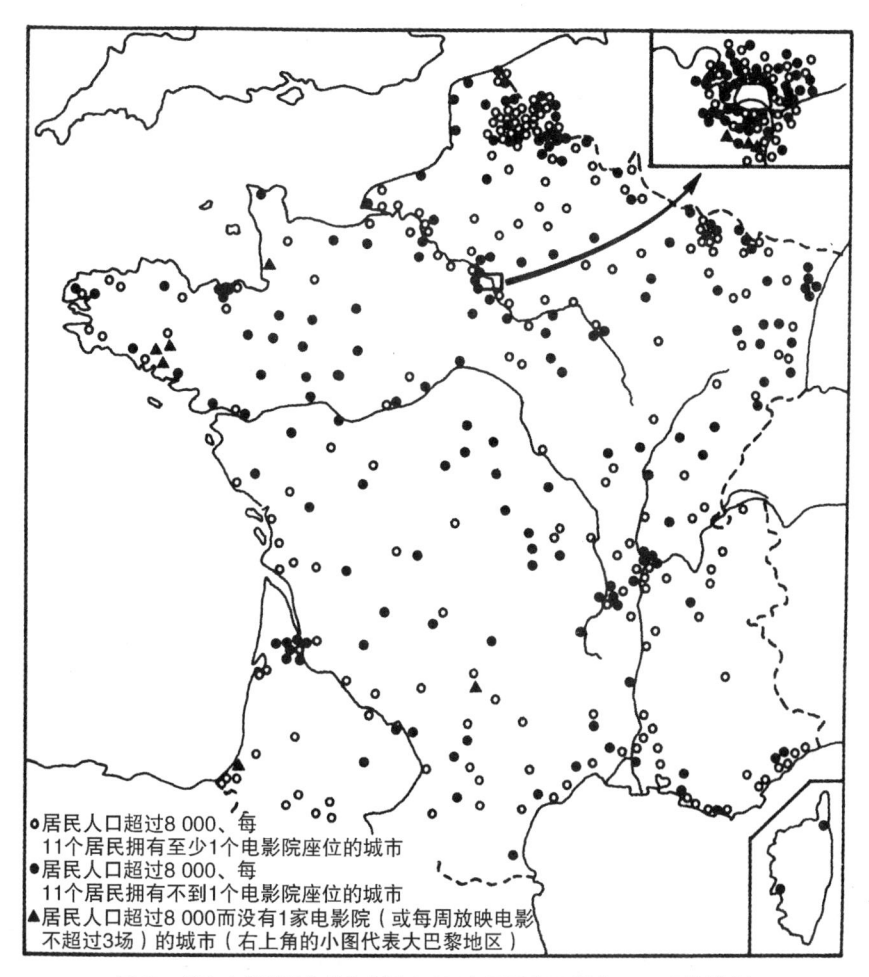

图39 城市电影院设施的分布图（1936年居民人口超过8 000人的城市）

　　本图反映了第二次世界大战前法国城市居民的大致分布情况，同时亦显示当时电影文化在各地城市传播不均匀的状况；每11个居民拥有1个电影院座位是当时全国的平均水平。标有"○"的是电影院设施较好的城市；标"●"的是电影院设施不足的城市；而标了"▲"的是电影院设施较差的城市。在北方省、大巴黎地区、圣艾蒂安和里昂等城市的郊区，电影院设施最差；相反，在波尔多到格勒诺布尔一线以南的法国南部地区，电影文化比较普及。此外，在布列塔尼、孚日省和中央高原等地，电影渗透很少，当地人不爱看电影。卢瓦尔河中游地带也是电影文化不发达的地区。

物，也能在导演手中制造出某种距离效果，这就是茹韦所说的"互动的艺术"。因此可以毫不矛盾地说，投射在银幕上的影像具有调动观众主动参与的神奇功能，而这种效果在戏剧舞台上只有最伟大的演员才能靠他们的"表演"来达到。

20年中法国电影取得的伟大成功——尽管同一时期有别出心裁的立体主义画派和无声电影最后几年的平庸出品——并非靠那些演技拙劣的明星（他们的头像吸引了周六晚上的大批观众，他们索取的高额报酬使电影制作商陷于破产），而是靠若干著名的导演：雅克·费代尔、让·雷诺阿、马塞尔·卡尔内、让·杜维维埃、勒内·克莱尔和马克·阿莱格雷，等等。他们从拍摄无声电影中积累了经验，于1935至1939年间创造出电影业上最伟大的制作。电影达到了成熟水平，年轻的艺术创造出视觉和听觉的语言，每位导演都像剧作家一样表现出个人的风格，布景设计师亦有自己的特色。于是，电影观众也出现了分化：有电影俱乐部的老资格观众，有追随电影评论员和根据影片介绍选择影片的电影爱好者，也有不管什么影片、每周六必到影院在同一座位就座的大批影迷……电影的魅力体现在数百万观众的数量和大明星的人气上：雷缪、迦本、米歇尔·摩根……

美国西部片、卓别林电影、迪士尼电影和法国现实主义影片都有一个明显的偏好，即塑造"坏男孩"的形象，总是表现某些特定的社会典型。这些影片空前有效地向观众提供信息，培养观众的智慧和敏感性。在1939年，电影的"消费"已成为法国文化的重要组成部分。

第十八章　回顾当代法国

从 20 世纪 30 年代至今的半个世纪是在灰色调中度过的。这 50 年有双重含义。1931 年的法国在殖民地博览会的节庆气氛中显示出帝国扩张和永恒的景象，当时进行的人口普查显示法国城市人口首次超过了乡村人口；而 80 年代的法国已回归到本土，只留下了当年帝国节庆时撒在地上的"五彩纸屑"，同时"农民"已经消失。两个时期的反差何等鲜明。另一方面，这是震撼法国的 50 年。在 1940 到 1958 年的不足 20 年中，一个制度暴死，中间又经过两个制度，第四个制度是在阿尔及利亚独立的动荡中用产钳引产的难产中降生。贯穿 40 年代的是当年曾被认为一流军队的溃败，接着被占领（从许多方面来看，这场抵抗外国的战争也是一场"法国人的"内战），然后是物资匮乏，国家特设的物资供应部直到 1949 年才撤销。至于 50 年代，法国受到了波及全球的世界性两大冲击波的严重影响：冷战和更致命的反殖民浪潮，把刚获得解放并充满希望的共和国撞得人仰马翻。

然而纵观历史，这些并非是最主要的。在事件中扬起的尘埃落定后，法国获得了半个世纪前所未有的快速发展；无论是国家面貌还是民众的精神状态，从自然景象到居民住宅，从人与人之间关系到国民的思想意识，一切都发生了根本性的变化。社会变革和意识改变的汹涌波涛比平常浪头迅猛得多，以至于费尔南·布罗代尔用来区分社会和意识转变的"长期效应"和"即时效应"的经典而有效的法则都失去了实用价值，划分任何时期至少以十年为单位。那么历史学家拥有足够的距离去考察当代法国吗？一开始涉足这方面研究就会遇到难以回避的障碍。为择取一个文明的独特性及制度特征，考察其意义和作用，须得有一定的时间距离；过近地捕捉最近几十年内发生的事件难道没有作壁画的风险吗？而这样做正违背了本书的初衷——"对有广泛意义的事件不必面面俱到"——那么为此所作的说明不就成了点彩画了吗？其次，如果历史学家硬闯入本人所处的国家和时代，以肉眼所见把这几十年粘贴在一起，做成一个按日期忠实地勾勒出当代法国文明演变的个人装饰品，那么它就成了一幅表现主义画作了。最后，不考虑目前仍十分有限的历史学研究成果——这便是第三个障碍——为避免错综复杂而作综合概括，那么出于上述的同样原因，法国大学对贴近的历史尚未展开广泛的研究，这类课题常常被当作"直接的历史"而留给新闻记者去做了。

不过仔细观察之下，科学成果还是有的，尽管零乱分散却很重要，靠它们能对50年中法国经历的社会和文化事件的沉积勾勒出一个轮廓，区分主次，探索其中的连续性和非连续性因素，整合各种现象作出展望；更何况这也属于历史学家的本分工作，只不过对研究者来说考察一个较久远的年代会比较容易。这项工作同样要求客观，至少要秉持一定程度的公正，才能在充满矛盾的半个世纪的沉淀中作出正确的探查。那么探索就在忽明忽暗的光线下，从"致命的十年"到"妥协式共和国"① 开始吧。

---

① 译注："妥协式共和国"是美国政治学家斯坦利·霍夫曼对法国第四共和国所下的定义。

1. 黑 暗 年 代

从 30 年代中期到 1944 年夏天这 10 年，也就是从 1934 年 2 月巴黎反法西斯热潮到法国处于解放前夕的激烈战斗的十年，在和平与战争相交替的传统编年史外，法国就算不统一，至少也显出某种一致性。历史学家马克·布洛克提出"离奇失败"的观点，综观战前这段历史，越发显得明白易懂。在第二次世界大战的急风暴雨中，当天空乌云密布时，内部分裂使法国人变成一盘散沙。

萎靡不振

显然，当时天空还未被乌云完全笼罩。正如前一章中所说，法国文化仍"绽放出灿烂的光芒"，"人民阵线"对左派阵营来说仍是值得庆贺的"晴空"。在时隔多年的今天来看，当年的晴空则是黄昏的晚霞。法国似乎已得了不治的萎靡症：相对于西方其他列强而言，较晚遭受世界性经济危机冲击的法国在整整十年过程中始终未能摆脱困境。严重的道德危机令全体公民深陷于士气不振之中，体制危机、思想分裂和普遍的衰落情绪这三大主要征兆体现在各界知识分子的身上，助长了维希分子的气焰。面对气势汹汹的极权制度，陷入困境的法国民主势力显得越来越瘫痪无力。当然，法西斯主义的危险还没有像某些政党在民众集会上所称的那样成为现实。一方面，如果法国历史学家已在各种社会势力中确认了那股"法国式法西斯主义"存在的话，他们同时也指出那只是局部地区的现象，尚未真正形成气候。另一方面，近年来发表的论文也指出，政府在这十年期间仍有预防办法。塞尔日·贝尔斯坦的研究指出，当时激进党仍然能左右中产阶级的政治言论——而在其他国家该阶级的偏激言论已在滋长法西斯主义了——将这股力量维系于共和国。安托万·普罗斯特描绘过一战老兵当时的心态，指出他们不想推翻当局，因为绝大多数人还忠于它。

问题是当局越来越陷于明显的瘫痪，更严重的是当时民众都认为政府已经瘫痪了。思想混乱加上内部分裂使局面变得更加危急。在民主生活各种对立势力意义上的传统反对派以外，还出现了超越和模糊派别之争的分化迹象，即使 1936 年的选举使各种势力的政治面貌已变得更加清晰。事实上，政治分野已围绕着反法西斯主义和反共产主义，因此辩论更多地着眼于过去而非现实的外部形势——也就是说，国际上大国的态度变化和对外政策。于是城市生活成了一只共鸣箱，10 年中暴风雨的噼啪声在这里共振放大，公民社会尤其是知识阶层的争论更是火上浇油。至此，已不可能再达成国家利益的任何共识，这就埋下了法国 1940 年全面溃败的祸种：事实上当时国民未能达成"神圣联盟"。相反，一场世界大战还包含了一场"法国人的内战"，内战的祸根来自 30 年代内部和外部的紧张关系。

然而，政权的衰落和知识界的首次"大分化"还不是酿成此后十年灾难和兄弟残杀的唯一因素。在发掘造成溃败的各种原因时，还必须指出另一个现象，它比前两种因素都更严重地影响了战争中法国的精神面貌。它形成于前一次大战的剧烈震荡，人们对它有多种称呼："和平主义""观望主义""失败主义""慕尼黑精神"。1914 至 1918 年流的血刻在各地无数的死难者纪念碑和有断层的年龄金字塔上，在人们的意识中留下了最大的伤痕。回顾历史可以看清，当年面对慕尼黑协议的退缩首先是 20 年前法国严重失血的象征，一想起上次战争对国家人口结构造成的深层创伤，人们就会本能地拒绝一场新的屠杀。

"奇怪的战争"和"离奇的溃败"

"奇怪的战争",即从1939年9月初至1940年5月10日,法国军队在驻扎的阵地上原地不动的现象,细细分析起来还是源自国民的共同倾向。当然在1938至1939年冬季,或者在德国人于1939年3月违背慕尼黑协议时,法国民众中曾有过一阵骚动。以莱昂·布卢姆为首的部分社会党人曾主张对希特勒采取强硬态度,在右派方面也听到过类似声音。但是1939年夏,即慕尼黑协议(1938年9月)引发危机后十个月,法国国会内仍有绝大多数议员赞成慕尼黑协议,只有一名社会党议员和一名右派议员亨利·德·凯里利,投票支持共产党议员团的提案,反对批准慕尼黑协议。当时丝毫没有1914年神圣联盟的影子,法共在《苏德互不侵犯条约》出炉后即指责"帝国主义战争",部分右派——他们中不少人后来赞成1940年6月的停战协议——成为公开的和平主义者,而许多社会党人和工会分子则以1914年时让·饶勒斯为榜样,继续谴责"好战分子"。多数国民顺从当局,接受对德宣战的决定。不过看得出他们厌恶真正的武装冲突。两次世界大战之间曾弥漫于法国大地的和平主义思想阴魂不散,只是国民相对认同对德国应采取强硬态度。在这种气氛下,"奇怪的战争"或许符合国民的集体愿望,即应该采取强硬政策,但不要发生真正的战争。可惜法德边境前线大规模的冲突终使战争不可避免。因此可以说,法国政治领导人和军事统帅倾向于防御的战略考虑与社会民众中无意识或半意识的愿望是吻合的。在1939年9月爆发的战争是被动应战而非积极参战。法国人从未真正担当过这场战争,这或许就是法国军队在开战的第六周就土崩瓦解的主要原因。如果说被法国民众认同的贝当主义——历史学家亨利·阿穆鲁称当时法国有"4 000万贝当主义者"——产生于军队溃退和民众寄望于救星的心理,它也源自民众对失败的认定。既然贝当主义的产生与"必须停止战斗"的判断相关联，而这一判断符合从未真正赞同开战的人民心愿。

此外，法国并非不战而败，而是在六周内折损了十多万人！然而从1940年5月10日德国人发起进攻至6月25日停战协议生效这段时间内，法国方面撤换军事统帅（魏刚上将接替了甘末林将军），"实行区域协同防御"多次试图重整前线，但毫无结果。不久法国军队便溃不成军，沿公路往后撤退。面临德国军队的步步进逼，法国军队与数百万逃难民众胶着在一起。这种大溃逃是真正的"大恐惧"。事实上，大恐惧由几次冲击波组成，有的是因当局事先决定所造成的，但更多则是因为非理性的过度反应。如果说从战斗区撤退民众是当局的事先决定，那么随着德国军队的挺进，不久在北部、东部甚至巴黎地区等一大片地区的民众亦纷纷夺路出逃，如同山体滑坡似的难民潮涌向南方，在卢瓦尔河以南地区造成一片混乱。大规模的崩溃态势不仅发生在法国军队，也出现在公民社会中，其来势之迅猛直接导致了政权的更迭。

从此，法国陷入了长达四年的被占领期。尽管几代人的时间过去了，当时的情景在相隔半个世纪后的今天仍然留在人们的记忆中。1983年，《快报周刊》做民意调查，询问什么是近几十年中最重要的事件，大多数法国人的回答是：解放和停战，亦就是说是使法国坠入黑暗年代和使它从中解脱的这两个事件。

四分五裂的法国

在长达四年被占领时期，人们还能说"一个"法国吗？实际上，从对战争的不同看法和不同态度来看，法国已四分五裂了。在军事失败中诞生的维希政府接受了失败，承认德国的胜利，希望缔结和平协议。在伦敦的"法国"自有另一番主张，即在世界大战的前景下站到英国一边。地下的"影子法国"则是抵抗组织,集合了拒绝失败、否认德国胜利的各种力量逐渐形成一个抵抗运动。最后是"依附敌人的"巴黎当局,全面认同国家社会主义的意识形态,指责维希政府对德国人不冷不热的态度。因此存在了四个法国,还不算殖民地法国(它很快成为伦敦和维希的争夺对象)和在莱茵河彼岸战俘营中的法国,战俘营中被关押的年轻战俘人数在1940年达到150万人,其中大多数人在"战俘集中营"或"军官集中营"中被关了5年。此外,还有日常生活中4 000万平民的法国,人民过着饥寒交迫的日子。

在四个不同政治立场的法国之间,彼此关系变化不定,力量对比也彼此消长。人们或许可以根据对德国人的态度将它们分为两部分,一边是伦敦和地下的法国,另一边是维希和巴黎的法国,两个阵营区分了战争中法国的两种构想。直到1942年,大多数法国人可能对两种构想的区分还看不太清楚。伦敦和维希双方从一开始就自称是权力的合法代表:维希政府依仗国会议员和参议员的信任投票——1940年7月10日,国会议员把制宪权全权委托给贝当元帅;而伦敦方面则否认程序的合法性——特别是通过法学家勒内·卡森的文章——以6月18日呼吁作为流亡合法政府的奠基性声明。从一开始这两个法国就针锋相对:戴高乐将军被维希政府缺席宣判死刑,而伦敦电台则对维希政权大加鞭挞。然而开始时,是维希政府获得国际社会的承认,向各国委派大使;伦敦的"自由法国"只由少数人组成,在较长时间里未得到同盟国的承认。出于上述种种原因,维希政府无可争辩地得到公众舆论的广泛支持。当时不少法国人似乎心照不宣地认同戴高乐和贝当之间不同的使命:前者挥舞民族奋进的长剑,而凡尔登战役的英雄[①]则充当保护被占领区民众之盾。当然从历史观点来看,这种看

---

① 译注:指贝当。

法经不起分析。况且近年来的研究表明，从1941年起民众对维希政府的看法已发生变化。不过在此之前许多人确有过这一想法，剑与盾的形象在开始时确实符合数百万法国人的内心诉求。此外，民众并未马上意识到国家已分裂为接受失败和拒绝失败的两个阵营，而对于各包含两种观点的双方阵营之关系，任何一方都难以接受：拒绝失败的一方觉得不自在；接受失败的"合作分子"（Collaborateurs）和"附敌分子"（Collaborationnistes）也不希望看到如此局面。伦敦方面和国内地下抵抗者之间，开始时很难建立紧密的联系。地下抵抗运动不稳定而且相当分散，从客观条件上说，伦敦的"自由法国"不易与国内抵抗运动进行联络；而且国内抵抗运动一开始也不认为有必要接受一个知识分子出身、思想右倾的可疑将军的领导，戴高乐甚至被怀疑有个人野心。直到1943年春天，影子部队的人数越来越多，共同加入了全国抵抗委员会，联合国内外抵抗战士的统一形象才逐渐清晰起来。

在他们的对立面，维希政府和巴黎当局一开始同样缺乏协调一致，直到解放时，双方都被斥为"合作分子"而受到追究。美国史学家斯坦利·霍夫曼在1969年发表的一文中提出区分"合作分子"和"附敌分子"，这种区分现在被普遍接受了。"合作分子"指从事政府间合作，但合作不一定有思想意识指导；"附敌分子"则是全面接受国家社会主义理念或者欣赏德国法西斯制度的人。这种区分虽没有绝对意义，但区分了与敌方合作的不同类型。譬如，人们借此能解读巴黎"附敌分子"指责维希政府对德国合作不够积极的心理状态。在1942年末出现了明显转变：自由区被占领，由此维希政府声称的——真实或虚幻的——主权破灭，巴黎"附敌分子"进入皮埃尔·赖伐尔政府等，种种迹象表明两个集团互相渗透的增加。

倘若有人有证据可以认为，直至1942年维希政府和伦敦"自由法国"之间的分歧并非不可逾越,倘若贝当元帅在 1942 年 11 月德军占领自由区后迁往北非,他可能有另一种结局;但是在那以后,一切疑点都不再存在了。对于战争的最后两年,人们可以引用斯坦利·霍夫曼的话,认为这是一场"法国人之间的"内战与世界大战并存。直到法国获得解放,伦敦的"自由法国"后来变为在阿尔及尔的"战斗法国",终于和国内的抵抗运动一起成为这场内战的胜利者。1944 年 8 月 25 日戴高乐将军宣布"法国回到了巴黎"。至此,分裂了四年的法国事实上——更在人们心目中——重新融合为一个统一的国家,由在 1940 年溃败中受到创伤的少数人(男人和妇女)奋起组成的"自由法国"领导人民重建国家。战后肃清运动及其后果说明了 S. 霍夫曼先生分析的正确性。

维希政权铁板一块?

以上就是在分析被占领期法国文化生活的主要特征之前应了解的黑暗年代的背景。背景确立后还得进行政治分析——议题超出了本书的范围——回答一些经常使法国史学家们陷入分歧的重要问题。诸如,维希政府是否是反共和国阴谋的产物,或者说共和国是否仅仅因军队败北而破产?换句话说,贝当元帅是清产管理人还是或多或少的破产责任者?不管是否阴谋,提出"民族革命"① 是否首先是对 1936 年的反拨呢?是否应像克列孟梭对待法国大革命那样,把维希政权看成铁板一块呢?此外,关于贝当、弗朗丹、达尔朗和赖伐尔,他们在政府的合作行为中是否有态度上的差别呢?这些政治人物的所作所为

---

① 译注:"民族革命"理论(Révolution nationale)是维希政府的官方意识形态。维希当局为推行所谓的"民族革命"制订了大量立法和法令,其主要思想是推翻多党议会制,实行个人极权统治,推卸战争失败责任,反犹,提倡阶级互助以维护社会秩序,以合作制取代工会,禁止罢工,等等。

究竟是超出了德国人的期望，还是对德国人的行动起了缓冲作用呢？历史学家埃伯哈德·耶克尔和罗伯特·帕克斯顿在查阅当年德国和美国档案的基础上发表的论著引起了十分热烈的争论。特别是罗伯特·帕克斯顿的专著《维希政府的法国》（该书于 1973 年译成法文），将维希政府描写为处心积虑推行合作政策的政权，引起了很大反响，即使该书的结论未被所有的史学家们接受。这个问题还引出另一个问题，即既然维希分子在战后是这样为自己正名的，维希政权对法国人来说是不是一枚有效的盾？于是又带出了第三个问题，罗伯特·帕克斯顿和另一位加拿大学者迈克尔·R. 马吕斯在这个问题上提出了大量材料：在德国人要求对犹太人实行迫害之前，法国本国的"民族革命"中反犹的国家行为，以及在德国人将至少 7.5 万名犹太人送往死亡集中营的罪行上，维希当局应负何种责任？即使 1942 年 6 月后，警察行为已取代了法律程序，但在参与搜捕犹太人时可能并不知情对他们的"最终处理"。

在政治研究中，还必须考察戴高乐派从 1940 年 6 月飞往伦敦到 50 个月后凯旋巴黎其间的做法；要提及国内抵抗运动的缓慢形成，逐步建立抵抗网络以及成千上万的法国人在反占领斗争中的英勇牺牲。在影子战争中，还包括许多作家和艺术家，即使他们中某些人战后被戴上"合作态度"的帽子。

被占领区的知识分子

被占领区的知识分子在国民的集体记忆中的地位容易解释。一方面，因为这部分知识分子与占领者有一定联系，他们的作品能被读到，声音能被听到，而其他的知识分子不再出声或者转弯抹角地表达意见，因此影响较小。另一方面，解放后的肃清中知识阶层首当其冲，其他阶层人士即便与德国人的关系同样深也不致遭到同样严厉的肃清，故知识分子在这段历史中的重要性被分外突出了。那么究竟与德国人合作的知识分子有多少呢？当然，法国知识阶层中合作分子的人数不容忽视，但亦非绝大多数。让-保尔·萨特在解放后曾写道，合作分子中大部分人是"主要政党的边缘分子"和"新闻界、艺术和教育界的二流货"。过几十年后再回头看，这一判断是精准的：如果数一下"附敌分子"的话，两次世界大战之间的大知识分子都不在其列。相反，不少当年充数的记者和作家，把德国人的占领和与德国人合作看作是翻身的机会：原来他们得不到或已被占的位子，现在可以取而代之了。"二流文人"的数量固然多，但史学家们更感兴趣的是战前热心参政的一些知识分子却淡出了文坛，相对于他们在30年代主流文化中所处的地位，直到1940年他们都处于"边缘"——引用萨特对政界某些人的形容词——状态。他们更关心的是意识形态的胜利，而非社会地位的翻身。

然而，除了这个共同侧面之外，"二流文人"或"政治边缘者"之间有许多不同的情况！考察"附敌现象"中值得注意的是，"附敌分子"的过往经历、动机和年龄层次各不相同，归根结底，各人的情况不同。譬如来自"法兰西行动"组织的异己分子罗贝尔·布拉西拉和吕西安·勒巴泰属于一种情况。前者曾频频参与关于知识分子社会责任及其后果的辩论，他生于1909年，毕业于巴黎高等师范大学。从1931年起负责《法兰西行动》报的文学版，因对夏尔·莫拉斯在1934年2月6日危机中的态度感到失望，随后在保皇倾向的周刊《我无处不在》上撰文，受法西斯主义的诱惑，对每年在纽伦堡举行的纳粹党大会着迷。战争期间主张与德国人合作，尽管在1943年已淡出政治，解放后还是因通敌被判处死刑。吕西安·勒巴泰也曾参加"法兰西行动"组织，战争期间发表作品《瓦砾》，对1940年遭受挫败的法国当局竭尽辛辣讽刺，曾在敌占区走红一时，加上其他一些原因在

1945年被判死刑。如果这两个作家的年龄相仿，都未亲身经历过第一次世界大战，仅从母亲的惶恐或父兄的应征入伍而间接得知的话，那么德里欧·拉罗舍尔则属于经历过战火的一代，1914至1918年的大战对他有决定性的影响。他一辈子都记得战壕里战友的激昂和战斗的惨烈。1934年2月6日后，他走上了法西斯主义道路，自认为比共产党人更加革命。1940年12月他恢复出版《新法国杂志》，该杂志在德国人进驻巴黎后自行停刊了。

第一次世界大战在德里欧的政治成长中起关键作用，同样在左派文人倒向合作的转变上也起了决定性作用。如果说纳粹恐怖导致解放后法国大部分右派信誉扫地的话，左派中也出现过合作分子，正如有左派参与"民族革命"一样，同样也有人当"附敌分子"，譬如贝兰、斯比纳斯或贝热里等等。左派"附敌分子"——主要在《社会主义法国》或《萌芽》等报上撰文——在多数情况下未放弃思想自由的主张和共和信仰，也不亲近维希政权。"附敌"一词在这种情况下需要明确界定。法国史学界将近年发掘出的左派通敌现象归入知识界"附敌分子"的范畴。对于这类附敌分子，至少可归纳出三个共同特征：接受德国人的胜利、承认与德国人合作的必要性以及在德国人严密监控的报纸上发表合作主张。但是除了在1939年前已脱离左派的个别边缘分子外，左派"附敌分子"中很少有人完全赞同德国纳粹的原则。这是和平主义和某些情况下的反共意识左右了他们的分析：他们认为对法国来说战争已经结束，那么与德国人合作算不了什么事。

维希政府亦在知识分子中寻找支持，这也得从30年代的动荡局势中找原因。保守的知识界右派反对制裁发动埃塞俄比亚战争的意大利，在西班牙内战期间也支持佛朗哥政权，因此他们中多数人支持贝当元帅。保尔·克洛代尔写的《贝当元帅颂》是最好的证明。但因此就将右派与维希政府画等号亦未必妥当。保守倾向的右派中部分人很快与维希政府拉开了距离：弗朗索瓦·莫里亚克马上站到抵抗运动一边，流亡在拉丁美洲的前莫拉斯分子的乔治·贝尔纳诺斯也立场鲜明地支持抵抗运动。几年前，当莫里亚克的同事——与莫里亚克同为法兰西学士院的院士——介绍佛朗哥军队时，两位天主教徒莫里亚克和贝尔纳诺斯，犹如西方基督徒游侠骑士那样，明确地对佛朗哥军队加以谴责。

在 1940 至 1944 年的法国知识界中，"附敌分子"和"民族革命"参与者这两类人很难调和，经常处敌对状态。有些人与巴黎通敌当局有联系，激烈抨击维希政府对德国不冷不热的态度，所以他们的作品在自由区被禁。再者在这两部分人之外，还有第三种人：抵抗运动中的知识分子，这部分人的情况更加复杂。因为城市知识分子发表声明或提议很有分量，而处于新闻管制和受迫害的形势下，知识分子不得不匿名或用化名发表文章，在地下发行。这些知识分子在被占领区便失去了部分影响力，但也不等于说地下抵抗运动中完全不存在法国的思想和作品。譬如大学就加入了战斗，很快被盖世太保破坏的人类博物馆内的组织就是知识界最早的行动；历史学家马克·布洛克——曾和吕西安·费弗尔一起创立法国史学界年鉴学派——在年近六旬时加入了抵抗运动，1944 年在里昂被德国人枪杀，是大学教授直接参加抵抗行动的例子。此外，同年在韦科尔战斗中牺牲的作家让·普雷沃，以及抵抗运动的情报组织成员、诗人罗贝尔·德斯诺斯被捕后死于流放中的，他们是法国文学界为抗战作出贡献的人。此外，存活下来的有阿尔萨斯-洛林支队负责人安德烈·马尔罗和化名"亚历山大队长"的作家勒内·夏尔，代表了与法国其他阶层人士一起直接扛枪打击德国占领军的文化人。

战斗也可以有其他的形式，有些知识分子选择用笔当武器，于是产生了《法国文学》杂志和子夜出版社。作为文艺界地下抵抗组织的刊物《法国文学》创刊于1942年9月，该组织于1943年2月改名为CNE（全国作家委员会）。杂志创始人雅克·德库尔在此前4个月已遇害，接着杂志由克洛德·摩根主持。他们身边还有保尔·艾吕雅，他曾与安德烈·布勒东一起在1933年被法共除名，但在被占领期间又重新加入法共。艾吕雅于1943年7月出版几个匿名诗人的诗歌合集《诗人的荣誉》，这些诗人中有路易·阿拉贡、罗贝尔·德斯诺斯、弗朗西斯·蓬热和皮埃尔·塞热。这本法国抵抗诗歌合集就是子夜出版社当年出版的25种作品中的一部。出版社由让·布吕莱和皮埃尔·德·莱斯居创办，这家地下出版社还出版了韦科尔（即让·布吕莱本人）的小说《大海无声》，初版350册，在1942年秋秘密发行。1943年8月，子夜出版社还出版了弗朗索瓦·莫里亚克以化名"福雷兹"写的《黑色笔记本》，莫里亚克后来加入全国作家委员会。诗人和作家除了用化名或匿名发表作品外，有时还以真名发表文章。譬如艾吕雅曾躲过新闻检查以真名发表了诗作《自由》，该诗与阿拉贡在秘密杂志上发表的《酷刑下的勇士之歌》和《玫瑰和木犀草》一起成为法国抵抗文学的象征和献给牺牲者的颂歌。

大海无声？

除了参加抵抗运动或者成为合作分子的知识分子外，许多法国作家和艺术家对自己提出了如下问题：是否应当选择停止创作，既然不管写什么都要受到德国方面的审查，似乎显得已接受既成事实？换句话说，是否应当实行文化焦土政策，使法国的敌占区成为精神沙漠；或者有义务高举起法国思想和艺术的大旗？回答这个问题并不容易，在解放后肃清时期，同样的问题曾显得格外尖锐，就在今天依然刺激着我们尚未完全愈合的伤口。

总之，有许多迹象表明，如果纠缠于这个历史问题的辩论，史学家们可能会误入歧途。事实上，法国在黑暗年代不但有文化创造，而且不少领域的文化创造还相当出色，充满生气。仅举数例如下：让-路易·巴罗将克洛代尔的剧本《绸缎鞋》搬上舞台，阿尔贝·加缪的小说《局外人》，以及在巴黎举办画家迪比费的首次画展——此举对当时还属无名画家的迪比费来说，肯定会被认为是狂妄自大。但稍加分析就会发现，这些迹象并非孤立，它说明敌占行为不能抑制法国文明。再看一下电影制作业就更清楚了，在战后看来，这一时期的法国电影更是不容忽视。

因为是维希时期的电影制作又部分地受到德国人的审查，所以长期以来敌占时期的法国电影遭到轻视；加上某些电影后来被斥为有合作倾向，而指责往往相当笼统。亨利-乔治·克鲁佐拍摄的一部反映某小城受到匿名举报困扰的电影《乌鸦》，曾被维希当局斥为伤风败俗，在解放后又被列为通敌影片。雅克·西克利埃写了一本研究第七艺术的著作，洗脱对其笼统不实的指控。其他譬如马塞尔·卡尔内的《夜间造访者》和《天堂里的孩子》、马塞尔·帕尼奥尔的《掘井工的女儿》以及雅克·贝克的《古比家奇案》证明了法国电影的多产而丰富，取得了极大成功。当时舞场被取缔、咖啡馆营业时间受限制以及餐馆物资供应紧张等因素把消费人群都引向了影院和剧场。电影虽在短时间内成为大众娱乐却从未获得如此多的观众：1942年电影观众人数达3.1亿人次，而1938年时还只有2.5亿。4年内法国出产了200多部电影——确切地说是220部。同时产生了新一代的电影导演，如罗贝尔·布雷松、亨利-乔治·克鲁佐和雅克·贝克等；尽管时势凶险，当年的出品仍十分优秀。当然，某些电影在解放后被指责受了德国人的资助，对贝当体制下拍摄的电影亦大张挞伐，因为它们是反映维希时代的题材，尤其表现对家庭和土地的眷恋；但是这些题材往往超越了"民族革命"的纯粹宣传，涉及时代精神——被踩躏的法国企图重建家园？——或者与同一作家的战前作品有一脉相承的内涵。譬如《掘井工的女儿》虽然在某些方面带有维希政权的色彩——如剧中主人公聆听贝当元帅演讲的场面——但回归土地的题材在1933年和1937年由同一导演拍摄的影片《安琪尔》和《再生草》中均已有所反映。当时制作的影片只有十分之一是明显宣传"民族革命"意识形态的，譬如让-保尔·夏兰的《美好的夜》，作者通过在剧中扮演农民的夏尔·瓦内尔之口，高声朗读贝当元帅的文章选段。其余大部分影片都表现与战前影片相同的主题：除了警探片、喜剧片、历史题材片或幻想片外，绝大多数是逃避现实的消遣片，既无抵抗倾向亦无"合作"之意。这类影片后来又成为另一些批评家的又一话柄：难道影片应当鼓励人们逃遁现实或者保持缄默吗？

同样问题亦体现在其他艺术形式里。德国占领当局逼迫法国出版商公会接受协议，禁止出版某些被认为带有"欺骗性思想及其倾向的"书籍——扩大的标签下还包括犹太籍作家、共济会成员和共产主义信仰者的著作，凡列于"奥托书目"① 上的数百种书籍一律不准出版。作家们从此是否应当保持沉默呢？史学家们注意到在被占领期间出版界并非一片空白。无可争辩，当时出现过被收买的文学和戏剧，大部分作品自然也不会是抵抗作品，但亦非"合作分子"的作品。或许在当时德国驻巴黎宣传大队专员盖哈特·赫莱尔中尉的影响下，加缪的《局外人》获准出版，萨特的剧本《苍蝇》也被准许上演。

正如文学没有留下空页一样，绘画也没有留下空白的画布。画家

---

① 译注："奥托书目"（Listes Otto）指德国占领当局于1940年9月28日公布的违禁书目，全称为"德国当局禁止或出版商必须撤回的书目"，因当时德国驻巴黎大使名为奥托·阿贝茨，故书目被称为"奥托书目"。被禁作家大部分为犹太籍作家或共产主义者，如海涅、托马斯·曼、弗洛伊德、茨威格、容格、马克思和托洛茨基。1941年6月"苏德互不侵犯条约"毁约后，还加上了苏联作家，后来还加上英国和美国作家，违禁书目据说达1 000多种。

们像法国民众一样被1940年五六月的炮声轰散了。夏加尔、莱热和马克斯·恩斯特相继离开了巴黎。画廊关门了，杂志停刊了，但震荡并没阻止法国绘画的创作。南方一些城市，如图卢兹成为流亡文化人的后方基地。即使在巴黎也没有完全停止绘画创作，1941年5月，布洛恩画廊举办了法国青年画家作品展，20多位法国传统画家参展，其中包括皮尼翁。一直到1944年巴黎还举办了其他画展，如同法国青年画展一样，显示了年轻一代画家的涌现，同时也体现出立体主义和野兽派画风的延续。

正如战时的一首歌曲《我等待》所唱的那样，一切文化创作活动不都在"等待"吗？虽然艺术家没有明说，至少暗示了等待的姿态。那是1940年炮火下的人民在等待，他们经受着占领者的折磨和潜在内战的痛苦，试图保护自己的传统历史；那是处于几代人和几种风格交汇点的文化在等待，如同国家尚剩一息，文化也处于低潮，它等待着在解放之日绽放出绚丽之花。

2. 序幕拉开了

"我们给法国带来了独立、帝国和长剑。"1944年夏,戴高乐将军赢了6月18日的赌注:"自由法国"成为法国,成为战争的胜利者。但这仅仅是"一个幸福的结局",对国家来说,解放只是"拉开了序幕"(弗朗索瓦·布洛克-莱内的话)。

革命、复旧或革新?

回过头来分析,解放后的几年历史围绕着相反的两极:革命或复旧。事实上,抵抗运动中最出色的报纸《战斗报》曾以副标题"从解放到革命"表明了其立场。曾主持过《战斗报》的克洛德·布尔代在30年后出版《一场不确定的冒险——从抵抗到复旧》(1975)一书,似乎是当年《战斗报》副标题的回声,而在此前的1965年,菲利普·泰松在《戴高乐一世》一书中也持有同样的观点。那么史学家应当停留在进退两难的困境中吗?存在两种相反的观点,一种观点后来不攻自破,另一种观点也缺乏说服力。"革命",并未发生过。无论政治制度还是经济、社会结构,虽然有深刻变化,但称不上根本性颠覆。政界人物即使有部分重组,至少就目前来看没有全面更迭的现象。无任何迹象表明社会、经济的政治基础已出现断裂——而这些是一场革命的重要标志——因此,连续性超过了变化。

那么是否可以说是"复旧"呢?历史学家对用"复旧"一词来概括这段历史发生了分歧。且不说解放后短期内的结构改革,我们注意到"复旧"一词低估了当时的一些重大变化,这些变化在后来十年中变得愈发明显。尤其在集体意识方面,因为集体意识既是一面镜子,又是促成各项变化的动力。在这方面,战后与战前的反差十分明显:50年代以工业增长为基础的经济迅速腾飞逐渐影响到人们的思想,而不再局限于"现代化"的核心人群。节衣缩食和储蓄的价值观渐渐被消费和使用信贷的价值观所取代。在前几十年中因通货膨胀而收入缩水的靠年金生活者,生活水平再次下降,其社会地位已不及企业管理干部。价值观的转变加上不断的社会变迁渐渐改变了引导国民生活的规则和禁忌。社会变迁因国际视野的同时扩展而变得更加深刻:长期来只局限于本土和帝国范围的法国,一下子面对了世界;它开始向欧洲拓展,而它的经济长期来受到本国政策的保护,现在需要面向欧洲和世界。

然而,这是一种中长期的演变,它尤其涉及人的思想意识。对缺乏足够时间距离的历史学家来说,研究工作会比较微妙。在一般人的心目中,"复旧"一词首先是指短期行为,而且从其历史内涵来看,主要是涉及政治领域。那么"复旧"一词用在这里是否贴切呢?很难说。不过可以确定的是,据某些研究者的分析,在1946至1951年间的战后第一届立法议会中,存在政治势力复旧的现象:三个势力最大的政党中,有两个政党(法共和国际工人组织法国分部SFIO)属于战前的政治力量,战后新的政治格局中只出现了一个新政党,即MRP(人民共和运动)。而且大多数政党的领导人都官复原职,占据重要的政治职位:仅从1936年组成人民联盟的三个政党情况来看,就一目了然了。莱昂·布卢姆从集中营归来后,立即成为法共以外的左派阵营无可争辩的精神领袖,尽管1946年他在自己党内已成为少数派,但是仍然拥有很大的政治影响力,直至他四年后去世;莫里斯·多列士从莫斯科返回后,被封为"法国第一抵抗战士",重新执掌法共,尤其取代了法共抵抗运动的几位历史领导人;爱德华·赫里欧曾是激进党的历史领导人,但与人民阵线保持一定距离。虽然他因与第三共和国的渊源太深而一度失信于民，但仍在1945年立法选举中再次当选，不久又当选为立法会议长，立法议会后来正式改名为国民议会。但是关于战前政党领袖的上述例子还不够说明"复旧"的含义。事实上，战后右派阵营的政治面貌有较大变化，人们似乎不能说"复旧"。不过"复旧"确实发生在1951年选举后产生的第二届立法议会上，因为该届议会投票通过了大赦法案，而这肯定是向后倒退的象征。次年，安托万·比内被任命为内阁总理，此举意味着解放后对失尽人心的法国右派的肃清告一段落。需要指出的是，"复旧"行为虽然明目张胆，却无法全面实现。戴高乐派在1951年选举失败后进入冬眠期，戴高乐本人从1946年起就反对第四共和国，一旦第四共和国失败，戴高乐派随时可能东山再起，尤其是戴高乐将军的个人魅力，具有对抗其他政界人物的真正统帅形象。如果第四共和国的失败成为定局，他是出面收拾残局的不二人选。此外，50年代还诞生了其他一些政党，如孟戴斯-弗朗斯派，他集中体现了实现国家现代化的理想，团结了相当一部分的社会栋梁之材。

刚一解放，某些领域就表现出对现代化的渴望，有些甚至更早出现在"民族革命"时期。事实上，它的出现可以跳出革命—复旧的两难选择。连续性也许超过变革，但革新马上压倒了复旧。这就是那一时期某些观察家强调指出的趋势。雷蒙·阿隆曾在1944年10月和1945年8月连续发表的两篇题为《革命还是革新》的文章中，摈斥一切革命的论调，呼吁实行必要的改革，并为之勾勒了大致轮廓。这种要求改革的愿望不是少数个人的想法。最近由全国政治科学基金会组织的题为"1944至1952年的法国现代化道路"的讨论会指出，甫一解放就不可否认地涌现出一幅从各方面吸取智慧的现代化蓝图。1940年的创伤刺激了人们从所谓"30年代精神"（让·图夏尔之语）中产生的现代化想法。这一"精神"聚集了一批与世纪同龄的年轻人，他们来自各种政治信仰，面对两次世界大战之间法国面临的危机作出了同样的判断和救治方案：推进政治体制的改革，加强执政当局的权力，使国家在经济生活中占有更大的比重。在自由主义和共产主义之外寻求第三条道路，这种思想尤其在30年代初的一些小杂志上传播，如《计划》《X-危机》《新秩序》《精神》等。但是，发生了1934年二月事件以及后来政治生活的两极化，明显地阻碍了第三条道路的探索，以致"30年代的反潮流一代"只能在拥护和反对"人民联盟"之间作选择。于是，1940年以后，有些人来到了维希，另一些人选择了"自由法国"或国内抵抗运动。处身在不同的阵营，"30年代精神"遭遇了各不相同的命运。"民族革命"中的"技术精英"从中汲取灵感，为维希政府制订了某些计划，它们无疑是现代化的计划；而投身"抗德游击队"或伦敦"自由法国"的人，为全国抵抗委员会作出了贡献。亨利·米歇尔在分析抵抗运动内部的思想派别时，指出"反"字当先的特征：反资产阶级秩序、反第三共和国议会政治的弊端。1940年的溃败促使了"30年代精神"的涌现，从这个意义说，"抵抗精神"也在很大程度上由此产生。

这一批人在解放时正值四十来岁，而且身居国家要职，能够为实现自己设想的现代化计划而大展宏图。上文提到的讨论会上有一篇报告（作者为勒内·雷蒙）指出在"战前"酝酿的这个计划的庞大规模和广泛的社会共识：论规模，计划涉及政治（提出建立新的政体）、社会（如建立社会保障体系）、经济（实行大企业国有化和计划经济）、文化（如教育改革）；论社会共识，从国家高层领导、政党、工会和农会，到部分企业主和知识分子，都一致主张实行改革。当然共识也不可能全民族一致。事实上，改革精英就算不是顶风而行，至少也遭到了某些冷遇——1947年1月的一份民间调查报告显示，50%的法国人从未听说过莫内计划，仅19%的人相信改革的成效。在民间调查时，确实大多数人首先想到消除日常生活中的战争后遗症，人们习惯地想到过去而不是朝前看。或许只有政治体制现代化改革这一项才获得大多数人的赞同。

复兴

法国的革新首先要从复兴开始，因为国家经历了第二次世界大战后已极其虚脱。人口的损失肯定比 1914 至 1918 年的大战中少，但二战期间四分之一以上的国家财富化为灰烬——估计损失为 850 亿金法郎[①]，而 25 年前的第一次世界大战仅耗费了十分之一的国家财富。如此巨大的损失或许可以说明国民认同国家需要重建和现代化；相比之下，一战后人们曾寄望于德国战争赔偿金的经济作用。时代的新特征还不止于此。加倍的努力应在国家的推动和控制下进行。我们看到抵抗精神首先是在左派人士中产生，或许左派中亦有多种倾向，但是反资本主义、认为在 1939 至 1945 年间"统治阶级已经破产"的判断加强和凝聚了左派思想。于是，国家的大政方针包括复兴和革新，以及将银行和能源等领域的"控制权"收归国有。解放初期在这两大领域实行国有化，乃是经济结构进行深层改革的时期；在这一点上，与"人民阵营"时期的几乎不作为形成鲜明的对照。实行国有化加上现代化规划和设备更新，大大增强了国家主导和控制国民经济的能力和手段。

那么第四共和国又是如何运用权力的呢？这个问题因第四共和国长期为世人诟病而愈发显得重要。相对于解放时人们对第四共和国的无限憧憬，其 12 年的存在显得软弱无能。希望的破灭以及在 1958 年

[①] 译注：金法郎（franc-or），即"芽月法郎"，它是拿破仑执政时期，根据革命历十一年芽月十七日（1803 年 4 月 7 日）法令，由法兰西银行铸造的一种新法郎，其价值为 0.3 225 g 金价。

春天大动荡中暴死，使该政权蒙上奇耻大辱。从此任何政党都不再愿与它有瓜葛，公众舆论亦从未对它有特别的留恋。然而不得不指出，给这个共和国的方方面面加以抹黑并不公道，它至少完成了重建法兰西的艰巨任务，带领国家走上了一条持续发展的道路。从1948年起，法国就赶上了战前1938年的水平，两年后即超过了1929年的最高指数。自那时起法国在整整20年中工业生产年均增长率达5.3%。如果说法国的经济在50年代曾严重失衡，几度出现高通胀（1951—1952、1956—1958），"外贸平衡亦岌岌可危"（引自R.吉罗语），如果说政权存在的最后几年遇到严重的财政危机，这些都不能抹杀第四共和国领导经济振兴的成就。因为公众舆论对上述现象能立刻直接感受到，而经济增长的红利却是一下子看不到的。显然，法国在第四共和国以后的15年中真正收获了经济增长的果实：从1958至1973年是法国经济史上发展最快的阶段，从1969至1973年经济年均增长率达到了6.5%！但是这15年的增长是在50年代就开始孕育，很难否定第四共和国对"辉煌30年"的贡献。在第四共和国几届政府的领导下，法国推行了工业现代化和农村革命，法国经济开始面向欧洲，然后走向世界。

肃清

知识界在战后几十年中也发生了深刻变化。一方面，出版和新闻系统在解放后进行了整肃；另一方面，出现了一批主张对社会进行干预的新型知识分子。新一代知识分子、新报刊和新的读书协会等构成了法国知识界的新面貌。

肃清不但在国民意识上留下创伤，更延续并扩大了"法国人之间"内战的伤疤，造成几次化脓。在知识分子中造成持久影响的整肃主要表现在两种形式上。一种是行业内部肃清，被整肃对象不一定受到司法追究。这种形式的整肃纯属职业内部清理，即在解放初由全国作家委员会公布一份黑名单。全国作家委员会由抵抗运动人士组成，严格地说它并不拥有官方权力，但是在那个时代很难想象出版社或报刊编辑委员会对该机构的意见置若罔闻。凡列于黑名单上的人即意味着其作品被禁止出版或发表。1944年9月初公布的第一份黑名单包括12人，其中有罗贝尔·布拉西拉、路易-费迪南·塞利纳、阿方斯·德·沙托布里昂、雅克·沙尔多纳、德里欧·拉罗舍尔、让·季奥诺、夏尔·莫拉斯和亨利·德·蒙泰朗等人。9月19日又公布了第二份黑名单，要求出版商注意44个人，其中有皮埃尔·伯努瓦、亨利·波尔多和诗人保尔·福尔。全国作家委员会成员还向出版社表示，决不与发表"附敌分子"作品的出版商合作，不参与丛书的出版，也不在他们的杂志上发表文章。后来在10月份公布的最终黑名单上这三位作家的名字被取消了，这份黑名单总共包括165人，他们有的是"合作分子"，有的是"附敌分子"，其实两者并无真正的区别。

在行业内部清理——只是禁止某些作家在几年内发表作品——之外，另一种形式是司法整肃，它基本上是针对"附敌分子"，如上述的三名作家罗贝尔·布拉西拉、德里欧·拉罗舍尔和吕西安·勒巴泰。第一个人在1944年9月14日被捕，次年1月19日以刑法第七十五条的罪名（"通敌罪"）被判处死刑。他的名字成为当时及此后一段时间内知识界争论的焦点，争论围绕着整肃有否扩大化以及量刑是否过重。在弗朗索瓦·莫里亚克——他在法庭上宣读了一封信，称"如此优秀人物的消失将是法国文学的损失"——以及当事人朋友们的发起下，63名艺术家和作家联署了一份请愿书，要求当时临时政府首脑戴高乐将军特赦罗贝尔·布拉西拉。戴高乐将军没有回应这份请愿书，合作报纸《我无处不在》的这位前记者在1945年2月6日被处决。1944 至 1945 年冬季，德里欧·拉罗舍尔可能密切关注了对通敌知识分子的法庭审判。当时《法国文学》杂志曾揭露他还"逍遥法外"。事实上他躲藏在巴黎的一处住宅内，曾于 1944 年第一次自杀未遂，后来又企图投奔安德烈·马尔罗领导的阿尔萨斯-洛林支队未成，终于在 1945 年 3 月再度畏罪自杀身亡。至于吕西安·勒巴泰，1944 年 8 月藏身于德国，1945 年被捕，在罗贝尔·布拉西拉被处决后两年的 1946 年 11 月也被判处死刑。当时可能民众已不再那么激愤了，吕西安·勒巴泰的命运与《我无处不在》的前同事拉罗舍尔不同，关押几个月后于 1952 年被释放了。

与司法追究乃至被判刑相比，知识界内部的肃清对法国文化局面有更深的影响。不光极右派，甚至右派的大部分作家都因肃清运动而陷入沉默。因为在公众意识中，右派思想等同于纳粹主义和屠杀犹太人而遭到质疑，所以连与右派有牵连的非合作人士都无法发言。结果造成至少在十年中，意识形态领域由左派知识分子独领风骚。与两次世界大战之间的情况大不相同，当时虽然有一些重要知识分子站在"人民阵营"一边，但大多数知识分子则倾向于右派。战后知识界发生巨大变化还因为出现了另一现象，它发端于大战之前，与左派独占文坛的上述现象不无关系，即知识分子一致认同了"社会干预"的理念。

萨特和"社会干预"

对 1945 年的法国知识分子来说，作家有干预社会的"义务"。当然在 30 年代已经出现了这样的作家和艺术家，他们以反法西斯主义或者反共产主义的名义参与公众斗争。在这一点上，30 年代无疑是 1945 年的前奏。只是当时"社会干预"的义务在知识阶层中远未形成共识，朱利安·班达在 1927 年发表《文人的背叛》一书，该书经常被曲解为替"象牙之塔"辩护，但事实上文章认为，文人若过于投入派性之争会"背叛"正义和真理的大事业。而1945年文人的背叛却是相反，即大多数作家和文人不参与斗争。

让-保尔·萨特在国民的集体记忆中是知识分子干预社会的象征。这种说法至少出于两个原因：首先是他在当时提出了作家干预的理由，其次在作家同行们和广大公众的眼中，他已成为作家干预社会的化身。1945年10月在首期《现代》杂志的著名《发刊词》中，萨特痛斥了作家"不负责任的诱惑"。因为不管作家如何行事，他们"总是赢家"。作家"生活在他的时代"，"既然我们是靠自己的存在作用于时代，我们决定要让自己的作用变得更自觉"。于是对作家来说，结论是明确的："我们希望他①更紧密地拥抱他的时代。"关于作家干预社会的全部观点——详尽阐述在《什么是文学?》一书中——都孕育在上述的《发刊词》中。当然，此前作家们已在不同场合有所参与，但今后作家的参与不再是紧急动员，而是与作家身份密不可分的一项活动。这一现象可以从作家的年龄来解释。1905年出生的作家当时正值40岁，处于历史舞台的前沿。作为"30年代一批离经叛道者"，他们很早就参与政治辩论，履行过社会干预的义务。从这一层面上来说，萨特的理论与其说是创见不如说是总结。事实上，现实远远超前于理论，在战前和战争期间已经出现。不过萨特成了这一理论的"化身"，其影响力在几年中迅速扩大。《现代》杂志发行后12年，《快报》在1957年为纪念"新潮流"而进行了一次民意调查，青年在回答"请指出下列作家中你认为对你们一代最有影响的人?"的问题时，萨特的名字遥遥领先，其次才是安德烈·纪德和弗朗索瓦·莫里亚克。

1945年，40岁的萨特提出了作家的社会干预义务，而他的文学

---

① 译注：指作家。

名声和政治干预力度却是在稍后才真正显现的。因为无论是文学成就还是政治干预，都需要战争和被占领来促成作家的"孵化"。这位 20 年前的巴黎高师毕业生，1924 至 1928 年间，对城市生活不太感兴趣，30 年代成为外省的一名年轻的哲学教师，萨特始终游离于政治斗争之外。1936 年选举时，他甚至没去投票！1933 至 1934 年的柏林之行似乎没给这位年轻的哲学教师留下什么印象；相反，他的高师老同学雷蒙·阿隆比他早一年去柏林时的反应就很不同。30 年代末，萨特发表最早的文学作品《恶心》和《墙》，未曾引起大的反响。据最近出版的他的《关于奇怪的战争》（1983）一书，萨特于 1934 年应征入伍时对职业生涯踌躇满志，头脑中酝酿着许多文学计划，但对政治却缺乏定见。然后是当战俘——1940 年萨特成了战俘，次年因眼疾而获释，1941 至 1944 年在巴黎孔多塞中学教书——以及德国人的占领，这些遭遇或许促成了作家的"孵化"。哲学家发表了第一部引人注目的哲学著作《存在与虚无》；文学家的剧本《苍蝇》上演；作为公民加入了抵抗运动，解放后成为全国作家委员会成员。

直到 1945 年秋季——第一个和平的秋天——让-保尔·萨特才在短时间内声名鹊起，成为"存在主义哲学"的象征。在《现代》杂志创刊号问世之际，萨特发表了《自由之路》前几卷，发表了著名演讲《存在主义是人道主义吗？》。当时报刊的评论匆促地把萨特的文学多产及其思想与当时弥漫在巴黎圣日耳曼教堂街区五花八门的文化活动混淆在一起，圣日耳曼教堂被称为"萨特大教堂"。聚集在"禁忌爵士乐俱乐部"（Le Tabou）、圣日耳曼俱乐部内的绝大多数年轻人也许只听说过"存在主义"这个词，所谓"存在主义村庄"在很大程度上只是《周六晚报》和《法兰西周日报》的"发明"而已。许多年轻人的态度恐怕主要是战后宣泄情感的需要，而非真正读懂了《存在与虚无》的哲学。几年后，雅克·贝克的影片《七月的约会》比曾经轰动一时的报刊文章更贴切地反映了年轻一代的心态。鼓噪一时的报刊文章把圣日耳曼街区的"地窖"、萨特和莫里斯·梅洛-庞蒂的文章、"两个怪瓷人"咖啡馆和"禁忌爵士乐俱乐部"、雷蒙·格诺、鲍里斯·维昂和朱丽叶·格雷科等人和事一股脑儿地"一锅烩"。让·科克托在1951年7月16日的日记中幽默地写道:"存在主义,人们从未见过一个名词离它所要表达的意思如此遥远。在狭窄的地窖里除了喝酒什么也不做,这就是存在主义者。正好比在纽约的某些地窖里跳舞的相对论者,似乎就相信爱因斯坦也在那里跟他们一起跳舞哩。"圣日耳曼街区的游客总是人头攒动,正如西蒙娜·德·博瓦尔后来在《事物的力量》中所写,"存在主义"跟高级时装一样成为圣日耳曼街区的特产。

法国镜子中的文化

在战后那些年里,知识分子如此密切地参与在社会事件中,因此产生某些直接反映时代的艺术和思想就毫不奇怪了。当时的艺术比任何时代都更像一面打碎的镜子,折射出多面的景象,它们之间往往显得相互矛盾,但是有些景象无可争辩地反映了时代特征。

然而,绘画基本上逃脱了以社会现实来解读作品的方法,关键是从什么审美视角去看。1945年一位批评家曾对"形象艺术和人们所称的主观艺术之间的抗争"进行预测。显然对赞成形象艺术的人来说,这是一场未战先败的对抗:两派对峙了若干年,结果在两代人的捍卫下,"主观艺术"取得了胜利。两次世界大战之间的大师,如毕加索、马蒂斯、夏加尔、莱热等人的名声已如日中天。但与此同时,立体主义、表现主义和超现实主义大师成为经典画家后已步入晚年:康定斯基于1944年去世,波纳尔1947年去世。其间涌现出新一代的画家,即上文提及的在占领期间出现的那批画家,他们的抽象艺术逐渐占领画坛。从1944年起这股潮流已不容忽视。在刚解放的巴黎举行的秋季沙龙上，少数观众为表示抗议而取下了几幅被认为挑衅味太浓的毕加索的画。但正是这次沙龙画展汇集了自野兽派以来最典型的所有画派的作品：既有毕加索的作品回顾展，又有恩斯特、马格里特、马松、米罗等超现实主义画派的回顾展，最后还有巴黎画派中尚不出名的画家，如马内西埃和巴赞的作品。各种风格的融合和几代画家的交汇使战后几年的画坛呈现出光芒四射的局面，但同时也造成这些年的画风很难归类的现象：画派层出不穷，创意不断更新。如果说60岁一辈的大师（如马蒂斯、布拉克、毕加索和德兰）继续影响着年轻一代画家（譬如巴赞公开表示1945年马蒂斯的作品回顾展对自己的影响巨大），年轻画家们也在探索新的艺术道路。有些人在探索色彩和表现手段（如格吕贝、马尔尚和皮尼翁）；一些"主观艺术"画家则呈现出另一种倾向，他们认为只有发掘内心的梦境，让色彩占有主要地位，才能表现真实。

在这样的背景下，很难判断40年代末法国绘画界的繁荣与社会环境之间的确实关系。充其量人们可把抽象画现象归结为对战后动荡现实的一种思想逃避。总之，与带有深刻时代烙印的其他艺术形式决然不同。譬如，文学从此致力于干预社会，而且在双重意义上自觉地烙上时代印记：文学应当融入于它的时代，于是它应该是一面镜子；文学家应当干预社会，他应该是一个参与者。因此，在战后文坛上出现了文学体裁的新排序。或许，这一转变需待几十年后才会被人察觉，我们现在就来评估战后几年中出现的若干现象似乎为时过早。但是现象不可否认：战后这些年里哲学逐渐取代文学而主宰文坛。让-保尔·萨特自己写了《自由之路》，却批评小说家"占了上帝位置"。小说，特别是心理小说，确实在此后20多年时间里一蹶不振：一方面，当时法国一些重要作家并非以写小说出名，另一方面，小说不再是一些周刊文学版的主要内容。于是"新小说"乘虚而入，不久便填补了空缺。

如上所述，哲学占领了文坛。这一点只需回顾一下战后20年中法国的诺贝尔文学奖得主便可一目了然。在1944至1964年的20年中，法国共有五位诺贝尔文学奖得主：安德烈·纪德（1947）、弗朗索瓦·莫里亚克（1952）、阿尔贝·加缪（1957）、圣琼·佩斯（1960）和让-保尔·萨特（1964）。在同一时期，英、美两国各有三人获得诺贝尔文学奖，他们是T. S. 艾略特、伯特兰·罗素和温斯顿·丘吉尔（英国）以及威廉·福克纳、海明威和约翰·斯坦贝克（美国）。可见，尽管战争创伤和反殖民运动高涨，法国文化在当时世界上仍有很大影响。1947年获奖的安德烈·纪德在四年后去世，他的作品基本上发表于1939年前，甚至在1929年以前。他的获奖是对两战之间法国文学的致敬，一个作家获得国际承认需要一定的时间，这很正常。同样情况也部分地说明弗朗索瓦·莫里亚克的获奖：他的重要作品也都发表于第二次世界大战之前，1945年后他基本上作为记者——非常杰出的记者——而非作家。相反，萨特和加缪两人肯定是战后的作家——圣琼·佩斯介乎战前、战后两代作家之间——他们获得瑞典科学院的奖项是因为得到了与其作品同时代人的承认，不过萨特拒绝了这一荣誉。然而在瑞典科学院院士和公众心目中，萨特是一个哲学家。至于加缪，即使更多地朝小说和戏剧方面发展，他的作品仍以其哲学视野而著称，况且其哲学思想在一些杂文中就有所表达。

如果说小说让位于哲学的话，戏剧则深受哲学思想的影响，呈现出一个新的历史阶段——至少与"大马路戏剧"或经典传统剧目没有任何关系。戏剧界的两种变化，一则某些哲学家，如萨特和加缪选择戏剧作为传播他们对世界看法的表达方式，通过舞台人物之口表达过去只在书本或课堂上讲授的哲学思想，赋予剧中人某种头戴光环享有威望的身份；一则随着哲学家直接投入戏剧，戏剧本身也朝同一方向发生了演变。正如两次世界大战期间，传统戏剧由剧作家让·季洛杜或戏剧导演路易·茹韦为代表一样，战后，被批评家们称之为"荒诞派"戏剧则体现在尤内斯库—贝克特—阿达莫夫三人的创作上。通过不同的舞台表现手法所表达的荒诞感觉，戏剧与时代充分融合，反映出当时人们思想的不确定性：第二次世界大战的恐怖造成的创伤尚未完全愈合，国际紧张局势风云变幻，尤其广岛原子弹爆炸引起的恐惧，人们根本没有真正"战后"的生活。这与经历第一次世界大战后"疯狂年代"（20年代中期）的长一辈人的情况完全不同。在如此条件下，戏剧舞台——历史上尤其是美学纷争之地——几度成为政治交锋的战场就毫不奇怪了。不必说萨特的几出戏所引起的反响，更不必说罗歇·瓦扬以朝鲜战争为背景的《福斯特上校的有罪辩护》，该剧成为1952年编年史的主要话题。这出戏在5月份只上演了两场，即被巴黎警察局长下令禁演：极右分子示威抗议该剧将美国军队等同于纳粹。值得一提的是围绕另一出戏而爆发的更出名的冲突——发生在解放后20年、另一场战争刚结束。1966年4月，雷诺-巴罗演出公司在巴黎奥岱翁剧院上演让·热内的《屏风》。该剧以阿尔及利亚战争为背景，引发了极右团体"西方"和北非裔老战士的强烈抗议，抗议者在剧院周围示威，有人甚至冲进剧场内。那时代的戏剧创作总体来说已不再像20年前那么介入社会，但还留下些许过去时代的痕迹，即把文化创作视为时代的产物。因此它不仅要反映当代人的重要疑惑，而且要紧随国际关系的风云变幻，亦就是说烙下冷战的印记。

冷战

从1947年起世界进入冷战时期，法国文化"大分裂"的冲击波一浪高过一浪。从此，美国和苏联的两种相互对抗的模式发生竞争，而且愈演愈烈。

在某些文化领域内，战前已出现的"美国化"现象日益扩展地盘，"美国化"现象往往涉及面向大众的表现形式，如电影、音乐、警探和科幻小说等。1946年5月签订的布吕姆-比纳斯协议有利于美国电影进入法国市场；音乐方面，圣日耳曼街区的"地窖"内传出了新奥尔良的音乐，年轻的"存在主义者"开始随博普爵士乐跳曳步舞，还有侦探和科幻小说。唯有连环画受到1949年关于青年出版物法的保护，使来自大西洋彼岸的影响回复到战前水平。相反，美国在科学领域的影响力比较深远，譬如在人文科学方面，美国的影响力急剧上升，以至20年后人文科学在知识界的价值观中超过了哲学。美国的影响无处不在。美国大学在各学科内的声望如此之大，使法国高等教育的地位受到严重威胁；特别是社会学领域，全法国文科大学只开出四个社会学班，两个在巴黎索邦大学（在16个哲学班中），另两个在外省：一个在斯特拉斯堡大学，另一个在波尔多大学。此外，美国一些基金会的资金几次对法国创设新机构起了决定性的作用：1947年创建巴黎高等研究院第六学部[①]时，洛克菲勒基金会和福特基金会均发挥了重要作用。

另一方面，在"为党服务"的日丹诺夫原则指导下进行文化创作和生产的思想，冷战初期也影响了一些西方国家的共产党。艺术家和作家接受任务奋勇上阵，"在本职工作中"服务于捍卫和宣传工人阶级。这种"社会主义现实主义"尤其表现在绘画和文学中。安德烈·富热龙的绘画——属于名为"新现实主义"的流派，旨在与抽象主义绘画抗衡——最完美地体现了"党的艺术"，恰如文学中的阿拉贡

[①] 译注：经济和社会科学部。

（他从 1949 年起发表《共产党人》）、皮埃尔·库尔塔德和安德烈·斯蒂尔。如果对法国不少知识分子——法共党员或法共的同路人——来说，苏联已建立起一个能与美国抗衡的竞争模式，那么在 1947 年夏的一次民意调查中，只有 24％的法国人认为苏联是民主国家，而 57％的人则作出相反回答。当然，苏联的影响对地域和政治上邻近的国家会大得多：美国只有 5％的人认为苏联是一个民主国家，同一时期在荷兰则有 11％的人作出同样回答。总之，法国人解放时对苏联抱有的好感在 3 年后已逐渐减少，在法共党员及其同情者中、在相当大部分的知识分子中已大大减弱。

与法国式"社会主义现实主义"的创作数量相比，有更多知识分子受到苏联模式和法国共产党的吸引，它说明冷战冲击波何以在法国知识界掀起如此大的波澜，也说明法国知识分子受到了地缘政治上的影响。但是这些知识分子的人数并不像后来被描写的或人们通常所说的那么多。对于 30 多年前冷战期间受马克思主义影响、着迷于东方"伟大曙光"的当时法国知识界状况，让妮娜·韦尔代斯-勒鲁的调查报告作了恰如其分的分析。这位社会学家认为，在严格意义上说，当时的法共知识分子仅是一个"范围有限的圈子"，他们受教育的程度不等，而且在心理和社会家庭上的坚定性亦极不一致：他们中有著名画家和获得资格的哲学教师等党外的"独立知识分子"，也有"党内知识分子"——其文化水准只能称得上马克斯·韦伯所定义的"知识界的贱民"。尽管两者表面上在同一旗帜下进行着互有联系的斗争，但他们之间的鸿沟十分巨大。韦尔代斯-勒鲁女士的研究显示解放后几年里法共党内知识分子人数相对较少而且成分混杂，这就打破了一个神话：说明当时的知识界从未完全认同于"党"。神话虽被打破，信仰共产主义确实是当时的一个重要现象。造成这一现象有多方面的因素，使苏联模式在当时具有如此大的吸引力。最重要的因素是"斯大林格勒效果"：苏德互不侵犯条约的签订曾让许多法国人对苏联感到失望，后来苏联在第二次世界大战中战胜纳粹德国等于还了自己的清白。1944年9月，法国公众舆论调查所（IFOP）的一份民意报告显示，当巴黎人被问到"哪个民族为战胜德国作出了最大贡献？"时，回答"苏联"的人数占61％，仅29％的人认为是"美国"。在二战中苏联红军参与打败纳粹，苏联人民付出了沉重的代价，苏联因此变得光彩夺目，苏联的制度和取得的成就也受到赞扬。于是在法国的部分知识分子眼中，苏联模式象征了革新和社会正义，成为发展工业和进行政治及社会重建的另一条道路。当时苏联确实成为颂扬者向往的目标，它象征的革命被认为不可抗拒，马克思列宁主义则成为指导革命取得胜利的理论——在许多人眼中成为让-保尔·萨特所说的"不可逾越"的地平线。所有这一切都被移植到曾积极参与抵抗运动、为无产阶级指明其历史使命的法国共产党身上。上述特征对1920至1930年间出生的新一代年轻知识分子——让我们称之为1925年的一代——尤其具有吸引力，他们中年纪稍大者曾在战争中通过抵抗运动加入了法国共产党，较年幼的在战后的学生年代被莫里斯·多列士的党所吸引。韦尔代斯-勒鲁的报告指出，错觉也许正出于此：解放时，法共在人们心目中曾代表了知识分子的政党，后来又被夸大，说成在大学、读书协会或报纸编辑部内有许多像安妮·克里格尔、埃德加·莫兰、克洛德·鲁瓦或埃马纽埃尔·勒鲁瓦-拉迪里这样的青年学者。埃马纽埃尔·勒鲁瓦-拉迪里在《巴黎—蒙彼利埃》一书中描绘了四五十年代巴黎高等师范大学的状况，许多高师学生信仰共产主义。当年法共接受了这批年轻学生，而这批二十来岁的学生并没能提高法共的声誉。再仔细地分析一下，绝对服从法共领导的积极分子中，真正有名望的艺术家和思想大师远非人们后来所相信的那么多。毕加索、阿拉贡、保尔·艾吕雅和弗雷德里克·约里奥-居里四人是在各自的艺术和专业领域中拔尖的法共党员，至于其他同时代的名人与法共的关系若即若离。至于后来提到法共因青年知识分子的加入而扩大影响的说法更缺乏依据，实际上，当1925年一代的知识分子在社会上成名时，早就已脱离了法共。上述四位著名的法共党员在人到中年之时，于60年代之前都已离开了法共。不过值得指出的是，即使党龄最长不超过十年的法共经历，对这一代人的影响乃是决定性的。在80年代知识界的各年龄层中，我们可以发现一个人数相当可观的群体，他们的政治生涯都是从法共开始的。在这个"前法共党员"的年龄层上面，累积起拥有其他经历和共同点的其他年龄层。

　　从解放后到冷战时期，1925年的一代并非是唯一受共产主义影响的社会阶层。事实上，在坚决服从党领导的法共积极分子中，如果说著名艺术家和思想家只占少数的话，受法共影响的有名望的"同路人"数量不少。英国史学家戴维·科特指出，往往出于忠于启蒙思想而引导他们向法共靠拢——他们相信在东方看到了这一思想的复兴。这部分人数之多、个人声望之高以及他们与法共"路线"靠得很近的事实，也许是说明法共在许多人眼中成为一个知识分子政党的另一种解释。这一些"同路人"不属于法共知识分子的核心人物，只是范围较广的法共外围，这种现象在战后既非法国独有亦不只局限于某一年代。苏联1917年后的经验也引起其他许多国家知识分子的同样态度和经历。譬如韦伯夫妇①提供了一个英国模式。但是英国不存在共产党——美国也没有共产党——所以相对于有法共存在的法国模式，英国模式有自己的特点：它不是公开地宣传对苏联的赞赏，而是在国家

---

① 译注：韦伯夫妇（Sidney et Beatrice Webb，1859—1947 和 1858—1943）系英国费边社（Fabian Society）的最早成员，费边社重在务实的社会建设，倡导互助互爱的社会服务，从而推行和平宪政和社会主义的道路。人们亦把这一理论称为"费边主义"。费边社在韦伯夫妇等人努力下逐渐成为一个在英国有重要影响的政治和知识精英俱乐部。

政治生活中支持某个政党。其实这种模式战前在法国已有出现，1945年后冷战时期更趋活跃，许多作家和大学教授与多列士领导的法共并肩战斗。法共将法国文化界一些重要人物团结在它的旗帜下以扩大自己的影响力：譬如访问苏联之前的30年代的安德烈·纪德，或者1952至1956年的让-保尔·萨特。萨特曾在此前遭到法共的严厉攻击——1947年法共刊物《思想》曾斥责萨特为"掘墓人""走狗"；次年法共的《法国文学》杂志又抨击道："正是萨特有一双肮脏的手"①——直到1952年萨特发表了《共产党人与和平》，才开始了长达四年的法共同路人的阶段，直至匈牙利事件的发生使萨特远离了法共。萨特于1956年11月9日接受《快报》杂志采访时谈到了他与法共关系的终结。总之，尽管在40年代末萨特与法共的关系紧张，他的整个同路人生涯是知识分子受共产主义吸引的典型，这种思想影响被他的巴黎高等师范学校的老同学雷蒙·阿隆称作为"知识分子的鸦片"。

"老同学"：雷蒙·阿隆和让-保尔·萨特

在战后几十年中，巴黎高等师范学校的这两位老同学代表了法国知识界的两种不同倾向，这是两种不同的命运，而两人在早期却有许多共同点。雷蒙·阿隆和让-保尔·萨特是巴黎高师1924年的同届生，都是校内哲学小组的成员。学生时期他们曾一起沐浴在和平的甚至是反战的气氛中。作为未来自由派《积极旁观者》，雷蒙·阿隆曾是社会主义者，作为《民族间的战争与和平》的未来理论家，他浸润于和平主义的氛围中；而作为知识分子干预社会的未来化身，年轻的萨特却对政治漠不关心。但是除了参与公民辩论的不同方式，两人仍

---

① 译注：萨特有一剧本名为《肮脏的手》。

有过许多共同点和友情（1927年两人一起当了同届同学保尔·尼藏的证婚人）：他们都是学校哲学的优等生。阿隆是1928年哲学资格考试的"状元"，萨特在同年考试中失利，但次年即如愿以偿，排名在西蒙娜·德·博瓦尔之前。他们俩都曾去德国作过哲学家的经典之行，于1932和1934年相继在柏林的法国之家下榻；而且在执教生涯之初都在勒阿弗尔的高中教过哲学，同样都曾被视为法国大学界的哲学新星。但是此后两人分道扬镳。在方向选择上，阿隆走大学的路线，在取得哲学博士学位后，选择在大学教书；萨特则留在高中执教，同时开始酝酿哲学著作，他还选择小说、戏剧和短篇小说等大众容易接受的形式传播自己的哲学观点：1938年他发表了《恶心》，次年又发表《墙》。毫无疑问，这些更容易为大众接受的文学作品在普及萨特思想中发挥了重要作用。对雷蒙·阿隆来说，德国之行的影响更大，从那时起年轻的哲学家确定了自己某些终身不变的特点：他跳出了纯哲学研究范围，开始关注政治经济学和国际关系，对专制极权现象进行思考，并在1936年选举中投票支持社会党，支持"人民阵线"上台，后来逐渐走向自由主义。从此，一生坚持自己的信仰，再无反悔。萨特则相反，30年代他在政治上似乎还不成熟——如前所述，他甚至没有参加1936年选举的投票。

一直到第二次世界大战爆发——大战期间阿隆投奔伦敦，为《自由法兰西报》工作——年龄不满40岁的他们都还是普通知识分子，并不出名。相反，在此后的几十年中，他们成了思想观点完全对立的各自阵营的代言人。从解放时同属《现代》杂志编辑部成员——阿隆不久就离开了《现代》杂志——直至1979年6月为帮助越南战争中的海上难民而共同出席一次集会（几个月后萨特便去世了）为止，他们之间直接、间接地论战了整整35年。在第四共和国期间，雷蒙·阿隆的处境十分孤立，他反潮流而行，与知识界左派阵营进行针锋相对的论战，而萨特当时正是左派知识分子的旗帜。1955年阿隆指责马克思主义以及法共对知识分子的吸引犹如"知识分子的鸦片"。其间虽然两人都反对阿尔及利亚战争，但未能实现和解。确实两人对战争的分析那么不一致，在用词和语调上并无真正的共同点。在处于大动荡中的法国，一切都使年近六旬的两位哲学家不相往来。

3. 辉煌的 30 年

1964 年 2 月,《新闻周刊》在一篇题为《回归强盛》的文章中预测:"相比于 40 年代末、50 年代初的法国,现今的法国正以光速在发展。"此话语气虽然夸张,意思并不错。60 年代中期正是从解放起直至 1973 年第一次石油危机之间整整 30 年的中间点,法国在这 30 年中经历了历史上最迅速的发展,当代人目睹了日新月异的变化。在此期间法国不但经济持续增长,而且社会发生了深刻转变,生活水平迅速提高,全国进入了"消费社会"。在这些现象的共同作用下,带动了社会行为同一化和文化均质化的发展。

乡村社会的终结

乡村的转变从第二次世界大战之前已经开始,1931 年人口普查显示,城镇人口有史以来首次超过了乡村人口。但是在 30 年代过程中,城乡人口比例几乎不变,这说明人口转变的节奏是以 10 年为单位而非逐年在变化:在 1931 至 1946 年间,乡村人口的比重从 48% 减至 46.8%。大战的因素使原本缓慢的进程甚至倒退,有社会学家称之为"乡村的回复"(A. 普罗斯特)。一方面由于维希政府注重乡村居民,认为他们扎根土地,"不会说谎"。另一方面在物资紧张的年代,农业重新成为国家经济的支柱:1942 年 4 月农业部与物资供应部合并,象征了农业的重要性和城镇对乡村的依赖(当时城镇居民都吃不饱)。再则,不愿去德国服劳役的法国人和抵抗运动人士都躲在乡下,"丛林"(maquis)一词不久就用来泛指地下游击队。

事实上,在战后的 20 年中法国人口分布发生了巨大变化,从

1946 至 1968 年一代人的时间里，城镇人口从全国总人口的二分之一猛增至三分之二，确切地说从 1946 年的 53.2％增加至 1968 年的 66.2％。1968 年前后，社会学家亨利·孟德拉斯以故意夸张的标题《农民的消亡》作为他一本专著的书名，分析法国乡村社会的转变。1946 年农业人口占就业人口的 36％，1954 年降为 26.7％，1968 年续降为 14.9％。1970 年，当亨利·孟德拉斯的专著出版时，法国的农民人数比解放时减少了 60％。而且减少的趋势远未停止，1975 年法国农民只剩 200 万人，仅占全国就业人口的 9％，而 1946 年农民人数曾有近 750 万人。这些数据极有说服力：说明在第四共和国时期，法国的乡村已不再占主导地位。然而，如果单从乡村和城市人口比例的转变来看问题，就低估了这一现象的重要性。问题肯定是部分乡村人口迅速——在不到一代人的时间——往城镇迁徙；但关键是这种迁徙意味着两个环境的相互交融，在社会面貌的改变和生活方式转变的两个层次同时进行。城市郊区逐渐扩大，延伸至周边的村镇，这些村镇成为随人口流动而迁移的劳动者的主要居住点。同时，城市跨越郊区沿国家公路向外发展，沿途招来工厂和仓库落户。这些国家公路也同样吸引了有些村镇的多余人口（譬如南部地中海地区，山村沿坡向平原公路干道发展），形成像郊区一样的人口汇聚点，促进了城乡融合；同时还出现了第二住宅的现象——它产生于部分居民的富裕以及对大城市喧闹的厌恶——亦有利于城乡结合。在乡村随处可见的第二住宅很快成为一种生活方式。让·富拉斯蒂埃在《辉煌的 30 年》中专门研究过 1946 至 1975 年间在凯尔西地区杜埃勒村的第二住宅现象。该村面貌的主要特征在 30 年中有深刻变化，最引人注目的是关于居民日常生活的数据：1946 年全村 163 户住宅中仅有 3 栋住宅的房龄在 20 年内，至 1975 年，在总共 212 栋房屋中新盖住宅 55 栋；解放时全村只有 5 户人家拥有冰箱，30 年后有冰箱的家庭达 210 户；同期，拥有煤气灶的家庭数量增加了68倍。电话已成为普遍家庭的设备，汽车和电视机成为杜埃勒村民的日常生活工具。此外，卫生水平的提高和医疗设施的改善使儿童夭折的人数降低了90%。

《农民的消亡》这个标题是故意夸大的。不过法国乡村在战后几十年里，无论是农民的日常生活还是在人口结构或技术环境上，都发生了惊人的转变。我们重新援引杜埃勒村的例子。该村的村民成分有很大变化。第一产业显然萎缩了：1946年时，村里农民占全村就业人口总数279人中的208人；至1975年，农民在215人中仅占53人。相反，同期从事第三产业者的比例从只占9%增加至50%，人数超过了第一产业从业人数的2倍多。同一时期，生育率亦下降了三分之一多，显然这是法国乡村人口老龄化的原因和结果。技术方面得到更新：杜埃勒村的耕地出产率翻了三番，拖拉机数量增加了20倍。由于处在乡村主导型社会逐渐消亡的阶段，所以农业革命在战后越发显得引人注目，而且变革的速度相当惊人。仔细观察一下就明白了。事实上，大规模的乡村变革并非法国特有的现象，英国和美国都比法国早，而速度之快——远远高于苏联——却是法国的特征；这或许是因为法国在第二次世界大战之前已开始了农村革命，但大战爆发延缓了它的进程，战后一旦消化了战争的负面影响，变革的进程便加速向前，积聚多年的能量突然爆发出来。

中产阶级

如果说在农民人数减少的同时，工人在就业人口中的比例理应增加；然而，15年后人们注意到工人的比例并没有增加：1946年第二产业的工人占就业人口总数的29.8%，至1962年占38%，1968年占39.4%。原因是在60年代工人阶级中出现了一个新的阶层。如果说非技术工人的人数有所减少，机器制造业中的技术工人增加了，因为大工业分化，产业细化，出现了更多的技术工人和工头。不过，比这两类人数量上增加（从1954年的300万至1975年的350万）更重要的是，他们的生活方式和社会地位发生了变化。人们可以把他们称作为"新的工人阶级"。事实上，"蓝领"工人与技术工人与中层管理干部之间的距离扩大了，后两类人已成为"白领"阶层的一个层次。

"白领"阶层的迅速扩大促成战后法国社会的重要转变。从1954至1975年间，办公室职员人数增加了一倍，占就业人口的比例从8.5%上升至14.3%。与此同时，技术工人和企业中层管理干部的人数增幅更大，从3.9%上升为9.3%，而高级管理干部占就业人口的比例在1975年达到4.2%，这一比例在21年前仅为1.8%。1975年以后，第三产业从业人数超过了就业人口总数的一半（51%），而1946年时仅占34%。"管理干部"这一概念模糊的社会阶层已成为"辉煌30年"的核心阶层：如果说"管理干部"这一名称在战前已出现的话，它从50年代起才真正崭露头角。尽管它的成分比较复杂，但主要表现出以下两个基本特征。一方面，它的上层——高级管理干部——已问鼎工业化社会的"新精英"地位。在这个阶层内，资本的拥有已不再是决定性的因素了。在某些情况下，文凭起举足轻重的作用，培育着这个在国营和私营企业中起主导作用的社会群体，其社会地位已等同于经理或高级公务员。于是涉及"辉煌30年"中法国的社会擢升问题以及学校的作用。这批从重点高等学校毕业的知识精英能否在社会上发展更顺畅，在今后几十年里成为社会领导阶层呢？

其次，我们把第三产业高级干部现象暂且搁在一边，分析一下干部阶层的第二个特征：事实上，这一阶层已形成了一个人数相当多的中产阶级，而且其影响已超出了第三产业范畴。因为除了第二、第三产业之间的传统区别外，我们观察到在它们的结合部，"新的工人阶级"和"白领"阶层在生活方式和追求理想方面已有同一化趋向。两部分成员朝着同一方向合流。工薪阶层队伍在扩大,而且领薪方式趋于一致:1970年后工人的工资按月发放,普及月薪制,近80%的就业者成为工薪阶级。此外,一个总体上较富裕的社会群体进入了"消费社会",中产阶级的消费结构以及在娱乐休闲和生活追求方面逐渐地趋向一致。

富裕社会

1930年,作家乔治·杜亚美在《未来生活场景》一书中描绘了正在形成的美国社会形态。在"咆哮的20年代",先前孕育的城市文明进一步发展,从许多特征来看,这一文明已进入了消费社会。乔治·杜亚美担心的是美国式的消费社会成为法国的未来:"在目前辩论阶段,每个西方人得坦率地指出他们的家庭、服饰和思想上的美国化现象。"

事实上在第二次世界大战前,美国化现象已经出现:当时"美国式生活方式"仅局限于美国本土。在法国,上述的城市变迁以缓慢的速度进行着,直到战后才出现加速趋势;家庭的消费转变情况也大致相同。无论在乡村还是城市,家电设备几乎为零,住宅也没有基本的舒适设施:1946年的一份住房调查报告显示,巴黎市内只有五分之一的住房有浴室。首都84 271幢住宅楼中,只有154幢楼房的每层有倒垃圾的管道口。外省大城市里三分之二的楼房只有公用厕所间。国家统计和经济研究所(INSEE)的统计和调查报告更说明问题:50年代中期仍停留在刚解放时的水平。如果说现代化现象从解放起就逐渐显现,此后的经济快速增长成为法国社会的基本背景,那么普通民众真正享受到实惠还是在50年代后半期。1954年,食品费用还占家庭开支的40%左右,20年后已下降为25%。同一时期,法国家庭拥有冰箱的只占7.5%,有电视机的仅占1%。50年代中期标志了法国人民迅速变富的起点。从1953至1968年间，法国的人均收入几乎翻了两番。如果将1963年的人均收入水平设为指数100，那么1953年该指数为69，15年后这一指数已达到123。在此后的几年里指数增长速度加快，直到1974年爆发第一次石油危机为止。法国国民收入和支出研究中心的报告指出，国民的收入直到1968年为止，属于快速增长阶段，而从1969至1973年间则属于"焦躁不安"的阶段（P. 马塞的用语）。所以这20年是法国社会迅速富裕的时期。尽管富裕并没让全体国民都受益，而且在西方国家中亦非个别现象，但应当承认这些年大多数国民得到了实惠。

说法国社会的富裕不是个别现象，即是指并非只有法国才出现经济或快或慢的持续增长，西方其他工业大国同期的国民人均收入也在增加。说富裕不是普遍现象，确实最贫困阶层还存在。譬如，外国移民一般从事法国人不愿干的最艰苦、最低等的工作，移民等同于填空补缺，根本谈不上社会升迁；有些岁数大的移民在这20年中停止了工作，便没有享受到社会富裕的成果。更何况社会富裕的红利需要等待一段时间后才能得到。又譬如，女性劳动者在就业人口中的地位提高了，她们可以在许多行业里就业，但是工资和晋级却不能与男同事相比。还有小农户，特别是小商人和小手工匠等社会阶层，他们的收入反而随着经济的增长而减少，成为经济增长的受害者。

不过，尽管经济增长中有被遗忘者和"苦力"，但毕竟绝大部分人受到了实惠。我们暂且把下面这个重要但意见分歧最大的问题搁在一边：究竟是企业管理干部，还是工人阶级或自由职业者享受了经济增长的最大利益？考察一下在这20年中，居民的购买力提高了一倍，如果以"辉煌的30年"来算，购买力则提高了三倍。如此的提升带动了上述中产阶级进一步同一化地发展，使法国进入了享受娱乐文明和消费社会的行列。他们的社会行为逐渐代表了民众的共同特征。追求舒适的生活刺激了在信贷推动下的消费,生活水平的提高允许家庭有更多的钱用于食品以外的其他开支。特别是住房条件的改善和家电设备现代化体现了那些年的经济增长,与美国的"繁荣期"前后相差30年。从此,以雷诺四马力小型汽车为象征的私家汽车进入了法国人的日常生活。这款小型车在1946年的汽车展览会上亮相后,立刻获得巨大成功。尽管当时法国汽车工业还存在薄弱环节的"瓶颈"现象,但该款雷诺小型汽车从1947年推向市场至1961年7月就销售了上百万辆——确切地说,是1 105 499辆。它一出现就被消费者迷恋的事实很说明问题:传达出民众的信心,他们看到物资紧缺的时代已成过去。当战后最初几年最关切的问题解决之后,社会迎来了消费的时代。四马力小汽车象征着人们缺吃少穿时代的结束。然而,这只是特定时期的一个现象,更重要的是这一现象的深远意义。当工业生产启动之后,法国马上进入了消费时代。雷诺四马力汽车和1948年推向市场的雪铁龙两马力小车的销售成功,以及价格更贵的标致汽车和辛卡牌汽车的市场需求,都表明法国社会相当多的人卷入了社会变革的洪流。从这个意义上说,1947年8月12日最早一批雷诺四马力系列的小型汽车——在1955年该款车的买主中工人占了38%——从雷诺比扬古工厂出厂,是法国当代社会史的一个重要日子。在这种情势下,50年代中期被视为奢侈消费品的汽车逐渐成为法国人眼中社会擢升的象征也就不足为奇了,法国人越来越离不开汽车。后来,四马力的小型车被雷诺的"多菲纳"和另一档次的"弗雷加特",以及辛卡牌的"凡尔赛"取而代之。

同时,汽车被看作最好的娱乐工具。生活水平的提高将法国社会带入了"娱乐文明的阶段"。1956年时,七分之五的法国人不外出度假,即便有条件去度假的人,旅行范围亦不超过平均250公里;但25年后的1981年,近一半法国人有机会外出旅游,其中17%的人去国外度假。富裕起来的社会让人有了出游改换生活环境的欲望,于是,"地中海俱乐部"(Club Med)应运而生,赚了不少钱。"地中海俱乐部"创建于1949年,30年中不光在地中海沿岸,而且在全球最好的海滩和阳光充足之地建立了许多"度假村",1978年的经营额达到15亿法郎;1967年在交易所挂牌上市曾是轰动一时的事件,只是几个月后爆发了1968年5月的学生运动,学生提出了反对"消费社会"的口号。

有条件享受"地中海俱乐部"的只是中产阶级的部分人,但娱乐普遍化的趋势已成为法国社会的基本特征,此后的文化同一化更加强了法国人在娱乐上的一致化趋势。

"伙伴"时代

大众文化的现象并非在解放后突然出现。正如前一章所述,两次世界大战期间已出现了大众文化的媒体。大众化的电影超越了阶级分野,广播收音机进入家家户户,报章杂志更促进了社会的融合。体育竞赛,无论在体育场现场还是通过无线电传播,都令男性大众欣喜若狂。大众文化在30年代已初见端倪。当初50万台收音机后来增加为500多万台;报刊大量发行——1939年《法兰西晚报》的发行量为180万份,《小巴黎人报》为100万份——成为文化融合的最好工具;杂志的增长尤其惊人:《玛丽·克莱尔》于1937年创刊,次年又出现了《悄悄话》,该杂志的发行量在1939年达到上百万份,在战后形成了女性报刊的新风格,成为一个真正的社会现象。电影方面,30年代有声电影出现,很快占据了剧场票房的首位(1925年巴黎的电影院收入占演出票房总收入的31%,至1939年已达72%),成为主要的文化消费;1938年,4500座电影院的观众达到2.5亿人次。由此可见,大众文化在战前已铺开了局面。但是文化的真正大众化现象出现在50年代,也就是说,它是与社会富裕和进步、广大中产阶级生活方式的统一以及技术进步相关联的消费社会的形成和娱乐发展相合拍的。在进入分析之前,我们先观察一下60年代初"新生代"形成时的情景;这一代人没有经历过文化统一的发端和曲折,在1960年前后进入社会生活,时值"辉煌30年"的正中期,处于法国解放和第一次石油危机爆发的中点,人们开始真正体验到法国经济快速增长的成果。

历史学家拉乌尔·吉拉德写道,把这一代人称为"伙伴的一代"毫无不妥之处。粗粗分析,似乎以一首歌的标题作为时代的标志有点让人惊愕,一首歌毕竟属于文化现象。但是许多迹象确实使人接受这一说法,承认这样一代人确实存在。在这一代人之前是经历了阿尔及利亚战争的一代人,他们出生于"人民阵营"和1940年6月的溃败中,垂死的第三共和国期间出生率异常低下,他们在物资紧缺和被占领的不安中度过了童年,到50年代已值青春期,而经济增长尚处于"青涩"阶段,所以很少尝到经济增长的甜头。1957年秋,《快报》就"新潮流"问题进行民意调查,报告显示法国年轻一代尚未进入大众娱乐和消费时代。对于如下提问"在物质层面上,你有否感觉缺少了什么?",年轻人的回答首先提到的是度假、个人交通工具和娱乐。而比他们小几岁、在战后"出生爆炸期"诞生的一代人则情况不同。他们生逢其时,步入青年时正是"辉煌30年"显现繁荣之际,年龄上与他们的"兄长"只差5年,恰赶上了有名的"戴巴兹"牌娱乐电器和"索莱克斯"牌电动自行车的时代,换句话说有了电唱机和电动车。从那时起"欧洲一台"电台推出了《伙伴,你好!》一档节目,具有很强的象征意义:它影响了整整一代人,成为技术进步和普遍富裕的交汇点。技术进步是指半导体收音机的普及,其销售量在3年内(1958—1961)从26万台猛增到221.5万台,正是它阻止了在阿尔及利亚服役的法国士兵（"伙伴一代"的兄长们）卷入1961年阿尔及尔的军人叛乱；普遍富裕使这一年龄段的人成为法国历史上得天独厚的一代人，在60年代初成为前所未有的消费者一代。于是，60年代初10至15五岁的青少年们，人人听"耶耶摇滚乐"（"yé-yé"一词从英语"yeah-yeah"转化而来），买同样乐曲的唱片和唱机，阅读同一份报纸。这是"伙伴一代"及他们的偶像（如约翰尼·哈里戴、茜尔薇·瓦丹和"黑统袜"乐队）的黄金时代。《伙伴，你好！》杂志在1962年7月创刊后，发行量迅速蹿升至100万份。为纪念报纸发行一周年和电台节目的开播周年，报纸和电台于1963年6月23日在巴黎民族广场举办露天音乐会，"耶耶摇滚乐"的大牌歌星登台献唱，音乐会现场聚集了15万青年。演唱会的庞大声势以及中途发生若干事故曾招致不少刻薄的批评，使隔代之间的鸿沟——至少在音乐上——进一步加深，也为两年后"披头士音乐"的涌入作了铺垫。

当然也不能将60年代初仅涉及法国部分青年的现象加以普遍化。但是，从此以后年轻一代的追求和爱好趋于同一化却是事实。此前乡村青年在战后的转变比较缓慢，他们所接触的世界，无论文化上还是家庭生活，无论在村子里还是在乡镇上，往往局限性较大；而城市青年已突破了社会层次和文化上的隔阂，因此双方长期以来互不沟通。对年轻人来说，应征入伍是一个机会，纵然不能使城乡青年完全交融，至少让彼此能发现差距和不同。半导体收音机以及稍后的电视机都促进了年轻一代的融合，当他们面临一个共同的世界时相互更加接近了：1960年的青年人还达不到搭乘廉价航班作全球旅行的程度，但是他们已开始在欧洲各国到处走动了。

大众文化

60年代初，法国青年一代交融一致的进程是在全社会文化融合的大背景下展开的，其基础就是新型传播媒体的发展，其中印刷品在开始阶段发挥了重要作用。带动书刊印刷品大量发行的一个因素是教育的进一步普及。法国中学生人数从1913至1972年增加了22倍（从22.5万增加到近500万），增长速度在第五共和国期间大大加速：从1913至1956年的43年中，中学生人数增加到6倍，达到150万；此后，直到70年代初的15年内又在150万的基础上增加了2倍。解放后生育高峰期出生的人在15年后都已达中学适龄期，但光是这一点还不足以说明中学生人数的暴涨。起初20年内，初中和高中的学生主要是受过教育的父母的孩子以及少量享受助学金者，绝大部分学生读完初小获得"学业证书"后便不再上学，或者继续读完高小取得"高小文凭"。从那以后，中学（至少初中）基本上只收当龄学生。第五共和国的教育政策提出"日建一所中学"，这不仅是一句口号，更是不容置疑的事实：在25年中从事国民教育的人数增加到近4倍，即从1952年的26.3万人增加到1978年的91.2万人。我们暂且把大规模推行中学教育的后果之争（说它是积极的或消极的、有益的或有害的）搁在一边，重要的是乡村文盲确实减少了，并且正如弗朗索瓦·福雷和雅克·奥祖夫所指出那样，早在儒勒·费里推出重要的教育法案之前，由于乡村的扫盲使得报纸和书籍在第三共和国期间已不再是少数高中毕业生的特权，高中毕业会考文凭（Baccalauréat）对他们来说，"既是学业程度的证明也是一道门槛"，它与当年资产阶级的"学业证书"相仿。普及中学教育即使不能让全体法国人受益，至少使中产阶级得到好处，他们是30年代初推行中学免费教育的主要受益者。扩大中学教育亦向民众打开了高等教育的大门。在20世纪上半叶，法国大学生人数基本稳定不变；但在"辉煌30年"的中期，即不到20年的时间里大学生人数增加到4倍，从1950年不足14万增加到1967年的57万。而30年前第二次世界大战爆发前夕，法国的大学生人数总共才7.5万！

另外，在同一时期书籍已变得不那么昂贵了，因为各出版社都推出了袖珍本系列。有名的"袖珍本丛书"（Livre de Poche）在1947年问世，它是袖珍本的首创系列。从此各大出版社相继推出小开本的廉价版图书，其价格往往不足传统版本的三分之二，而且发行量大大增加。与此同时，期刊更促进了大众文化的形成，它既是大众文化的推动起因也是结果。战前已出现的女性杂志进一步发展，而且战后又出现了同类的其他杂志。至第四共和国末期，《时尚回声》杂志拥有约400万读者——读者人数与发行量是两个概念，其数量更多——《咱俩面对面》杂志的读者人数相仿，《她》和《晚上好》两份杂志的读者分别达300万，《悄悄话》也拥有150万读者。如此看来，女性杂志在促进文化同一化的过程中发挥了一定作用。一方面从数字说明，女性杂志已超越社会阶层的界限，如同当年收音机——其申报数量从1945年的500多万台猛增到十年后的近900万台——进入家家户户一样，促进了各阶层妇女的社会融合，后来电视机又接替收音机发挥了同样的功能。另一方面，与其他大众传媒的作用一样，女性杂志促使各社会阶层的妇女形成一种共同的意识，很快超越了《时尚回声》杂志在战前介绍一些食谱和衣着建议等范围。杂志采用照片、开发与化工业相关的美容产品栏目，推广女性美的形象，杂志《她》成为这方面的象征。除了普及女性美和时尚等标准——这些也是统一女性读者思想的因素——杂志还通过《交心通讯》或《连环照片》等栏目促进社会交流和妇女地位的提高，从而缩小城市与乡村、工厂与资产阶级沙龙之间的差距。

此外还有体育报刊，它在战前也已存在，通过报道"环法自行车赛"、全法足球联赛和新兴的汽车拉力赛等赛事，在社会地位往往悬殊的读者中激起同样的体育激情，某种程度上也起到了社会融合的作用。《队报》头版大标题吸引了"蓝领"工人和穿西装的办公室职员，他们在体育竞赛现场或通过收音机转播，心系同一场赛事，稍后又都聚集在电视机前。《汽车报》的读者人数在第四共和国末期达到近200万，反映出一个社会现象，即有能力购买雷诺、雪铁龙、标致、辛卡和庞阿尔各款汽车的人数在不断增加。

《图片杂志》亦非在战后诞生。1939年以前，作为某些新闻周刊主要内容的新闻图片已被越来越多地采用：让·普鲁伏斯特的《竞赛报》当时的发行量已达80万份，1949年改名为《巴黎竞赛报》，在20世纪50年代和60年代初成为法国新闻界最成功的刊物：在50年代末至60年代初，读者人数达到800万，发行量有近200万份。后来因电视机进入法国家庭，完全靠新闻图片走红的杂志遇到了真正的困难，《生活》杂志在1972年5月停刊，《巴黎竞赛报》在1970年发行量已减至130万份。报刊上的新闻图片不及电视机屏幕上的画面更吸引人。然而图片杂志在鼎盛时期也为统一读者的思想发挥过作用：直到50年代，人们对世界的认识仅局限在上小学时的地理知识，偶尔接触到某些杂志出于风格和编辑考虑添加的插图，以及电影院开场前放映的"时事短片"和"资料片"。战后——大战期间人们用图钉把地图按在墙上，跟踪世界各地的战争局势，可能也打开了视角；而过去人们的视野至多局限在帝国范围之内——《巴黎竞赛报》和其他杂志肯定比一些专门的政治周刊更开阔了读者的国际视野，同时也通过扩大的视野促进了读者的思想认同。在电视新闻扩大人们对世界的认识之前，图片杂志先把法国人的精神世界"统一"起来。火车和长途汽车打破了地区隔阂，而广播和报刊则消除了精神隔阂。如果说阿尔及利亚战争在法国人的记忆中挥之不去，除了人们心目中血淋淋的战壕外，《巴黎竞赛报》的作用不可低估。在冲突过程中，新闻图片起了不小的作用，譬如小女孩德尔菲娜·勒纳尔的脸被"秘密武装组织"(OAS)炸弹毁容的照片令人震惊。恐怖组织的袭击目标原本是安德烈·马尔罗。照片发表后,法国本土的公众舆论对OAS组织的同情消失殆尽,原先人们对该组织至少还抱中立的同情态度。

纵观全局,《巴黎竞赛报》发挥的作用,在某些方面比那些年的政治性周刊更大。事实上,政治周刊涉及的读者人数有限,至少在1964年《快报》改版为新闻杂志、同年《法兰西观察家》改版为《新观察家》之前的情况是这样。"辉煌30年"的前20年是这类期刊大发展的时期,继解放时创办日报——《战斗报》是当时许多日报中的翘楚——的潮流过后,期刊蓬勃发展。1950年4月,由克洛德·布尔代、罗歇·斯特凡纳和吉尔·马蒂内三人共同创办的《观察家》杂志,在1954年改名为《法兰西观察家》,办刊方向为"不倾向任何路线"和反殖民主义,1964年10月再次改名为《新观察家》。《快报》于1953年创刊,因得到皮埃尔·孟戴斯-弗朗斯的支持,而且在阿尔及利亚战争中的态度正确,所以很快发展成一份战斗性较强的周刊,在非共产党左派人士中拥有广大读者。1955年10月改版为日报,全力支持厄尔省国会议员①竞选地区议会主席,于1956年3月再次改版回复到原来的周刊。抵抗运动期间秘密创刊的《基督教见证》周刊规模较小,但也是50年代许多政治周刊之一。

至此,自然要提到这些期刊在阿尔及利亚战争中的重要性:1957年雅克·苏斯戴尔著文提到《世界报》等"四大叛变报刊"。不过,在此只强调有关报刊的内容与第二次世界大战前相比是如何转变的:《玛利亚纳》或《天真汉》是性质不同的两份周刊,战前两份刊物的共同点是都有篇幅较大的文学版面,特别是小说和短篇小说版。战后两份刊物还是文化性周刊,但专栏中哲学和社会科学的分量渐渐增

---

① 译注:指孟戴斯-弗朗斯。

加，超过了纯文学的比重：这一变化与战后知识界的转变相合拍，即作家让位于哲学家——战后是哲学的黄金时期，所谓"黄金时期"并非指哲学思考本身的水准，而是指哲学家对社会辩论的参与度——后来又让位于更广泛的人文科学学者。于是随着杂志发行量的增加，各种主要思想潮流得以普及，影响了更多的公众。《快报》发行量从1953年的6万份增加到1967年的50万份。《观察家》创刊号印数为2万份，改名为《新观察家》后至1965年底发行量已接近10万份，3年后发行量又翻了一番。从此，直逼《天真汉》周刊的发行量（1936年曾为40万份）和《格兰戈瓦》周刊的发行量（1936年11月达到60万份！）。它们都超过了发行量分别为10万份的《玛利亚纳》和《星期五》。这些周刊影响了越来越多的读者。这方面《快报》的读者群变化很说明问题：最初其读者是传统知识分子——教师、大学生、某些自由职业者——后来特别是仿效美国《时代周刊》和德国《明镜周刊》而改版为"新闻杂志"后，读者对象转为企业管理干部，他们从中获得经营管理的艺术以及结构主义的最新成果。至60年代中期，收听半导体收音机的年轻一代听自己的音乐，而他们父辈则阅读《快报》周刊。正如雪铁龙DS19和标致404汽车，以及巴黎西郊的高档住宅小区"香榭丽舍2"和"帕尔利2"一样，《快报》也是中产阶级富裕阶层的标志。

连环画和"神奇的窗口"

印刷品还在另一个领域发挥文化作用，那就是连环画。连环画在20世纪上半叶已经相当普及，但它的地位是在"比利时学派"的影响下于50年代在法国渐渐扩大的，真正形成气候、对法国人产生影响是在60年代末。自那时起连环画无论如何再不能被看作雕虫小技了。

与战前不同，战后法国连环画的迅速崛起再没有任何英语连环画的竞争。事实上，1939年前，尽管若干连环画人物诞生在法国——譬如科默利和班松于1905年在连环画《苏泽特的一周》中塑造的贝卡西纳、路易·福尔东于1908年起在连环画《太棒了》中塑造的"懒得要命"形象和在1924年塑造的比比·弗利科坦、阿兰·圣-奥冈于1925年塑造的齐格与普斯，以及乔治·雷米（化名埃尔热）于1929年塑造的著名连环画人物丁丁（不过他的连环画在战前基本上是比利时人看的）——称霸当时法国市场的是美国连环画：如1934年出版的《米琪日记》，作品中除了米琪外，还有皮姆嬷嬷、潘姆、布姆和丛林吉姆，该连环画的发行量达到40万册！另一部英语连环画《鲁宾逊》塑造了闪电般的盖、魔术师曼德拉克和大力水手波佩。1945年后，风向变了。1949年关于青年读物的法律大大阻遏了大西洋彼岸的连环画作品进入法国市场。法语连环画围绕"比利时学派"蓬勃发展起来：出现了两本连环周刊《丁丁历险记》和《斯皮鲁》，刊登埃尔热、弗朗坎、莫里斯和埃德加·P.雅各伯等画家的作品，他们塑造的著名连环画形象丁丁、斯皮鲁、勒凯·吕克、布拉克和莫尔蒂梅感动了成千上万的法国青年。与美国连环画主要吸引成人读者的情况不同，法国青年一代每周跟踪他们连环画主人公的冒险经历，成为法国连环画的主要读者群。这一现象在60年代持续了整整10年。1959年后出现了第三本连环画周刊《向导》，发表了一系列有影响的连环画集，如戈西尼和于德佐的《阿斯代利克斯》、格雷格的《阿喀琉斯之踵》。这本周刊后来在连环画内容上出现转变，即它的读者群由青少年逐渐向成人扩展，60年代末某些画家的画风也体现了法国连环画的革命性转变。

多元化的印刷物——其中还包括侦探小说和车站报亭出售的通俗小说——于1960年前后继续在法国发挥着举足轻重的作用。当时法国的传播媒介尚停留在古登堡时代，麦克鲁汉（MacLuhan）的传媒时代尚未到来，传媒界主要是通过画报和收音机来扩展"地球村"，电视机数量还很少。法国家庭拥有电视机是在"辉煌30年"的后半期，自那以后，电视机的发展势不可挡。1954年年底，法国家庭申报拥有的电视机仅12.5万台——同期收音机数量为近900万台——5年后进入60年代时，家庭电视机数量已增加到11倍，但总数也只有136.8万台；相对于有2 000万家庭的法国来说，电视机数量仍相当少。当然村里有了电视机，村民来往更多了，镇上唯一的一台电视机往往在咖啡馆里，它已经间接地闯入了男村民——甚至女村民——的生活里；同样的现象亦出现在城市里，只是邻居因此交往的程度不那么频繁。电视机引起的主要是好奇心而不一定是社会交往。在影像领域内，当年与印刷品竞争最激烈的还是电影。乡村中巡回或固定的电影"放映"直到60年代才被电视所取代。尤其在城市里，周六晚上一家人去电影院看电影仍是法国家庭的主要娱乐。

此后几年中变化更大：5年内电视机数量增加到4倍，60年代后半期在这基础上又翻了一番；至60年代末，家庭电视机数量超过了1 000万台。至此，一半家庭都有了电视机。在70年代拥有电视机的家庭比例达到80%，而且有了彩色电视机，巨大的转变已经实现。尽管当时法国家庭拥有电视机的比例不及荷兰（88%）或日本（94%），"神奇的窗口"[1]已成为法国人的日常生活电器，产生了多方面的影响。有些现象并非法国所独有，在此简述以作备忘。电视机在统一认识方面的效应不再是一国现象，而是世界性的。越来越多的法国人通过电视屏幕了解世界上发生的事件。如果说每个国家有自己传统的体育节目，它们已经通过收音机广播吸引了大批听众；那么在

---

[1] 译注：指电视机。

影像时代，体育节目拥有同样的魅力——体育爱好者们现在目睹了法国的足球锦标赛、环法自行车赛或部分地区的橄榄球赛——电视台还转播国际体育节目，如奥林匹克运动会或世界杯足球赛，比赛的重要性远远超过了过去。电视新闻几乎与收音机一样实现直播，配以画面所以反响更大。如果1963年仅400万拥有电视机的法国家庭通过电视屏幕目睹了肯尼迪总统遇刺以及稍后凶手奥斯瓦尔德被人开枪击毙的情景，那么1969年7月21日则有1 000万台电视机向法国人直播了人类首次登月的实况，1 500万台电视机转播了萨达特总统访问以色列。从此法国人的精神世界真正扩大到全球范围！然而，民族文化或许会因此而枯萎。事实上从60年代起，美国连续剧的人物充斥法国电视屏幕，曼尼克斯、埃利奥特·内斯等形象给法国电视观众留下深刻的印象。60年代因法国新增了几个电视台，美国电视连续剧和日本动画片有了更大的市场。电视机在某种程度上成为城市文明和"地球村"的混合物——世界大众文化的催生母体。

　　作为文化载体的电视发展超越了法国的范围。总之，电视机在法国以外获得惊人成就之前，其势不可挡的发展首先发生在60年代的法国，它与过去其他的大众传媒一样，也在法国人的文化统一上发挥了重要作用。何况当时法国只有一家电视台，其统一大众文化的效应更加凸显。某些电视节目已消失了20多年，但人们对它们依然耳熟能详，长期来在电视观众中激起的怀旧感说明当年它们的影响力之大。譬如电视节目《头版五栏目》（1959—1968）在开阔电视观众的全球视野方面可与《巴黎竞赛报》媲美，堪称"公认的教育片"。另一档专题《摄影镜头中的历史》培养了电视观众的历史观，其作用等同于第三共和国的教科书：节目除了"共和国启蒙书"的作用外，还加上一些传奇故事。乍一看似乎五味杂陈，其实使更多人有了共同的历史观。

60年代，当期刊受到视听传媒冲击时，介绍电视节目的刊物却应运而生，成为法国出版物中发行量最大的杂志。《电视七天》于1960年创刊，很快成为销量最大的期刊，发行量达到300万份。当然，介绍广播的刊物在30年代已有之，而且销量亦不小，但其影响从未达到电视杂志的水平：《小巴黎人报》发行《我的节目》附刊，印数为50万份，《一周广播》为30万份。

中产阶级参政

文化融合的加强并非中产阶级崛起的唯一结果。在政治生活上亦出现了变化。事实上，中产阶级的壮大必然带来政治层面的变化，1980年举办题为《中产阶级的政治生活》研讨会就是试图回答这个问题。在第三共和国时期，社会中等阶层人士的政治取向混沌不清，这部分人基本上是通过激进党来表达自己的政治意愿，激进党成功地将中等阶层中的经济独立者（如小商人和手工匠等）和受薪者集合在自己的旗帜下。第二次世界大战后这两部分人士的分化加剧，前一部分人的社会地位直线下滑，而后一部分人则不断发展壮大。50年代，小商人开始倒向右派，而中层和高级管理干部则成为处于上升阶段的中产阶级的中流砥柱，他们不甘留在政治附属的地位；在第三、第四两个共和国期间他们的政治倾向左右摇摆，因此争取这部分选民的意义十分重大。第四共和国的软肋恰恰在于未能得到中产阶级的支持，而在第三共和国时期他们曾经是社会的根基。大量的独立经营者在经济萧条的环境下，猛烈抨击第四共和国，而一心向往实现现代化的中产阶级受薪阶层也认为第四共和国效率低且政权不稳；所以不少企业管理干部一时倒向了戴高乐主义。但是20年后却是社会党收买了中产阶级的人心，中产阶级和工人阶级一起保证了左派在1981年总统大选中的胜利，不过1983年，因中产阶级部分人士的"回流"导致同一左派在市镇选举中败北。可见部分中产阶级人士在政治上的左右晃动具有举足轻重的意义：因为他们处于社会的中间地带，又是政治分野左右两派之间的连接力量，所以他们的偏移能导致政治重心的改变。

也许中产阶级左右摇摆的特性源自它的双重意愿：一方面希望社会稳定——因为社会稳定意味着就业安全；另一方面也希望社会升迁——包括个人的职业晋升和子女受教育的成功。这一愿望本身是以社会的政通人和为前提的，而学校则是社会升迁的基本途径。中产阶级的行为和心理特征既出于个人考虑也浸润着传统意识。由此可见，传统意识在文化领域中特别明显。

皮埃尔·布热德和皮埃尔·孟戴斯-弗朗斯

50年代中期，随着中南半岛的独立和阿尔及利亚的"事件"的发端，国际上掀起反殖民主义运动，法国国内社会正处于重塑期。国内、外局势的同时变化令法国社会处于震荡中，各阶层人士试图稳定社会。殖民地战争引发了民族主义和反国会意识的抬头，社会经济的转变亦伴随着社会组织撕裂时产生的种种压力。从地域上来说，圣马洛至日内瓦一线以南的法国地区，即经济发展较慢或未直接得益于经济发展的地区受到的各种压力比较大，于是这些地区的某些团体加入了反转变的潮流：主要是那些利益受损的农民，特别是小商业主，随着物资匮乏年代的结束和新兴物流手段的激烈竞争，他们在40年代的黄金时代已成过去。捍卫商人和手工匠联合会（UDCA）在这方面最具代表性。从该联合会的纲领中可以看到会员们的行业要求——矛头直指税务人员，所谓什么都管的"万金油公务员"——以及围绕民族主义和反国会情绪而显露出的焦虑心态。该组织由洛特省圣塞雷市的纸品商皮埃尔·布热德于1953年发起创立，提出的首要目标就是减税。但是读了UDCA的报纸《法兰西互助报》和观察其领导人的行动后发现，该运动很快超出了初创时所定的目标范围。皮埃尔·布热德投入了政治斗争，提出"让滥任议员滚蛋！"的口号，这种反国会议员的行动在立法选举中起到了效果。在1956年1月的选举中，UDCA获得了250万张选票，该组织52名候选人当选为国会议员，其中个别议员的资格后来被宣布取消。布热德派的政治影响力不久便很快消失了，但是这一动荡时期对小商业主政治上倒向右倾具有持续的不可否认的影响。

如果说布热德运动可解释为部分法国人面临社会转型、帝国崩溃和反殖民运动兴起而产生焦躁不安的突然爆发，把这一切看作可能使自己失去价值的危险；那么从某种程度上说，孟戴斯-弗朗斯的政治经历就是它的对立面。孟戴斯-弗朗斯体现了在殖民政策上的自由开明态度以及加速实现国家现代化的旨意。1954年通过日内瓦协议宣布法国退出中南半岛，同时推动突尼斯的独立进程，使之在两年后真正独立。仅维持了230天的孟戴斯-弗朗斯政府以其风格和行动留名后世；1955年2月，该届政府因棘手的法属阿尔及利亚问题而被迫下台。孟戴斯-弗朗斯执政期间形成了孟戴斯派，虽然该派的政治轮廓不十分清晰，形式亦多样化，但成员们有一个实现国家现代化的共同理想。在法国的政治分野和知识界形成一股新潮流需要一个奠基人和一代人的结合。当年德莱菲斯事件就是一个例子，整整一代知识分子与被诬陷的上尉并肩战斗了一生，并成为以后行动的指南。同样在另一范围内，第一次世界大战在经历战壕苦战的一代人——不分政治倾向——心目中烙下了和平主义的烙印。孟戴斯主义在全体国民的意识中从未达到德莱菲斯事件或一战的深刻程度，但对于出生于三四十年代、至1954年已达到大学生年龄的部分青年或刚踏上职业道路的年龄稍大者来说具有极其重要的影响。当然，孟戴斯主义不光影响了年轻一代，从弗朗索瓦·莫里亚克到二十来岁的高等师范学生，从与卢维耶市市长①同龄、经历过 30 年代国家衰退的长者到国立行政学院的莘莘学子，各个年龄段都有人认同孟戴斯主义。不过在社会团体和政治组织中支持孟戴斯-弗朗斯的人以年轻人居多：譬如知识分子、经济管理干部和高级公务员等。尤其是高级公务员对孟戴斯-弗朗斯提出的"治国重在选择"的治国理念十分认同，因为这一理念意味着从国家行政管理学院毕业的人将得到重用。这句话是孟戴斯-弗朗斯在 1953 年 6 月 3 日的国会演说中提出的，此后不久他的总理任命以几票之差未能获得国会的授权。但经济界国营和私营企业的许多领导人对他表示认同，他们在一年后终于当选为总理的孟戴斯-弗朗斯身上看到了当年圣西蒙主义的治国理念。

但是，假如在 50 年代中期的法国未出现意识形态消沉的催化作用，便不可能有新一代知识青年与孟戴斯主义的结合。也就是说，当左派因思想危机而在意识形态出现空白时，孟戴斯-弗朗斯因填补这一空白而发挥奠基作用，才会产生孟戴斯-弗朗斯主义。冷战时期法共自闭于"第二次斯大林冰冻期"，马克思主义失去了解放初期的魅力。自从 1946 年莱昂·布卢姆和达尼埃尔·梅耶企图用《人的环境》②一书的观点整合社会主义阵营失败之后，工人国际法国分部（SFIO）面临不可逾越的种种矛盾，变得虚弱和衰败，自 1951 年起处于反对党地位，根本无力填补左派的意识形态空缺。在孟戴斯-弗朗斯之前，激进党偶尔在左派阵营占领导地位，但亦提不出具有吸引力的理论纲领。法国左派通过其杂志《基督教见证》《法兰西观察家》和稍后的《快报》，以及"俱乐部"形式来探讨、整合理论。作为政

---

① 译注：指孟戴斯-弗朗斯。
② 译注：《人的环境》（À l'échelle humaine）系莱昂·布卢姆在第二次世界大战中被囚禁期间所写的一本书，解放后于 1945 年出版。

治联络的新形式"俱乐部"正处于孕育期——"雅各宾俱乐部"诞生于1950年——说明民众开始对左派政党失去好感，这一趋势在50年代后半期逐渐加强。因当时法国正处于一个国民对国家的认同发生危机的十字路口，所以左派的意识形态空白显得尤为严峻：迈入"辉煌的30年"使过去的政治和社会分析都显得——至少部分显得——过时陈腐。在这种情况下，孟戴斯-弗朗斯主义填补了左派的思想空白。它的出现令人想起20多年前"30年代精神"曾产生的影响，当时年轻的孟戴斯-弗朗斯还是左派激进党的一名成员，作为"青年土耳其人"[①]组织的一员，曾以某种方式贡献于"30年代精神"。如上所述，1930年前后，一批在世纪初出生的法国青年人，面对第一次世界大战后疮痍满目的国家现状，探索在共产主义和自由主义之外的第三条道路；这批年轻人最终分化，分别为维希政府的"民族革命"和"抵抗运动"作出了某些贡献。

孟戴斯-弗朗斯主义不但灌溉了法国左派，也滋润了右派的土壤。因为从填补意识形态空白这一点出发，孟戴斯-弗朗斯主义的主要特征是它在左、右政治分野上的模糊性。事实上，孟戴斯-弗朗斯是一个结晶点，来自不同政治倾向而共同陷于迷茫的人士能在某一时期围绕着它汇聚到一起。除了认为第四共和国无能和失责外，很少东西能把年轻的国立行政管理学院学生——一心想着实现工业化和社会结构的现代化——与天主教人士结合在一起，成为左派的集合点，甚至与左派沟通的一条通道。天主教人士把孟戴斯-弗朗斯主义看作可以取代"人民共和运动"（MRP）的政治选择，事实上MRP在十年中已逐渐偏向右倾。这种种思考在模糊的"现代共和国"理想中并非不能

---

① 译注："青年土耳其人"是两次世界大战期间法国激进党的一个派别，其实该派成员不一定"年轻"，亦并非"土耳其人"，取这个名称是因为同情当时土耳其改革派"年轻的土耳其"党。

兼容，甚至可能相互靠拢、趋于同一。不过在目标的优先次序上可能存在分歧，皮埃尔·孟戴斯-弗朗斯像磁铁一样把各种倾向的政治力量凝聚在一起。后来各派自行独立，孟戴斯-弗朗斯主义只剩下一个人；不过因在孟戴斯-弗朗斯身上押注的人来自方方面面，这一代人都处在政治生涯的起跑线上，有望在未来发挥重要的作用，所以孟戴斯-弗朗斯主义的影响十分深远。如果说孟戴斯-弗朗斯时期相当短促，却能在法国政治生活中留下足够宽阔的犁沟，那是因为它不但曾起到了新一代高级公务员和知识分子政治实习地的作用，而且更是一个四通八达的十字路口：这一代人在后来并没有聚集在一起，相反，他们朝政治舞台的两极分化。当然，年轻的孟戴斯-弗朗斯分子的经典出路是通向"新左派"，在60年代初转向"统一社会党"（PSU）和各种左派俱乐部，其间投身于反对阿尔及利亚战争；这部分青年成为法国左派的中坚力量。然而，在日后的分化中也有人倒向右派，某些人曾参与孟戴斯主义运动的外围活动。雅克·沙邦-戴尔马的"新社会"运动就曾从孟戴斯运动中物色了几名重要成员，几年后德斯坦总统身边也聚集了孟戴斯运动的若干前成员。年轻的经济学教授雷蒙·巴尔在50年代其政治生涯之初，亦曾被孟戴斯-弗朗斯总理所吸引。可见孟戴斯主义作为1955年前后已届成年的新一代人主张现代化的思想潮流，曾经是他们将理念付诸实践的减压舱和中转站。

　　一边是希望实现现代化的法国之崛起，另一边是濒临死亡的法国在最后挣扎？现代化对抗因循守旧？布热德主义和孟戴斯主义的同时出现引人注目。如果说在1955年两条路线平行地出现于法国政坛，是因为经济发展已取得了最初成果，人们在日常生活中感受到发展带来的实惠，按照政治改革通常滞后于经济变革几年的逻辑，经济现实从此开始影响政治生活。1956年1月的立法选举中，正当共和阵线的孟戴斯主义者以厄尔省国会议员为中心形成一股经济和政治的现代化力量，在殖民政策方面扮演解放者的角色时；圣塞雷市纸品商的政治同盟者获得了在经济增长中受害者的选票。但是从历史教训来看，两条平行的政治路线不过是一种错觉而已：布热德运动沿着一条抛物线达到顶峰后很快回落，1956年初选举胜利后不久便衰落，成为绝唱；而孟戴斯主义后来融入了一个正处于振兴中的政党。尽管这一政治派别后来湮没于第四共和国的政党角逐中，又因孟戴斯-弗朗斯拒绝接受第五共和国的政体而在政治上彻底解体了，但孟戴斯主义通过一代高级公务员和年轻政治家（包括左派和右派）留下了深刻影响，1981年5月的总统大选中，让左派赢得胜利的某些口号令人略微觉得是1954年夏季的回响。

阿尔及利亚悲剧

印度支那战争没有对国民的意识造成大的冲击。除了共产党揭发这场"肮脏的战争"以外，其他政党和公众舆论都没有真正关注过这场冲突。奠边府的晴天霹雳过后，一切（或几乎一切）都被慢慢地消化了。地处遥远、当地居民未被完全殖民化、只有职业军人身陷泥潭倒在印度支那的坑道里，种种缘由造成国民的漠不关心。然而，从1954年起发生阿尔及利亚战争以来，也正是这些缘由的相反因素起了作用。阿尔及利亚位于地中海的彼岸，从巴黎乘飞机或从马赛搭渡船仅几小时的航程，那里生活着100多万欧洲国家的公民；没多久政府又派去了应征入伍的部队：有多少家庭的儿子、兄弟、丈夫或未婚夫在那边。知识分子在这种情况下出面干预不正成为国民思想混乱的共鸣箱吗？他们反对战争，掀起论争，扩大影响不把事件越闹越大了吗？这是国民面对一场深刻危机时引发的老问题，其背后隐藏着各种利益的盘算。对有些人来说，"亲爱的教授们"——历史学家亨利·马鲁在《世界报》上发表了一篇反对酷刑的文章而遭到布尔热-莫努里的如此嘲笑——蓄意破坏法国的军事努力，毁掉了在当地取得胜利的一切可能性。对另一些人来说，八年的殖民战争及其残酷镇压和使用酷刑玷污了国家形象，是知识分子挽救了国家的荣誉。总之，各种回答出自不同的意识形态，殖民战争造成的创伤至今尚未愈合。

确实，在战争中的选择往往会带来令人心碎的后果。所以出生在阿尔及利亚的作家阿尔贝·加缪从 1956 年起就保持痛苦的沉默。他曾于 1945 年法国殖民当局镇压塞提夫和君士坦丁两地民众暴乱时，在《战斗报》上屡次发表社论，呼吁更多的正义，而且他还支持费尔哈特·阿巴斯提出的建立与法国联邦的"阿尔及利亚共和国"。11 年后的 1956 年 1 月，加缪再次发出"在阿尔及利亚实现对平民停火的呼吁"，这也是他针对阿尔及利亚问题的倒数第二次的公开表态。出于憎恶对平民实行恐怖政策和暴力镇压，他从此不得已地完全退出了战争的任何一方，当时冲突双方都开始激化了自己的立场。加缪本人在十多年时间里曾是在阿尔及利亚的法国人极端主义社团的攻击目标，之后 4 年直到 1960 年在一场车祸中丧生，他也始终遭到所谓"进步"知识分子的指责。这些人在 1952 年杂文集《反抗者》发表时已对加缪有了误解，认为萨特在辩论中有理由指责加缪。1957 年 12 月，当加缪在斯德哥尔摩出席授予他诺贝尔文学奖的授奖礼上发表演说提到阿尔及利亚战争时，这些文人更为之哗然。加缪说："我相信正义，但我更要捍卫我的母亲。"加缪这句话常常被人曲解或误解，其实他凭借着知识分子的勇气，只想表达自己的不安和焦虑。遭到误解和攻击的加缪从此再度沉默。

然而，当时的辩论变得越来越嘈杂。它已超越了年龄，某种程度上也超越了政治派别。一些右派知识分子开始在阿尔及利亚问题上采取较自由开放的立场，甚至像阿隆等人公开主张阿尔及利亚独立。弗朗索瓦·莫里亚克在摩洛哥事件后离开《费加罗报》而投入《快报》。

皮埃尔-亨利·西蒙在《世界报》和他的作品《反对酷刑》中旗帜鲜明地参加战斗。左派人士则更广泛地加入了战斗。人们可以把这场大辩论与 60 年前的德莱菲斯事件相提并论。至少有三个共同特点使人们把这两次大辩论联系在一起。首先，两次大辩论都是大是大非的争论——1898 年的辩论事关正义和真理，而 50 年代下半期的争论是关于人权和人民的自决权。其次，知识分子都在战斗中冲锋陷阵。在 1898 年的辩论中，知识分子反对军事当局；而在关于《共和国的酷刑》①的辩论中，也是军刀与笔杆子的对峙。譬如，1958 年法国子夜出版社出版了共产党记者亨利·阿莱格的《拷问》一书，作者在书中叙述了自己的被捕以及遭受法国空降兵施行酷刑的经过。该书出版不久即被禁售，出版者热罗姆·兰东以损害军队士气罪被控。最后，两次发生在动荡年代令国民撕心裂肺的大辩论都深深地震撼了国民的意识，唤醒了年轻一代。因此可以毫不夸张地认为，阿尔及利亚战争在政治领域里也培养了一代新人。

"一代人"的概念，在使用时其实有点微妙。如果人们用它来指某一年龄段，或者从涉及民族历史某一时期的居民数量、从生物现象上来说，"一代人"的用法是人为约定的：传统上一个世纪分为三代人！但在以下两种情况下，"一代人"的概念在使用中便带有另外的含义。一种情况是我们用来叙述孟戴斯主义现象时已采用的含义：特指一批年龄相仿的年轻人共同意识到他们面临的危机，对危机有相近的分析，拥有相同的理想。另一种情况是从较广泛的文化层面（不是在政治上）来使用"一代人"的概念，即不仅包括阿尔贝·蒂博代所称的"文学上几代人"，而且还指在某一时期对音乐、装饰和语言上

---

① 译注：《共和国的酷刑》（*La torture dans la République*）系法国历史学家皮埃尔·维达尔·纳盖写的一本书，该书写于阿尔及利亚战争结束之时，先在英国和意大利出版，1972 年才在法国子夜出版社出版。

有共同倾向的人,用以区别于前一时期的人。我们看到在上文所用的"伙伴的一代"并无不妥,它是指在解放时出生到1960年前后已成为青少年的一代,比他们年长几岁的人就属于另一代人。这就是前一种情况的用法。

事实上,阿尔及利亚战争的一代人出生于"人民阵线"年代。当北非冲突爆发时,这批年轻人应征入伍,在北非度过了几年。他们中有"应征者",也有"召回者"或"留伍者",战争在他们身上留下了深刻的烙印,但与参加过1914至1918年第一次世界大战的老战士不同,大部分人处于心照不宣的状态。当年的大学生因享受暂不入伍的优待,没有直接面临开赴阿尔及利亚的问题,但战争的阴影对他们来说同样是决定性的:1956年法国大学生联合会中"未成年人"占多数,新组成的领导班子于是决定采取反阿尔及利亚战争的立场。在大学生联合会领导层变动的背后,出现了一个新的青年政治运动,他们多数来自"基督教青年大学生"组织(JEC),这些人的政治生涯是在阿尔及利亚战争的阴影下开始的,带有明确的反战倾向。

在孟戴斯主义时期,许多知识青年投向了非法共的左派阵营,稍年长的则倾向于法共。几年后,北非冲突的爆发使这批青年人再次分化,有些青年转向法共。譬如1956年形成的"新左派"从工人国际法国分部(SFIO)分化出来,对SFIO参与殖民战争不满,同时亦对法共不满,"新左派"吸收了大批大学生。当然,1956年发生的一些国际事件对法国大学生运动的分化也有一定影响:如苏联赫鲁晓夫的秘密报告以及苏联军队入侵匈牙利事件等,事件发生之后的18个月内,大批法共党员,尤其是知识分子党员离开了法共,不少党员虽留在党内,但成为党内的"反对派",这些人后来最终还是脱离了法共。在阿尔及利亚战争问题上,法共被指责反战不力,不管有无根据,许多年轻人是这么认为的,因此法共受到了严重打击,尤其是在其影响力业已趋弱的情况下更加不堪。

对法共打击尤其大的是，一部分人脱离法共而促使了"新左派"的诞生——"新左派"与孟戴斯主义运动合流，几年后再融入统一社会党，从1974年起成为社会党内一个派别——也有部分人成为法共侧翼的极左派，从而使法共完全丧失了在左派知识界的领导地位。人们可以正当地把《121人宣言》看作是极左派重生的象征。这是个有名的文件：1960年9月，包括作家、大学教授和艺术家在内的121人联名主张"在阿尔及利亚战争问题上的抗命权利"，宣言指出："我们尊重并认为拒绝对阿尔及利亚人民动用武器的抗命是合法的。"参与联署者都是知名人士，其中包括几十名左派人士——除了发起者外，还出现了一些新面孔——而法共对宣言却表现出最明显的保留态度。从更广意义上说，这是一股最大含义的"极左势力"，正如它在60年代的发展所表明的，在1968年5月中表明得最为充分。因此，极左势力也间接地"受孕"于阿尔及利亚战争的大辩论中，尽管沉浸在最激烈的反战辩论中的极左派大部分成员并没有直接参与战争。

第四共和国的终结

解放后在生育高峰期出生的一代人到60年代政治上成熟了，国家也从阿尔及利亚战争综合征中解脱出来，又刚更替了政体：第四共和国在1958年5月13日正式宣布解体，"（1956年）2月6日的示威成功了"①（安德烈·西格弗里德语）。第四共和国"暴死"后，"法医们"不无私念地纷纷对共和国猝死原因进行剖析。诊断结论为制度不足，需要"休克疗法"，也就是更换政体。这方面的辩论远未得出

---

① 译注：第四共和国总理盖·莫莱于1956年2月6日访问阿尔及利亚，当地法国人社团发动大规模的示威，对法国当局表达不满。事件反响很大。

结论，我们在此不予讨论，只指出如下事实：如果说制度缺陷至少部分地体现在1946年宪法文本的精神上，那么如果天下太平的话，第四共和国或许还能延续生存。然而，这一政体的悲剧是它不可能获得如此的休养调理：它从幼年起便受到来自两方面的夹击，步入青年后又接连遭受两次世界范围的震荡。从1947年起被排斥于权力圈外的法共，在冷战时期处境不妙，因此成为这一政权的死敌。从此，作为政体的政治基础——法共、工人国际法国分部（SFIO）和人民共和运动（MRP）三党的政治妥协——瓦解了。何况同时诞生了"法国人民联盟"（RPF），该政党坚决主张结束第四共和国。对于一个刚建立就遭到冷战和反殖民浪潮两大冲击波的年轻政权来说，它的生存堪忧。从此共和国在麻木中逐渐陷入消沉，越来越失去民众的支持。第四共和国的种种无能和失责令人民丧失信心，人们根本不相信这个政权能带领国家实现经济起飞，尽管上文所述的经济成就是不争的事实。说起"不受宠爱的"第四共和国，人们只想到它的软弱，而经济发展都记在它的继承者——第五共和国——身上。第五共和国诞生前就在许多方面收获了已实施的若干计划的"红利"，因而能马上将法国带上了持续发展的道路。

4. 持续的增长

1962 至 1968 年，在国民心目中是经历阿尔及利亚战争后的缓慢疗伤期。从 1962 年起，"反修宪联盟"的惨败证明国民对新宪法已达成共识，虽然各政党仍有不同政见，至少在公众舆论中已有广泛的认同。在此后几年里，"戴高乐主义的社会发展理念"（让·图夏尔语）指导了经济的高速发展：事实上，这一时期正是"辉煌 30 年"的黄金时期，持续 30 年的经济增长改变了整个法兰西的面貌，其间国民也更加团结。蓬皮杜在 1962 年 4 月至 1968 年 7 月期间担任总理，戴高乐将军在 1965 年 12 月重新当选为共和国总统。

"两极四头"格局的形成

1965 年的大选给政治生活带来了许多深刻的变化。首先是实行普选。前所未有的普选本身已具有重要意义——如果不算 1848 年 12 月的所谓普选——选举中政党联合的游戏规则变得更加微妙。1958 年恢复总统大选的两轮多数制，从某种程度上迫使各政党在第二轮选举之前相互结盟，遂形成了两极政治。选举总统的新规则只会使两极政治更加激化。竞选规则的变化也带来了各政党参谋部的策略改变，于是整个政治生活，从党魁到党部下达的指令都发生了变化。

第四共和国是小党派的黄金时代，它们游刃于大党之间，无论在组织联合政府还是在变幻不定的政治格局上，都是大政党的必要补充。譬如中左派小党"抵抗运动社会民主联盟"（UDSR）曾在选举中拥有与该党规模不相符的力量，从而保证其在 15 年里捞足政治资本，以至弗朗索瓦·密特朗到 1958 年为止 11 次入阁担任部长或国务秘书；又如激进党，尽管在第二次世界大战中影响力大大减弱，在第三共和国时期被排斥在权力圈之外，然而因为它的中间立场，在第四共和国时多次参加组阁。在第五共和国的政体下，整个中间派为选举制度的改革付出了代价。新的选举制度保证一个强大和稳定的多数派，前政体下的那种脆弱和昙花一现式的政治联合从此消失，而中间派小党正是靠政治联合这一招左右逢源的。需要补充说明的是，在以政治结盟为基础的政体下，国民议会是小党派表达政见的最佳场所；但是1958和1962年两次修宪加强了执政当局的权力，大大削弱了国会的实际权力和影响。在这种情况下，中间派小党的影响力在15年内逐渐减弱是顺理成章的事。当然，在1965年的总统大选中，中间派仍作为独立的反对党存在，它既不与戴高乐主义派联合，也反对左派政党之间已显露头角的结盟。中间派总统候选人让·勒卡尼埃成功地获得了近400万张选票，占选民总数的15%。但是这一战绩不过是强弩之末，皮洛士式胜利①只维持了几年。从1969年总统大选起，作为"人民共和运动"（MRP）继承者的民主中间派便分崩离析了，部分成员附和蓬皮杜总统，其余成员在5年后的1974年总统大选时又跟原来的同党一起组成"社会民主中心"（CDS），最后成为"法国民主联盟"（UDF）内的一个派别。在左派方面，左翼激进党也挡不住潮流，1972年他们中的部分成员在共同执政纲领下参加了左派联盟。尽管左翼激进党党魁罗贝尔·法布尔于1978年倒戈，多数党员仍留在左派联盟内，终于在1981年的总统大选中取得胜利。激进党其余成员——"瓦卢瓦党人"——在1974年倒向德斯坦总统，参与

---

① 译注：皮洛士（Pyrrhus，前318—前272）为摩罗西亚国王，是希腊化时代有名的政治家兼将军，曾是抵抗罗马帝国企图称霸意大利半岛的最强大的对手之一。虽然在对抗罗马军队的一些战役中取得了多次胜利，但自己也付出了惨重的代价。谚语"皮洛士式胜利"源自他。

执政直至1981年；与上述的"社会民主中心"一样也加入了"法国民主联盟"。

因此，在政治领域内逐渐形成了两极化的局面，中坚的两大政党坐大，中间派小党被边缘化。政治生活渐渐围绕着四个主要政党，形成"两极四头"的格局（莫里斯·迪韦尔热语）。根据勒内·雷蒙的经典划分，右派方面的两大政党是戴高乐派和自由派——分别继承了历史上的波拿巴党和奥尔良党——两党联合乃权宜之计，停止历史敌对以求轮流坐庄，问鼎共和国总统的宝座。左派方面，经过1962年和1972年的多次犹豫和倒退，尽管因调整共同纲领而在1977年9月曾一度破裂，在1981年总统大选第二轮前夕再次达成合作，终于取得大选胜利。德斯坦总统关于法国人民希望中间派执政的分析，至少在总统七年任期届满后的两次选举中失灵，两极化政治登峰造极。

当然，无论左派还是右派，从1958年以来的两极化联合，除了制度和选举原因外，还有其他因素：右派方面，如上所述两党的竞争对抗有历史渊源，它们的联盟仅基于共同的价值观和对抗左派的需要，但选举中的内斗并未停息。1981年5月弗朗索瓦·密特朗当选总统或许与右派的内斗不无关系。左派方面，1920年12月的图尔大会在法国工人运动中留下的裂痕从未消除。但1936年组成"人民阵线"政府、解放时组成联合政府以及1981年5月后的左派执政中，法共都支持左派联合。国际形势的变化对左派联合始终会带来影响，冷战因素和东西方之间的危机都会危及左派联盟。因此把法国政治生态完全归结为制度因素的分析是不切实际的。

无论如何，制度终究是决定性的因素，1965年第五共和国首次实行普选总统，这一年也是转折的一年。何况视听传媒首次介入法国选举，发挥了重要作用，尤其是电视。1962年11月6日的法律规定，"在总统大选中，国家保证向所有候选人提供同样的便利"，法国广播电视署对每个候选人提供同样多的时段。这一措施打破了由执政当局牢牢把控的宣传机器，开创了法国政治生活中不可逆转的时代：从此电视在选举中发挥极其重要的作用。初次尝试后的九年，即1974年弗朗索瓦·密特朗与瓦莱里·吉斯卡尔·德斯坦两位候选人在总统大选第二轮投票前的一场电视辩论成为全国注目的事件，2 000多万选民目不转睛地盯着电视屏幕；形势似乎对德斯坦有利，德斯坦辩论中的几句话震撼了舆论：他称对手密特朗为"过时的人物"，还说"您不享有良心的特权"①，这些话都十分著名。在1965年选举中被首次采用的另一媒体是广告，尤其是招贴——候选人勒卡尼埃借用了广告社的专业服务——这一做法很快被普及，后来密特朗也采用这一方法。1981年的总统大选中，广告制作人的一句口号"沉稳的力量"（la force tranquille），替候选人密特朗加分不少，通过广告招贴途径来扩大影响，提高知名度。

1965年，转折的一年

1965年仅仅是有政治意义的一年吗？人们可能会这样想。让·富拉斯蒂埃完全有理由将"辉煌的30年"的终点定在20世纪70年代中期。如此分析是有根据的，因为至70年代中期，不但经济状况发生逆转，而且靠经济增长的支持、已习惯于充分就业的社会组织，在危机和失业抬头的情况下已出现裂缝，对社会进步的信心开始动

---

① 译注："您不享有良心的特权"（Vous n'avez pas le privilège du cœur），德斯坦的原话可能为"您不垄断良心"（Vous n'avez pas le monopole du cœur）。他说这句话是回应密特朗指责他在财富分配上的不均，密特朗的原话是"这几乎是智慧的问题，但也与良心有关"（C'est presque une question d'intelligence, c'est aussi une affaire de cœur），德斯坦反驳说："密特朗先生，您不垄断良心！……我和您一样有一颗心，它以它的节奏跳动着，它是我的心。您不垄断良心。"（Vous n'avez pas, Monsieur Mitterrand, le monopole du cœur! ……J'ai un cœur comme le vôtre qui bat à sa cadence et qui est le mien. Vous n'avez pas le monopole du cœur.）密特朗一时无言以对。据说，当时许多尚在犹豫的选民因这番辩论最终投了德斯坦的票，但此事无从证实。

摇；作为社会意识形态标杆的知识界也一反镇定的常态，在"索尔仁尼琴效应"下出现了决定性的转变。总之，从解放起直至危机冒头的30年与以后年代之间有着十分强烈的反差。自"觉醒的十年"起，五六十年代出现了经济增长、生活水平提高和制度改革的"黄金时期"，带动社会发生了前所未有的变化。但是经济增长和生活水平提高的势头至1974年戛然而止。在让·富拉斯蒂埃提出"辉煌30年"的最后十年情况发生逆转，预示了此后的变化，而1965年——若干年后回头来看——与1944、1945年或者1974年不同，或许赋予了集体意识和社会行为上一种真正的意义。

在构成国家整体基础的另一领域——人口方面——也发生了变化。如果说解放以来的几十年里法国是一个年轻国家，至1965年发生了深刻的变化。两次世界大战之间，法国的死亡率（16‰）超过出生率（15‰）。大战结束后趋势逆转，出生率大大超过了死亡率，由此保证人口年增长率达到8‰。从1946至1976年人口增加了近三分之一，亦就是说，增加了1300万居民。延续至50年代初的生育高峰期中，出生率曾保持在20‰以上；但是生育高峰期过后，人们注意到出生人口开始下降，人口增加主要因为死亡率降低。而且从60年代中期起，人们还注意到出生率开始下降——这一现象通常发生在富裕社会中。观察结果令人对人口现象产生困惑，尤其当人们注意到上一次出生率逆转（指出生率回升）是发生在最黑暗的1942年！

从1964年起出生率的下降并未立即反映在出生数量上，因为那时在生育高峰期出生的青年陆续开始成家，按逻辑来说，夫妻数量肯定比过去多，因此在十年内掩盖了出生率下降的现象。直到1975年前后，人们发现出生率下降的事实才感到担忧：从此，每年每千人减少了15名新生儿。难道人口金字塔不久将失去平衡，法国人口将迈向老年高峰期？

人口问题不是演变缓慢且通常滞后于政治节奏和经济周期的唯一领域。集体意识和社会行为的变化同样也会滞后发生。事实上，如果说法国从解放起已进入了一个经济持续发展，社会实现历史上最大转变的时期，那么作为个人行为和社会生活基础的价值观仍停留在过去乡村社会阶段，当年的物质生活相对贫困、经济水平至少不能与1945年以后相提并论。

在法国或在发展水平相仿的其他社会里，价值观仍停留在"刻苦耐劳、节俭储蓄以防年老疾病，总之是推迟享受的观念"（让-达尼埃尔·雷诺语）。譬如，靠年金生活者仍受人尊敬，贷款消费鲜为人知，经济仍以衣食生存为主，消费型经济尚未出现。这样的社会在许多方面比我们今天的社会更艰苦，社会机制——教会和家庭等——扮演着维护规范和权威的角色。然而，1945年以后工业化和城市化的法国，在经济的持续增长和充分就业的带动下，安全感变得更为重要，不单社会结构和生活方式发生变化——正如人们在1945至1965年间所看到的——而且价值观和社会规范也转变了。这种转变是缓慢的，甚至是长期潜移默化的，有时倏然停顿，但不可否认。这方面有两个征象很说明问题：在长期以节俭和储蓄为美德的社会里逐渐浮现出享乐主义的行为和价值观，家庭财富的积累被看轻而快速挣钱、马上满足物质需求的生活方式受到青睐；在思想意识上，希望与别人类同而被社会承认的因循守旧观念凝聚了部分社会成员，但不久出现了标榜与众不同、特立独行的主张。在最初时人们还不能说这种现象是一种普遍性的抗争，但毕竟它是面对权威——也就是面对社会规范和禁忌——的一种新态度，一种新价值观。

在这个意义上，1965年是最初出现裂缝的一年，这些裂缝预示了60年代末的大动荡。社会学家亨利·孟德拉斯指出，"人们在那个时候发觉年轻人去教堂的比例大幅减少……杂志和电影里出现了裸体。民意和消费动机的调查表明出现了'价值观危机',也从那时起人们开始谈论价值观危机"。除了各种迹象外,有一件事是确定的:1968年的五月事件不但意义十分重要,它更是显影剂和催化物。在那之前的几年中,人们已注意到在崇尚权威的传统制度与辉煌30年中形成的社会之间的不协调,人们在家庭和工作场所表现出某些反传统的新行为方式。据一些观察家认为,这些新行为的真正起始点就是1968年的五月事件,并在此后一个阶段内具有象征意义。事实上,1973年利普钟表工厂工人运动和70年代拉尔扎克村农民反征地运动都扎根于前几年的1968年运动的土壤中,从60年代末的社会矛盾中汲取了养分。从1968年春的动乱对法国社会造成的震荡来看,两个事件不只是一面镜子,更加速了社会演变。

1968年5月

人们常常把1968年5月的危机比作三级火箭。这一形象的比喻有部分的贴切性:运动过程中,三场危机——大学危机、社会危机和更广意义上的政治危机——接连地爆发,每一场危机触发了下一个危机。但同时这一形象与历史真实又不尽一致:三级火箭的每一级在完成使命后与上部的装置相脱离,而1968年运动则不同,当下一场危机爆发后,前一场危机并不消失。运动中的三场危机并非接力现象,而是整场危机的规模逐渐扩大,以至最终爆发为全面的危机。不过三级式火箭的比喻便于对运动的理解,显示危机逐步升级的过程,这场危机确实是从学生运动引发的大学危机开始的。自1967年10月起,巴黎近郊南泰尔大学文学院和大学生宿舍已闹出动静,部分学生的抗议虽然规模不大,但学生总体对社会现实存在不满情绪。至少今天看来是这样:大学已停课,学生杯葛考试,对大学宿舍的规章制度提出抗议,少数极左派学生闹事,但影响很大,几位政府部长去大学调解遭到学生围攻，法共领导人到场讲话被阻拦。在这一阶段，无论是公众舆论还是主管当局，都未把这一切看作是将在来年春季爆发危机的先兆。然而正是在这一时候，机器已经发动。在1968年复活节假期前的3月22日，若干冲突导致南泰尔大学第一次关闭。5月2日，大学第二次关闭等于在炸药上点火。自此学生运动全面爆发。次日，在索邦大学举行了学生抗议集会，反对校方的决定。由于警方到场干预引发混乱，当晚即在圣米歇尔大街上爆发了学生与警察的暴力冲突。5月6日（周一），又发生更严重的冲突，导致在几天内法国大学陷于全面瘫痪，在强烈的冲击波作用下，酿成学生总罢课，并且占领大学；10至11日夜间，拉丁区首次出现了"街垒"，被学生占领的索邦大学成为学生运动的象征，某些观察家已开始称之为"学生公社"。

为抗议"警察镇压"，工会组织号召在5月13日（周一）发动总罢工，当天学生领袖和工会领导人肩并肩地上街示威游行。极左派、法共、学生组织和工人总工会团结一致地反对戴高乐政权，而且这一天具有象征意义——它正好是1958年5月13日戴高乐首次当选总统的十周年。但接下来20天内发生的事态证明它不只是象征而已，在5月中旬时运动的重心已经转移：工会原定于5月13日发动总罢工一天，而罢工延续到下一周，工人运动犹如油渍一样迅速蔓延。不久，法国一些工厂被占领。形势令人回想起1936年春季"人民阵线"取得选举胜利后工会发动的罢工。当年工运的希望及哲学家西蒙娜·韦伊描述的"节日"情景依然留在老一代工运积极分子的脑际，如今他们再次参加罢工。但1968年工人运动的规模今非昔比：1936年参加罢工的主要是工人，32年后所有（或几乎所有）的受薪者都参加了罢工。5月份的下半月人们都不上班了，有的主动参加罢工，有的是因为加油站无油供应和公交司机罢工而无法上班。因此说，1968年5

月的罢工是法国社会史上规模最大的社会运动。但是与学生们的期望相反，底层工人受工人总工会的领导，工会担心社会运动失控，因此只提出加薪要求，于是在索邦大学这条"醉船"和雷诺公司比扬古工厂提出的口号之间不甚合拍。尽管运动的某些积极分子希望的"革命阵线"从未结成，法国在5月下旬还是完全瘫痪了。局势陷入僵局。此时，反对派在国会提出不信任案，企图利用民众运动，但在5月22日议会表决时，不信任案因缺少11票而遭到否决。至于戴高乐总统，在几天中似乎失去了对国家的控制，事后他承认当时的局势已"无法掌控"。他在5月24日（周五）提出就改革企业和大学举行全民公投，但该建议未产生预期效果。当晚巴黎和各大城市再次出现民众的"街垒"，群情愈发激愤——里昂一名警察局长死于冲突——并再次掀起沸腾的学潮。

至此，政治性危机已经酿成。索邦大学和奥岱翁剧院被占领，工厂企业瘫痪，国家元首已控制不了局面：法国历史上在出现类似权力真空的情况下，政权往往开始动摇。这几天里会否真发生夺权？人们私下猜疑着，此后这一问题虽常有人提及，但却始终不可能真正决断。事实上在这段日子里，当时主要反对派法共似乎从未想过单独或联合其他政党来利用局势，因此结论是否定的。相反，法共只想引导运动，担心局势完全失去自己的掌控；工人总工会在工运问题上也采取了同样的态度。因此，蓬皮杜总理能利用"工人总工会"（CGT）来对抗"法国劳工民主联合会"（CFDT），经过两天的谈判，在5月27日周一凌晨劳资双方签署《格雷内勒协议》。但是就在当天，这份特别规定"较大幅加薪"的协议却遭到底层工人群众的反对，包括作为工人总工会大本营的雷诺公司布洛涅-比扬古工厂的工人。同在5月27日那天，数万示威者在巴黎夏莱蒂体育场举行声势浩大的集会（皮埃尔·孟戴斯-弗朗斯出席了集会），显示了极左反对派誓不罢休的决心。一周前，当局势已变得"无法掌控"，国家因总罢工而陷于瘫痪，行政机构和各部都停止运作之际，一些观察家认为政权正处于瓦解中。5月28日，非法共的左派领袖弗朗索瓦·密特朗在一次新闻发布会上声称，"政府已不复存在"，建议组成由孟戴斯-弗朗斯领导的"临时看守政府"。他的这一态度随即遭到指责，言外之意在戴高乐总统万一辞职的情况下，他自己想竞选总统。但是，从第二天起已不再是夺权问题了——或许夺权问题从来就没存在过——戴高乐将军杀了个回马枪，打得政敌猝不及防，在36小时内挽回了局面。5月29日（周三）戴高乐到德国巴登-巴登与马苏将军会晤后，宣布将在次日发表广播讲话。30日下午4时，他表示将继续留在总统职位上，总理仍由蓬皮杜担任，同时宣布解散国会。总统铿锵有力的语调激励了支持他的民众，当天傍晚50万民众上街示威，这无疑是5月最为壮观的一次游行。

局势顿时发生逆转，一方面因为社会舆论对混乱局面已经厌烦，部分民众起初同情学生运动，不久便对运动声势和危机的旷日持久表示不安。6月份上半月，学生运动便开始偃旗息鼓，放弃占领索邦大学和奥岱翁剧场；工矿企业陆续复工，《格雷内勒协议》最终被接受。事实上宣布解散国会以来，法国已进入了立法选举的竞选，准备参选的各大政党都意识到危机再持续下去并无好处。右派政党欲表现得依然掌控局势，而左派政党则无论如何不愿被看成为"纵火者"，无意在炭火上再煽风点火。总理在竞选中把矛头直指法共，指责他们是挑起危机的罪魁祸首；但从上述事件经过来看，如此指责有违历史事实。不过指控已经发出，整个左派都被"沉默的多数派"认定是五月事件的责任者。于是在一年前立法选举中刚取得大胜的左派阵营在这次选举中遭受惨败，经历了5、6两个月的动荡，力量反而大大削弱。社会民主左派联盟（FGDS）在1967年选举中曾取得118个议席，而那次选举中仅夺得 57 个席位；法共的情况更惨，议员人数从 73 人减至 33 人。总统多数派方面，因选民担心时局不稳，结果使共和民主联盟（UDR）大举得胜，一党夺得总共 485 议席中的 294 席，占议会绝对多数。

在政治层面上，1968 年的五月事件没有引发革命。相反，在一年前选举中地位不稳的政权，从此获得了真正"求之不得的议会"①。1968 年事件的结果还应在别处寻找，事件的演变融合在对危机的全面诠释中，它既分析了起因又揭示了后果。然而，观察家们对事件有不同的解释。有些观察家认为事件本身是次要的，但有的人把 1968 年的五月事件看成一场地震，认为它暴露了法国社会的裂痕。事件发生后两年，史学家让·图夏尔在《法国政治科学杂志》上撰文，对事件的性质罗列了十来种假设，从颠覆性阴谋论到文明危机论，包括大学危机、青年一代的热情冲动、传统的社会冲突抑或是新型的社会冲突，以及各种危机的连锁反应等等。作者在提出一系列假设后指出，要解释 1968 年 5 月的危机，或许没有唯一的答案；事实上大多数的假设至少包含了部分的真理，只有将各种因素集合在一起才能解释这场危机的特殊意义；有时不协调的现象，经过更仔细地观察会发现一些看似"反动的"（取该词的词源意义）论点，其实更主要是拒绝社会革新，而不是赞成正在进行中的社会转型。至于事件对法国文明带来的影响，有两个基本的特征：首先，这场危机——及其对危机的解释——事实上大大超越了法国的国界；其次，事件对政治行为和意识形态领域具有十分明显的双重意义。

---

① 译注："求之不得的议会"（la Chambre introuvable）出自复辟时期国王路易十八之口。1815 年法国第二次王政复辟，当时竟选举产生了一个由极端保皇派成为多数的议会，法王路易十八对此大喜过望，这正是他求之不得的事。

第二次"大西洋革命"?

当然,法国 1968 年的五月事件的某些方面有相当的特殊性。譬如,德国从 1967 年起也有过学生运动,至 1968 年 4 月因德国社会主义学生联盟领导人鲁迪·杜契克遇枪杀未遂后,学运规模逐渐扩大;但是尽管学运期间与警方发生了激烈冲突,学生运动最终未酿成社会危机。意大利的情况则相反,1968 年学生运动引发了社会和政治动荡。法国的五月事件属于第三种类型的危机:与德国和意大利的情况都不同,学潮不但引发了社会、政治危机,而且还起了催化剂的作用。但是如果从最基本的方面来说,法国学潮的特殊性并不重要,也就是说,1968 年的五月事件与 60 年代在富裕工业国产生和发展的各种社会抗议是融合一体的。当然,这股潮流也波及世界的其他地区,譬如东欧国家,青年一代在同一年参与了"布拉格之春"运动,抑或其他发展中国家,如墨西哥在 1968 年亦发生了学生运动,结果学生遭到血腥镇压。然而,形成"反叛"之势的地域,除日本以外,基本上局限于北美和西欧。因此从某种程度上说,这是第二次"大西洋革命",但其性质与 18 世纪最后几十年发生在大西洋周边国家的那场革命却完全不同。尽管学生运动提出的口号表面上已熄灭,尽管反正统文化的议题——与表象相反,保存了建立在被抗议的经济繁荣基础上的某种乐观主义——因经济危机及其对社会、道德等影响而显得杂乱无章,各国在同一时期开辟了自己的道路,一起重新塑造了西方社会的生活方式。这一切尤其是通过在社会各阶层的渗透——表明社会机体最终拥有包容"抗议"的强大调控能力——以及通过几代人的更新来实现的:1965 至 1970 年间的一代青年,换言之,在战后生育高峰期出生的一代人,至 80 年代已成壮年和社会栋梁。

在 1968 年的五月事件以后的法国,不单在音乐和服装上有明显变化，在家庭或工作场所等人们的社会行为亦发生了巨大变化。阿兰·图雷纳在《乌托邦共产主义》一书中对"后资本主义"社会出现的社会斗争新形式作了分析，美国学者斯坦利·霍夫曼在《论法国》中亦揭示了"对法国权威制度的反叛"现象。这种反叛是模仿行为——即雷蒙·阿隆所说的"心理剧"——还是真实行动？70年代初利普钟表工厂工人尝试自治和拉尔扎克村农民反征地运动，在很大程度上是五月风潮以及风潮发生前社会裂痕的产物。而且可以毫不过分地说，1981年社会党与孟戴斯主义等左派的胜利也源于1968年5月的运动。其实，1969至1972年间担任总理的雅克·沙邦-戴尔马已注意到1968年的矛盾，在推行"新社会"计划时吸纳米歇尔·克罗齐埃对"卡住的社会"的分析，选择孟戴斯主义者西蒙·诺拉和雅克·德洛尔作为顾问：因为正是1968年5月的运动暴露出民众对某种权威形式的抗议，反映了法国社会正处在转型期，至少部分地促成了一些重要的改革措施和计划，譬如扩大新闻自由、推广合同工资制以及加强成人职业教育的立法。正因为这一思路——尽管关系较远——"新社会"的设想在当时戴高乐主义多数派内部的反响不太热烈，多数派也因此在1972年7月赞同蓬皮杜总统及其顾问的决定，中止沙邦-戴尔马总理的"新社会"计划并导致总理辞职，尽管沙邦-戴尔马政府在几周前刚获得议会的信任投票。

意识形态领域的转变？

1968年春天的动乱虽非改变历史的根本性事件，却是一种显影剂和催化物。它或许促进了社会的演变，而演变在60年代中期、1968年风潮之前已经开始了。三级火箭的比喻比受潮鞭炮的形容更为贴切；虽然没有发生某些人以为看到或乐意称为的爆炸，至少它是一支照明火箭，在表面看来一致认同的工业化和城市化文明的富裕社会里，猛然揭示出世人熟视无睹而正在进行的社会转型。

最后还有一点，重要的不在理解事件的本身而在于对五月风潮后的意识形态领域进行分析。如果说1968年的五月事件在国民的意识形态上留下深刻的印记，由于运动的意识带有马克思列宁主义和自由主义的双重色彩，因此不易进行分析解读。人们记得，1956年标志着苏联模式对法国知识界的吸引力开始减退；而阿尔及利亚战争促使在大学生中形成法共影响圈外的"新左派"。这一现象在60年代逐渐扩大，大学生和知识分子掀起五月风潮在很大程度上是反共产主义性质的。1967至1968年爆发于南泰尔大学的学生运动中，示威学生的矛头既指向学院的"行政领导"也针对参与进来的法共领导人。示威学生与共产主义学生联盟（UEC）之间也发生冲突，而且两派学生在运动过程中的分歧公开化并不断扩大。在一些极左组织看来，丹尼尔·科恩-本迪特领头的"三月二十二日运动"学生组织批评资本主义制度的同时，也抨击苏联和法共及其意识形态。从五月风潮中提出的一些问题可以看出这场学生运动的自由主义倾向，对上文提及的风俗和社会行为的演变起到催化作用；整个"极左派"的来龙去脉——包括在阿尔及利亚战争和121人宣言中透露的种种迹象——都隐隐约约地显现出来了，这股潮流在1968至1972年达到巅峰后继续从侧面影响了法国社会25年之久。

然而，60年代初马列主义在法国知识界的渗透并未因此而中止。如果说同时出现了其他模式，马列主义始终活跃在意识形态领域内。在法国知识分子的心目中，第三世界逐渐取代了苏联，摆脱了殖民统治的新生民族已代表长期以来只有工业化社会的工人阶级才能担当的革命希望。这种希望包涵同样的意识形态基础：第三世界是革命的，因为它由"无产者"国家组成，而无产阶级负有解放全人类的使命。事实上，无产阶级与资产阶级的矛盾已逐渐变为"帝国主义"与由

"无产者"组成的第三世界的矛盾，第三世界肩负着"人民民主国家"已背叛的革命使命："欧洲已完蛋"（萨特语），独立的阿尔及利亚应该是"社会主义国家"，哈瓦那能成为拉丁美洲革命风暴的中心。让-保尔·萨特对这两个国家的讲话反映出 70 年代初法国左派的雄心壮志。雷吉斯·德布雷在稍后撰写的文章也说明法国知识界同情和关注点的转移。特别是中国曾凝聚了他们的部分希望。出于某种奇怪的类推，中国成为"贫穷者的共产主义"典范，不但实现了在农业国的经济起飞，克服食品匮乏而保持了政治和经济的独立，而且还是可被西方社会借鉴的建设社会主义的典型。1968 年的五月事件爆发前一年，法国导演让-吕克·戈达尔的电影《中国姑娘》活生生地体现了中国模式对法国极左派的巨大魅力。巴黎高师哲学教授路易·阿尔都塞的一些学生成为毛派，正如 20 年前该校许多学生受法共吸引一样，历史学家埃马纽埃尔·勒鲁瓦-拉迪里在他的政治自传体著作《巴黎—蒙彼利埃》中见证了当时的情形。政治上发生偏移，但没有放弃马列主义；1968 年法国有两个亲华小党，名称是："共产主义青年联盟（马列）"和"法国共产党（马列）"。

如果说，60 年代中期部分青年与共产主义青年联盟决裂，譬如阿兰·克里维纳演变为托洛茨基分子，显然在 1968 年 5 月的学生运动中不少人仍信仰马列主义。由此产生如何理解 70 年代的一个重要问题：从法国知识界与马克思主义的错综复杂关系来看，1968 年春天是否作为一个跳板，左派意识形态在东欧感到失望后借助这个跳板实现转换？抑或是某种止动器，使左派意识撞得四分五裂了呢？从表面看，5 月份过后法国马克思主义思潮继续发挥着影响，似乎已借助跳板脱胎换骨；但是到 70 年代已消失得无影无踪。一方面，在法国社会经历的行为和意识的演变中，1968 年 5 月的"自由主义"倾向比它的对立面留下了更深的痕迹。另一方面，作为对立的另一种倾向——马克思主义思潮事实上孕育了"弑父"的"新哲学家"一代：从1975年起在曾经的毛派中间产生了一些最激烈攻击马克思主义的人。因此，1968年5月的危机也直接或间接地成为法国知识分子历史上一个重要的日期。

5. 告别"轻松的年代"

1968 年动荡以后,戴高乐将军在政治上仅存活了不到一年的时间。确切地说,在 6 月 30 日立法选举赢得胜利后的 9 个月零 27 天,他因提出关于地区重组和参议院改革的全民公决未通过半数而下台。数周后,戴高乐派的乔治·蓬皮杜当选共和国总统,其 5 年任期在某种程度上标志着戴高乐将军的第二次死亡[①](戴高乐本人于 1970 年 11 月 9 日逝世)。

从夏尔·戴高乐到弗朗索瓦·密特朗

其实,蓬皮杜总统并非戴高乐主义消亡的责任者,从许多方面来说,他继承前任的路线多于改革。但是,如果认为戴高乐主义现象具有当年波拿巴主义的魅力,能争取到数百万左派传统选民的选票,如第五共和国最初十年所表现出的那样,那么这种戴高乐主义确实在 1969 至 1974 年间消亡了。1969 年 6 月当选的蓬皮杜总统,或许在 1967 年就看到了某种根本性的政治变化:几年内从左派争取来的选民大量地回归社会党或法共。况且在 1974 年大选时,左派联合候选人弗朗索瓦·密特朗差点就当选总统。

戴高乐主义选民的分崩离析与社会党的崛起有关。鉴于在 1968 年 6 月立法选举中法国左派,尤其是社会党力量大大削弱,它的再次崛起尤其引人注目。果然社会党在 1981 年 5 月至 6 月赢得了大选的胜利。或许社会党的崛起有其本身的政治原因:密特朗征服权力的策

---

① 译注:所谓"第二次死亡"是指戴高乐主义的死亡。

略大大压制了法共的影响力,借此使社会党力量在左派阵营内得到加强,于是在大选第二轮的关键时刻能化解部分中间派选民的心理障碍。在德斯坦总统七年任期的最后几年里,中间派的反对意向不断加强,而且在 1981 年总统大选中,保卫共和联盟(RPR)和法国民主联盟(UDF)两党的关系微妙——我们在此不予分析——将来当历史学家掌握资料时,定能说明这种关系演变的决定性意义。另一方面,是否可以把非法共左派力量的崛起与"辉煌 30 年"中法国的深刻变化联系起来加以考察呢?1981 年 5 月 10 日左派在大选胜出后,尤其是社会党在 6 月的立法选举中取得压倒性多数之后,法国的政治学者曾进行广泛讨论,对社会党的胜利有几种不同的评价。譬如弗朗索瓦·戈盖尔认为,社会党在立法选举中夺得高票——包括左翼激进党在内,得票率达到 37.8%——的原因是右派疏忽造成的失误,许多人在 5 月总统大选失败后弃权未参加 6 月的立法选举。热罗姆·雅弗雷的意见则相反,他写道,左派的胜利是"势力不断壮大的结果,它迟早会赢得胜利",还认为"历史学家能顺理成章地下结论说,真正的出人意料不是左派在 1981 年的胜利,而是它在 1978 年的失败";他列举了促成左派取胜的一系列因素,除了上文提到的政治因素外,还有"社会的变革"和"文化层面的变化"。右派可能没认识到以城市中产阶级为主体的法国已取代了农民和小商人的法国。换言之,工薪阶层和城市化孕育了左派的法国;弗朗索瓦·密特朗的成功是"辉煌 30 年"和宗教意识减弱的产物,这些因素尤其促成社会党势力在西部地区的扩张。关于宗教意识淡薄的结果,史学家和政治学者的看法一致,认为它是法国选举的一个重要变量。至于其他因素,各家说法不一。

毫无疑问,德斯坦总统在七年任期的末期面临了法国社会的各种冲突:经济上,在第一次石油危机后右派两党间的竞争加剧;社会领域，面临城市化发展和工薪阶层扩大后带来的问题。后两个问题在60年代戴高乐执政时期已经存在。1983年市镇选举中，右派反对党在人口超过3万的许多城市中胜出的事实，使城市化发展有利于左派政党的假设受到质疑。"辉煌30年"在政治上的影响或许更多地体现在人们的日常生活和工作场所，对政治力量此消彼长的作用并不明显，总之在统计数字上不显著。如果说社会转型对选举有一定影响的话，作为社会转变基础的经济发展从1973年起已出现了裂痕。70年代的法国成了前30年经济快速增长的孤儿。经济危机只会削弱执政领导层的影响力，"增加社会党在国有化和国家干预等议题上的说服力"（热罗姆·雅弗雷语）。

经济增长停顿

经济在"辉煌30年"中高速增长。如果说在60年代末、70年代初沸沸扬扬的社会环境中，经济增长遭到质疑——尤其来自刚诞生的环保运动的批评——在国民的价值观中经济发展仍受到重视。根据伊福普民意机构在1972年4月的调查报告，66％的受调查者认为，经济增长对提高生活质量是必不可少的。

然而，被公众舆论认可的经济增长在1973年出现第一次石油冲击后开始走下坡路。各项经济指标明白无误地显示了这一趋势。若仅以此前的10年为依据，把1962年定为基准指数100的话，至1974年阿尔及利亚战争结束时工业生产指数恰好翻一番（指数为200）。相反，若以1970年为基准指数100的话，那么1977年该指数为126，即与1974年的指数几乎相仿。事实上，在1974至1977年这段时间内，因1974、1975年的经济衰退大大降低了经济增速。若同样以1970年为指数100，那么到1983年，指数仅为132：那是因为第二次石油危机的严重影响。所以在1962至1974年的12年中，经济增长了1倍，而从1974至1983年的10年中，经济增长不足10%。其间，经济停滞代替了增长，经济"零增长"成为现实。

经济增长止步不可能不带来社会问题。从1974年起就业市场急剧恶化，10年后的失业人数超过了200万。除了这种经济形势必然带来民众的个人悲剧外，整个劳动阶层亦受到剧烈的震荡，更使长期来充分就业的社会产生了忧虑，人们原以为社会不安全的日子已经一去不复返了。在如此社会里渐渐产生了一种感觉：危机袭来使"好日子到头了"（让·富拉斯蒂埃语）；1979年出版的《辉煌30年》一书，与其说是一曲颂歌不如说更像一篇悼词。

法国人，你变了吗？

1973年以后的几年里，大多数法国人的日常生活是否发生了很大变化呢？1983年《快报》杂志发表一份关于1973至1983年的调查报告时所用标题就是："法国人，你真的变了！"事实上，许多社会指标在这10年期间都改变了，变化是毋庸置疑的。但是这种变化不能以迄今为止的物质变化来衡量。譬如这10年内，拥有电视机家庭的百分比从60%增加至93%；拥有彩电的家庭在1983年已达52%。从1976年起91%的家庭有了冰箱，72%的家庭有洗衣机。1976年以来拥有高保真音响设备的家庭比例从十分之一增加至三分之一。10年内收音机的数量增加到2倍，至1983年达到5 000万台，同期家庭电话机数量亦增加到4倍，从500万台增加至2 000万台。

尽管发生了经济危机，还是有许多因素促进着国民生活方式的同一化，我们看到这种同一化的进程开始于经济高速增长的年代。生活方式同一化主要涉及娱乐、服装和日常生活。相对来说，至80年代中期，法国家庭在食品上的费用仅占全部开支的五分之一。而其他方面，特别在住房上的社会差距愈加扩大。巴黎北郊萨塞勒市的情况在当时有象征意义。50年代，在一些大城市周边人口稠密地区推行城市改造计划：当时"高层建筑"和"长条连体住宅"尚未大量出现。郊区的城市改造计划无疑对缓解城市人口迅速膨胀造成的住房困难有一定贡献，在改善居民住房的舒适和卫生条件方面，收效十分明显。但是问题马上出现了：以萨塞勒市为典型的"宿舍城市"很快令人感到压抑和烦恼。25年后，这种"密集型居住区"出现了另一个问题：住房破旧失修、居民特别是年轻人的失业严重、通常住这类住房的外籍移民家庭的子女融入社会困难等种种因素，造成社区警民关系紧张，甚至发生冲突；譬如韦尼雪市曼盖特街区从1981年夏天起，多次爆发青少年与警方的暴力冲突。

1973年以后，法国人在物质生活方面真的发生了变化吗？电脑的涌入、通信手段的普及（电话、录音机，以及当局允许"私人电台"存在）肯定影响到人们的日常生活，而最基本的变化已经实现：从四马力小汽车到影像设备，一脉相承的发展持续进行着，上文提到凯尔西地区杜埃勒村在1975年出现的主要特征标志了决定性的转变，此后几年只是继续发展而已；从此，城乡居民在生活方式上越来越接近。

"巴士底狱"的倒塌

物质上的变化可用数量来表达，因而也相对容易被察觉，但对思想意识和社会行为演变的分析则困难得多：这方面统计数据更少，对现象的解释更困难，而且不可能用曲线来描绘。此外，我们已看到，意识和行为并不依政治和经济的节奏变化，惯性机制在这一领域里起着作用。出于这一原因，转变直到1965年左右才开始。因此，1973至1974年的断裂现象在思想和社会行为方面的表现要比经济层面的影响小得多，所以探讨这一时间段前后在思想和行为上的变化或连续性的意义不大。重要的在于考察60年代中某些社会机制的衰落和演变，这些社会机制在历史上曾是规范人们社会行为的根基。在这一领域内，20年中人们看到几座"巴士底狱"纷纷倒塌或出现裂痕。

1965年前后，当梵蒂冈实施规模庞大的第二次教会改革时，法国天主教会显示出深刻危机的若干征兆。我们暂且把这两个现象的相互关系搁在一边，因为回答这个问题势必关系到对罗马天主教主教会议的评价。更重要的是天主教的内部危机与法国人参与宗教活动急剧减少同时发生。事实上，人们观察到教会信徒人数减少和教会本身出现了危机。教会问题的最突显症状是神职岗位减少而造成教士人数下降。受戒教士从1959年的567人下降至10年后的370人，至1979年只剩125人。如果这一数字得到确认，那么神父数量将从目前的3万多人减至20世纪末的1.2万人。至于很少参与圣事活动和周日礼拜的信徒们，一方面是因为"脱教的"人数增加，另一方面也因为受到第二次梵蒂冈主教会议通过的改革礼拜仪式的困扰。更何况年轻一代对教会的态度——他们中受洗礼人数明显下降——令振兴教会更无希望。80年代初只有15％的小学生和8％的中学生与学校内的指导神父有定期联系。随着信徒年龄的老龄化，出现了这样一个重要问题：20年后法国人是否还是天主教徒？不管人们对这个问题作何回答，也不去预料神明会否报复，有一点是无可争辩的，即法国天主教会正面临自身定位的危机。

那么家庭机制是否同样存在危机呢？结论不那么简单。如果从家庭生活的关键即婚姻的表面情况来看，危机确实存在：结婚更难、离婚更易。当然法国还没达到斯堪的纳维亚国家的水平，但"婚前同居"的现象增加了，从1968年到1977年，"婚前同居"的男女比例从17％增加至44％。但是这一数据亦可以作相反的解释，人们可以认为"青春期同居"是"婚前行为"，正式婚姻被推迟了。如果这样来考虑问题，就不是对传统家庭机制的反叛，只是社会行为发生了变化。对家庭机制威胁较大的是男女"随意同居"数量的增加，这类男女在80年代中期的法国社会中有将近50万对。1980年在法国出生的新生儿中婚外生育占十分之一，在巴黎占五分之一。许多男女不是推迟婚姻，而是不考虑。或许在这种情况下男女两人比较容易分手：事实上，最近15年来法国的离婚率上升已是不争的事实。但是进一步分析会发现，"同居"属于不想结婚或出于同一想法地摆脱婚姻，而不是婚姻的推迟。"随意同居"男女常常对家庭共同生活的设想与结婚男女的想法不同，1978年社会保险局承认了男女自由同居的权利。如果说离婚现象上升，男女长久结合的理想却没有改变：如果男女双方中断关系，是因为他们看到双方长久结合的条件不再具备。这样来看，家庭机制并没遭到质疑。1982年进行的关于是否仍相信"传统价值观"的民意调查显示，18岁以上的法国人中相信"婚姻价值观"的人占72%，而相信"政治理想"的只有33%。

除了婚姻问题外，是否还能说家庭观念的衰落呢？维护者或反对者中许多人会作出肯定的答复。但是事实上不一定。1982年的同一次民意调查显示，88%被调查者的价值观中"家庭"占首位，仅9%的人对"家庭"的价值表示怀疑。史学家安德烈·比尔吉埃在评论那次民意调查结果时指出，看来家庭仍是"稳定的有安全感的价值"。事实上，从"家庭"赖以支撑的两大支柱——血亲关系和家族成员关系——来看，很难得出家庭观念衰落的结论。血亲关系，即有血缘关系的家庭成员之间，依然起着重要的纽带作用。由于人口平均寿命的延长，一家人与父母亲、祖父母，甚至曾祖父母相处生活的时间会更长。而且因城市生活的束缚和女性参加工作等原因，祖辈在照看和教育孩子方面发挥更大的作用。经济因素往往亦迫使年轻夫妇在父母家待得更久，即使离开了往往还需要父母的帮助。虽然城市化时代的血亲关系不像过去乡村中那么重要和有凝聚力,但也不像人们常常描写的那样分化瓦解。至于家族成员的关系,我们观察到它也不像初步分析得出的不稳定结论。因此有些现象还得归结为社会行为的变化。

至于社会行为的变化,人们可从女性生活条件和性这两个领域来观察。在这两个领域内,现代避孕方法的普及和国家允许堕胎都起了决定性的作用。1972年博比尼地方法院审理一起私自堕胎案引起轩然大波,仅仅两年后的 1974 年 12 月 20 日,根据时任卫生部长西蒙韦女士提出的法案,国会通过了一项在某些条件下允许自愿堕胎的法律。此事不能不引发社会争论和大辩论,国民对此意见分歧,认为导致"放任的社会"。但是真会因此带来性道德的更加开放吗?由于缺乏真正可信的调查,很难精确地估计青年男女中有婚前性行为的比例——其实如上所述,人们在 60 年代已看到了这方面的变化——也很难说标榜的性自由只是倡导移风易俗还是真的实际性行为。总而言之,与社会行为一样,社会的想象亦发生了颠覆性的巨变:在 20 年中,社会面对性问题的宽容度有了深刻的不可逆转的转变,抗拒力量节节后退。

因此得出如下结论:一些传统的社会机制退化了,但某些社会行为及风俗变化更大。或许后者的影响更值得注意:风俗的转变以及面临快速发展的时代和社会价值观的变化,对诸如生死、工作、性关系及婚姻等方面有了新的态度。这 20 年来,不但社会制度出现危机,人们更经历了"某些传统调节机制的危机"(米歇尔·克罗齐埃语)。我们看到,若干约束性的调节机制长期来占主导地位,它们是与经济贫困、社会不安全以及建立在节俭、储蓄防老等观念基础上的文明密切相关的。当法国在"辉煌 30 年"中富裕起来后,比过去多得多的民众有了充实的安全感,那些构成调节机制的传统美德便丢失了。随着社会各阶层权威的弱化,经济约束感的松弛也导致了社会监督的松懈。如果说这层因果关系的意义深长，那么在持久遭受经济危机冲击、社会机体发生深刻变化、意识形态上已失去部分参照系的法国，将会产生怎样的新型社会关系呢？

典范的消失

1978年让-克洛德·吉耶博在《孤儿年代，1968—1978》一书中描绘了一幅充满着"轻率的神话""破败的信念""战斗失败"的知识界景象，他的结论是："如果1978年春天的时尚是优雅的悲剧主义和'新哲学'，谁会感到惊讶呢？"事实上，数月前一批年轻的哲学家登上了舞台。从编年史的角度来看，"新哲学"运动无疑是昙花一现。在同一旗号下集结了一些所谓思想家，他们的分析往往不着边际，这些人后来的政治轨迹也显示了这一特征。这批人靠大张旗鼓的媒体宣传才略成气候，更显示出他们的影响纯系人为炒作。

不过，靠人为炒作起家、瞬息即逝的团体出现却是一个征兆，一种催化剂。称其为征兆是因为70年代法国知识界再次对马克思主义提出质疑。法国知识界对马克思主义提出质疑并非开始于1977年，但因为那时出现了一批"新哲学家"而显得更加突出，须知这些"新哲学家"几年前还沉浸在马克思主义思想源泉里不亦乐乎呢。"新哲学"运动不但显示出一个更广范围的现象，还是该现象中的一个因子，掀起了一场关于极权主义制度的大辩论。其实辩论本身在它出现之前已经展开，个别成员只是通过出版几本畅销书，使这场辩论突破知识界的狭窄圈子而扩大到更广的社会。譬如贝尔纳-亨利·列维的《人面兽行》和安德烈·格卢克斯曼的《思想大师》两本书的发行量很大。对研究法国知识界现状的分析家来说，"新哲学"作为征兆和催化剂是首选的观察站，它处于多种思潮的交汇点上，因此通过它能从源头上了解在60年代影响了部分青年大学生的各种思想。我们又遇到了"一代人"的现象：许多"新哲学家"在1965年前后年龄为20岁，1968年前就读于文科预科班（en khâgne），后来多数到巴黎高师深造。那时精神分析学家雅克·拉康正在高师开设著名的课程，大师在课上阐述的论题成为日后"新哲学派"发挥的议题之一。同时，巴黎高师也是法共成员、哲学家路易·阿尔都塞发挥影响的地方，不过他的一些弟子后来转向为毛派；10年后又对中国模式感到失望。在此期间发生了1968年的五月事件，使马克思主义在知识界的影响变得模糊不清。

但是这一代"新哲学家"尤其受到"索尔仁尼琴效应"的影响。因苏联在1956年干涉匈牙利，以及1968年华沙条约组织占领捷克斯洛伐克，苏联的典范早已受到侵蚀，在70年代更进一步地分崩离析。之所以会造成这一现象，《古拉格群岛》一书起了决定性的作用，正如它在其他国家产生了类似的影响。该书第一卷于1974年在法国出版，发行60万册很快售罄。如此大的发行量扩大了该书的影响，不但在知识界而且也触及了较广泛的公众舆论。这本书的影响除了被广泛阅读而传播外，还由于该书的双重意义。一方面，它把斯大林现象与劳改营联系起来。这一点过去也有人指出，但是索尔仁尼琴的书使人们从此不能再回避这个问题。另一方面，苏联政府在剥夺索尔仁尼琴的国籍后，于1974年2月将他驱逐出国，于是令法国舆论界更关注"政治异见者"的命运。《古拉格群岛》最后冲毁了苏联模式，从此，卷入巨浪中的某些"新哲学家"热衷于借题发挥，扩大影响。1975年安德烈·格卢克斯曼发表《吃人者及其厨娘》后写道："古拉格群岛不是'意外事件'，而是与马列主义一脉相承的。"于是辩论涉及意识形态领域。对马克思主义的批评重新激活了对极权主义现象的思考。

与此同时，在60年代曾受到推崇的中国模式也开始被怀疑。对苏联感到失望的法国极左派也不再把中国看作典范。由于在70年代初，中国的影响已超出知识分子的狭小圈子而波及更广范围，因此风向的转变显得更为猛烈。当年有不少法国知识分子作中国之行，"从中国归来"成为一个热门话题；其内容即使不算热门，至少民众都愿意听。这股风引起法国公众舆论的好奇心，他们把注意力越来越多地投向这个世界上人口最多的国家。阿兰·佩雷菲特在1973年发表《当中国觉醒时》一书获得巨大成功便是明证。70年代末对中国模式的疏远突如其来。其来势之迅速可以从几年内多种因素的汇合来解释。首先是中国经济发展迟缓，令人对一直以来把中国作为第三世界国家发展社会和经济、克服贫穷落后、对外坚持独立、根据贫穷国家现实来发展工业的典范产生了怀疑。在深受第三世界国家吸引的法国知识界，怀疑中国有否能力走出一条发展中国家的独特道路，于是中国失去了部分的同情者。再则在同一时期，中国正开始扩大国际交往，寻求与西方资本主义相互接近，这些在极左派看来都损害了中国的形象。

其他一些替代苏联模式的国家也遭到了不信任。古巴在十年前被称为拉丁美洲的革命中心，后来又因切·格瓦拉为革命事业献身而被光环笼罩，但70年代中被光环笼罩的古巴逐渐褪色。古巴因与莫斯科站在一边而受到影响。同时，古巴被揭露在监狱中关押着政治犯而失去了许多法国知识分子的同情。此外，法国知识界与广泛的公众舆论对1975年发生在中南半岛的事件感到极大震惊。许多法国人反对美国干涉东南亚，支持越南和柬埔寨的抗美战争，因此对逃离战火的越南"海上难民"的命运极为同情。但是"红色高棉"集团在柬埔寨搞"血腥的乌托邦"被揭发后，人们对某些第三世界国家解放运动的评价急转直下。由于这种种典范（犹如语法上作为动词变位的范例一样）的破灭，从此再不能作为选择革命道路时的借鉴。

结束语

在欧洲其他国家，因长期吸引极左派的"革命典范"倒台引起了恐慌，加上1968至1972年间"极左"战斗精神遭受挫折，因此转向搞暗杀和恐怖活动。法国极左派没有在政治幻想破灭后走上极端形式的道路。是否因为法国的社会和经济境况比意大利较优越而不同？这种说法无论如何不能解释当时西德的极左恐怖活动。那么社会制度稳定是否起更决定性的因素呢？事实上，西德的政治协调机制运作得相当正常。如果说当年法国的极左派没有走上武装行动的道路，可能是因为知识界氛围的不同。贝特朗·普瓦罗-德尔佩什曾以"文化环境"来解释现象。让-保尔·萨特或许以其全部影响力阻止了极左派走上恐怖主义道路。雅克·拉康或许也间接地发挥了避雷针的作用，他在课堂上说服某些年轻知识分子避免走集体解放的虚妄之路——这种想法总是被某个"大师"所阻拦。此外，人们在这些影响中看到了"新哲学派"运动的一个根源，它在三四年后开花结果，在更广泛意义上成为孕育人权运动的土壤之一。总之，因法国"极左派"的文化底蕴深厚而构成了一道防护墙，致使极左运动最终导向伦理领域，而非实际行动。

不论是否伴有恐怖主义，关于极权制度的辩论以及对"典范"产生怀疑，此两者引起了法国知识界的"哥白尼式革命"。事实上，整个意识形态失去了习惯的参照系，从此，须以另一种方式来审视世界。跨入80年代后，国际关系再度紧张，使苏联模式在法国人心目中丧失殆尽。冷战期后，苏联在第三世界势力的扩张以及它在欧洲舞台上保持核武器和常规武器的优势，不但损坏其形象——民意调查结果显示，1980年仅有24％的法国人认为"苏联是真心想和平的"，而在1975年时持同一看法的还有58％——还令人产生不安，重新感受到在"和平共处"时期已经淡忘了的苏联威胁。埃莱娜·卡雷尔·当科斯的《崩溃的帝国》一时成为畅销书,或许反映了法国人的忧虑心态。

以往几十年中"伟大典范"消失后留下的空白,是否造成 1983 年被人称为"左派知识分子大沉默"现象的原因呢?有关这一现象的讨论使当年夏季各报刊专栏十分热闹。在此仅指出一点,即这一空白使某些处于边缘的思想潮流进入了法国的意识形态领域。那些五花八门且往往相互矛盾的思想有一个共同点,即它们过去在知识界毫无影响,现在突然间冒了出来。譬如,60 年代末诞生的"新右派"显然在左派意识形态危机出现之前就已存在,它在十年后才开始被人议论。当左派的意识形态占统治地位时,人们无法想象"新右派"的一些观点——譬如"遗传的等级""社会精英主义"等——会有任何市场。那么它是否能在法国文化的土壤里真正扎根呢?目前看来这只不过是"孤儿年代"动荡的一个迹象,称不上是一次知识的分化。影响更大、意义更重要的倒是在左、右派的思想交锋中,自由主义思潮在几年里站稳了脚跟。长期来在法国知识界遭排斥的雷蒙·阿隆在晚年得到更多的认同,这一现象具有一定的显示意义。当然在法国思想史上自由主义流派一直存在,但是与英美或德国不同,法国的自由主义在 20 世纪从未成为主流意识形态。相反,人们看到在战后年代中,自由主义流派在法国处于相当孤立的境地,至少在知识界如此。

有利于自由主义滋长的各种意识形态的交锋,不但因为某些"典范"的销蚀而趋于活跃,也使历来经纬分明的政治视野变得模糊不清。法国几位重要的思想家在 70 年代先后去世,令思想界的模糊局面更为突显。一方面因"典范"消失而希望落空,另一方面丧失了公认的思想大师,法国部分知识分子骤然变为双重"孤儿"。事实上,一年内多位大师出现变故,1980 年初雅克·拉康停止了他的"学派"

活动，4月间让-保尔·萨特和罗兰·巴特相继去世，11月哲学家路易·阿尔都塞因精神病被送入医院。

左派知识分子"伟大榜样"的退出舞台，左派知识界致力探索新的道路、思考法国社会的深刻变化，以及自由主义思潮在裂缝中冒头等等，这一系列因素使80年代初期的法国与其说是出现了黄昏景象不如说是德莱菲斯事件以来多次发生的知识界的脱胎换骨。目前看来，知识界转型的轮廓尚不分明，历史学家只能揭示70年代法国知识界的分化和面临的问题，以及80年代中期的困惑。我们无法在此推断，只能指出正在进行的知识界辩论中各派分歧，在这场辩论和文化创造中，或许人们正看到人道主义的复兴。将人类及其充分发展作为艺术创造和政治斗争的最终目标是否属于一种新现象呢？或许不是，但是也不得不看到人道主义的价值已逐渐发生了变化。近年来的伟大哲学已揭示出它的某些过时甚至反动的一面——萨特在一次引起轩然大波的演讲中曾宣称"存在主义即人道主义"，而时代精神却得出了人类死亡的结论。抽象艺术捅破了表象，摈弃塑造人物的"新小说"无力对破碎的表象加以修补，贝克特和尤内斯库的戏剧也对此无能为力。35年后，形象艺术东山再起，小说特别是历史小说强势登台，是否说明人道主义重新获得了尊重呢？总之，它们与政治辩论中捍卫人权的斗争不无关系，人权观念已超越了法国左右两派的传统分歧，深入知识分子的人心。从这层意义上说，让-保尔·萨特和雷蒙·阿隆俩在一次声援越南难民的集会上重逢并以他们的方式结束了几十年来在意识形态上的纷争：第二次世界大战结束以来，象征着法国知识界两派对立观点的两位知识分子在1979年6月的会面，其象征意义令观察家们刮目相看，事件的重要性或许远远超过了两位当事人的个人关系。

本书法汉译名对照表（人名）

A. Guépin　A. 盖潘
Abbon　阿邦
Abel Lefranc　阿贝尔·勒弗朗
Abélard　阿贝拉尔
Acarie　阿卡莉
Adalard　阿达拉尔
Adam de la Halle　亚当·德·拉阿勒
Adamov　阿达莫夫
Adolphe Blanqui　阿道夫·布朗基
Adrets　阿德雷
Agricol Perdiguier　阿格利科·佩迪吉埃
Alain Krivine　阿兰·克里维纳
Alain Peyrefitte　阿兰·佩雷菲特
Alain Saint-Ogan　阿兰·圣-奥冈
Alain Touraine　阿兰·图雷纳
Alain-Fournier　阿兰-傅尼耶
Albert Camus　阿尔贝·加缪
Albert de Mun　阿尔贝·德蒙
Albert Einstein　爱因斯坦
Albert le Grand　大阿尔贝神父
Albert Thibaudet　阿尔贝·蒂博代
Alberti　阿尔贝蒂
Alceste　阿尔塞斯特
Alexandre Dumas　大仲马
Alexandre Ⅶ　亚历山大七世

Aliénor　阿丽埃诺
Alphonse Daudet　阿尔丰斯·都德
Alphonse de Châteaubriant　阿方斯·德·沙托布里昂
Amauri de Bène　阿莫里·德·贝纳
Ambroise Paré　安布鲁瓦兹·帕雷
Anacréon　阿那克里翁
Anatole de Monzie　阿纳托尔·德·蒙齐
Anatole France　阿纳托尔·法朗士
Andre Siegfried　安德烈·西格弗里德
André Allix　安德烈·阿利克斯
André Breton　安德烈·布勒东
André Burguière　安德烈·比尔吉埃
André Fougeron　安德烈·富热龙
André Gide　安德烈·纪德
André Glucksmann　安德烈·格卢克斯曼
André Malraux　安德烈·马尔罗
André Stil　安德烈·斯蒂尔
Andrea del Sarto　安德烈亚·德·萨尔托
Angélique Arnauld　安热莉克·阿尔诺
Angélique de Saint-Jean　安热莉克·德·圣让
Anne du Bourg　安纳·杜·布尔

Anne 安娜
Annie Kriegel 安妮·克里格尔
Antoine Arnauld 安托万·阿尔诺
Antoine Baïf 安托万·巴依夫
Antoine Ducup 安托万·杜居普
Antoine Godeau 安托万·戈多
Antoine Jacmon 安托万·雅蒙
Antoine Pinay 安托万·比内
Antoine Prost 安托万·普罗斯特
Apollinaire 阿波利内尔
Apollon 阿波罗
Arago 阿拉戈
Aristide Briand 阿里斯蒂德·白里安
Aristote 亚里士多德
Armand Peugeot 阿尔芒·珀若
Arnaud de Corbie 阿诺·德·科尔比
Arnoul Greban 阿尔努·格雷邦
Arthur Young 亚瑟·永格
Aubigné 奥比涅
Auguste Comte 奥古斯特·孔德
Augustin Thierry 奥古斯丁·梯叶里
Autant-Lara 奥唐-拉腊
Averroès 亚维侯
Avicenne 亚维森纳
Aymond 埃蒙

Babeuf 巴贝夫
Balzac 巴尔扎克
Barbe Buvée 芭尔贝·布韦
Barbès 巴贝斯
Barbier 巴比埃
Barère 巴雷尔
Barrès 巴雷斯
Baudelaire 波德莱尔
Baudry de Bourgueil 博德里·德·布尔盖伊
Bazaine 巴赞
Bazard 巴扎尔
Béarn 贝亚恩

Beaumarchais 博马舍
Beauneveu de Valenciennes 包纳伏·德·瓦朗西纳
Bécassine 贝卡西纳
Beccaria 贝卡里亚
Beckett 贝克特
Beethoven 贝多芬
Belin 贝兰
Benjamin Franklin 本杰明·富兰克林
Benoît Malon 伯努瓦·马隆
Benserade 邦瑟拉德
Benvenuto Cellini 本韦努托·切利尼
Béranger 贝朗热（11世纪教区督学）
Béranger 贝朗瑞（19世纪诗人）
Bergery 贝热里
Bergès 贝热斯
Bergson 柏格森
Berlioz 柏辽兹
Bernard-Henri Lévy 贝尔纳-亨利·列维
Bersuire 贝尔絮
Berthelot 贝特洛
Berthollet 贝托莱
Bertrand Poirot-Delpech 贝特朗·普瓦罗-德尔佩什
Bertrand Russell 伯特兰·罗素
Bérulle 贝吕勒
Bibi Fricotin 比比·弗利科坦
Biron 比隆
Bizet 比才
Blake 布拉克
Blériot 布莱里奥
Boccace 薄伽丘
Boèce 波埃斯
Boileau 布瓦洛
Boisrobert 布瓦罗贝尔
Bonald 博纳尔德
Bonaventure des Périers 博纳旺蒂尔·德·佩里耶
Boniface Ⅷ 卜尼法斯八世

本书法汉译名对照表（人名）　　867

Bonnard 波纳尔
Boris Vian 鲍里斯·维昂
Borkenau 博克瑙
Bossuet 波舒哀
Bouchard 布夏尔
Boucher 布歇
Boucicaut 布锡考特（14世纪法国元帅）
Boucicaut 布西科（19世纪商人）
Bouhier 布依埃
Bourgès-Maunoury 布尔热-莫努里
Bourget 布尔热
Bouvard 布瓦尔
Branly 布朗利
Braque 布拉克
Bredeau 布雷多
Briçonnet 布里索内
Brissot 布里索
Brunehaut 布吕纳奥
Brunet Latin 布吕内·拉丁
Brunetière 布伦蒂埃
Brunhes 布吕纳
Bucer 比塞
Buffon 布丰
Buonarotti 布奥那罗蒂

Cabet 卡贝
Caillaux 卡约
Caillebotte 卡耶博特
Calderon 卡尔德隆
Camille Sée 卡米耶·塞（19世纪法国政治家）
Camille 卡米耶（高乃依《贺拉斯》中人物）
Campanella 康帕内拉
Canfeld 康费尔
Caravage 卡拉瓦乔
Carnot 卡尔诺
Casanova 卡扎诺瓦
Cassandre 卡桑德勒

Castellion 卡斯特利奥
Catherine Ⅱ 叶卡捷琳娜二世
Catherine de Médicis 卡特琳·德·美第奇
Caton 加图
Caumery 科默利
Cavaignac 卡芬雅克
Celse 克理索
Cervantes 塞万提斯
Cézanne 塞尚
Ch. Morazé Ch. 莫拉泽
Ch. Trenet 夏尔·特雷内
Chagall 夏加尔
Chalais 夏莱
Chapelain 夏普兰
Chaptal 夏普塔尔
Chardin 夏尔丹
Charles Ⅶ 查理七世
Charles-Jean-François Hénault 夏尔·埃诺
Charlemagne 查理曼大帝
Charles Ⅱ 查理二世
Charles Ⅴ 查理五世
Charles Ⅵ 查理六世
Charles Ⅷ 查理八世
Charles Ⅸ 查理九世
Charles Ⅹ 查理十世
Charles de Gaulle 夏尔·戴高乐
Charles Fourier 夏尔·傅立叶
Charles Maurras 夏尔·莫拉斯
Charles Perrault 夏尔·佩罗
Charles Vanel 夏尔·瓦内尔
Charles-Louis Philippe 夏尔-路易·菲利普
Charlot 夏尔洛
Charpentier 夏庞蒂埃
Chateaubriand 夏多布里昂
Chimène 希梅娜
Choderlos de Laclos 肖代洛·德·拉

克洛
Chopin 肖邦
Chrétien 克雷蒂安
Christian Bérard 克里斯蒂安·贝拉尔
Christine de Pisan 克里斯蒂娜·德·比尚
Christophe Colomb 哥伦布
Chrysale 克利萨勒
Cicéron 西塞罗
Cinq-Mars 圣马斯
Claude Bernard 克洛德·贝尔纳
Claude Bourdet 克洛德·布尔代
Claude Debussy 克洛德·德彪西
Claude Monet 克洛德·莫奈
Claude Morgan 克洛德·摩根
Claude Roy 克洛德·鲁瓦
Claude Seyssel 克洛德·赛塞尔
Claus Sluter 克洛斯·斯吕特
Clémenceau 克列孟梭
Cléopâtre 克莱奥帕特
Clovis 克洛维
Cognac-Jay 科尼亚克-热
Colbert 柯尔贝
Coligny 科利尼
Collucio Salutati 科吕希奥·萨卢塔蒂
Colonne 科洛纳
Combes 孔布
Concini 孔奇尼
Condé 孔代
Condillac 孔狄亚克
Condorcet 孔多塞
Condren 孔德朗
Copeau 科波
Copernic 哥白尼
Coppée 科佩
Corbon 高尔蓬
Cornélius Jansénius 康内留斯·让森
Corot 柯罗
Coton 科东
Courajod 库拉若
Courbet 库尔贝
Cousin 库辛
Cramoinsy 克拉莫瓦齐
Croquart 克罗加
Cupidon 丘比特
Cuvier 居维叶
Cyrano de Bergerac 西拉诺·德·贝热拉克
d'Alembert 达朗贝尔
d'Argenson 达尔让松
d'Artagnan 达塔尼昂
Daniel Cohn-Bendit 丹尼尔·科恩-本迪特
Daniel Guérin 达尼埃尔·盖兰
Daniel Mayer 达尼埃尔·梅耶
Danton 丹东
Darlan 达尔朗
Darwin 达尔文
Dauzat 多扎
David Caute 戴维·科特
David de Dinant 大卫·德·迪南
de Bourdeille 德·布尔代耶
de Canillac 德·卡尼亚克
de la Devèze 德·拉德韦兹
de Launay 德·洛奈
de Lautrec 德·洛特雷克
de Lespinasse 德·莱斯皮纳斯
de Longueville 德·隆格维尔
de Malestroit 德·马莱斯特瓦
de Mortsauf 德·莫尔索
de Pompadour 德·蓬帕杜尔
de Rambouillet 德·朗布耶
de Rou 德·鲁
de Saci 德·萨西
de Saillans 德·塞昂
de Sourdis 德·索迪斯
de Talleyrand-Périgord 德·塔列朗-佩

里戈尔
de Tencin 德·唐森
de Tour 德·图
de Turenne 德·蒂雷纳
Degas 德加
Delacroix 德拉克洛瓦
Delcassé 德尔卡塞
Delescluze 德勒克吕兹
Delibes 德利布
Delphine Renard 德尔菲娜·勒纳尔
Demangeon 德芒戎
Denis Papin 德尼·帕潘
Denys 德尼
Deprez 德普雷
Derain 德兰
Des Jardins 德·雅尔丹
Diderot 狄德罗
Dienne 迪耶纳
Dimanche 迪芒什
Doletus 多雷图斯
Dom Juan 唐·璜
Domenico del Barbiere 多梅尼科·德尔·巴比埃
Don Quichotte 堂·吉诃德
Donat 多纳
Dontenville 东唐维尔
Doon 都恩
Dreyfus 德莱菲斯
Drieu La Rochelle 德里欧·拉罗舍尔
Drumont 德吕蒙
du Bellay 杜贝莱
du Deffand 杜·德芳
Dubuffet 迪比费
Dubuisson Aubenay 杜皮松·奥伯内
Dufy 杜飞
Duguesclin 杜·盖克兰
Dullin 杜兰
Duns Scot 邓斯·司各脱
Dupuy 杜普伊

Durkheim 涂尔干

E. de Martonne E. 德·马托纳
E. Juillard E. 朱亚尔
E. Labrousse E. 拉布鲁斯
E. Villermé E. 维莱梅
Eberhard Jäckel 埃伯哈德·耶克尔
Écrasons 埃克拉宗
Ecrlinf 埃克兰
Edgar Morin 埃德加·莫兰
Edgar P. Jacobs 埃德加·P. 雅各伯
Édouard Ⅲ 爱德华三世
Édouard Bourdet 爱德华·布尔代
Édouard Herriot 爱德华·赫里欧
Édouard Michelin 爱德华·米什兰
Ehrenberg 埃伦贝格
Eliott Ness 埃利奥特·内斯
Élisa 埃莉萨
Élisabeth Ⅰ 伊丽莎白一世
Elvire 埃尔薇
Emmanuel Le Roy Ladurie 埃马纽埃尔·勒鲁瓦-拉迪里
Emmanuel Mounier 埃马纽埃尔·穆尼埃
Énée 埃涅阿斯
Enfantin 昂方坦
Épictète 爱比克泰特
Érasme 伊拉斯谟
Ernest Hemingway 海明威
Ernst 恩斯特
Estaunié 埃斯托涅
Estoile 埃图瓦勒
Étienne Boileau 艾蒂安·布瓦洛
Étienne Dolet 艾蒂安·多雷
Étienne Marcel 艾蒂安·马塞尔
Étienne Pascal 艾蒂安·帕斯卡
Euclide 欧几里德
Eugène Schneider 欧仁·施奈德

Fabrice　法布里斯
Falloux　法鲁
Farel　法雷尔
Fauré　福莱
Félix Raugel　费利克斯·罗热尔
Fénelon　费奈隆
Ferdinand Brunot　费迪南·布吕诺
Ferhat Abbas　费尔哈特·阿巴斯
Fermi　费米
Fernand Braudel　费尔南·布罗代尔
Fernand Pelloutier　费尔南·佩鲁蒂埃
Feydau　费多
Figaro　费加罗
Fillippo Lippi　菲利波·利比
Flandin　弗朗丹
Flaubert　福楼拜
Fléchier　弗莱希耶
Fleury　弗勒里
Fontainemarie　丰丹纳马利
Fontenelle　丰特奈尔
Forain　福兰
Forest　福雷斯特
Fouché　富歇
Fouquet Lemaître　富凯·勒梅特
Fra Angelico　弗拉·安杰利科
Fragonard　弗拉戈纳尔
Francis Ponge　弗朗西斯·蓬热
Franck　弗兰克
Franco　佛朗哥
François Ier　弗朗索瓦一世
François Couperin le Grand　大库普兰
François d'Estut　弗朗索瓦·德斯杜
François de Sales　弗朗索瓦·德·萨勒
François Furet　弗朗索瓦·福雷
François Goguel　弗朗索瓦·戈盖尔
François Mauriac　弗朗索瓦·莫里亚克
François Mitterrand　弗朗索瓦·密特朗
François Vatel　弗朗索瓦·瓦泰尔
François Villon　弗朗索瓦·维永

Françoise Blondin　弗朗索瓦丝·布隆丹
Franquin　弗朗坎
Frédéric Ⅱ　腓特烈二世
Frédéric Joliot-Curie　弗雷德里克·约里奥-居里
Fréron　弗雷隆
Fugger　富格尔
Fulbert　福尔贝
Fustel de Coulanges　德·库朗日
F. Spinola　F. 斯皮诺拉

G. Baty　G. 巴蒂
G. Le Bras　G. 勒勃拉
G. Pitoëff　G. 庞托埃夫
Gabin　迦本
Galien　盖伦
Galiffet　嘉利费
Galilée　伽利略
Gambetta　甘必大
Gamelin　甘末林
Garavel　加拉韦勒
Gaspard Monge　加斯帕尔·蒙日
Gassendi　伽桑狄
Gaston Fébus　加斯东·费比斯
Gaston Roupnel　加斯东·鲁普内尔
Gaston Tessier　加斯东·泰西耶
Gaufridy　戈弗里迪
Gauguin　高更
Gautier　戈蒂埃
Gay-Lussac　盖·吕萨克
Geoffrin　若弗兰
Geoffroy　吉奥弗瓦
Geoffroy-Saint-Hilaire　若弗鲁瓦-圣-伊莱尔
George Sand　乔治·桑
Georges Auric　乔治·奥里克
Georges Bernanos　乔治·贝尔纳诺斯
Georges de La Tour　乔治·德·拉图尔
Georges Desvallières　乔治·德瓦利埃

Georges Duhamel 乔治·杜亚美
Georges Dumas 乔治·杜马
Georges Friedmann 乔治·弗里德曼
Georges Lefebvre 乔治·勒费弗尔
Georges Méliès 乔治·梅利埃
Georges Ohnet 乔治·奥内
Georges Pompidou 乔治·蓬皮杜
Georges Remi 乔治·雷米
Georges Sorel 乔治·索雷尔
Georgette Auclere 若尔热特·奥克莱尔
Gérard de Nerval 热拉尔·德·奈瓦尔
Gerbert 热贝尔
Gerhardt Heller 盖哈特·赫莱尔
Géricault 杰利柯
Gilles Martinet 吉尔·马蒂内
Giotto 乔托
Gischia 吉西亚
Glotz 格洛茨
Godefroy Cavaignac 戈德弗鲁瓦·卡韦尼亚克
Godin 戈丹
Goethe 歌德
Goncourt 龚古尔
Gondi 贡迪
Gontier Col 贡捷·科尔
Goscinny 戈西尼
Gounod 古诺
Gouvion-Saint-Cyr 古维翁·圣-西尔
Greg 格雷格
Grégoire 格雷古瓦
Greuze 格勒兹
Gruber 格吕贝
Guépin 盖潘
Guibert de Nogent 吉贝尔·德·诺让
Guillaume IX 纪尧姆九世
Guillaume Budé 纪尧姆·比代
Guillaume d'Ockham 纪尧姆·德·奥克汉姆
Guillaume d'Orange 纪尧姆·德·奥朗热
Guillaume de Lorris 纪尧姆·德·洛里斯
Guillaume de Machaut 纪尧姆·德·马肖
Guillaume Fichet 纪尧姆·菲谢
Guise 吉斯
Guizot 基佐
Gutenberg 谷登堡

H. de Guibert 伊波利特·德·吉贝尔
Hamon 阿蒙
Harlay 哈莱
Harlequin 阿勒坎
Haussmann 奥斯曼
Heidegger 海德格尔
Hélène Carrère d'Encausse 埃莱娜·卡雷尔·当科斯
Hélène 海伦
Helvétius 爱尔维修
Henri II 亨利二世
Henri III 亨利三世
Henri IV 亨利四世
Henri V 亨利五世
Henri Alleg 亨利·阿莱格
Henri Amouroux 亨利·阿穆鲁
Henri Berr 亨利·贝尔
Henri Bordeaux 亨利·波尔多
Henri Brémond 亨利·布雷蒙
Henri de Kérillis 亨利·德·凯里利
Henri de Saint-Simon 亨利·德·圣西门
Henri Gagnon 亨利·加尼翁
Henri Marrou 亨利·马鲁
Henri Mendras 亨利·孟德拉斯
Henri Michel 亨利·米歇尔
Henri Poincaré 亨利·普安卡雷
Henri Wallon 亨利·瓦隆
Henri-Georges Clouzot 亨利-乔治·克

鲁佐
Henry de Montherlant　亨利·德·蒙泰朗
Hercule　海格力斯
Hergé　埃尔热
Hildebert de Lavardin　伊尔德贝·德·拉瓦尔丹
Hippocrate　希波克拉底
Hitler　希特勒
Hobbes　霍布斯
Hoche　奥什
Holbach　霍尔巴赫
Hölderlin　荷尔德林
Homais　郝麦
Homère　荷马
Honoré d'Urfé　奥诺雷·德·于尔菲
Horace　贺拉斯
Hotman　霍特曼
Hugues Capet　于格·卡佩
Hugues de Die　于格·德·迪
Hugues de Lionne　于格·德·利奥纳
Hugues Grotius　于格·格罗修斯
Hugues Jossart　于格·若萨尔
Huizinga　赫伊津哈
Huyghens　惠更斯
Huysmans　于斯曼

Ignace de Loyola　依纳爵·德·罗耀拉
Igor Stravinski　伊戈尔·斯特拉文斯基
Innocent X　依诺增爵十世
Ionesco　尤内斯库
Isabeau de Bavière　伊萨博·德·巴伐利亚

J. Marouzeau　J. 马鲁佐
J.-B. de Villedor　J.-B. 德·维勒道尔
J.-S. Bach　巴赫
Jacques II　雅克二世
Jacques Amyot　雅克·阿米约

Jacques Bainville　雅克·班维尔
Jacques Becker　雅克·贝克
Jacques Chaban-Delmas　雅克·沙邦-戴尔马
Jacques Chardonne　雅克·沙尔多纳
Jacques Clément　雅克·克莱蒙
Jacques Cœur　雅克·柯尔
Jacques Decour　雅克·德库尔
Jacques Delors　雅克·德洛尔
Jacques Feyder　雅克·费代尔
Jacques Lacan　雅克·拉康
Jacques Lefèvre d'Étaples　雅克·勒费弗尔·戴塔普勒
Jacques Maritain　雅克·马利坦
Jacques Mauduit　雅克·莫迪
Jacques Ozouf　雅克·奥祖夫
Jacques Siclier　雅克·西克利埃
Jacques Sirmond　雅克·西尔蒙
Jacques Soustelle　雅克·苏斯戴尔
Jannequin　雅内坎
Jean Bandol　让·邦多尔
Jean Bellechose　让·贝勒肖兹
Jean Bodin　让·博丹
Jean Bruller　让·布吕莱
Jean Burel　让·比雷尔
Jean Buridan　让·比里当
Jean Calvin　让·加尔文
Jean Cocteau　让·科克托
Jean de Billon　让·德·比荣
Jean de Chelles　让·德·谢勒
Jean de Jandun　让·德·雅顿
Jean de la Croix　十字若望
Jean de Meung　让·德·默恩
Jean de Montreuil　让·德·蒙特勒伊
Jean de Rabelais　让·德·拉伯雷
Jean de Salisbury　让·德·萨利斯布里
Jean Duvivier　让·杜维维埃
Jean Faure　让·富尔
Jean Fourastié　让·富拉斯蒂埃

本书法汉译名对照表（人名） 873

Jean Froissart 让·傅华萨	Jean-Paul Sartre 让-保尔·萨特
Jean Genet 让·热内	Jenner 杰纳
Jean Gerson 让·热尔松	Jérôme Jaffré 热罗姆·雅弗雷
Jean Giono 让·季奥诺	Jérôme Lindon 热罗姆·兰东
Jean Giraudoux 让·季洛杜	Jésus 耶稣
Jean Goujon 让·古戎	Jim 吉姆
Jean Guéhenno 让·盖埃诺	John Fortescue 约翰·福蒂斯丘
Jean Guiton 让·吉东	John Law 约翰·劳
Jean Huss 扬·胡斯	John Steinbeck 约翰·斯坦贝克
Jean Jaurès 让·饶勒斯	Johnny Halliday 约翰尼·哈里戴
Jean Lecanuet 让·勒卡尼埃	Joinville 儒安维尔
Jean Macé 让·马塞	Joseph Morlaye 约瑟夫·莫莱
Jean Molinet 让·莫利内	Josquin des Prés 若斯坎·德普雷
Jean Morin 让·莫兰	Juilly 瑞伊
Jean Painlevé 让·班勒韦	Jules César Vanini 于勒·恺撒·瓦尼尼
Jean Perrin 让·佩兰	Jules Ferry 儒勒·费里
Jean Petit 让·珀蒂	Jules Guesde 儒勒·盖德
Jean Prévost 让·普雷沃	Jules Romains 儒勒·罗曼
Jean Prouvost 让·普鲁伏斯特	Jules Sion 儒勒·西翁
Jean Pucelle 让·皮塞勒	Jules Vallès 儒勒·瓦莱斯
Jean Racine 让·拉辛	Julien Benda 朱利安·班达
Jean Renard 让·勒纳尔	Juliette Gréco 朱丽叶·格雷科
Jean Renoir 让·雷诺阿	Juste Lipse 尤斯图斯·利普修斯
Jean Touchard 让·图夏尔	Justinien 查士丁尼
Jean Zay 让·扎伊	Juvénal 朱韦纳尔
Jean-Claude Guillebaud 让-克洛德·吉耶博	
	Kandinsky 康定斯基
Jean-Daniel Reynaud 让-达尼埃尔·雷诺	Kant 康德
	Karl Marx 卡尔·马克思
Jean-François Sirinelli 让-弗朗索瓦·西里内利	Kautsky 考茨基
	Kennedy 肯尼迪
Jean-Jacques Rousseau 让-雅克·卢梭	Képler 开普勒
Jean-Louis Barrault 让-路易·巴罗	Khrouchtchev 赫鲁晓夫
Jean-Luc Godard 让-吕克·戈达尔	
Jeanne d'Arc 圣女贞德	La Bruyère 拉布吕耶尔
Jeanne de Chantal 让娜·德·尚塔尔	La Fayette 拉法耶特
Jeannine Verdès-Leroux 让妮娜·韦尔代斯-勒鲁	La Pouplinière 拉布普利尼埃
	La Reynie 拉雷尼
Jean-Paul Chalin 让-保尔·夏兰	La Tourette 拉图雷特

La Vallière 拉瓦利埃	Léonard 列奥纳尔
Laberthonnière 拉贝托尼埃	Leriche 勒里什
Lachaise 拉雪兹	Liebknecht 李卜克内西
Lacordaire 拉科代尔	Limbourg 兰布尔
Laënnec 拉埃内克	Lindbergh 林德伯格
Lafcadio 拉夫卡迪奥	Lingendes 兰尚德
Laffemas 拉费马斯	Lionne 利奥纳
Laffitte 拉菲特	Liszt 李斯特
Lakanal 拉卡纳尔	Locke 洛克
Lamarck 拉马克	Lope de Vega 洛佩·德·维加
Lamartine 拉马丁	Louis Ⅵ 路易六世
Lamenla 拉梅内	Louis Ⅶ 路易七世
Lameth 拉梅特	Louis Ⅷ 路易八世
Lancelot 兰斯洛特（圆桌骑士）	Louis Ⅸ 路易九世
Lancelot 朗斯洛（17世纪隐修士）	Louis ⅩⅥ 路易十六
Lancret 朗克雷	Louis ⅩⅧ 路易十八
Landes 朗德	Louis Althusser 路易·阿尔都塞
Langlois 朗格卢瓦	Louis Aragon 路易·阿拉贡
Latreille 拉特雷耶	Louis Blanc 路易·勃朗
Laurent de Premierfait 罗朗·德·帕尔米费	Louis d'Orléans 路易·德·奥尔良
	Louis de Bourbon 路易·德·波旁
Lavoisier 拉瓦锡	Louis de Broglie 路易·德·布罗格利
Le Brun 勒布伦	Louis-Ferdinand Céline 路易-费迪南·塞利纳
le grand Cyrus 居鲁士大帝	
le Jouvencel 勒朱韦赛尔	Louis Forton 路易·福尔东
Le Nôtre 勒诺特尔	Louis Jouvet 路易·茹韦
Le Roy 勒鲁瓦	Louis Le Vau 路易·勒沃
Le Tellier 勒泰利埃	Louis Mauduit 路易·摩杜伊
Ledru-Rollin 勒德律-洛兰	Louis Renault 路易·雷诺
Léger 莱热	Louis Ⅺ 路易十一
Leibniz 莱布尼茨	Louis Ⅻ 路易十二
Lénine 列宁	Louis ⅩⅢ 路易十三
Léo Lagrange 莱奥·拉格朗日	Louis ⅩⅣ 路易十四
Léon Ⅹ 利奥十世	Louis ⅩⅤ 路易十五
Léon Bloy 莱昂·布洛伊	Louise de Marillac 圣路易丝
Léon Blum 莱昂·布卢姆	Louise Labé 路易丝·拉贝
Léon Daudet 莱昂·都德	Louis-Napoléon Bonaparte 路易-拿破仑·波拿巴
Léon ⅩⅢ 利奥十三世	
Léonard de Vinci 达芬奇	Louis-Philippe 路易-菲利普

Luca Penni	吕卡·佩尼
Lucain	吕坎
Lucien Febvre	吕西安·费弗尔
Lucien Rebatet	吕西安·勒巴泰
Lucien	琉善
Lucky Luke	勒凯·吕克
Lucrèce	卢克莱修
Lulli	吕利
Lumière	吕米埃
Luther	路德
Luynes	吕伊纳
Maurice Chevalier	莫里斯·谢瓦利埃
MacLuhan	麦克鲁汉
Mac-Mahon	麦克马洪
Madeleine	玛德莱娜
Magritte	马格里特
Maintenon	曼特农
Mairet	梅雷
Maistre	迈斯特
Malebranche	马勒伯朗士
Malet	马莱
Malherbe	马莱伯
Mallarmé	马拉梅
Malthus	马尔萨斯
Mandrake	曼德拉克
Manessier	马内西埃
Manet	马奈
Mannix	曼尼克斯
Mansart	芒萨尔
Marat	马拉
Marbode	马尔波德
Marc Allégret	马克·阿莱格雷
Marc Aurèle	马可·奥勒留
Marc Bloch	马克·布洛克
Marc Sangnier	马克·桑尼埃
Marcel Carné	马塞尔·卡尔内
Marcel Pagnol	马塞尔·帕尼奥尔
Marchand	马尔尚
Marconi	马可尼
Marcrinus	马克里努斯
Margot	玛戈
Marguerite de Berry	玛格丽特·德·贝里
Marguerite de Navarre	玛格丽特·德·纳瓦尔
Marie de Médicis	玛丽·德·美第奇
Marie-Antoinette	玛丽-安托瓦内特
Marie-Thérèse	玛丽-泰蕾兹
Marie	玛丽
Marius Gonin	马利尤斯·戈南
Marivaux	马里沃
Marot	马罗
Marrast	马拉斯特
Mars	玛尔斯
Marsile de Padoue	马西尔·德·帕度
Martin Kléberg	马丁·克莱贝尔
Martin Nadaud	马丁·纳多
Massenet	马斯内
Massillon	马西永
Masson	马松
Mathiez	马蒂埃
Matisse	马蒂斯
Maugis	莫吉
Maupassant	莫泊桑
Maurice Duverger	莫里斯·迪韦尔热
Maurice Merleau-Ponty	莫里斯·梅洛-庞蒂
Maurice Ravel	莫里斯·拉威尔
Maurice Scève	莫里斯·塞夫
Maurice Thorez	莫里斯·多列士
Max Ernst	马克斯·恩斯特
Max Planck	马克斯·普朗克
Max Weber	马克斯·韦伯
Mayenne	马耶纳
Mazarin	马萨林
Méline	梅利纳
Mélusine	梅吕茜

Mendelssohn 门德尔松
Mermoz 梅尔莫兹
Merrheim 梅尔海姆
Mersenne 梅森
Messance 梅桑斯
Metternich 梅特涅
Meyerbeer 梅耶贝尔
Michael R. Marrus 迈克尔·R. 马吕斯
Michel Crozier 米歇尔·克罗齐埃
Michel Servet 米歇尔·塞尔韦
Michel-Ange 米开朗基罗
Michèle Morgan 米歇尔·摩根
Michelet 米什莱
Mickey 米琪
Millerand 米勒兰
Millet 米勒
Miniali 米尼亚利
Miró 米罗
Mistral 米斯特拉尔
Moïse 摩西
Molière 莫里哀
Molina 莫利纳
Monatte 莫纳特
Monge 蒙日
Monmousseau 蒙穆索
Montaigne 蒙田
Montalembert 蒙塔朗贝尔
Montespan 蒙特斯庞
Montesquieu 孟德斯鸠
Montluc 蒙吕克
Montmorency 蒙莫朗西
Montorcier 蒙托西埃
Moreri 莫雷利
Morice 莫里斯
Morny 莫尔尼
Morris 莫里斯
Mortimer 莫尔蒂梅
Mounet-Sully 穆内-苏利
Mozart 莫扎特

Murillo 牟利罗
Musset 缪塞

Napoléon Ⅲ 拿破仑三世
Napoléon Bonaparte 拿破仑·波拿巴
Naquet 纳盖
Nathanaël 纳塔尼埃
Naudé 诺代
Necker 内克尔
Newton 牛顿
Nicodème 尼哥底母
Nicolas Bataille 尼古拉·巴达伊
Nicolas de Clamanges 尼古拉·德·克拉芒日
Nicolas Liévain 尼古拉·列凡
Nicolas Oresme 尼古拉·奥雷姆
Nicole 尼科尔
Nietzsche 尼采
Noailles 诺瓦耶
Novalis 诺瓦利斯

Ockeghem 奥克赫姆
Odilon Barrot 奥迪隆·巴罗
Olier 奥利埃
Olivier d'Ormesson 奥利维耶·德·奥梅松
Origène 俄利根
Orthez 奥尔岱兹
Ossian 莪相
Oswald 奥斯瓦尔德
Ourson 乌尔松
Ovide 奥维德

P. de Dainville 德·丹维尔
P.-J. Proudhon 蒲鲁东
Palatine 帕拉蒂娜
Pam 潘姆
Panckouke 庞古克
Pantagruel 庞大固埃

本书法汉译名对照表（人名）　　877

Pasdeloup　帕德卢
Pascal　帕斯卡
Pasteur　巴斯德
Patin　帕坦
Paul Bourget　保尔·布尔热
Paul Claudel　保尔·克洛代尔
Paul Éluard　保尔·艾吕雅
Paul Fort　保尔·福尔
Paul Langevin　保尔·朗之万
Paul Nizan　保尔·尼藏
Paul Valéry　保尔·瓦莱里
Paulin Talabot　保兰·塔拉波
Pecqueur　贝盖尔
Pécuchet　佩居歇
Péguy　贝玑
Peiresc　佩雷斯克
Pélisson　佩里松
Pelloutier　佩鲁蒂埃
Perceval　佩瑟瓦尔
Péreire　佩雷尔
Périclès　伯利克里
Périer　佩利埃
Pérotin　佩罗坦
Perregaux　佩尔戈
Perrinet Gressart　佩利内·格雷萨
Pétain　贝当
Pétrarque　佩特拉克
Pétrone　佩特罗纳
Philippe Ⅰ　菲利普一世
Philippe Ⅱ　菲利普二世
Philippe Ⅴ　菲利普五世
Philippe Ⅵ　菲利普六世
Philippe Auguste　菲利普·奥古斯特
Philippe de Champaigne　菲利普·德·尚佩涅
Philippe de Mézières　菲利普·德·梅齐埃
Philippe de Néri　菲利普·德·内里
Philippe de Rémi　菲利普·德·雷米

Philippe Tesson　菲利普·泰松
Philothée　菲洛黛
Picasso　毕加索
Pie Ⅶ　庇护七世
Pie Ⅸ　庇护九世
Pie Ⅹ　庇护十世
Piero della Francesca　皮耶罗·德拉·弗兰切斯卡
Pierre Bayle　皮埃尔·贝勒
Pierre Benoît　皮埃尔·伯努瓦
Pierre Bertrand　皮埃尔·贝特朗
Pierre Corneille　皮埃尔·高乃依
Pierre Courtade　皮埃尔·库尔塔德
Pierre d'Ailly　皮埃尔·戴利
Pierre de Bourbon　皮埃尔·德·波旁
Pierre de Fontaines　皮埃尔·德·方丹
Pierre de l'Estoile　皮埃尔·德·埃斯托伊勒
Pierre de Lalande　皮埃尔·德·拉朗德
Pierre de Lescure　皮埃尔·德·莱斯居
Pierre de Vaud　皮埃尔·德·伏德
Pierre Francastel　皮埃尔·弗朗卡斯泰尔
Pierre Hamp　皮埃尔·昂普
Pierre Laval　皮埃尔·赖伐尔
Pierre le Grand　彼得大帝
Pierre Leroux　皮埃尔·勒鲁
Pierre Lescot　皮埃尔·莱斯科
Pierre Lombard　皮埃尔·隆巴尔
Pierre Mendès France　皮埃尔·孟戴斯-弗朗斯
Pierre Poujade　皮埃尔·布热德
Pierre Scize　皮埃尔·西泽
Pierre Seghers　皮埃尔·塞热
Pierre Termier　皮埃尔·泰尔米耶
Pierre-Henri Simon　皮埃尔-亨利·西蒙
Pignon　皮尼翁
Pim　皮姆
Pinchon　班松

Pissarro 毕沙罗
Platon 柏拉图
Pline 普林尼
Plutarque 普鲁塔克
Poimbœuf 波安伯夫
Polignac 波利尼亚克
Polybe 波利比乌斯
Polyeucte 波利厄特
Poniatowski 波尼亚托夫斯基
Popeye 波佩
Porchnev 波什内夫
Porphyre 波菲尔
Postel 波斯代尔
Pouget 布热
Poum 布姆
Poussin 普森
Préclin 普雷克兰
Priscien 普利西安
Proust 普鲁斯特
Psyché 普赛克
Ptolémée 托勒密
Puce 普斯
Puvis de Chavannes 皮维·德·夏凡纳

Quesnel 凯内尔
Quincy 凯西
Quinet 基内
Quintilien 凯蒂里安

R. Mousnier R. 穆尼埃
R. Simon R.夏尔·西蒙
R. Thabault 罗热·塔博
Rabelais 拉伯雷
Raimu 雷缪
A. Rambaud 阿尔弗雷德·朗博
Rameau 拉摩
Raoul Girardet 拉乌尔·吉拉德
Raphaël 拉斐尔
Raymond Aron 雷蒙·阿隆

Raymond Barre 雷蒙·巴尔
Raymond de Sebonde 雷蒙·德·司邦德
Raymond Queneau 雷蒙·格诺
Raynal 雷纳尔
Réaumur 雷奥米尔
Régis Debray 雷吉斯·德布雷
Rembrandt 伦勃朗
Rémusat 雷缪萨
Renan 勒南
Renaudot 勒诺多
René Baehrel 勒内·巴厄雷尔
René Cassin 勒内·卡森
René Char 勒内·夏尔
René Clair 勒内·克莱尔
René Descartes 勒内·笛卡尔
René Martineau 勒内·马蒂诺
René Pintard 勒内·潘塔尔
René Rémond 勒内·雷蒙
Richelieu 黎塞留
Richer 里歇尔
Riemann 黎曼
Rivarol 里瓦罗尔
Robert Brasillach 罗贝尔·布拉西拉
Robert Bresson 罗贝尔·布雷松
Robert d'Arbrissel 罗贝尔·达勃利赛尔
Robert de Molesme 罗贝尔·德·莫莱姆
Robert de Sorbon 罗贝尔·德·索邦
Robert Desnos 罗贝尔·德斯诺斯
Robert Estienne 罗贝尔·艾蒂安
Robert Fabre 罗贝尔·法布尔
Robert Gaguin 罗贝尔·加甘
Robert Mandrou 罗贝尔·芒德鲁
Robert O. Paxton 罗伯特·帕克斯顿
Roberval 罗贝瓦尔
Robespierre 罗伯斯庇尔
Robinson 罗宾逊
Rodogune 罗多古娜

本书法汉译名对照表（人名） 879

Rodrigue　罗德里格
Roger Dion　罗歇·迪翁
Roger Stéphane　罗歇·斯特凡纳
Roger Vailland　罗歇·瓦扬
Rohan　罗昂
Rohan-Sully　罗昂-苏利
Rohault　罗奥
roi Arthur　亚瑟王
Roland Barthes　罗兰·巴特
Roland Garros　罗兰·加罗斯
Ronsard　龙沙
Rossel　罗塞尔
Rossi　罗西
Rossini　罗西尼
Rosso del Rosso　罗索·德·罗索
Rothschild　罗特希尔德
Rotrou　罗特鲁
Rou　鲁
Rouault　鲁奥
Rubens　鲁本斯
Rudi Dutschke　鲁迪·杜契克
Rutebeuf　吕特伯夫
Rutherford　卢瑟福

Sadate　萨达特
saint Alexis　圣亚历克西斯
saint Amand　圣阿芒
saint Anselme　圣安瑟伦
saint Antoine　圣安托万
saint Augustin　圣奥古斯丁
saint Benoît　圣本笃
saint Bernard　圣贝尔纳
saint Bruno　圣布鲁诺
saint Christophe　圣克里斯托夫
saint Cyrille　圣西里尔
saint Dominique　圣多米尼克
saint François　圣方济各
saint Georges　圣乔治
saint Germain　圣热尔曼

saint Hugues　圣于格
saint Jean　圣约翰
saint Jérôme　圣杰罗姆
saint Louis　圣路易
saint Médard　圣梅达尔
saint Nectaire　圣内克泰
saint Nicolas　圣尼古拉
saint Norbert　圣诺贝尔
saint Paul　圣保罗
saint Roch　圣罗克
saint Séverin　圣塞弗兰
saint Théodore　圣泰奥多尔
saint Valérien　圣瓦莱昂
saint Vincent　圣樊尚
Saint-Cyran　圣西朗
sainte Barbe　圣女芭尔贝
sainte Geneviève　圣女日内维耶
sainte Marguerite　圣女玛格丽特
sainte Marie　圣母玛丽亚
Saint-Exupéry　圣-埃克朱贝利
Saint-John Perse　圣琼·佩斯
Saint-Just　圣茹斯特
Saint-Martin　圣马丁
Saint-Saëns　圣桑
Saint-Simon　圣西蒙
Salluste　萨吕斯特
Samuel Bernard　萨米埃尔·贝尔纳
Sancho　桑丘
Sarah Bernhardt　萨拉·伯恩哈特
Saül　萨乌尔
Savaron　萨瓦隆
Scaliger　斯卡利杰尔
Scarron　斯卡龙
Schopenhauer　叔本华
Schumann　舒曼
Scudéry　斯屈代里
Sébastien Gryphe　塞巴斯蒂安·格里夫
Séguenot　塞格诺
Séguier　塞吉埃

Seignobos　塞纽博斯
Sénèque　塞内克
Serge Berstein　塞尔日・贝尔斯坦
Serlio　塞利奥
Seurat　修拉
Sévigné　塞维涅
Shakespeare　莎士比亚
Sieyès　西哀士
Siger de Brabant　西热・德・布拉班特
Silvio Pellico　西尔维奥・佩利科
Simon de Hesdin　西蒙・德・海斯丁
Simon Nora　西蒙・诺拉
Simone de Beauvoir　西蒙娜・德・博瓦尔
Simone Veil　西蒙韦
Simone Weil　西蒙娜・韦伊
Sion　西翁
Sisley　西斯莱
Sismondi　西斯蒙迪
Socrate　苏格拉底
Soljenitsyne　索尔仁尼琴
Sophie Volland　索菲・沃兰
Sorel　索雷尔
Spée　斯佩
Spinasse　斯比纳斯
Spinoza　斯宾诺莎
Spirou　斯皮鲁
Spooner　斯普纳
Stace　斯塔提乌斯
Staël　斯塔埃尔
Stanley Hoffmann　斯坦利・霍夫曼
Stendhal　司汤达
Stresemann　斯特莱斯曼
Suétone　苏埃东
Suger　絮热
Sully　苏利（家族）
Sylvestre II　西尔韦斯特二世
Sylvie Vartan　茜尔薇・瓦丹

Tabalot　塔巴洛

Tacite　塔西陀
Taine　泰纳
Talon　塔隆
Tannery　唐内利
Térence　戴朗斯
Théodore de Bèze　泰奥多尔・德・贝兹
Théophraste Renaudot　泰奥弗拉斯特・勒诺多（17世纪法国报纸发行人）
Théophraste　泰奥弗拉斯托斯（公元前4世纪古希腊哲学家和科学家）
Thérèse d'Avila　亚维拉的德兰
Thiers　梯也尔
Thomas Corneille　托马斯・高乃依
Thomas d'Aquin　托马斯・阿奎那
Thomas Stearns Eliot　T. S. 艾略特
Thucydide　修昔底德
Tilly　蒂利
Tino Rossi　蒂诺・罗西
Tintin　丁丁
Tite-Live　蒂托・李维
Tocqueville　托克维尔
Tolain　托兰
Toulouse-Lautrec　图卢兹-洛特雷克
Trajan　图拉真皇帝
Trembley　特朗布莱
Trévoux　特雷武
Tristan　特里斯坦
Tubi　杜比
Turgot　杜尔哥

Uderzo　于德佐
Urbain II　乌尔班二世
Urbain Grandier　于尔班・格朗迪埃
Usbek　伊斯贝克

Valentin　瓦朗坦
Valère Maxime　瓦莱尔・马克西姆
Valéry Giscard d'Estaing　瓦莱里・吉斯卡尔・德斯坦

Valla	瓦拉	Vincent d'Indy	樊尚·丹第
Valois	瓦卢瓦	Virgile	维吉尔
Van Eyck	凡·爱克	Vitruve	维特鲁威
van der Meulen	冯·德·默伦	Viviani	维维亚尼
Van Gogh	梵高	Vlaminck	弗拉曼克
Van Robais	冯·罗班	Voiture	瓦蒂尔
Varlin	瓦尔兰	Vulteus	伏尔图斯
Varron	瓦隆		
Vauban	沃邦	Wagner	瓦格纳
Vaugelas	伏日拉	Wallenstein	瓦伦斯坦
Velasquez	委拉斯开兹	Watteau	华托
Ventadour	旺塔杜尔	Webb	韦伯
Vénus	维纳斯	Welser	韦尔瑟
Vercors	韦科尔	Weygand	魏刚
Vésale	维萨里	William Faulkner	威廉·福克纳
Veuillot	韦约	Winston Churchill	温斯顿·丘吉尔
Victor Considérant	维克多·孔西代朗		
Victor Cousin	维克多·库辛	Xénophon	色诺芬
Victor Duruy	维克多·迪吕伊		
Victor Griffuelhes	维克多·格利富勒	Yves	伊夫
Victor Hugo	雨果		
Vidal de La Blache	维达尔·德·拉·布拉什	Zadig	查第格
		Zeus	宙斯
Vierne	维埃内	Zig	齐格
Vigny	维尼	Zola	左拉
Villèle	维莱尔	Zurbaran	苏巴朗
Villermé	维莱梅	Zwingli	慈运理

本书法汉译名对照表（地名）

Abbeville 阿布维尔	Anzin 昂赞
Adriatique 亚得里亚海	Aquitaine 阿基坦
Agadir 阿加迪尔	Ardèche 阿尔代什省
Agen 阿让	Ardenne 阿登
Aigoual 艾瓜勒山	Argonne 阿戈纳丘陵
Aigues-Mortes 艾格莫尔特	Arles 阿尔勒
Aire-sur-la-Lys 利斯河畔艾尔	Arras 阿拉斯
Aisne 埃纳省	Artois 阿图瓦
Aix 艾克斯	Ars 阿尔斯
Albi 阿尔比	Asie Mineure 小亚细亚
Alexandrie 亚历山大港	Assise 阿西斯
Allier 阿列河	Asti 阿斯蒂
Alpes 阿尔卑斯山脉	Aubin 欧班
Alsace 阿尔萨斯	Aubusson 欧比松
Amiens 亚眠	Auch 欧什
Amsterdam 阿姆斯特丹	Augsbourg 奥格斯堡
Andalousie 安达卢西亚	Aurillac 欧里亚克
Andrézieux 昂德雷济约	Austrasie 奥斯特拉吉
Angers 昂热	Auteuil 欧特伊
Angoulême 昂古莱姆	Autun 欧坦
Anjou 安茹	Auvergne 奥弗涅
Annonciade 阿侬西亚德	Auxerre 欧塞尔
Antilles 安的列斯群岛	Auxonne 欧索讷
Antioche 安提约	Aveyron 阿韦龙省
Anvers 安特卫普	Avignon 阿维尼翁

本书法汉译名对照表（地名） 883

Avila　亚维拉
Azincourt　阿赞库尔

Bagnolet　巴尼奥莱
Balbigny　巴尔比尼
Bâle　巴塞尔
Balkans　巴尔干半岛
Baltique　波罗的海
Bamberg　班贝格
Barcelone　巴塞罗那
Barrois　巴鲁瓦
Bar-sur-Aube　奥布河畔巴尔
Basse-Alsace　下阿尔萨斯省
Basse-Bretagne　下布列塔尼
Basse-Indre　下安德尔
Basses-Alpes　下阿尔卑斯山省
Bath　巴斯
Bavière　巴伐利亚
Bayeux　巴约
Bayonne　巴约讷
Beauce　博斯
Beaulieu　博略
Beaune　博讷
Beauvais　博韦
Beauvaisis　博韦西
Bec　贝克
Belleville　贝尔维尔
Bergame　培加姆
Berlin　柏林
Bernay　贝尔奈
Berry　贝里
Berzé-la-Ville　贝尔赞城
Besançon　贝桑松
Bessin　贝桑
Béziers　贝济耶
Bièvre　皮埃弗尔河
Bissy-la-Maconnaise　比西-拉-马索内兹
Blebenheim　布雷班汉姆
Blois　布卢瓦

Bobigny　博比尼
Bologne　博洛尼亚
Bordeaux　波尔多
Bourbonnais　波旁（地区）
Bourges　布尔日
Bourg-la-Reine　布尔拉兰纳
Bourgogne　勃艮第
Brabant　布拉班特
Brandebourg　勃兰登堡
Brazzaville　布拉柴维尔
Bresse　布雷斯
Brétigny　布雷蒂尼
Briare　布里亚尔运河
Brie　布里地区
Brinay　布利内
Brou　布鲁
Bruges　布鲁日
Brunswick　不伦瑞克
Burgos　布尔戈斯
Byzance　拜占庭

Caen　卡昂
Cahors　卡奥尔
Calabre　卡拉布里亚
Calais　加来
Cambrai　康布雷
canal de Riquet　里凯运河
Canigou　卡尼古
Cantal　康塔尔
Cantorbéry　坎特伯雷
Carcassonne　卡尔卡松
Carentan　卡朗唐
Carrare　卡拉拉
Cassel　卡塞勒
Castille　卡斯蒂亚
Catalogne　加泰罗尼亚
Caux　科地区
Cerilly　色里利
Cévennes　塞文山地区

Châlons 沙隆
Chalon-sur-Saône 索恩河畔沙隆
Chambord 尚博尔
Champagne 香槟地区
Champier 尚皮耶
Charentes 夏朗德地区（包括夏朗德和滨海夏朗德）
Chartres 沙特尔
Chassy 夏西
Châtillon-sur-Seine 塞纳河畔沙蒂永
Chenonceaux 舍农索
Chinon 希农
Choisy 舒瓦西
Clairvaux 克莱尔沃
Clermont 克莱蒙
Clermont-Ferrand 克莱蒙-费朗
Cluny 克吕尼
Colmar 科尔马
Cologne 科隆
Combourg 孔堡
Combraille 贡布莱伊河
Combrailles 贡布莱伊（地区）
Comtat 贡塔郡
Comté 孔泰
Conques 孔克
Constantine 君士坦丁
Constantinople 君士坦丁堡
Corbeny 科尔贝尼
Corbie 科尔比
Cornouaille 康沃尔
Corse 科西嘉岛
Côte basque 巴斯克海岸
Côte d'Or 科尔多省
Cotentin 科唐坦半岛
Cracovie 克拉科夫
Crécy 克雷西

Dantzig 格坦斯克
Danube 多瑙河

Dauphiné 多菲内
Deauville 多维尔
des îles de la Tyrrhénienne 第勒尼安诸海岛
Dieppe 迪耶普
Dijon 第戎
Dole 多勒
Domrémy 东雷米
Douai 杜埃
Douelle 杜埃勒村
Dunkerque 敦刻尔克
Durance 迪朗斯河

Ébre 埃布罗河
Elbe 易北河
Enghien 昂吉安
Épinay-sur-Seine 塞纳河畔埃皮奈
Ermenonville-Chaalis 埃默农维尔-夏利地区
Escaut 埃斯科河
Espagne 西班牙
Étampes 埃唐普
Eure 厄尔省

Fernay 费尔内
Feurs 弗尔
Figeac 菲雅克
Flandre 佛兰德
Fleurus 弗勒吕斯
Fleury 弗勒里
Florence 佛罗伦萨
Foix 富瓦
Fontenay-le-Comte 丰特奈-勒孔特
Fontenay-sous-Bois 林畔丰特奈
Fontevrault 丰特夫罗
Forez 福雷兹
Fourchambault 富尔尚博
Fourmies 富尔米
Franche-Comté 弗朗什-孔泰

本书法汉译名对照表（地名）　　885

Francheville　弗朗什维尔

Gand　根特
Gannat　加纳
Garonne　加龙河
Gascogne　加斯科涅
Gaule　高卢
Gênes　热那亚
Genève　日内瓦
Génolhac　热诺拉克
Gévaudan　热沃当
Givry　吉弗利
Grenoble　格勒诺布尔
Grétry　格雷特利
Grigny　格里尼
Guadeloupe　瓜德罗普
Guyenne　吉耶讷

Hainaut　埃诺
Hambourg　汉堡
Hanoï　河内
Hanovre　汉诺威
haultes Sévennes　上塞文山地区
Haute-Auvergne　上奥弗涅地区
Haute-Loire　上卢瓦尔省
Haute-Marne　上马恩省
Hautes-Alpes　上阿尔卑斯山省
Haute-Saône　上索恩省
Haute-Savoie　上萨瓦省
Honfleur　翁弗勒尔
Hongrie　匈牙利
Horme　霍尔姆
Hurepoix　于尔布瓦

île-de-France　大巴黎地区
Isère　伊泽尔河
Issoire　伊苏瓦尔
Issy　伊西
Italie　意大利

Jérusalem　耶路撒冷
Jumièges　瑞米耶日
Jura　汝拉山

La Bérésina　拉培雷齐纳
La Coustière　拉古斯蒂埃
La Ricamarie　拉利加马里
La Rochelle　拉罗谢尔
La Haye en Touraine　图赖讷拉海
La Charité-sur-Loire　卢瓦尔河畔拉夏里代
La Haye　海牙
La Lozère　洛泽尔省
La Moselle　摩泽尔省
La Tour du Pin　拉图尔迪潘
Le Chambon-sur-Lignon　利尼翁河畔勒尚邦
La Creuse　拉克勒兹
La Côte d'Azur　蔚蓝海岸
La haute Provence　上普罗旺斯省
La mer du Nord　北海
La mer Noire　黑海
La montagne Sainte-Geneviève　圣女日内维耶高地
La Seine　塞纳省
Le Lot　洛特省
Le Nord　北方省
La vallée de Chevreuse　谢夫勒斯谷地
Labourd　拉布尔
Lagny　拉尼
Lahn　兰河
Landau　朗多
Langres　朗格勒
Languedoc　朗格多克
Laon　拉昂
La plaine du Pô　波河平原
Larzac　拉尔扎克村
Lauraguais　洛拉盖
Le Bassin parisien　巴黎盆地

Le canal de Bourgogne　勃艮第运河
Le canal du Centre　中部运河
Le Creusot　勒克勒佐
Le détroit de Messine　墨西拿海峡
Le Havre　勒阿弗尔
Le Mans　勒芒
Le pays de Galles　威尔士
Le Puiset　皮塞
Le Puy　勒皮
Leipzig　莱比锡
Leningrad　列宁格勒
Léon　莱昂
les Landes　朗德
les Rochers　罗歇
Levant　黎凡特
Liancourt　利昂库尔
L'ill　伊尔河
Lieusaint　列安圣
Lille　里尔
l'Île Bourbon　波旁岛
Limagne　利马涅平原
Limoges　利摩日
Limousin　利穆赞
Lisbonne　里斯本
Lodève　洛代沃
Loing　卢万河
Loire　卢瓦尔河
Loiret　卢瓦雷省
Lombardie　伦巴第
Lorraine　洛林
Loudun　卢丹
Lourdes　卢尔德
Louvain　勒芬
Louviers　卢维耶市
Luçon　吕松
Lucques　卢卡
Lunéville　吕内维尔
Lyon　里昂

Mâcon　马孔
Mâconnais　马孔地区
Madère　马德拉
Maillanne　梅拉纳
Main　美因河
Maine　曼恩
Marne　马恩河
Marseille　马赛
Martinique　马提尼克
Massif Central　中央高原
Mayence　美因茨
Mayenne　马耶讷
Mazières-en-Gâtine　马济耶尔-昂加蒂讷
Meaux　莫城
Médina del Campo　梅迪纳德尔坎波
Melun　默伦
Messine　墨西拿
Metz　梅斯
Meuse　默兹河
Mézenc　梅藏克山
Milan　米兰
Milly　米利
Montauban　蒙托邦
Montbrison　蒙布里松
Montereau　蒙特罗
Montlhéry　蒙莱里
Montmartre　蒙马特尔
Montmirail　蒙米拉伊
Montpellier　蒙彼利埃
Montvilliers　蒙维埃
Morée　摩里亚半岛
Moulins　穆兰
Mulhouse　米卢斯
Munich　慕尼黑
Muret　米雷

Nancy　南锡
Nantes　南特
Naples　那不勒斯

Navarre 纳瓦尔
Narbonne 纳博讷
Nérac 内拉克
Neustrie 纳斯特里
Nevers 纳韦尔
Nièvre 涅夫勒省
Nîmes 尼姆
Nohant 诺昂
Normandie 诺曼底
Novgorod 诺夫哥罗德
Nuremberg 纽伦堡

Oberkampf 奥贝康普夫
Odessa 敖德萨
Oise 瓦兹河
Orange 奥朗日
Oranie 奥拉尼地区
Orléans 奥尔良
Othis 奥蒂斯

Palatinat 帕拉蒂那
Palerme 巴勒莫
Palestine 巴勒斯坦
Pamiers 帕米耶
Paris 巴黎
Pas-de-Calais 加莱海峡省
Passy 帕西
Pau 波城
Perche 佩尔什
Périgord 佩里戈尔
Périgueux 佩里格
Pézenas 佩兹纳斯
Picardie 皮卡第
Piémont 皮埃蒙特
Pise 比萨
Plaisance 皮亚琴察
Plombières 普隆比埃
Poitiers 普瓦捷
Poitou 普瓦图

Pontoise 蓬图瓦兹
Potsdam 波茨坦
Prague 布拉格
Prémontré 普雷蒙特莱
Privas 普里瓦
Proche-Orient 近东地区
Provence 普罗旺斯
Provins 普罗万
Pyrénées 比利牛斯山

Quercy 凯尔西

Reims 兰斯
Réunion 留尼汪
Rhin 莱茵河
Rhône 罗讷河
Rif 里夫
Riom 里永
Rive-de-Gier 里沃-德日耶
Roanne 罗阿纳
Rodez 罗德兹
Rome 罗马
Romorantin 罗莫朗坦
Rouen 鲁昂
Rouergue 鲁埃格
Roussillon 鲁西永省
Royat 鲁瓦亚

Saint-Agrève 圣阿格雷沃
Saint-Amour 圣阿穆尔
Saint-Céré 圣塞雷市
Saint-Chamond 圣沙蒙
Saint-Cloud 圣克卢
Saint-Denis 圣德尼
Saint-Domingue 圣多明各
Sainte-Hélène 圣赫勒拿岛
Saint-Étienne 圣艾蒂安
Saint-Germain 圣日耳曼
Saint-Gilles sur le Rhône 罗讷河畔圣

吉勒
Saint-Jacques de Compostelle　圣地亚哥-
　德孔波斯特拉
Saint-Loup-de-Naud　圣鲁德诺
Saint-Malo　圣马洛
Saint-Michel　圣米歇尔
Saint-Omer　圣奥梅尔
Saintonge　圣通日
Saint-Pétersbourg　圣彼得堡
Saint-Pierre et Miquelon　圣皮埃尔和密
　克隆
Saint-Quentin　圣康坦
Saint-Rambert　圣朗贝尔
Saint-Rambert-sur-Loire　卢瓦尔河畔圣
　朗贝尔
Saint-Thierry　圣蒂埃里
Saône　索恩河
Saône-et-Loire　索恩-卢瓦尔省
Saragosse　萨拉戈萨
Sarcelles　萨塞勒
Sarrebruck　萨尔布鲁克
Saumur　索米尔
Savoie　萨瓦
Saxe　萨克斯
Scandinavie　斯堪的纳维亚
Sedan　色当
Seine-Inférieure　下塞纳省
Seine-et-Marne　塞纳-马恩省
Seine-et-Oise　塞纳-瓦兹省
Seine　塞纳河
Senlis　桑利斯
Sens　桑斯
Sétif　塞提夫
Séville　塞维利亚
Sicile　西西里岛
Sienne　锡耶纳
Soissons　苏瓦松
Solignac　索利尼亚克
Sologne　索洛涅

Somme　索姆河
Somme　索姆省
Sommières　索米耶尔
St. Paul　圣保罗
Stockholm　斯德哥尔摩
Strasbourg　斯特拉斯堡
Syrie　叙利亚

Tanger　丹吉尔
Tavant　塔旺
Thèbes　底比斯
Thiers　梯也尔
Thoronet　多罗纳
Thourout　托尔豪特
Tolède　托莱多
Toulon　土伦
Toulouse　图卢兹
Touraine　图赖讷省
Tournai　图尔奈
Tournus　图尔尼
Tours　图尔
Transvaal　德兰士瓦
Troie　特洛伊
Troyes　特鲁瓦
Tulle　蒂勒
Tyrol　蒂罗尔

Utrecht　乌得勒支
Uzès　于泽斯

Valence　瓦朗斯
Valenciennes　瓦朗谢讷
Vaucluse　沃克吕兹省
Vaugneray　沃涅赖
Velay　沃莱地区
Vendée　旺代省
Venise　威尼斯
Vénissieux　韦尼雪
Verdun　凡尔登

Verg 韦尔格
Vermandois 韦尔芒图瓦
Vermenton 韦尔芒通
Verneuil 韦尔讷伊
Vervins 韦尔万
Vézelay 韦兹莱
Vic 维克
Vichy 维希
Vienne 维也纳
Vienne 维埃纳（法国一城市）
Villefranche 维勒夫朗什
Villeneuve-lès-Avignon 阿维尼翁新城
Vincennes 万森
Vistule 维斯瓦河

Vivarais 维瓦赖
Vosges 孚日山脉

Wartburg 瓦特堡
Waterloo 滑铁卢
Weimar 魏玛
Westphalie 威斯特法利
Wissembourg 维桑堡
Wittenberg 维滕贝格

Ypres 伊普尔

Zurich 苏黎世